W0377983

TRÉSORS DE L'ATLANTIQUE

Les Açores… Un nom qui ne vous est pas complètement inconnu ! Loin du tourisme de masse, au milieu de l'Atlantique, presque à mi-chemin entre l'Amérique du Nord et l'Europe, l'archipel regorge de trésors. Les neuf îles rivalisent de beauté, mais ont pour point commun une nature à l'état pur, neuf jardins luxuriants posés sur l'océan. Leurs terres se sont modelées au gré des éruptions volcaniques. Ici, le noir du basalte côtoie le bleu profond de l'océan et contraste avec le vert des prairies. Sete Cidades et ses vallées enchanteresses, lacs aux eaux translucides, fumerolles mystiques de Furnas, cascades bouillonnantes, piscines naturelles de Biscoitos et caldeiras lunaires de Faial… Paradis des randonneurs, c'est également une zone privilégiée pour observer les cétacés, pas moins de 24 espèces voguent au large des côtes. Des paysages de carte postale, oui, mais pas que… Les Açores, c'est aussi la majestueuse Angra do Heroísmo, classée au Patrimoine mondial de l'Unesco, la fascinante Horta, escale des marins du monde entier et une gastronomie traditionnelle composée d'excellents produits régionaux : du fromage de São Jorge aux plantations d'ananas sucrés de São Miguel, en passant par la viande délicieuse, les crustacés en abondance et le fameux cozido, cuit pendant des heures dans les vapeurs de soufre. Une destination enivrante, singulière et surtout authentique. Neuf bouts de terre comme il en reste peu, neuf possibilités de s'évader. Une sensation d'ici et d'ailleurs…

Retrouvez cette offre en page 83

SOMMAIRE

6 INSPIRER

Vous connaissez sûrement le doux nom des Açores grâce à son célèbre anticyclone mais la destination est une merveille de la nature, aux mille et un trésors.

Angra do Heroísmo © FONT83 - ISTOCKPHOTO.COM

35 DÉCOUVRIR

L'archipel mettra tous vos sens en éveil : vos yeux observeront les baleines, vos papilles dégusteront ses fromages, vos narines s'enivreront des hortensias…

97 AÇORES ORIENTALES – SÃO MIGUEL

La plus grande des Açores, la plus peuplée aussi, souvent décrite comme la plus belle, São Miguel est l'île par laquelle la plupart des visiteurs découvrent l'archipel.

177 AÇORES ORIENTALES – SANTA MARIA

Des baies profondes, des plages isolées (peut-être les plus belles de l'archipel), des fonds poissonneux… Santa Maria charme par sa quiétude et ses paysages bucoliques.

193 AÇORES CENTRALES - TERCEIRA

Nantie du plus grand cratère des Açores, la caldeira de Guilherme Moniz (périmètre de 15 km), Terceira dispose d'un héritage historique captivant et peu connu.

© VICKY SP - SHUTTERSTOCK.COM

ROCHA DOS BORDÕES
CORVO
FLORES
ROCHA DOS BORDÕES
GRACIOSA
CALDEIRA
Océan Atlantique
PARC NATUREL
DE FAIAL
SERRA DE SANTA
BÁRBARA
TERCEIRA
FAJÃ DO OUVIDOR
FAIAL
SÃO JORGE
ANGRA DO HEROÍSMO
CALDEIRA
LAJIDO
FAJÃ DOS
CUBRES
FAJÃ DA CALDEIRA
DE SANTO CRISTO
PICO
AÇORES
PORTUGAL
MAROC
ÎLES CANARIES
100 KM
SÃO MIGUEL
PONTA DA FERRARIA
SETE CIDADES
FURNAS
PONTA DELGADA
LOMBADAS
LAGOA DO FOGO
SANTA MARIA

QUAND Y ALLER

JANVIER

12° / 17°

$

FÉVRIER

12° / 17°

CARNAVAL DE GRACIOSA
(SANTA CRUZ DE GRACIOSA)
Ce moment de l'année est particulièrement festif. Populaires et colorés les défilés vont bon train.

$

MARS

12° / 17°

LES ROMEIROS (GROUPES DE PÈLERINS)
(PONTA DELGADA)
Des pèlerins parcourent l'île pendant une semaine en entrant dans toutes les chapelles.

$

JUILLET

19° / 24°

WALK AND TALK
(PONTA DELGADA)
Pendant une semaine graffeurs et designers du monde entier réalisent des performances dans les rues de Ponta Delgada.

ATLANTIS CUP
(HORTA)
Cette régate, également appelée Régate de l'Autonomie, est un véritable hommage à la mer.

$ $ $

AOÛT

20° / 26°

FÊTE DE NOTRE-DAME DES ANGOISSES
(HORTA)
C'est la fête religieuse la plus importante de l'île de Faial. Elle fait référence à la première église construite.

SEMAINE DE LA MER
(HORTA)
Une multitude de festivités pendant une semaine à Horta. Le port est en effervescence.

$ $ $

SEPTEMBRE

19° / 24°

RALLYE DES AÇORES
Tous les ans, au mois de septembre, les passionnés de rallye se réunissent pour cette course inscrite au championnat portugais.

$ $

La haute saison s'étend de juin à août, c'est la période la plus sèche et la plus ensoleillée, mais aussi la plus bondée. La moyenne saison (mai, septembre, octobre) offre de belles journées loin de la foule estivale. Enfin, de novembre à avril, pendant la basse saison, vous aurez l'archipel rien que pour vous ! Le climat est tempéré, les températures sont donc agréables tout au long de l'année. Pour vérifier la météo au jour le jour, les sites SpotAzores et Windy sont indispensables.

AVRIL

13° / 18°

PROCESSION DES MALADES
(FURNAS)
Elle est effectuée par les curistes, en l'honneur des vertus thermales de Furnas.

CULTE DU DIVINO ESPÍRITO SANTO
C'est la fête religieuse la plus importante, elle est célébrée pendant huit semaines.

$

MAI

14° / 19°

FÊTE DE SANTO CRISTO DOS MILAGRES
(PONTA DELGADA)

La plus passionnée de toutes les fêtes. De grandes processions parcourent Ponta Delgada.

$ $

JUIN

17° / 22°

FÊTES DE SÃO JOÃO (SANJOANINAS)
(ANGRA DO HEROÍSMO)
Les Sanjoaninas marquent le début des festivités estivales de Terceira.

CAVALHADAS DE SÃO PEDRO (MARCHAS DE SÃO PEDRO)
(RIBEIRA SECA)
A Ribeira Seca, un grand défilé à l'origine inconnue rassemble des milliers de participants et musiciens.

$ $ $

OCTOBRE

17° / 22°

WHALER'S GREAT ROUTE ULTRA TRAIL
(HORTA)
Un ultra-trail de 118 km sur l'île de Faial offrant des panoramas incroyables entre forêts, champs et plages.

WINE IN AZORES
(PONTA DELGADA)
C'est la plus grande foire aux vins de l'archipel. Elle se tient au Parc des Expositions de São Miguel.

$ $

NOVEMBRE

15° / 19°

$

DÉCEMBRE

14° / 18°

NOËL
Les rues de Ponta Delgada s'ornent de belles illuminations. Les villes de Faial revêtent leurs vêtements de fête et de lumière.

$

LES BONNES RAISONS D'Y ALLER

© BALATE DORIN - ISTOCKPHOTO.COM

DES PAYSAGES VERTS ET SURPRENANTS

Toute l'année, les Açores forment 9 symphonies de couleurs et d'arômes des plus enivrants.

LES VOLCANS ET LEURS LACS

Volcans verts et lacs aux dégradés turquoise sont la carte de visite de l'archipel.

© PETR POHUDKA - SHUTTERSTOCK.COM

© BENJAMIN VAN DER SPEK - SHUTTERSTOCK.COM

LE PLUS HAUT SOMMET DU PORTUGAL

C'est aux Açores, sur l'île de Pico, que se trouve le point culminant du Portugal, 2 351 m.

UNE TERRE OCÉANIQUE

L'océan et les cétacés : un monde fascinant, et une impression d'infini exaltante.

DES BAIGNADES EN TOUS GENRES

Plages de sable noir, piscines naturelles aux eaux cristallines, cascades translucides…

UN ARCHIPEL ENCORE PRÉSERVÉ

Une touche d'authenticité : peu de touristes, espaces vierges et villes à taille humaine.

UN CLIMAT DOUX TOUTE L'ANNÉE

Même si la météo est souvent capricieuse, les températures oscillent entre 15 °C et 25 °C.

LES BONNES RAISONS D'Y ALLER

UN RICHE PATRIMOINE

Une terre que l'homme a su s'approprier et où les villes recèlent bien des trésors.

© YASSMINKA - ISTOCKPHOTO.COM

© VIDALGO - SHUTTERSTOCK.COM

DES INFRASTRUCTURES DE QUALITÉ

Offices de tourisme compétents, hébergements de choix, restaurants de qualité...

© ANA FLASKER - SHUTTERSTOCK.COM

D'EXCELLENTS PRODUITS RÉGIONAUX

Vin de Pico, viande de bœuf, produits de la mer, fromage de São Jorge et ananas sucrés.

LES 12 MOTS-CLÉS

#ANANAS

Introduit par les colons portugais, l'ananas est devenu le fleuron de l'agriculture açorienne et le symbole de l'archipel, en particulier de São Miguel. Il est plus petit que l'ananas africain ou antillais. Son acidité, plus marquée que celle du cousin antillais, en relève l'arôme et en fait l'un des meilleurs fruits que l'on puisse goûter ici.

© ROMIANA LEE - SHUTTERSTOCK.COM

#ANTICYCLONE

L'anticyclone des Açores, dont le nom revient souvent dans les bulletins météo, est, comme les brumes matinales, parfois dissipé. Lorsqu'il est centré pile sur l'archipel, ce n'est pas une garantie de beau temps sur place ; il vaut mieux qu'il soit un tout petit peu décalé. Par contre, il est une barrière contre le mauvais temps et la pluie en Europe.

#BALEINES

Animal mythique des Açores, la baleine – plus exactement le cachalot – était encore chassée, surtout dans les îles du groupe central, en 1987. Aujourd'hui, elles sont protégées et surtout observées par les touristes. Horta est l'endroit le plus indiqué pour cette activité ; le couloir marin de l'archipel central est en effet le plus riche en cachalots.

© HENNER DAMKE - SHUTTERSTOCK.COM

#COULEURS

Chaque île est associée à une couleur, relative à sa caractéristique et son histoire. São Miguel est connue sous le nom d'île verte, Faial est bleue, Graciosa s'habille de blanc, Santa Maria voit la vie en rose, Flores porte un maillot jaune, c'est marron pour São Jorge et lilas pour Terceira alors que Corvo est grise et Pico se drape de noir.

#DRAGONNIER

Arbre spectaculaire à la sève rouge aux vertus médicinales (d'où son nom, associé au sang du dragon), souvent centenaire, très protégé par les habitants, originaire du Cap-Vert. Visible aux bords des chemins, il est le symbole de l'absence de pollution. La place principale de Santa Cruz de Graciosa en présente un ensemble exceptionnel et magnifique.

#ÉGLISES

Ici, les églises ne manquent pas ! Il semblerait que pour les Portugais, toute occasion était bonne pour en construire. Quand ils partaient à la découverte du monde, chaque fois qu'ils posaient pied à terre surgissait une église. Quand ils survivaient à une tempête, une église. Pour se faire pardonner de n'avoir pas eu pitié des pirates, une église…

#FROMAGE

Une fierté culinaire, particulièrement à São Jorge, d'où vient le succulent fromage de vache à pâte cuite. Similaire au gouda, et très goûteux, il tire sans doute son origine dans le savoir-faire des colons néerlandais de l'archipel. Rendez-vous dans l'une des coopératives agricoles pour découvrir ses secrets de fabrication et faire des emplettes !

#HORTENSIAS

Originaire d'Asie et introduit sur l'île par les Portugais, ce magnifique bosquet orné de fleurs roses, lilas et violettes, est devenu une véritable mascotte de l'archipel. Les hortensias donnent ainsi leur caractère insolite et romantique aux paysages de l'île. Ils fleurissent de fin mai à fin août et peuvent atteindre des tailles colossales.

LES 12 MOTS-CLÉS

#MOULINS

Nombreux, les moulins des Açores sont un témoignage architectural de la venue des premiers colons originaires de Flandre. Ils varient d'une île à l'autre et présentent souvent un faciès étonnamment nordique pour ces îles subtropicales. Vous en observerez au détour d'une randonnée à Graciosa ou à Faial notamment ; et vous remarquerez leurs coupoles rouges.

© HENNER DAMKE - SHUTTERSTOCK.COM

#RANDONNÉES

Chausser ses baskets et partir arpenter les chemins açoriens est l'une des activités qui vous laissera les plus beaux souvenirs. Sentiers balisés, proximité géographique des villes et villages : la nature, les volcans, les lacs et les cascades se prêtent parfaitement à la randonnée et aux promenades. De belles surprises sur chacune des neuf îles.

#THÉ

Aussi étonnant que cela puisse paraître, les Açores sont l'unique endroit en Europe où l'on cultive le thé. Perçues comme une alternative judicieuse à la culture de l'orange, en grave crise au XIXe siècle, les premières plantations s'établirent à São Miguel. Deux fabriques vous ouvrent aujourd'hui leurs portes, à Porto Formoso et à Maia.

#VOLCANS

L'activité tectonique se fait sentir partout aux Açores ! Le volcanisme a laissé ici des traces fascinantes : le Mont Pico, point culminant du Portugal à 2 351 mètres ; sur São Miguel, les fumerolles du lac de Furnas ou les lacs de cratère de Fogo ou de Sete Cidades sont des merveilles. Sur Faial, le volcan de Capelinhos a vu le jour… en 1958 !

© MLENNY - ISTOCKPHOTO.COM

VOUS ÊTES D'ICI, SI…

- **Si vous vous arrêtez en plein milieu de la route** : la circulation étant calme sur la plupart des îles de l'archipel, les habitants ne se posent pas de question et s'arrêtent là où ils ont besoin de s'arrêter ! C'est-à-dire en plein milieu de la chaussée la plupart du temps.
- **Si vous avez téléchargé l'application « Windy » sur votre téléphone** : on ne vous le dira jamais assez, la météo est capricieuse aux Açores et le meilleur moyen de connaître la couleur du ciel et la force du vent, c'est de suivre les conditions météorologiques sur l'application « Windy ». Tous les habitants se réfèrent à cette dernière. Même si elle n'est pas infaillible, elle reste la manière la plus précise de savoir où et quand la pluie fera son apparition !
- **Si vous voyagez uniquement avec un bagage cabine** : les valises qui n'arrivent pas en même temps que vous, c'est plus qu'habituel aux Açores. Ici, on voyage avec un bagage à main, que l'on garde bien précieusement avec soi.

INTERVIEW

MES AÇORES

AVEC CANNELLE BRUSCHINI-CHAUMET, AUTEURE DU GUIDE

Qu'est-ce qui vous a menée aux Açores ?

Ma passion pour les îles, leur douceur de vivre et la randonnée. J'ai passé une partie de mon enfance en Martinique et j'éprouve toujours une fascination pour la beauté insulaire et les bouts de terre sauvages et préservés. Les Açores ne font pas exception et j'adore arpenter ce coin de paradis pour découvrir des endroits idylliques et secrets !

Que gardez-vous en souvenir ?

Une nature luxuriante, qui s'exprime librement et différemment sur chaque île. Les paysages naturels ne sont pas les mêmes d'un endroit à l'autre de l'archipel, mais ils sont toujours impressionnants et suggestifs : volcans, falaises escarpées, plages de sable noir, fumerolles et sources d'eau chaudes… Ils constituent de magnifiques spectacles qu'on ne se lasse pas d'admirer depuis les belvédères et les chemins de randonnée.

Quel est votre endroit préféré ?

Les fajãs de São Jorge restent pour moi l'un des paysages les plus marquants que j'ai pu découvrir aux Açores. Je n'avais jamais vu de telles formations auparavant, et la perspective est absolument saisissante depuis le haut des falaises de l'île. Le fait que certaines fajãs ne soient accessibles qu'à pied renforce le sentiment d'isolement et de beauté préservée qu'elles peuvent procurer.

S'il ne fallait retenir qu'un bon conseil pour découvrir la région, ce serait lequel ?

Prenez votre temps ! Les neuf îles de l'archipel invitent à la contemplation et à la détente. Elles se découvrent le long des sentiers de randonnée, sur les petites plages qui bordent les criques, au fond ou au sommet des volcans qui les surplombent, dans les forêts qui les recouvrent. Pour profiter d'une telle nature, il faut s'accorder du temps et ne pas vouloir trop en faire d'un coup. Après avoir découvert quelques îles, il est certain que vous voudrez revenir pour voir les autres.

© CANNELLE BRUSCHINI-CHAUMET

© CANNELLE BRUSCHINI-CHAUMET

© CANNELLE BRUSCHINI-CHAUMET

IDÉES DE SÉJOUR

Les Açores sont constituées de neuf îles, ce qui implique quelques compromis au niveau des transports. Sans oublier les conditions climatiques qui peuvent parfois retarder – voire annuler – un avion ou un bateau, et faire perdre un temps précieux dans les transferts. En hiver, la météo est le principal ennemi, mais en été les vols sont vite complets et il est judicieux de réserver ses places longtemps à l'avance. Pour ne rien arranger, les sommets peuvent quand même se trouver sous la brume et contrarier vos projets… Faire un choix est donc inévitable : impossible de visiter tout l'archipel en une semaine, ni en quinze jours, même si cela semble concevable. Il serait tellement dommage de courir après la montre dans un environnement aussi paisible ! Pour profiter au mieux des merveilleuses randonnées, il est recommandé de séjourner un bon moment au même endroit. La nature ne se connaît qu'en marchant, ne l'oublions jamais.

TOUR DE L'ÎLE SÃO MIGUEL

Nous vous proposons un itinéraire indicatif si vous optez pour São Migue (p.97)l. A notre avis, il est préférable de ne pas demeurer tout le temps à Ponta Delgada ★★★ (p.102), car les trajets sont longs jusqu'au nord-est. Bien sûr, il est possible de dormir un peu partout sur l'île ; les établissements y sont d'ailleurs très attrayants. Surtout que l'île regorge de possibilités en tourisme rural.

› Jour 1 - Découverte de Ponte Delgada

Visite de Ponta Delgada ★★★ (p.102), ses églises, ses musées, ses jardins. Balade dans les vieilles rues du centre et sur la marina (p.243) de Portas do Mar (p.105). Dormir à Ponta Delgada ★★★ (p.102).

› Jour 2 - Volcan et piscines naturelles

Direction Sete Cidades ★★★★ (p.127). Promenade autour du cratère puis descente aux piscines naturelles de Mosteiros ★★ (p.130). Flâneries sur la côte nord. Dormir aux environs de São Vicente. (p.133)

› Jour 3 - Autour de Ribeira Grande

Ribeira Grande ★★ (p.136) et le Lagoa do Fogo ★★★ (p.147). Visiter le passionnant musée de l'Émigration açorienne (p.138) à Ribeira Grande ★★ (p.136). Dormir à Ribeira Grande ★★ (p.136).

› Jour 4 - Manifestations volcaniques spectaculaires à Furnas

La côte nord de Porto Formoso ★★ (p.140) à Maia ★ (p.142) (visite de la plantation de thé). Furnas ★★★ (p.159) et sa vallée magnifique. Promenade autour du lac. Visite des caldeiras. Dormir à Furnas ★★★ (p.159).

Balade sur le cratère volcanique, São Miguel.

© LUISPORTUGAL

Île de São Jorge.

› Jour 5 - Randonnée dans la nature

La côte nord vers Nordeste ★★ (p.170). Arrêt au Salto do Cavalo ★ (p.167), belvédère fantastique sur la vallée de Furnas ★★★ (p.159). Promenade, si possible, jusqu'au Pico ★★ (p.169) da Vara ★★ (p.169). Dormir à Nordeste ★★ (p.170).

› Jour 6 - Défilé de magnifiques paysages

La côte est et ses beaux miradors. Belvédère du Pico Bartolomeu. Route de la Serra da Tronqueira ★★ (p.173). Découverte de Povoação ★★ (p.174), lieu du premier peuplement de l'île. Dormir à Furnas ★★★ (p.159) ou à Povoação ★★ (p.174).

› Jour 7 - Farniente sur la plage ou dernière randonnée

Plage à Ribeira Quente ★ (p.175) ou visite de la vallée de Lombadas ★★★ (p.144) ; belle randonnée en perspective dans ce coin superbe et sauvage. Retour à Ponta Delgada ★★★ (p.102) par Lagoa ★★ (p.148) et visite de la fabrique de céramiques.

LES AÇORES CENTRALES

En partant pour Faial directement depuis Lisbonne, vous pouvez espérer visiter les trois îles du groupe central ; il faut alors bien négocier son périple, en fonction des horaires des bateaux notamment.

› Jour 1 - Arrivée sur l'île de Faial

Faial ★★★★. Visite de Horta ★★ (p.241), de son port. Ascension du Monte da Guia (p.243) pour un bon aperçu de la baie. Avec un peu de temps, il est possible de se baigner à Porto Pim, de l'autre côté de la péninsule.

› Jour 2 - Escapade dans la zone volcanique

Tour de l'île de Faial ★★★★, en passant par Praia do Almoxarife ★ (p.254), Cedros ★ (p.255), Capelinhos ★★★★ et son passionnant centre d'interprétation du volcan. Promenade sur les hauteurs ou sur le volcan même, puis retour à Horta ★★ (p.241) par le sud via Morro de Castelo Branco ★ (p.259).

› Jour 3 - Randonnée dans la nature verdoyante de l'île

Randonnée dans le parc naturel de Faial ★★★★, dans le centre de l'île. Passage incontournable par Caldeira ★★★ (p.233).

› Jour 4 - Départ pour l'île de Pico et exploration des vignes autour de Madalena

Départ pour Pico ★★★ en bateau (à peine une trentaine de minutes) et découverte de Madalena ★★ (p.266) et de ses environs. Explorer la Gruta das Torres (p.286), se perdre dans le labyrinthe géant des vignes de Crição Velha, classées au Patrimoine mondial, visiter le musée du Vin de Carmo (p.266) et repartir avec une bouteille de *verdelho*. Dormir à Madalena.

› Jour 5 - Tour de l'île de Pico

Tour de l'île de Pico ★★★ en suivant la côte nord. Balades au milieu des *adegas*, ces caves à vin traditionnelles en basalte, et découverte de la zone viticole et du centre d'interprétation de Lajido ★★★ (p.270). Visite de São Roque et de son musée des baleiniers. Direction l'intérieur et ses lacs étincelants, puis Lajes do Pico ★★ (p.281), son beau musée, son ambiance de bout du monde et ses vues imprenables sur le mont Pico (p.263).

› Jour 6 - Observation des baleines

Observation des baleines à **Lajes** (p.214) (possible aussi depuis **Madalena** ★★ (p.266)), puis promenade l'après-midi dans les environs. Ou visite de la côte sud et de ses *mistérios*, coulées de lave qui ont tout emporté sur leur chemin, ou encore de la côte orientale, écartée de tout, et moins touristique.

› Jour 7 - Départ pour l'île de São Jorge

Départ depuis **Madalena** ★★ (p.266) ou São Roque (Cais do Pico ★★★) pour **São Jorge** (p.287). Arrivée à **Velas** ★★ (p.291) et découverte de la petite ville. Visite du parc de Sete Fontes, près de **Rosais** (p.299). Promenade jusqu'au phare si possible.

› Jour 8 - Découverte de l'artisanat local

Côte sud de **São Jorge** (p.287). Visite de la coopérative d'artisanat de Senhora da Encarnaço, à Ribeira do Nabo, puis de la fabrique de fromage de Lourais, à Riberira Seca. Arrêts photo sur la route des *fajãs*, et immanquable halte au Café Nunes de Fajã dos Vimes. Selon le temps qu'il vous reste, pousser jusqu'à **Topo** ★★ (p.305) ou rentrer directement à **Velas** ★★ (p.291).

› Jour 9 - Randonnée sur les fajãs

Côte nord de **São Jorge** (p.287) et ses *fajãs*. À ne pas manquer : Fajã do Ouvidor, Fajã dos Cubres et Fajã da Caldeira de Santo Cristo, l'une des plus inaccessibles. Seuls les marcheurs parviendront à l'atteindre : superbes panoramas garantis.

› Jour 10 - Dernières flâneries

Dernière balade sur **São Jorge** (p.287) avant de revenir à Faial ★★★★. Ultimes flâneries le long de la jetée mythique de la **marina** (p.243) de **Horta** ★★ (p.241) et au Peter Cafe Sport, une institution tout aussi légendaire.

LES AÇORES VOLCANIQUES

On peut imaginer un tour axé sur la volcanologie mais, comme toutes les îles sont d'origine volcanique, il conviendrait de visiter tout l'archipel ! Selon l'itinéraire choisi, les sites suivants s'imposent comme des incontournables. Une troisième semaine permet la visite de Flores et Corvo, pour la visite du *caldeirão*, un imposant cratère, dans le Monte Gordo. Il abrite deux superbes lacs.

› Jour 1 - São Miguel et Sete Cidades

Au nord-ouest de l'île, les lacs qui composent le paysage de ce volcan explosé sont superbes, surtout depuis la **Vista do Rei** (p.128), belvédère aménagé.

› Jour 2 - Lagoa do Fogo

L'un des plus beaux lacs de l'île, le Lagoa do Fogo offre aux amoureux de la nature de superbes opportunités de randonnées.

› Jour 3 - Furnas

Peut-être l'endroit le plus mystérieux de l'île, et pour cause : vous êtes dans la « bouche » du volcan ! Outre les caldeiras fumantes qui parsèment la ville et ses alentours, **Furnas** ★★★ (p.159) est également un centre thermal réputé.

› Jour 4 - Vers Terceira

Transfert à **Terceira** (p.193).

› Jour 5 - Furnas do Enxofre

Ses fours naturels sont l'une des plus saisissantes manifestations volcaniques de l'île. Quel que soit le temps, il y règne une atmosphère mystique...

© STOMJY - FOTOLIA

Ascension sur l'île de Pico.

© LUKASZ JANYST - STOCK.ADOBE.COM

São Miguel.

› Jour 6 - Les cavités volcaniques Gruta do Natal et Algar do Carvão

Les écoulements de lave de l'une et les exubérantes formations de silice de l'autre vous promettent une visite aussi insolite qu'instructive.

› Jour 7 - Graciosa

Transfert vers **Graciosa** (p.223).

› Jour 8 - Furna do Enxofre

Caldeira ★★★ (p.233) et la **grotte de Furna do Enxofre** (p.233).

› Jour 9 - São Jorge

Les *fajãs*, encore et toujours.

› Jour 10 - Pico

Transfert vers **Pico** (p.263) et découverte de la **Gruta das Torres** (p.286), l'un des plus longs tunnels laviques d'Europe.

› Jour 11 - Ponta do Pico

Pour les randonneurs aguerris, l'ascension de la Ponta do Pico et son panorama unique.

› Jour 12 - Vers Faial

Transfert vers **Horta** ★★ (p.241) et découverte du **Monte da Guia** (p.243), un double cratère évasé formant une impressionnante crique marine. Le panorama sur Horta et la côte sud est superbe.

› Jour 13 - Volcan de Capelinhos

Tout simplement hallucinant... Sorti de terre en 1957, il forme un paysage lunaire majestueux. Son centre d'interprétation constitue une visite très instructive.

› Jour 14 - Caldeira

Un immense cratère de 2 km de diamètre, 8 km de périmètre et 400 m de profondeur. Un espace naturel grandiose.

LE GRAND TOUR DES AÇORES

Un tour complet des îles peut être envisagé si l'on dispose de trois semaines. En gros, on peut rester une semaine à **São Miguel** (p.97), dix bons jours dans le groupe central et quatre jours dans le groupe occidental, à l'extrême pointe de l'Europe.

› Jour 1 - Ponta Delgada

Visite de **Ponta Delgada** ★★★ (p.102), ses églises, ses musées, ses jardins. Balade dans les vieilles rues du centre et sur la marina de **Portas do Mar** (p.105). Dormir à Ponta Delgada.

› Jour 2 - Sete Cidades

Direction **Sete Cidades** ★★★★ (p.127). Promenade autour du cratère puis descente aux piscines naturelles de Mosteiros. Flâneries sur la côte nord. Dormir aux environs de São Vicente.

› Jour 3 - Ribeira Grande et le Lagoa do Fogo

Visiter le passionnant **musée de l'Émigration açorienne** (p.138) à **Ribeira Grande** ★★ (p.136). Dormir à Ribeira Grande.

› Jour 4 - La côte nord de Porto Formoso à Maia

Visite de la plantation de thé. **Furnas** ★★★ (p.159) et sa vallée magnifique. Promenade autour du lac. Visite des caldeiras. Dormir à Furnas.

IDÉES DE SÉJOUR

› Jour 5 - La côte nord vers Nordeste

Arrêt au Salto do Cavalo, belvédère fantastique sur la vallée de Furnas. Promenade, si possible, jusqu'au Pico da Vara. Dormir à **Nordeste** ★★ (p.170).

› Jour 6 - La côte est et ses beaux miradors

Belvédère du Pico Bartolomeu. Route de la Serra da Tronqueira. Découverte de Povoação, lieu du premier peuplement de l'île. Dormir à **Furnas** ★★★ (p.159) ou à **Povoação** ★★ (p.174).

› Jour 7 - Plage à Ribeira Quente ou visite de la vallée de Lombadas

Belle randonnée en perspective dans ce coin superbe et sauvage. Retour à Ponta Delgada par **Lagoa** ★★ (p.148) et visite de la fabrique de céramiques.

› Jour 8 - Faial

Arrivée en avion à **Faial** (p.237) dans les îles centrales. Visite de **Horta** ★★ (p.241), de son port. Ascension du **Monte da Guia** (p.243) pour un bon aperçu de la baie. Avec un peu de temps, il est possible de se baigner à Porto Pim, de l'autre côté de la péninsule.

› Jour 9 - Tour de l'île de Faial

Tour de l'île en passant par **Praia do Almoxarife** ★ (p.254), **Cedros** ★ (p.255), Capelinhos ★★★★ et son passionnant **centre d'interprétation du volcan** (p.257). Promenade sur les hauteurs ou sur le volcan même, puis retour à **Horta** ★★ (p.241) par le sud via Morro de Castelo Branco.

› Jour 10 - Randonnée dans le parc naturel de Faial

Dans le centre de l'île, passage incontournable par **Caldeira** ★★★ (p.262).

› Jour 11 - Départ pour Pico en bateau

Compter à peine une trentaine de minutes et découverte de **Madalena** ★★ (p.266) et de ses environs. Explorer la **Gruta das Torres** (p.286), se perdre dans le labyrinthe géant des vignes de Crição Velha, classées au Patrimoine mondial, visiter le **musée du Vin de Carmo** (p.266) et repartir avec une bouteille de *verdelho*. Dormir à Madalena.

› Jour 12 - Tour de l'île

Tour de l'île de Pico en suivant la côte nord. Balades au milieu des *adegas*, ces caves à vin traditionnelles en basalte, et découverte de la zone viticole et du centre d'interprétation de Lajido. Visite de São Roque et de son musée des baleiniers. Direction l'intérieur et ses lacs étincelants, puis Lajes do Pico, son beau musée, son ambiance de bout du monde et ses vues imprenables sur le mont Pico.

› Jour 13 - Rencontre avec les baleines

Observation des baleines à Lajes (possible aussi depuis Madalena), puis promenade l'après-midi dans les environs. Ou visite de la côte sud et de ses *mistérios*, coulées de lave qui ont tout emporté sur leur chemin, ou encore de la côte orientale, écartée de tout, et moins touristique.

› Jour 14 - Vers São Jorge

Départ depuis Madalena ou São Roque (Cais do Pico) pour São Jorge. Arrivée à Velas et découverte de la petite ville. Visite du parc de Sete Fontes, près de Rosais. Promenade jusqu'au phare si possible.

› Jour 15 - Côte sud de São Jorge

Visite de la coopérative d'artisanat de Senhora da Encarnaço, à Ribeira do Nabo, puis de la fabrique de fromage de Lourais, à Riberira Seca. Arrêts photo sur la route des *fajãs*, et immanquable halte au Café Nunes de Fajã dos Vimes. Selon le temps qu'il vous reste, pousser jusqu'à Topo ou rentrer directement à Velas.

› Jour 16 - Côte nord de São Jorge et ses fajãs

A ne pas manquer : Fajã do Ouvidor, Fajã dos Cubres et Fajã da Caldeira de Santo Cristo, l'une des plus inaccessibles. Seuls les marcheurs parviendront à l'atteindre : superbes panoramas garantis.

› Jour 17 - Retour à Faial

Dernière balade sur São Jorge avant de revenir à **Faial** (p.237). Ultimes flâneries le long de la jetée mythique de la marina de **Horta** ★★ (p.241) et au Peter Cafe Sport, une institution tout aussi légendaire.

› Jour 18 - Vers Flores

Arrivée dans les Açores occidentales. Découverte du mont du Morro Alto. C'est le point culminant de **Flores** (p.311), un endroit majestueux où la nature est reine. La vue qu'il offre est panoramique.

› Jour 19 - Les lacs de Flores

Les Lagoa Negra, Comprida et Branca, ainsi que les Funda et Rasa, sont notamment des merveilles naturelles à ne pas manquer. Quant au Poço da Alagoinha, il figure parmi les paysages les plus célèbres de l'île, à juste titre.

› Jour 20 - Les cascades

On en compte une vingtaine entre **Fajazinha** ★★ (p.324) et Ponta da Fajã ; elles font la fierté de l'île et contribuent à sa réputation de luxuriance.

› Jour 21 - Corvo

Découverte de **Corvo** (p.329), petit caillou perdu dans l'Atlantique. Visite du caldeirão : un imposant cratère, dans le Monte Gordo. C'est l'attraction majeure de l'île. Il abrite deux superbes lacs.

PRATIQUE

SE REPÉRER / SE DÉPLACER

DE L'AÉROPORT AU CENTRE-VILLE

Les îles étant toutes plutôt petites (São Miguel est la plus grande avec ses 745 km²), il vous sera toujours très simple de rejoindre le centre-ville depuis l'aéroport, généralement à peine quelques minutes les séparent l'un de l'autre. Vous pourrez évidemment prendre un taxi (il vous en coûtera entre 10 € et 25 € pour la course selon les îles) ; certaines lignes de bus assurent les liaisons (entre 1 € et 5 € selon la distance) ; enfin la voiture sera votre meilleure option. Tous les loueurs disposent d'un comptoir à l'aéroport. On vous suggère fortement de réserver votre voiture de location à l'avance, surtout pendant la saison estivale.

ARRIVÉE EN TRAIN

Hormis le petit train touristique de São Miguel, qui reste anecdotique, il n'existe pas de train aux Açores !

ARRIVÉE EN BATEAU

Sur l'archipel, les liaisons en bateau sont assurées par Atlanticoline (www.atlanticoline.pt). Elle assure toute l'année les trajets maritimes entre les îles du triangle (Faial, Pico et São Jorge), ainsi qu'entre Flores et Corvo. Quelques lignes supplémentaires sont mises en place entre juin et septembre, reliant notamment toutes les îles du groupe central (Faial, Pico, São Jorge, Graciosa et Terceira).

Notez qu'il n'existe plus aucune ligne de ferry reliant São Miguel et Santa Maria, ces îles sont accessibles uniquement en avion. Il en va de même pour le groupe occidental : Flores et Corvo sont reliées entre elles mais pas au reste de l'archipel par bateau.

Si vous avez le temps et que vous ne souffrez pas du mal de mer, le ferry peut se présenter comme une bonne option : en plus d'être moins cher (les prix varient selon la saison et la distance, mais comptez entre 4 € et 100 €), il vous permettra sûrement, lors de longs trajets, d'admirer quelques spécimens de cétacés ; le simple trajet prend alors une tout autre dimension !

TRANSPORTS EN COMMUN

D'une manière générale aux Açores, le bus n'est pas vraiment adapté aux besoins du voyageur, qui risque d'être surpris par les horaires ou les itinéraires, plutôt prévus pour les insulaires. Toutes les îles disposent malgré tout d'un réseau de bus plus ou moins efficace ; ceux de São Miguel et de Terceira étant les mieux développés. À São Miguel d'ailleurs, un système de navette permet de rejoindre le centre-ville depuis l'aéroport. La compagnie ANC AEROBUS opère pour 8 € l'aller-retour, et s'arrête ensuite à tous les quartiers importants de la ville. Vous pouvez acheter vos tickets auprès des guichets spécialisés, des kiosques d'informations ou directement auprès du chauffeur.

- **São Miguel Bus** est l'application à télécharger pour connaître les différents trajets et horaires des bus sillonnant l'île.
- **Transportes de Santa Maria (TSM)** fonctionne également avec une application regroupant tous les horaires et trajets des bus de Santa Maria. Les informations sont aussi disponibles sur le site Internet (https://transportesdesantamaria.com).

AVEC UN CHAUFFEUR

Jadis noirs au toit vert, aujourd'hui beiges, les taxis açoriens sont en fait des « voitures de place ». C'est-à-dire qu'ils n'ont pas de compteur, mais fonctionnent au temps ou à la distance, et dans ce cas le trajet de retour est toujours inclus dans le tarif : pour 10 km, on en paie 20 € ! Lorsque la course est assez longue, on peut négocier avec le chauffeur pour qu'il attende ses passagers et les ramène au point de départ ; le seul supplément sera celui de l'attente. Il fera évidemment la tête s'il lui faut attendre la journée, ou si la course est très courte. Ils connaissent bien leur île et vous font partager leur passion insulaire. Il est toujours prudent de demander le prix de la course avant de s'embarquer, surtout à Faial et à São Miguel où les chauffeurs commencent à se « continentaliser ». Cela dit, de nombreux taxis se sont regroupés en associations et proposent des tours avec des tarifs fixes.

859 kgCO_2e / personne

Aller-retour Paris-Ponta Delgada

→ Le calcul de cette consommation CO_2 est fait à partir de Paris. L'idée est ici de montrer concrètement l'empreinte carbone de ce trajet, même s'il n'existe pas d'autre alternative que l'avion pour se rendre dans cette destination de manière directe.

EN VOITURE

La voiture particulière est de loin la meilleure option pour sillonner les Açores en toute liberté. Des compagnies de location sont implantées sur toutes les îles, dans les aéroports et dans les « grandes » villes. La réservation est vraiment recommandée, surtout pendant l'été : les parcs sont vite saturés, et vous pourriez bien vous retrouver à un aéroport sans aucune voiture à louer pour les deux jours qui suivent ! Les petits loueurs de voitures sont en général moins chers que les grandes enseignes comme Autatlantis (www.autatlantis.com) ou Ilha Verde (www.ilhaverde.com), mais sachez qu'ils n'ont en général pas d'assurances tous risques à vous proposer (car ils n'ont pas souscrit à ce type de contrats), qu'ils ne prennent pas non plus l'American Express (la Gold vous libère de toute franchise en cas d'accident), et que leurs véhicules peuvent parfois être un peu vieillots. Vous pouvez louer un véhicule de catégorie A à partir de 20 € par jour. Au niveau de la conduite, on roule à droite, normalement, mais avec une certaine prudence : on dit que les Portugais qui ne réussissent pas leur permis sur le continent viennent le passer aux Açores… Pas de problème majeur cependant, hormis les excès de vitesse de certains habitants, et les vaches en liberté sur la route, qui pourraient s'avérer dangereuses pour le conducteur peu concentré. Les axes principaux sont en bon état, mais la plupart des itinéraires sont du type route de montagne ou corniche surplombant la mer ; il y a donc de très nombreux virages – ne prévoyez pas vos circuits trop justes en temps. Les routes secondaires, quant à elles, ne sont pas toujours asphaltées, mais demeurent généralement carrossables avec une voiture classique, sauf par temps de pluie. Les limites de vitesse sont les mêmes qu'au Portugal (50/80/120 km) sauf signalisation particulière, et les routes sont rarement embouteillées. Les seuls problèmes de ce type se produisent à Ponta Delgada ou dans la rue centrale d'Angra, ce qui n'empêche pas tous les Açoriens de déplorer les difficultés de la circulation… La prudence est donc de rigueur même sur les « autoroutes » qui relient Ponta Delgada à Ribeira Grande ou Angra à Praia sur Terceira : une vache ou une charrette pouvant surgir à n'importe quel moment. Quant aux stations-service, elles sont réparties çà et là, mais de toute façon on ne peut pas aller bien loin. Le prix de l'essence est relativement élevé comparé au reste : environ 1,45 € pour 1 L d'essence.

ACCESSIBILITÉ

A l'instar de la plupart des villes européennes, les villes açoriennes sont facilement accessibles. En revanche, si quelques infrastructures pour personnes à mobilité réduite sont présentes dans les hôtels et restaurants, ce n'est pas toujours le cas dans les bus de l'archipel. Mieux vaut donc voyager en taxi pour les personnes à mobilité réduite, ou être accompagnées d'une personne qui conduira une voiture de location. D'une manière générale, des progrès restent encore à faire malgré l'évolution très nettement positive des dernières années.

LES PHRASES CLÉS

Bonjour, comment puis-je me rendre à…
Bom dia, como posso ir até…

Est-ce loin à pied ? Y a-t-il le métro ou un bus... pour y aller ?
É longe a pé? Há metro ou autocarro.... para ir lá?

Pouvez-vous me montrer cet endroit sur la carte s'il vous plait ?
Pode mostrar-me este lugar no mapa, se faz favor?

Où puis-je acheter les tickets de transport ? Est-ce que je peux payer en carte de crédit ?
Onde posso comprar os títulos de transporte? Posso pagar com cartão?

Où est la sortie ? A gauche, à droite ou tout droit ?
Onde é a saída? À esquerda, à direita ou sempre em frente?

Je suis perdu et je suis en retard, s'il vous plait, aidez-moi ! Merci beaucoup !
Perdi-me e estou atrasado(a), se faz favor, ajude-me! Muito obrigado(a)!

PRATIQUE

A VOIR / A FAIRE

HORAIRES

Les musées et sites touristiques respectent la plupart du temps les horaires de bureau, considérant que les employés méritent eux aussi d'avoir leur week-end, leurs vacances scolaires et leurs jours fériés. A part en été, ils sont donc ouverts du lundi au vendredi, généralement de 9h à 17h (avec parfois une fermeture pour la pause déjeuner).

A RÉSERVER

Il est conseillé de réserver certains sites, notamment ceux dont les visites sont uniquement guidées ou limitées en visiteurs : Caldeira Velha à São Miguel, grotte do Natal et grotte d'Algar do Carvo à Terceira (www.montanheiros.com), grotte das Torres à Pico… On vous suggère aussi et surtout de penser à réserver vos visites en haute saison.

BUDGET / BONS PLANS

Les prix des visites et des entrées dans les musées sont raisonnables, comptez entre 2 € et 8 € pour un adulte. A noter que de nombreux lieux se visitent gratuitement tout au long de l'année : les jardins, les plantations d'ananas de São Miguel, la fabrique de thé de Porto Formoso (www.chaportoformoso.com), la fabrique de céramique de Vieira à São Miguel…

LES ÉVÉNEMENTS

Les festivités et grands événements ne manquent pas sur l'archipel. Toute l'année, les neuf îles vivent au rythme des fêtes religieuses et traditionnelles (liste non exhaustive).

- **Carnaval (février)** : fête populaire et colorée très importante notamment à Graciosa.
- **Fête du Saint-Esprit (avril)** : événement religieux majeur dans tout l'archipel, il est célébré pendant huit semaines entre les dimanches de Pâques et de la Trinité.
- **Fête du Saint Christ des Miracles (mai)** : pendant trois jours, à São Miguel, c'est une fête extrêmement passionnée lors de laquelle de nombreux émigrants reviennent.
- **Fête de São João (juin)** : fête profane célébrée à Terceira. C'est à cette occasion que vous pourrez assister à la fameuse corrida à la corde.
- **Fête nationale (10 juin)** : férié dans tout l'archipel.
- **Semaine culturelle de Velas (juillet)** : dans la capitale de São Jorge de nombreux événements festifs et culturels pendant une semaine.
- **Fête du Bon Jésus Miraculeux (août)** : du 6 au 9 août, à Pico, l'île consacre une dévotion toute particulière à honorer le Bon Jésus Miraculeux.

Randonnée à Sete Cidades.

▶ **Fête de la Vierge (août) :** le 15 août, c'est une fête religieuse extrêmement importante partout aux Açores.

▶ **Festival Mare de Agosto (août) :** plus grand festival de l'archipel, chaque année, fin août, Santa Maria vit au rythme des concerts et des artistes nationaux et internationaux.

▶ **Fête des vendanges (septembre) :** à Pico et à Terceira, on fête la vigne et le vin au début du mois.

▶ **Angrajazz (octobre) :** marque la fin de la saison festive avec ce festival de musique jazz à Angra.

VISITES GUIDÉES

La plupart des musées proposent des visites guidées, mais elles sont généralement effectuées en portugais et en anglais (très rarement en français). Il vaut mieux les réserver.

LES ATTRAPE-TOURISTES

Les Açoriens sont adorables et il n'y a pas vraiment d'entourloupe sur l'archipel ! Les prix des entrées sont fixes et les faux guides inexistants.

LES PHRASES CLÉS

Bonjour, puis-je avoir deux entrées adultes et un enfant s'il vous plait ?
Bom dia, queria duas entradas para adultos e uma para criança, se faz favor?

Le tarif enfant est jusqu'à quel âge ? Et pour les seniors, est-ce qu'il y a une réduction ?
O preço para criança é até que idade? E para a terceira idade, há descontos?

Est-ce qu'il y a des visites guidées en français ou un audioguide ?
Há visitas guiadas em francês ou audioguiadas?

Combien de temps faut-il pour faire la visite ?
Quanto tempo demora a visita?

J'ai du mal à monter les escaliers, avez-vous un ascenseur ?
Não consigo subir as escadas, tem elevador?

Excusez-moi, pouvez-vous me dire où sont les toilettes ? Merci beaucoup.
Por favor, onde estão as casas de banho? Muito obrigado(a)!

PRATIQUE

SE RÉGALER

HORAIRES

Les horaires d'ouverture des restaurants aux Açores coïncident avec les nôtres : pour le déjeuner de 12h à 14h et pour le dîner de 19h à 22h. De nombreux établissements assurent un service non-stop durant la haute saison. Il peut être parfois difficile de dîner après 21h30, beaucoup d'établissements fermant à 22h. Certains n'ouvrent que pour le midi et le soir ; d'autres toute la journée, ce qui est pratique quand on a une petite faim ou quand on revient d'une longue randonnée. Les restaurants ferment généralement le lundi. Toutefois, on pourra toujours dénicher un petit coin pour s'offrir le poisson du jour ou un sandwich à la volée.

BUDGET / BONS PLANS

Vous pouvez grignoter sur le pouce pour 5 € ou 10 €, un repas local avec boissons vous coûtera environ 20 € et pour un repas plutôt haut de gamme comptez 35 € (boissons et vin compris).

EN SUPPLÉMENT

Les taxes sont toujours comprises dans les prix. Quant aux pourboires, ils sont toujours les bienvenus même si personne ne les attend vraiment. De 5 % à 10 % est la norme. Ne soyez pas pingre, mais évitez de donner de mauvaises habitudes.

C'EST TRÈS LOCAL

Aux Açores, la cuisine est très généreuse et les assiettes très copieuses. De nombreux restaurants proposent une formule buffet à volonté pour le déjeuner. On vous aura prévenus ! Spécialité locale par excellence : le *cozido* préparé à Furnas (São Miguel). C'est l'un des repas les plus pittoresques que vous pourrez goûter aux Açores. Ce pot-au-feu est composé de différents types de viandes et de légumes et sa spécificité réside dans son mode de cuisson. Placés dans une cocotte, on les fait bouillir pendant plusieurs heures dans les caldeiras de Furnas. À réserver 24h à l'avance ! Si vous cherchez le dépaysement, vous serez enchanté des restaurants typiques comme les *casa do pasto*. Dans une ambiance très locale et très campagnarde, vous y dégusterez des produits de qualité.

ENFANTS

Les enfants sont très bien accueillis aux Açores et la plupart des restaurants ont une formule « menu enfant » à la carte ainsi que des chaises hautes. Celles-ci sont souvent rangées, donc si on ne vous en propose pas une d'office en apercevant votre petite tête blonde, n'hésitez pas à poser la question !

© L.LIKA - SHUTTERSTOCK.COM

Cozido.

FUMEURS

Depuis 2015, la loi anti-tabac a été renforcée au Portugal, et donc aux Açores : interdiction de fumer dans les lieux publics, y compris pour les cigarettes électroniques. Et depuis le 1er janvier 2021, il est également interdit de fumer dans les espaces où de la nourriture ou des boissons sont servies, c'est-à-dire concrètement dans les bars et restaurants.

LES ATTRAPE-TOURISTES

Ici pas de rabatteurs, mais des établissements familiaux et conviviaux où touristes et locaux se mélangent.

LES PHRASES CLÉS

Bonjour, je voudrais réserver une table pour deux personnes pour ce midi ou ce soir.
Bom dia, queria reservar uma mesa para duas pessoas para o meio-dia ou esta noite.

Avez-vous un menu en français ou en anglais ?
Tem uma ementa em francês ou inglês?

Je suis végétarien, y a t-il des plats sans viande ?
Sou vegetariano(a), há pratos sem carne?

Je n'ai vraiment plus faim mais avez-vous une carte des desserts ?
Não tenho mais fome, mas posso ver a carta das sobremesas?

Puis-je avoir l'addition s'il vous plait ? Je peux payer par carte ou en espèces ?
Pode trazer a conta, por favor? Posso pagar com cartão ou em líquido?

C'était très bon, nous reviendrons. Merci et à bientôt.
Estava muito bom, voltaremos. Obrigado(a) e até à próxima!

PRATIQUE

FAIRE UNE PAUSE

HORAIRES

Les Açores, ce ne sont pas Ibiza, loin de là, mais il y a tout de même quelques endroits très sympathiques pour prendre un verre sur l'une des nombreuses terrasses de l'archipel. Plusieurs bars branchés se sont installés au bord de l'eau, sur les ports et le long des marinas. Ils sont parfaits pour admirer le coucher de soleil à l'apéro. La plupart restent ouverts jusqu'à 3h-4h du matin le week-end, pour ceux qui veulent festoyer tard. Prix corrects et ambiance garantie pendant l'été !

BUDGET / BONS PLANS

Comptez moins de 1 € pour un café, 1 € pour un soda et entre 0,50 € et 1,50 € pour une bière. Attention, dans de nombreux établissements la carte bancaire n'est pas acceptée.

A PARTIR DE QUEL ÂGE

C'est la législation européenne qui s'applique, la consommation d'alcool est donc interdite aux mineurs.

C'EST TRÈS LOCAL

Plusieurs boissons typiquement açoriennes pourront être servies pour l'apéritif. Côté bière, testez l'Especial, breuvage local. Côté vin, il faut absolument goûter ceux de Pico et de Terceira. Enfin, les liqueurs d'ananas ou de maracuja sont les spécialités de São Miguel. Sans alcool : goûtez le Kima, soda local à base de fruit de la passion.

LES PHRASES CLÉS

Bonjour, quelle est la spécialité de la maison ? Nous voulons découvrir.
Bom dia, qual é a especialidade da casa? Queremos descobrir.

Avez-vous de la place en terrasse ?
Tem mesa livre na esplanada ?

Quel est votre nom ? Je m'appelle… Ravi de vous rencontrer !
Qual é o seu nome? Chamo-me... Prazer em conhecer!

À votre santé ! Zut, j'ai renversé mon verre… pouvez-vous m'aider ?
À sua saúde! Ai, deixei cair o meu copo... pode ajudar-me se faz favor ?

C'était très bon. Nous allons reprendre la même chose s'il vous plait.
Estava muito bom. Vamos querer a mesma coisa, por favor.

PRATIQUE

(SE) FAIRE PLAISIR

HORAIRES

La plupart des magasins ouvrent de 10h à 12h30 et de 14h à 18h30, du lundi au vendredi, et le samedi de 10h à 13h. Les centres commerciaux, certains supermarchés et les boutiques d'artisanat sont ouverts en principe tout le week-end.

BUDGET / BONS PLANS

Si vous voulez faire du shopping, les prix sont plutôt intéressants. Prenez en compte que certains magasins n'acceptent pas la carte bleue, ayez donc toujours un peu de liquide sur vous si vous voulez faire des emplettes.

SOLDES

La législation concernant les soldes est la même qu'au Portugal. Depuis 2016, plus aucune période n'est imposée. Que ce soit pour les soldes d'hiver ou les soldes d'été, les commerçants, les boutiques et les grandes enseignes ont une totale liberté pour fixer ces périodes à n'importe quel moment de l'année.

C'EST TRÈS LOCAL

La céramique (notamment les fameux et fabuleux *azulejos*), la poterie, la vannerie, les couvertures en laine tissée de São Jorge, les bijoux en pierre de lave ou en écailles de poisson, la broderie font partie des savoir-faire de l'archipel. Emblématique également : les sculptures diaphanes en moelle de figuier. Pour les gourmands : le fromage de São Jorge, le thé, la confiture d'ananas, les liqueurs en tout genre, les boîtes de thon, les vins de Pico ou encore les *queijadas*, petits gâteaux typiques au fromage frais et à la cannelle…

LES ATTRAPE-TOURISTES

Ce n'est pas vraiment un attrape-touristes et pas vraiment illégal, mais on préfère quand même vous mettre en garde. Le *scrimshaw*, sculptures réalisées sur des os ou des dents de cachalot, n'est plus un souvenir très prisé aujourd'hui. Depuis l'interdiction de la chasse aux cétacés dans les années 1980, les graveurs ont perdu leur matière première, ne pouvant plus compter que sur les vieux stocks de dents pour exercer leur art. Ces stocks se sont doucement épuisés et les pièces de *scrimshaw* ont peu à peu disparu des boutiques des Açores. À noter si vous en dénichez une chez un brocanteur, ce commerce est très réglementé et les pièces existantes sont en principe toutes enregistrées pour éviter les infractions. Rien ne semble attester de l'authenticité de votre *scrimshaw* ? Prudence, vous avez peut-être en main une simple copie en résine.

LES PHRASES CLÉS

Bonjour, c'est superbe, mais combien ça coûte ?
Bom dia, gosto muito, quanto custa?

Vous auriez ma taille ? Où se trouvent les cabines d'essayage ?
Tem o meu tamanho? Onde estão os provadores?

Est ce que je pourrai vous le rapporter et l'échanger si ça ne va pas ?
Posso trazer de volto e trocar se não servir?

J'ai trop dépensé aujourd'hui, pouvez-vous me faire une réduction sympa ?
Gastei muito dinheiro hoje, pode me fazer um desconto simpático se faz favor?

Je prendrai celui-ci. Pouvez-vous me faire un paquet cadeau ?
Vou levar isto. Pode embrulhar, se faz favor?

Vous prenez la carte de crédit ? Où puis-je trouver un distributeur de billets ?
Aceita cartão de crédito? Onde posso encontrar uma caixa multibanco?

BOUGER & BULLER

BUDGET / BONS PLANS

La randonnée est l'activité par excellence aux Açores, et évidemment elle est gratuite. Vous ne serez jamais rassasié des routes, chemins et paysages que ces balades vous offriront. Pour les cartes, rapprochez-vous des offices de tourisme de chaque île, ils seront également en mesure de vous offrir de la documentation et des informations très détaillées sur cette activité reine aux Açores. Vous pouvez aussi aller sur ce site officiel, très complet et vraiment pratique, qui recense les randonnées aux Açores : trails.visitazores.com (disponible en français) propose un réseau de circuits de randonnée classifiés par le gouvernement régional des Açores pour leur sûreté et pour la beauté des paysages.
À savoir : ce site fait une mise à jour quotidienne des sentiers qui sont fermés pour cause d'éboulement ou de mauvaise météo.

São Miguel. De par sa taille, São Miguel offre de nombreuses possibilités de parcours. C'est en effet l'île la plus visitée de l'archipel et la plus adaptée pour recevoir les touristes. Ainsi, certains sentiers sont bien balisés. Parmi les randonnées les plus spectaculaires, ne manquez pas celles autour de Sete Cidades et ses deux lacs, celle du Lagoa do Fogo (PRC02 SMI) ou encore celle de Lombadas, qui vous fera traverser végétation et cours d'eau dans le creux de la vallée.

À Santa Maria, la randonnée reliant les deux plages de sable blanc de l'île est incontournable (PR06 SMA), tout comme celles qui mènent aux géosites de l'île comme Ribeira do Maloas.

À Pico, l'ascension du volcan et du plus haut sommet du Portugal est un véritable défi qui attend les voyageurs les plus sportifs, et qui les récompensera d'une vue exceptionnelle sur toutes les îles du groupe central de l'archipel.

Sur Faial, la caldeira et la région de Capelinhos offrent quelques randonnées spectaculaires (respectivement PRC04 FAI et PRC06 FAI) pour se plonger dans les paysages volcaniques de l'île. Une grande route traverse cette dernière d'est en ouest sur environ 37 km.

Sur São Jorge, les fajãs sont de véritables terrains de jeux pour les randonneurs, certaines n'étant accessibles qu'à pied, comme la Fajã da Caldeira do Santa Cristo (PR01 SJO) ou encore la Fajã dos Bodes (PR03 SJO).

Sur Graciosa, on ne manquera pas la randonnée qui fait le tour de la caldeira (PR02 GRA) pour voir de plus près cette formation volcanique impressionnante. Quelques chemins quadrillent le reste de l'île pour la découvrir à pied, dont le plus long fait 40 km (Grande Route de Graciosa).

À Terceira, la côte escarpée, ses falaises basaltiques et les bords déchiquetés du littoral se dévoilent le long d'une randonnée époustouflante à Baias da Agualva (PR02 TER). L'île propose quelques randonnées dans ses parcs naturels, comme celle qui traverse Serreta et sa forêt (PRC03 TER).

Flores est sillonnée par quatre sentiers de randonnée et une grande route. Au programme, la découverte de la côte et des fajãs de l'île telles que la Fajã Grande (PR02 FLO) et la Fajã de Lopo Vaz (PRC04 FLO). Sur sa côte ouest, on pourra traverser des paysages non seulement parmi les plus extraordinaires que l'on puisse trouver en Europe, mais aussi les plus variés, au sein d'une végétation pour laquelle le qualificatif luxuriant semble avoir été spécialement inventé.
Des falaises de plusieurs centaines de mètres de Fajã Grande griffées de cascades vertigineuses aux paisibles lacs de volcans et au vigoureux rocher des Bordões, le randonneur ne cesse d'être émerveillé.

Enfin Corvo, la plus petite île de l'archipel, se découvre parfaitement à pied et se prête particulièrement bien à la marche. Vous pourrez rejoindre depuis Vila do Corvo le site naturel de Caldeirão (PR01 COR), la grande caldeira de l'île remplie de lagunes, et en faire le tour (PR02 COR). Ce sont les deux seules randonnées officielles de l'île.
Toujours en rapport avec l'océan, la baignade est une activité à pratiquer librement, gratuitement et dans des lieux divers et insolites : lacs, piscines naturelles, sources chaudes… les options sont sans fin.

C'EST TRÈS LOCAL

L'archipel dispose de quelques spots de surf assez fabuleux, avec des « vagues hawaïennes » selon certains locaux. L'un des endroits les plus prisés est la Fajã do Santo Cristo, à São Jorge. Un autre endroit très couru des surfeurs est la plage de Santa Bárbara, dans la municipalité de Ribeira Grande, sur l'île de São Miguel.

VOS PAPIERS SVP

Les Açores cachent quelques beaux spots de plongée. On trouvera des centres sur toutes les îles. Les possibilités de plonger avec bouteille sont très nombreuses. Comme les côtes sont d'origine volcanique, c'est une merveille de flâner entre les arches, les débris de quelques effondrements de falaises, les tunnels, les grottes... De nombreuses variétés d'épaves attendent les plus téméraires, les corsaires ayant particulièrement apprécié la région il y a quelques siècles… Mais pour découvrir tout cela, n'oubliez pas de vous munir de vos certificats de plongée (hors baptême).

A RÉSERVER

On vous recommande de réserver vos sorties pour l'observation des cétacés. Même si les agences sont nombreuses et présentes sur quasiment toutes les îles, c'est une activité très demandée. De plus, pour respecter les animaux, les embarcations sont de petites tailles et ne peuvent embarquer qu'un nombre limité de passagers.

LES ÉVÉNEMENTS

- **Fête de la mer (août) :** multitude de festivités à Horta, sur l'île de Faial.
- **Semaine des baleiniers (août) :** la dernière semaine du mois, à Lajes do Pico, la petite ville célèbre les chasseurs de baleine.

LES ATTRAPE-TOURISTES

L'observation des cétacés peut être pratiquée tout au long de l'année, mais vous n'êtes pas dans un aquarium alors gardez en tête qu'il n'est jamais sûr à 100 % de voir ces monstres des mers. D'autre part, ces sorties en mer peuvent être très perturbées par les conditions météorologiques capricieuses. Alors oui, ces excursions sont possibles toute l'année, mais ne vous laissez pas embobiner par certaines personnes qui laisseraient entendre que vous apercevrez dauphins, baleines et cachalots à coup sûr.

LES PHRASES CLÉS

Bonjour, comment puis-je me rendre à… ? Est-ce loin ?
Bom dia, como posso ir até... - É longe?

J'aimerais aller courir. Il y a un coin sympa pour cela dans la ville ?
Gostaria de correr. Há um local simpático para correr por aqui?

J'adore cuisiner. Savez-vous où je peux trouver des cours de cuisine ?
Adoro cozinhar. Sabe onde posso ter aulas de cozinha?

Vous pourriez m'indiquer une salle de sport pas très loin ?
Pode indicar-me uma sala de desporto perto daqui?

Quel est le sport national ?
Qual é o desporto nacional?

Pensez-vous que nous pourrions voir cela ou même participer ?
Acha que poderíamos ver isso ou até participar?

HORAIRES

Sur l'archipel, ce n'est pas la fête comme à Lisbonne, et les fêtards avertis s'en rendront compte rapidement. Cela dit, les gens ne se couchent pas spécialement tôt, en été tout du moins. On discute sur les places, dans les cafés, devant la télévision, dans les jardins. Les insulaires adorent faire des barbecues, notamment dans les belvédères qui longent les côtes, où sont parfois installés des équipements adéquats, ou encore dans les parcs naturels. Ne vous attendez donc pas à vous coucher au petit matin (même si cela est toujours possible), mais plutôt à prendre le temps de regarder autour de vous, assis à la terrasse d'un café, et à rencontrer d'autres gens qui aiment bien engager la conversation.

BUDGET / BONS PLANS

Les entrées en discothèque sont souvent gratuites. À l'intérieur, comptez 1 € pour une bière, 2 € à 4 € pour un verre de vin et à partir de 5 € pour un cocktail.

A RÉSERVER

Pas besoin de réserver vos soirées en discothèque !

TRANSPORTS NOCTURNES

Les transports en commun ne sont déjà pas forcément très développés pendant la journée, alors la nuit on vous laisse imaginer… Il y a peu, voire pas, de bus les soirs et les week-ends. Si vous sortez, vos options pour rentrer seront votre voiture de location ou un taxi !

A PARTIR DE QUEL ÂGE

Légalement, il faut être majeur et donc âgé d'au moins 18 ans pour pouvoir entrer en boîte de nuit.

FUMEURS

Depuis 2015, la loi anti-tabac a été renforcée au Portugal et donc aux Açores : interdiction de fumer dans les lieux publics, y compris pour les cigarettes électroniques. Et depuis le 1er janvier 2021, il est également interdit de fumer dans les espaces où de la nourriture ou des boissons sont servies, c'est à dire concrètement dans les bars et restaurants.

LES PHRASES CLÉS

Bonsoir, comment puis-je me rendre à…
Boa noite, como posso ir até…

Est ce que cet endroit est tranquille ? Il n'y a pas de problème de sécurité ?
É um lugar tranquilo? - Não há problemas de segurança?

J'aimerais voir un spectacle typique ! Qu'est-ce qu'il y a en ce moment ?
Gostaria de ver um espetáculo típico daqui? O que há neste momento?

Je ne comprends pas… pouvez-vous répéter s'il vous plait ? Merci.
Não percebo... pode repetir, por favor? Obrigado(a)!

Est-ce que je peux vous offrir un verre ? Quel est le meilleur cocktail de la maison ?
Posso oferecer-lhe um copo? Qual é o melhor cocktail da casa?

J'ai la gueule de bois, auriez-vous quelque chose pour que j'aille mieux ?
Estou com ressaca, tem alguma coisa para me sentir melhor?

SE LOGER

BUDGET / BONS PLANS

Il est beaucoup plus facile de se loger dans l'archipel qu'il y a quelques années. Des hôtels assez luxueux ont ouvert leurs portes tout récemment, principalement à São Miguel, Santa Maria et Terceira. Partout on trouve de petits établissements à l'ambiance familiale et aux prix tout doux. Des petites pensions, au confort parfois sommaire, sont à découvrir en demandant au patron du bistrot. Depuis ces toutes dernières années, de nombreuses auberges de jeunesse ont ouvert leurs portes sur l'archipel. Flambant neuves, elles sont très confortables et bien équipées : un très bon rapport qualité-prix (www.pousadasjuvacores.com).
Vrai bon plan au plus proche de la nature : le camping. Ils sont gratuits ou ne coûtent qu'une poignée d'euros, et les plus importants sont même équipés d'un restaurant, d'un bar... Certains, mentionnés dans le guide, constituent une heureuse alternative aux hôtels conventionnels pour les petits budgets ou les amoureux des lieux insolites. Le camping sauvage est en principe autorisé après accord du propriétaire du terrain, sauf sur le territoire des parcs naturels.
À noter toutefois : les prix flambent sur São Miguel en été... Les tarifs passent facilement du simple au double, voire au triple, de la basse à la haute saison. L'île se sature de touristes de juin à septembre, et les prix s'en ressentent. Pour éviter de payer le prix fort, voire de ne plus du tout trouver de logement dans votre budget, nous vous recommandons de réserver très en avance, à savoir avant la fin du mois de février pour un voyage en août.

- **Petits budgets :** quelques euros pour un emplacement dans un camping, à partir de 10 € pour une nuit en dortoir dans une auberge de jeunesse et entre 35 € et 60 € pour une chambre double dans une pension.
- **Budgets intermédiaires :** de 60 € à 100 € pour une chambre double.
- **Gros budgets :** à partir de 100 € la chambre double.

A RÉSERVER

Quel que soit votre choix pour l'hébergement, nous vous conseillons de réserver. En été c'est une obligation, car les touristes affluent et la demande est très importante. En hiver, il faut se renseigner, car de nombreuses structures ferment durant les mois de la basse saison.

C'EST TRÈS LOCAL

Le Turismo em Espaço Rural (TER), dans un cadre prestigieux et familial, est très développé. Il existe cinq catégories de TER : le Turismo de Habitação (TH) est généralement assez chic (anciens manoirs...) ; le Turismo Rural (TR) ressemble davantage au gîte ; l'Agro Turismo (AG) est situé dans une exploitation agricole,

© EVGENI FABISUK - SHUTTERSTOCK.COM

Nordeste, sur l'île de São Miguel.

et les clients peuvent éventuellement participer aux activités de la ferme ; la Casa do Campo (CC) est une maison typique à louer ; enfin, le Turismo de Aldeia (TA) regroupe au minimum cinq maisons dans une sorte de petit village. Le TER implique (sauf CC) une présence constante du propriétaire qui, par sa bonne connaissance du pays, doit pouvoir répondre à toutes les attentes de ses hôtes. En général, le petit déjeuner est inclus dans le prix, mais il n'y a pas forcément de restaurant, et il convient parfois de signaler auparavant si l'on désire dîner. A vous de dénicher l'adresse qui vous conviendra le mieux. Pour une bonne adresse de tourisme rural aux Açores, en plus de celles que vous trouverez dans le guide, on vous conseille le site de l'association Casas Açorianas (www.casasacorianas.com), qui référence plus de 200 hébergements ruraux de qualité.

POUR LES GOURMANDS

Les petits déjeuners, notamment dans les hébergements ruraux, sont composés des bons produits de l'île : thé local, confitures maison, fromages et charcuteries du pays…

FUMEURS

De nombreux hébergements sont non-fumeurs.

LES PHRASES CLÉS

Bonjour, avez-vous de la disponibilité pour une chambre double pour ce soir ou demain soir ?
Bom dia, tem algum quarto duplo para esta noite ou amanhã à noite?

Avez-vous un code wifi… les enfants ne tiendront pas sans !
Tem código wifi... as crianças não vão aguentar sem internet!

C'est bruyant, est ce que je peux changer de chambre ?
Há muito barulho, posso mudar de quarto por favor?

Jusqu'à quelle heure est-ce que nous pouvons aller à la salle de sport et à la piscine ?
Até que horas podemos ir para a sala de desporto e piscina?

Est-ce que je peux laisser mon bagage et revenir plus tard le récupérer ?
Posso deixar a minha bagagem e recuperar mais tarde?

Est-ce que vous pouvez nous appeler un taxi ? Merci beaucoup.
Pode me chamar um táxi, por favor? Muito obrigado(a)!

VIE QUOTIDIENNE

ALLO ?

Pour appeler les Açores vers la France, composez le +33 suivi du numéro de votre correspondant sans le 0.

Pour appeler de France vers les Açores, composez le +351 + code régional (296 ou 295 ou 292) + le numéro local à 6 chiffres.

Téléphoner de France vers un téléphone mobile aux Açores : 00 + 351 + 9 chiffres.

Le prix des télécommunications varie en fonction de la destination, de l'heure et du jour de la semaine. Les appels locaux sont cantonnés à une même ville ou une ville adjacente distante de moins de 10 km. Les appels régionaux sont inférieurs à 50 km, ensuite commencent les appels nationaux. Les tarifs sont effectués à la seconde ; tous les jours de 21h à 9h du matin (1 heure de moins qu'à Lisbonne et Madère), vos appels nationaux et internationaux sont moins chers. Attention cependant si vous téléphonez de votre hôtel, les tarifs sont variables et la note peut s'avérer salée ! Renseignez-vous au préalable.

Téléphonie : sur toutes les îles, il y a pratiquement partout la 3G ou la 4G. De plus, de nombreux établissements (hôtels, restaurants) proposent le wifi gratuitement à leurs clients. Enfin, sachez que depuis le 15 juin 2017, le tarif des communications est le même dans les 28 pays de l'UE, dont le Portugal, donc les Açores. Vous pourrez y utiliser votre portable ; il faudra cependant faire doublement attention pour ne pas exploser votre forfait : toutes les communications locales sont facturées au tarif étranger et le volume de données est plafonné en fonction de votre forfait français. Renseignez-vous auprès de votre opérateur avant votre départ.
Si vous souhaitez garder votre forfait français, il faudra avant de partir activer l'option internationale (généralement gratuite) en appelant le service clients de votre opérateur. Le portable passe quant à lui sans problèmes, sur toutes les îles et même sur certains sentiers reculés de randonnée !
Si votre portable est débloqué, il est aussi toujours possible d'acheter une carte SIM locale rechargeable dans les magasins des opérateurs PT Telecom ou TMN par exemple.

ACCESSIBILITÉ

Quelques infrastructures pour personnes handicapées sont présentes dans les hôtels et restaurants, mais pas toujours dans les bus de l'archipel. Mieux vaut donc voyager en taxi pour les personnes à mobilité réduite, ou être accompagnées d'une personne qui conduira une voiture de location. D'une manière générale, des progrès restent encore à faire malgré l'évolution très nettement positive des dernières années.

SANTÉ

La plupart des médecins açoriens ont de bonnes notions de français et, si vous avez de la chance, vous pouvez même en rencontrer un bilingue ! Si vous tombez malade aux Açores, n'ayez crainte, vous serez bien soigné. Rappelez-vous que vous êtes en Europe et que le système de soins est aussi performant qu'au Portugal continental ou en France. L'hôpital le mieux équipé reste celui de Ponta Delgada sur l'île de São Miguel. Pour les plongeurs, en cas de besoin, il y a des caissons hyperbares à Ponta Delgada, Horta, Santa Cruz das Flores.
Quant aux pharmacies, une croix verte permet de les repérer. Celles qui sont de garde sont indiquées sur la porte de leurs consœurs fermées, mais il faut parfois faire quelques kilomètres pour y parvenir. La plupart des petites villes sont équipées de *Centro de Saúde* qui peuvent vous dépanner… (gros coup de soleil ou épines d'oursin dans le pied !). N'oubliez pas de vous munir de la carte européenne d'assurance maladie à demander à votre caisse d'assurance maladie au moins 15 jours avant le départ.

URGENCES SUR PLACE

Partout au sein de l'Union européenne, le 112 est le numéro d'appel d'urgence pour contacter une ambulance, les pompiers ou la police. À titre indicatif, le Portugal (et donc les Açores) fait partie des pays ayant abandonné leurs propres numéros d'appels d'urgence au profit du 112. Qu'il soit composé depuis une cabine téléphonique, un poste fixe ou depuis un portable, ce numéro, accessible 24h/24, est gratuit.

LGBTQ

Les homosexuels sont aussi bien acceptés aux Açores qu'au Portugal continental, c'est-à-dire sans hostilité marquée, mais avec la défiance et parfois le dédain non caché d'un pays catholique et assez traditionnel. Vous trouverez, çà et là, des bars gays (principalement à Ponta Delgada). Les lieux ne sont cependant pas toujours clairement indiqués, par souci de ne pas trop se faire remarquer… Certains préjugés demeurent, hélas !

AMBASSADE ET CONSULATS

Deux agences consulaires sont présentes aux Açores, l'une à Ponta Delgada et l'autre à Faial.

POSTE

Le courrier express, type Chronopost, fonctionne bien, officiellement. On a cependant déjà vu un paquet mettre 10 jours avant d'arriver en France. Pour une raison mystérieuse, le courrier reste 24 heures à l'aéroport avant de rejoindre sa destination finale, et cela de façon systématique. Selon les îles, un pli express Paris-Açores met donc en principe 48 heures pour atteindre son destinataire, mais 72 heures dans l'autre sens. Quant au courrier ordinaire, il faut compter en moyenne un mois pour que vos belles cartes postales traversent l'Atlantique. Les boîtes aux lettres sont rouges ; vous en trouverez dans les villes principales, bien sûr, ainsi que dans les localités secondaires (selon leur taille).

MÉDIAS LOCAUX

Dépendant du Portugal, les Açores offrent les mêmes médias que la métropole, et disposent par ailleurs de quelques supports spécifiques. Insularité oblige, toutes les îles ne disposent pas des mêmes stations radio. Par ailleurs, il n'est pas dit que vous puissiez capter la même fréquence entre deux localités d'une même île. Si vous voyagez d'île en île, il faudra donc vous familiariser avec le poste d'autoradio de votre voiture ! Comme pour la télévision, vous trouverez sur le territoire açorien les mêmes journaux et magazines qu'au Portugal, ainsi que quelques titres spécifiques à l'archipel, voire aux îles.

LES PHRASES CLÉS

Bonjour, mon téléphone ne fonctionne pas, pouvez-vous m'aider s'il vous plait ?
Bom dia, o meu telefone não funciona, pode ajudar-me, por favor?

Je ne me sens pas bien, pouvez-vous m'amener à l'hôpital le plus proche ?
Não me sinto muito bem, pode levar-me até ao hospital mais próximo?

Est-ce que vous avez un médecin qui parle français ?
Tem um médico que fala francês?

Je viens de me faire voler mes papiers, où est le poste de Police le plus proche ?
Roubaram-me os papéis, onde está o posto de polícia mais próximo?

Est-ce un quartier dangereux ou je peux y aller sans crainte ?
É uma zona perigosa ou posso ir sem medo?

Avez-vous des timbres pour une carte postale à envoyer en France ? C'est combien ?
Tem selos para enviar um postal para França? Quanto é?

PASSPORT

DÉCOUVRIR

En plein milieu de l'océan Atlantique, à mi-chemin entre l'Amérique et l'Europe, les neuf îles de l'archipel ont un caractère singulier. Partout l'océan, frangé de l'écume de ses vagues, donne à voir l'infini. Véritable paradis écologique, les Açores sont un havre de paix dont les teintes fascinent le voyageur. Les multiples nuances de vert déclinées par les îles sont rehaussées de-ci de-là par le bleu persistant des hortensias qui bordent routes et chemins. Toutes les couleurs sont amplifiées par le soleil qui perce les nuages. Les origines volcaniques de l'archipel offrent des paysages spectaculaires, de la caldeira de Sete Cidades aux 2 351 mètres du mont Pico. Côtes de basalte déchiquetées et lacs émeraude feront le bonheur du randonneur en quête d'une nature sauvage et préservée. Partout, parmi les innombrables richesses que recèle chacune des îles, se cache un trésor qu'il vous faudra aller débusquer.

UNE TERRE BRÛLANTE : LES VOLCANS

L'origine volcanique des Açores est évidente. Paysages martiens, vestiges laviques, stigmates des éruptions et fumerolles évanescentes témoignent d'une activité présente partout. Les traces laissées sont fascinantes et spectaculaires. Les constellations de caldeiras côtoient les plages de sable noir. Les geysers frôlent le vert des prairies. Les cascades effleurent les grottes. Les Açores puisent leurs forces et leurs faiblesses dans la nature, car c'est tout d'abord le phénomène volcanique qui les a fait surgir de la terre et de la mer. Entre mystères et catastrophes, ce bout du monde est une fissure brûlante au milieu de l'océan. Volcans et lacs, territoire bleu et vert au cœur de feu, les Açores sont indissociables des volcans. Et pour comprendre l'archipel et percer ses secrets, il faudra partir à leur découverte. Bienvenue dans un monde d'éruptions cataclysmiques, de sols qui crachent et d'eaux qui bouillonnent.

Pourquoi des origines volcaniques ?

L'archipel des Açores se situe sur la dorsale médio-atlantique. Cette dernière, au milieu de l'océan, est l'une des zones sismiques et volcaniques les plus actives de la Terre. Lorsque cette carapace se craquelle, la terre tremble et les sols sont en émois. Les 9 îles sont proches du point de jonction de plusieurs plaques tectoniques majeures (la plaque nord-américaine, la plaque eurasiatique et la plaque africaine), ce qui explique la dynamique volcanique. C'est aussi ce que l'on appelle le point chaud des Açores, il est à l'origine de la création de l'archipel. Les volcans des Açores sont toujours en activité et même si leur vigueur peut paraître latente, elle est belle et bien présente. En 1957, un volcan surgissait de nulle part sur Faial, détruisant un village ! Le dernier tremblement de terre sur l'île date de 1998 et la dernière éruption sous-marine a secoué le volcan Serreta, au large de Terceira, en 1999-2000.

Des kaléidoscopes de paysages volcaniques

Cette activité volcanique est aujourd'hui à l'origine de la diversité des paysages que vous pourrez rencontrer sur les 9 îles de l'archipel. Du cœur des terres au littoral, les empreintes de ce passé tumultueux sont présentes. Les coulées de lave ont parfois atteint la mer, laissant place à des plages de sable noir, à des roches nues donnant sur l'immense océan. Des décors apocalyptiques et magiques. A l'intérieur, la terre est vivante, elle frémit avec ses fumerolles, elle palpite avec ses geysers et elle bouillonne avec ses mares de boue. Les sources chaudes sont la bénédiction de ce pays des volcans et les coulées de lave ont sculpté des cavernes fantastiques. A Pico par exemple, un immense tunnel de magma dont l'entrée s'est effondrée laisse la possibilité aux visiteurs de descendre au cœur de la coulée. Sur l'île de Terceira également, **Algar do Carvão** ★★ (p.218) est une grotte où l'on pénètre carrément au cœur de l'ancienne cheminée d'un volcan. A Flores, de magnifiques cascades chutent des caldeiras et s'ouvrent au cœur de la jungle. Les panoramas sont sans fin, tous plus beaux les uns que les autres.

L'archipel selon Nemésio

Cet écrivain portugais né sur l'île de Terceira a parfaitement illustré les Açores et sa nature volcanique : « La vie açorienne ne date pas spirituellement de la colonisation des îles ; elle se projette plus loin dans un passé tellurique, que les géologues convertiront en temps, si tel est leur souhait. En tant qu'hommes, nous sommes historiquement liés au peuple dont nous venons, et nous sommes enracinés dans l'environnement de collines et de vallées de lave dont les entrailles exhalent une émanation qui nous pénètre. Pour nous, la géographie a le même sens que l'histoire, et ce n'est pas sans raison que nos traces écrites enregistrent cinquante pour cent de tremblements de terre et de raz-de-marée. Comme les sirènes, notre nature est double : de chair et de pierre. Nos os s'enfoncent dans les profondeurs de la mer ». Et c'est partout, sur chaque île, dans chaque recoin que cet environnement revêt son manteau de lave et de poussière de soufre, sa personnalité explosive et ardente. Partons pour un petit itinéraire (non exhaustif) des endroits à ne pas manquer, volcaniquement parlant !

À Pico, le point culminant

A Pico, le pic du volcan tranche avec l'azur céleste et se reflète dans le lac qui fait office de miroir. Tout autour des camaïeux de vert et des vaches ! Ponta do Pico est le point culminant du Portugal à 2 351 mètres d'altitude. Son cône

Le mont Pico.

volcanique parfait incite à s'en approcher. C'est une belle ascension qui vous attend et le panorama est époustouflant par beau temps. Tout là-haut, vous prendrez conscience de la rusticité des champs de lave que les locaux nomment « terres de biscuits », à cause de leur aspect de croûtes irrégulières. A flanc de falaise, les maisons sont érigées en pierres volcaniques et témoignent de l'ingéniosité des habitants à utiliser ce qui les entoure, ce qui caractérise leur île. Les terres volcaniques sont propices à la culture de la vigne : la production du Verdelho de Pico s'est intensifiée depuis quelques années et prouve une nouvelle fois que les caprices de la nature açorienne sont aussi une force si l'on sait comment les utiliser.

À São Miguel, les fumerolles du lac de Furnas et Sete Cidades

L'île de São Miguel offre plusieurs spots dignes d'y faire un tour. Il y a tout d'abord le **lac de Furnas** (p.162) et son atmosphère fantasmagorique. Le sol fume de partout, l'eau jaillit et l'odeur de soufre agresse les narines ! Vingt-deux sources naturelles à vocation médicinale. Prenez le temps de faire une pause et de vous baigner dans l'une de ces piscines chaudes et sulfurées. A l'ouest de l'île, il y a Sete Cidades et ses majestueuses caldeiras. Ces dernières sont le signe de l'effondrement du cœur d'un volcan. Quand la partie supérieure s'écroule, le cratère s'ouvre alors sur une vaste béance que l'on appelle caldeira. Aux Açores, elles s'emplissent d'eau aux couleurs surnaturelles et créent des lacs subjuguant. Sete Cidades est un haut lieu touristique de São Miguel et offre une vue plongeante sur deux caldeiras jumelles remplies d'eau turquoise. Enfin, au centre de l'île, ne faites pas l'impasse sur les lacs du cratère de Fogo.

Faial, Flores et Corvo ne sont pas en reste

Chaque île témoigne à sa manière de son caractère volcanique. Dans les Açores centrales, à Faial, le volcan de Capelinhos a vu le jour en 1957 ! Soit, il y a seulement un peu plus de 64 ans. Tout est encore possible, le pays est en perpétuelle évolution, ses sites en constante mutation. Le volcan de Capelinhos et son horizon de désert de cendres sont impressionnants. Du côté des Açores occidentales, les lacs de cratère ont des allures de paysages auvergnat ou écossais et se prêtent parfaitement à la randonnée et aux promenades. A Flores, le mont du Morro Alto, point culminant de l'île, est un lieu majestueux où la nature est reine et où le panorama ne vous laissera sûrement pas indifférent. A Corvo, l'imposant cratère Caldeirão est la principale attraction de ce petit bout de terre. Profond d'environ 300 mètres et d'un périmètre de plus de 3 400 mètres, cette merveille de la nature abrite deux superbes lacs. Aucune île n'est à négliger, chacune apporte son lot de surprises, de couleurs et d'émerveillement.

OBSERVATION DES CÉTACÉS

L'archipel est un écosystème aux caractéristiques uniques. Vingt-quatre espèces de baleines et de dauphins peuplent les eaux des Açores. Ce nombre est particulièrement impressionnant, car il correspond à un tiers de la totalité des espèces existant dans un biotope unique. Les cétacés sont les animaux les plus notables et le pays est l'un des plus grands sanctuaires de baleines au monde. Cachalots majestueux ou sympathiques dauphins, espèces résidentes ou migratrices, communes ou rares, ces rencontres sont toujours fascinantes. On observe principalement les baleines à Pico et à Faial, de mai à septembre au cours de leur migration. Ce sont les lieux et mois conseillés pour observer le maximum d'espèces, mais vous pouvez être chanceux quasiment tout au long de l'année. On vous aura prévenu, les Açores c'est la nature à l'état pur et le spot idéal pour observer les cétacés. Écarquillez grand vos yeux et ouvrez grand vos oreilles pour ne pas manquer le fameux « Baleine en vue ! ».

Définition d'un cétacé

Les cétacés (du grec *ketos*, « monstre marin ») sont des mammifères. La principale différence physique qui les oppose aux poissons est leur nageoire caudale : la queue des poissons évolue de manière horizontale (de gauche à droite et inversement) tandis que la nageoire des cétacés se meut verticalement (de haut en bas). Les cétacés sont des êtres à sang chaud qui respirent grâce à des poumons. Le petit se nourrit du lait maternel. L'ordre des cétacés est divisé en deux sous-ordres : les odontocètes possèdent des dents et n'ont qu'une seule narine alors que les mysticètes sont pourvus de fanons cornés, des filtres à nourriture, et de deux narines. Il existe environ 80 espèces de cétacés dont certaines restent fort méconnues des chercheurs. La chasse, la pêche et la pollution mettent à mal bon nombre d'entre elles, et certaines sont très menacées, mais vous pourrez rencontrer de nombreux cétacés. Toutes les visites sont fructueuses et le simple fait de partager quelques instants avec des dauphins assure des souvenirs magiques et inoubliables.

Ponte Delgada, observation des dauphins et des baleines.

À la recherche des cétacés

C'est une expérience unique et incontournable des Açores. Difficile de se rendre sur l'archipel et de ne pas tenter sa chance. Même si certaines îles sont plus propices à l'observation des cétacés, vous pourrez prendre la mer et partir à leur recherche sur quasiment toutes. A Ponta Delgada, les opérateurs spécialisés œuvrent même toute l'année. A Terceira, l'offre est variée et de nombreux programmes allient hébergements et activités en mer. Faial, São Jorge et Pico forment ce que l'on appelle le Triangle et constituent la zone idéale pour l'observation des baleines et autres animaux marins. A Faial, les excursions en mer partent du célèbre port d'Horta, elles sont accompagnées par des guides scientifiques et des techniciens formés à l'université des Açores. Enfin, Pico est l'île où la tradition baleinière est la plus fortement enracinée et c'est sur ce bout de terre que tout a commencé. C'est ici que l'offre est la plus dense et c'est ici que vous aurez le plus de chance de voir ces monstres. Pico et Faial abritent aussi musées et centres ethnographiques.

Qui ? Quoi ? Comment ?

L'observation des cétacés est une activité ouverte à tous. Il n'y a pas d'âge pour pouvoir admirer la beauté de la nature ! Les sorties étant relativement longues (comptez au moins 3 h en mer), nous vous conseillons tout de même de ne pas embarquer avec des enfants de moins de 5 ans, pour qui la balade pourrait s'avérer un peu longue… D'autant plus si la mer est agitée ! Il est parfois difficile de supporter un océan un peu colérique pour les adultes, alors n'imposez pas cela à des tout-petits. Pour votre sortie, pensez à emporter des vêtements adaptés, un cachet contre le mal de mer si les conditions ne sont pas des plus calmes, de l'eau, un encas et bien sûr votre appareil photo et/ou votre caméra pour immortaliser ces moments uniques.

Armez-vous de patience et savourez

On ne prend pas la mer au hasard ! Les sorties sont dûment préparées et on vous donnera de nombreuses explications sur les cétacés ainsi que les précautions à prendre pour ne pas interférer avec la vie marine. On vous donne quelques conseils pour mettre toutes les chances de votre côté : fixez toujours la mer et concentrez-vous sur le repérage des souffles de baleines (plus facile à apercevoir). Si vous êtes chanceux, pendant l'observation, vous vivrez des moments qui n'arrivent qu'une fois dans une vie. Un aileron de dauphin à l'horizon, un jet d'eau de baleine qui surgit et vous surprend et pourquoi pas croiser le roi des Açores, le cachalot… Appréciez le moment et immortalisez-le. Votre appareil photo est indispensable pour enregistrer cette rencontre unique. Si toutefois vous n'avez pas la chance d'observer les cétacés, ne vous découragez pas ! Même si évidemment l'expérience n'est pas la même, il y a aussi des opportunités à terre. De nombreux musées et centres d'interprétation vous permettront de découvrir ces mammifères fascinants. Enfin, n'hésitez pas à grimper dans un des anciens postes de surveillance. Ils sont répartis dans les points stratégiques des différentes îles et offrent des panoramas étonnants. Quelle que soit votre aventure, elle sera fantastique. Et gardez en tête qu'il s'agit d'un incontournable. Seuls très peu de lieux au monde offrent la possibilité de les observer dans leur milieu naturel, de si près et toute l'année.

Des cétacés protégés

Compte tenu du développement de l'activité d'observation des cétacés, il est important d'instaurer des règles pour respecter les animaux et ne pas les déranger. Nous vous rappelons que c'est nous qui venons interférer dans leur habitat naturel, alors à nous d'adopter un comportement décent. La mise en place d'une attraction touristique de ce genre n'est jamais sans conséquence. Si l'on souhaite assister à ce magnifique spectacle dans les règles de l'art, respectons les mesures mises en place. Pour les protéger et limiter l'impact du *whale watching* sur leur comportement, un décret a été voté en mars 1999 par le gouvernement régional açorien. Il s'agit d'appliquer certaines règles dans l'approche des mammifères :

Observateurs de cétacés surpris par un orque.

- **Approcher l'animal par l'arrière,** à vitesse constante et réduite ;
- **Pendant l'approche,** éviter de modifier le cap ou la vitesse du bateau. Ne jamais approcher à la voile ;
- **Ne jamais approcher à moins de 50 m** et laisser le moteur débrayé au ralenti ;
- **Eviter la présence de plusieurs bateaux** dans un rayon de 150 m autour du groupe ;
- **Au cas où il y aurait plusieurs embarcations,** ne jamais encercler les animaux, mais rester ensemble, du même côté ;
- **Ne pas rester plus de 15 minutes** avec le même animal ;
- **En s'éloignant du groupe,** maintenir une vitesse réduite jusqu'à 300 m de l'animal ;
- **Ne pas nager avec les grands cétacés.** Toutefois, sous certaines conditions, il est encore possible de nager avec les dauphins bleus et blancs, les dauphins de Risso, les dauphins tachetés et les grands dauphins. Notez que certaines agences refusent désormais de pratiquer cette activité pour des raisons éthiques. Renseignez-vous bien sur les prestataires qui la proposent, car l'activité est très réglementée et doit être réalisée dans un cadre strict : pas plus de deux nageurs en même temps, sur de petites embarcations pouvant accueillir un maximum de 8 personnes. Le personnel doit être formé pour pouvoir pratiquer les premiers secours en cas de problème. En effet, nager avec des dauphins implique de se rendre en haute mer, où le courant et les vagues peuvent être forts. Même si c'est le rêve de nombreuses personnes, il ne faut pas oublier de prendre du recul et de se poser les bonnes questions pour mettre en équilibre son plaisir personnel et le bien-être des animaux…

La chasse à la baleine

Si de nos jours les baleines ne sont plus chassées, cette activité fut importante pour l'identité culturelle et l'économie de l'archipel. Pratiquée dès le XIXe siècle, cette dernière a officiellement été interdite en 1982, mais c'est seulement en 1986 que cette interdiction a pleinement été mise en œuvre. Pour l'anecdote, la dernière baleine a été tuée en 1987 en signe de protestation par quelques anciens baleiniers de l'île de Pico. Un peu comme dans *Moby Dick*, avec des techniques ancestrales, les chasseurs partaient en mer à bord de grands bateaux ouverts, harpons à la main. Sur l'embarcation, généralement 7 membres d'équipage : un « patron » qui dirigeait les opérations, un homme chargé de lancer le harpon et 5 autres pour ramer. En fait, tout commençait des postes d'observation. Véritable point de départ de la chasse, les gardiens pouvaient passer de longues heures à observer la mer pour apercevoir une baleine. Une fois l'animal repéré, un rituel bien rodé se mettait en place : lancement d'une fusée et agitation d'un drap blanc sans perdre la baleine de vue. Une fois ces signaux lancés, l'équipage embarquait en mer pour une poursuite pouvant durer des heures voire des jours, puis l'animal était capturé à l'aide d'une corde et ramené sur la terre ferme. S'en suivaient d'autres tâches telles que mettre en pièces le corps de la baleine, utiliser sa graisse et la transformer en huile, pulvériser les os et les utiliser comme engrais… Vous l'aurez compris, la chasse à la baleine était pratiquée principalement pour des raisons économiques. Il s'agissait d'une importante source de revenus à une époque où les baleiniers étaient bien souvent les seuls à disposer d'argent liquide dans des îles où le troc a longtemps prévalu. Aujourd'hui, les anciens chasseurs qui racontent leurs histoires ne sont pas des vieillards rhumatisants qui tirent sur une pipe de marin, mais des hommes jeunes, loin de la retraite ; ils sont passés, à regret, d'une situation d'aristocrates insulaires à celle, plus commune, de leurs voisins cultivateurs. Ils sont patrons de café, marins pêcheurs ou fonctionnaires, et ils se racontent, avec nostalgie, des histoires de baleines. Jadis importante dans de nombreuses îles, la tradition baleinière s'est aujourd'hui transformée en activité touristique et seul votre regard pourra les harponner !

Nager avec les requins : tendance mais méfiance

Conscients de la manne touristique et du potentiel de l'espace maritime açorien, les prestataires d'activités nautiques débordent d'imagination pour trouver des sorties toujours plus attrayantes. Ainsi, après l'observation des baleines et la nage avec les dauphins (pratiques heureusement réglementées !), certains vous proposeront aujourd'hui de plonger à la rencontre des requins. Si cela peut paraître tendance au premier abord, cette pratique nuit en fait gravement à l'équilibre de l'écosystème. Dans certains pays, certes, les requins de récif cohabitent presque naturellement avec l'homme – preuve que cette espèce souvent stigmatisée n'est pas toujours aussi agressive que ce que l'on croit. Mais aux Açores, la situation est différente. Il ne s'agit pas des mêmes espèces, et ici, les squales ont plutôt tendance à fuir la présence humaine. Du coup, pour les approcher, on les appâte. Et conséquence : en leur offrant sur un plateau de sanguinolents repas, il y a fort à parier qu'ils se rapprocheront peu à peu des côtes, devenant cette fois une véritable menace pour l'homme, qu'ils auront entre temps associé à d'appétissants morceaux de viande. Évitons d'en venir à la chasse aux requins. Restons à notre place et profitons des trésors déjà bien nombreux qui sont à notre portée.

© VPOMMEYROL - ISTOCKPHOTO.COM

Plongée avec des requins.

TOP 10

FAUNE

Présents toute l'année dans les eaux açoriennes, l'observation des cétacés est l'une des activités principales de l'archipel. Certaines espèces sont plus facilement visibles au printemps ou en été, mais la chance peut sourire n'importe quand. Mais alors, quels spécimens pouvez-vous observer aux Açores ?

BALEINE À BOSSE

Victimes de la chasse, elles peinent à revenir dans l'archipel. Mais quelques espèces ont été aperçues non loin des côtes.

© WILDESTANIMAL - SHUTTERSTOCK.COM

DAUPHIN COMMUN

C'est le plus joueur et le moins farouche, il aime s'approcher des bateaux et jouer dans les vagues.

© ANNALISA E MARINA DURANTE - SHUTTERSTOCK.COM

GRAND DAUPHIN

Il peut mesurer jusqu'à 3,70 m pour un poids pouvant atteindre les 650 kg. Il est très sociable avec les visiteurs.

© FREDER - ISTOCKPHOTO.COM

RORQUAL BORÉAL

Visible surtout au printemps, ce géant des mers peut mesurer jusqu'à 20 m.

© RICH HIGGINS - ISTOCKPHOTO.COM

DAUPHIN DE RISSO

Gris sombre à la naissance, il se couvre peu à peu de grosses balafres blanches. Il est plutôt craintif.

© DENNIS VAN DE WATER - SHUTTERSTOCK.COM

BALEINE BLEUE

Majestueuse, vous aurez peut-être la chance de l'observer, surtout entre les mois de mars et juin.

© ECO2DREW - ISTOCKPHOTO.COM

RORQUAL DE BRYDE

Lui aussi est surtout visible au printemps et en été. Il est principalement observé dans les eaux de São Miguel.

© BOONCHAI WEDMAKAWAND - ISTOCKPHOTO.COM

DAUPHIN TACHETÉ

Aussi appelés dauphins Steno ou Globicéphale, ils se déplacent en grand nombre, sont rapides et aiment accompagner les bateaux.

© GONZALO JARA - SHUTTERSTOCK.COM

BALEINE COMMUNE

Parfois aperçue en petits groupes, le deuxième plus grand animal peut mesurer jusqu'à 27 m de long.

© PATRICKBIENIEK GERMANY - SHUTTERSTOCK.COM

CACHALOT

C'est le roi des Açores. Il mesure de 15 m à 20 m pour un poids s'élevant parfois à 70 tonnes.

© HENNER DAMKE - SHUTTERSTOCK.COM

L'ANTICYCLONE DES AÇORES

L'anticyclone des Açores, c'est la star des bulletins météo ! C'est lui qui fait la pluie et le beau temps (c'est le cas de le dire !) en Europe. Il n'est cependant pas synonyme d'un climat sec lorsqu'il est pile centré sur l'archipel. Il vaut mieux qu'il soit un tout petit peu décalé si vous voulez pouvoir profiter du soleil sur place. On ne connaît d'ailleurs souvent les Açores qu'à travers ce phénomène météorologique et son influence sur le ciel européen. Également appelé anticyclone de l'Atlantique nord, le phénomène est en grande partie responsable du climat chaud ou tempéré de l'Amérique du Nord et de l'Europe de l'Ouest, car il y transporte l'air chaud des Antilles. D'où les étés caniculaires en Amérique du Nord et la douceur des hivers en Europe de l'Ouest et aux Açores, protégées des courants d'air froid venus du nord de l'Atlantique et de l'Arctique.

Un anticyclone, qu'est-ce que c'est ?

Un anticyclone est une zone atmosphérique de haute pression souvent associée à un climat sec, un ciel dégagé, sans nuages où le soleil brille. C'est le mouvement des masses d'air qui favorise son apparition. Ces dernières, lorsqu'elles sont froides, augmentent la pression au sol et empêchent la formation de nuages. C'est une activité lente et verticale ayant un effet dissipatif. Il existe deux types d'anticyclones : thermiques et dynamiques. Les premiers sont à cœur froid, tandis que les seconds sont à cœur chaud. En mouvement permanent et évoluant au rythme des saisons, l'anticyclone est tout simplement un bouclier face aux précipitations. Pour la petite histoire, ce sont des météorologues français qui mirent en évidence, au siècle dernier, la localisation du phénomène. Et cette découverte fut en partie à l'origine de la station de recherche de l'île de Flores.

Quelle différence avec une dépression ?

A l'inverse, la dépression est une zone de basse pression, l'air y est chaud et léger. La pression qu'exerce l'air au sol est basse et provoque alors un effet d'aspiration. L'air venant du sol est chargé d'humidité et de froid et favorise la création de nuages, de vent et de pluie. La dépression se caractérise donc par du mauvais temps. Cette dernière peut aller jusqu'à devenir un cyclone.

L'anticyclone de l'Atlantique Nord

L'anticyclone de l'Atlantique Nord est aussi appelé anticyclone des Bermudes aux États-Unis et anticyclone des Açores en Europe et en Afrique. Également appelé crête subtropicale, il dirige et « contrôle » les vents, plus précisément les alizés venant des régions tropicales. Mais pas seulement, puisque les vents d'ouest, très secs au départ, s'humidifient au-dessus de l'océan atlantique et convergent dans la même direction. Dans l'hémisphère Nord, les vents y circulent dans le sens des aiguilles d'une montre. Ce phénomène engendre du beau temps, car l'air s'y réchauffant devient relativement sec. Le système de l'anticyclone Bermudes-Açores se déplace selon les saisons : il est centré sur le triangle des Bermudes en été et automne, puis sur les Açores en hiver et au printemps.

Le Gulf Stream, cause ou effet de l'anticyclone ?

Le Gulf Stream est un courant océanique chaud qui prend source entre la Floride et les Bahamas et qui se propage dans l'océan Atlantique. Il passe aux Açores, mais y a-t-il un lien avec le fameux anticyclone ? C'est en fait le vent associé au phénomène d'anticyclone qui permet la création de ce courant. Les manifestations qui se créent dans les airs se créent aussi sous l'océan en miroir. Il existe d'autres phénomènes du même genre un peu partout dans le monde. Ils sont en fait des agents du transport de la chaleur.

Concrètement en Europe de l'Ouest

Qu'est-ce que cela veut dire ? Si l'anticyclone des Açores est peu actif, il laisse alors passer les dépressions et le temps est gris et froid en Europe. Au contraire, s'il bloque les dépressions, le temps est sec est calme. C'est en fait une sorte de bouclier anti-grisaille. Aux Açores, la population a appris à vivre avec les caprices de la météo. Les Açoriens sont à la fois optimistes et un brin fatalistes. Soumis aux variations du climat atlantique, il n'est pas rare d'avoir les quatre saisons en une seule et même journée !

GÉOGRAPHIE

Avant même d'évoquer la géographie des Açores, il est important de situer ces 9 îles sur le globe ! Même si on entend régulièrement parler de son anticyclone, il n'est pas si facile de localiser ce petit bout de terre. L'archipel se trouve en plein milieu de l'océan Atlantique nord, à 1 600 km à l'ouest du Portugal et à 2 400 km à l'est du continent nord-américain. D'origine volcanique, les Açores font partie de la Macaronésie, un ensemble d'îles comprenant également les Canaries, le Cap-Vert et Madère. On y observe donc des similitudes géologiques, mais aussi au niveau de la faune et de la flore. L'archipel s'étend sur près de 600 km et sa superficie totale est de 2 333 km². Trois groupes géographiques se distinguent : le groupe oriental (São Miguel et Santa Maria), le groupe central (Terceira, Graciosa, São Jorge, Pico et Faial) et le groupe occidental (Flores et Corvo). Partons maintenant à la découverte de leurs spécificités géographiques.

Terres de contrastes

Tout au bout de l'Europe, les Açores sont bercées dans le tumulte de l'Atlantique. D'origine volcanique, ces 9 îles offrent un caractère singulier et des paysages magnifiques. Partout le bleu de l'océan et des hortensias, le blanc de l'écume et des façades et les nuances de vert des prairies. Un havre de paix, bucolique et écologique. Un mélange de plaines paisibles, de panoramas lunaires, de volcans embrumés, de ravins abyssaux, de lacs et de cascades. C'est la localisation de l'archipel sur la dorsale médio-atlantique qui explique cette diversité de décors et son caractère volcanique. Proche du point de jonction de trois zones tectoniques : la plaque nord-américaine, la plaque eurasienne et la plaque africaine, coulées de lave, cônes de scories, caldeira, pics culminant à plus de 1 000 mètres caractérisent les Açores. Les paysages sont spectaculaires, de la caldeira de Sete Cidades aux 2 351 m du mont Pico, plus haut sommet du Portugal, sans oublier les côtes de basalte déchiquetées et les lacs majestueux au pied des volcans aux couleurs fabuleuses.

Un peu d'histoire...

La Macaronésie fait référence à la mythologie grecque et signifie « îles fortunées » ou « île des Bienheureux ». Ce terme était utilisé par les géographes grecs pour désigner des îles mythiques où était situé le séjour des morts au-delà des Colonnes d'Hercule, que l'on assimile au détroit de Gibraltar. La Macaronésie est née d'une dynamique volcanique dite du Hotspot (selon des géologues allemands de l'université de Kiel). Au cœur de l'histoire de la péninsule ibérique, cette région océanique et insulaire, charnière entre l'Europe et l'Afrique, l'Atlantique et la Méditerranée, est un terrain de recherche qui excite les géographes depuis des siècles. Mélange d'éléments botaniques, fréquence des tremblements de terre… ces éléments fascinent. Les îles des Açores, situées plus à l'ouest et au nord ont (sauf Santa Maria, où la découverte de couches sédimentaires accrédite sa formation pendant le miocène) émergé en conséquence après les Canaries, après Porto Santo, après Madère, vers le tertiaire moyen. Tout cela remonte à environ 4 millions d'années pour São Miguel, 3,7 millions pour Terceira, 2,5 millions pour Graciosa, 0,6 environ São Jorge et Faial, et guère plus de 270 000 ans pour Pico, la cadette.

Des îles explosives

Sauf dans le groupe occidental, la sismicité a toujours été importante, principalement à Pico et à Faial. En effet, ces îles sont situées dans la région très délicate évoquée précédemment où trois zones tectoniques se rencontrent, en forme de T : la plaque nord-américaine (Flores et Corvo, dont le relief indique une orientation nord-sud), la plaque eurasienne (Graciosa, São Jorge, Terceira et São Miguel) et la plaque africaine (Faial, Pico, Santa Maria et les Formigas).

Ainsi, les deux îles occidentales, attirées vers l'ouest, se séparent du reste de l'archipel à raison d'environ 2,50 cm par année.

L'exemple de São Miguel permet de mieux comprendre la spectaculaire géologie de l'archipel ; l'île est composée de sept complexes volcaniques bien définis, même si les chiffres sont contestés par divers spécialistes : Nordeste (basaltique), actif entre 4,2 et 1 million d'années ; Povoação (basaltique puis trachytique), entre 3,2 millions d'années et 650 000 ans ; Sete Cidades (basaltique puis trachytique), depuis 250 000 ans ; Fogo (idem), depuis 200 000 ans, toujours en évolution ; Furnas (trachytique), actif depuis environ 200 000 ans ; et Dos Picos (basaltique), depuis 50 000 ans environ. Il faut savoir que Sete Cidades était auparavant séparé par un canal du reste de l'île, à laquelle il s'unit par accumulation de basalte, il y a environ 50 000 ans.

© AMA - ISTOCKPHOTO

Les lacs de Santiago et Sete Cidades.

Deux types d'activités volcaniques

La première, de type explosif, a formé les caldeiras, comme à Faial par exemple ou à São Miguel ; le volcan s'est en fait effondré sur lui-même, formant un cratère évasé où reposent souvent aujourd'hui quelques lacs en apparence paisibles. Les caldeiras sont constituées de trachytes, à part Corvo, basaltique, et Graciosa, trachytique mais composée aussi d'épisodes basaltiques (effusifs).

La seconde, de type effusif, a entraîné des coulées de lave et a formé les *mistérios* (mystères) au nombre de quatre à Pico (deux au sud : Mistérios de São João et de Silveira, et deux au nord : Mistérios de Santa Luzia et de Prainha) notamment ; les *biscoitos* (biscuits), paysages déchiquetés de basaltes noirs qui se dressent au bord de la mer (on y a généralement aménagé des piscines « naturelles ») ; et les *fajãs*, au nombre de 54 à São Jorge, sortes d'avancées relativement planes, nées de l'effondrement des falaises. Ces conditions géographiques, en apparence peu avantageuses, et causes de grandes catastrophes dans l'histoire de l'archipel, ont néanmoins permis aux hommes de survivre : les premiers habitants s'installèrent par exemple sur les *fajãs* pour cultiver café, banane ou pomme de terre, grâce à un climat plus doux et moins soumis aux vents violents. La terre volcanique est très fertile : à Pico, à Graciosa ou à Terceira, on a pu cultiver du café ou du vin, notamment. Et puis, surtout, l'abondance du basalte a encouragé l'émergence d'une architecture bien spécifique, tant religieuse que civile, jusque dans les *adegas*, ces caves en pierres traditionnelles qu'on peut voir au nord de Pico.

Une région ultrapériphérique

Les Açores font partie des régions ultrapériphériques (RUP) de l'Union européenne. Parce qu'elles se trouvent éloignées du continent européen, ces zones bénéficient d'un statut particulier. Évoquées dès 1992 dans le traité de Maastricht, c'est en 2009 qu'elles ont réellement été définies avec l'article 349 du traité sur le fonctionnement de l'Union européenne. Les régions ultrapériphériques doivent faire face à un certain nombre de difficultés compte tenu de leurs caractéristiques géographiques. Par exemple, leur éloignement, leur insularité, leur faible superficie, leur relief et leur climat difficiles sont autant d'éléments qui en font des entités particulières. Ces éléments limitent les potentialités de leur développement. Le statut de RUP permet par exemple aux Açores de jouir de certains avantages concernant la TVA intracommunautaire, de bénéficier d'aides d'État pour le développement…

Les Açores, c'est avant tout un tableau naturel réjouissant à chaque saison. Presque toute l'année, l'archipel forme neuf symphonies de couleurs et d'arômes des plus enivrants. Écoutez l'eau des cascades qui plongent dans les gorges ensoleillées, admirez les collines verdoyantes qui côtoient les volcans évasés, sentez les berges pleines de parfums subtils qui s'ouvrent sur une coulée de lave figée. Ici, les plaines fertiles frôlent les monts lointains, les forêts denses enchâssent de paisibles lacs, les volcans brumeux effleurent les villes aux façades claires. Les oiseaux survolent la côte de basalte déchiquetée, les piscines naturelles et les étranges fumerolles volcaniques. Les cétacés nagent au large des plages de sable noir, non loin des piscines naturelles. L'imbrication de la mer et de la terre est inéluctable. Enfin, les fleurs viennent parfaire ce décor de carte postale.

Un environnement protégé

Les Açoriens aiment leur archipel, les fleurs et la tranquillité. La nature est préservée, les espaces sont très soigneusement entretenus, et l'attention portée sur les haies de fleurs qui égaient le paysage est vraiment admirable. En clair, les gens aiment parer leur île de ses plus beaux atouts, comme pour séduire le promeneur, et l'agencement des petits champs entourés de murets de basalte est un vrai plaisir pour les yeux. Cela n'a toutefois pas empêché une déforestation intensive. N'oublions pas que les îles étaient entièrement recouvertes de forêts au moment des découvertes ! Contempler la végétation primitive de l'archipel est aujourd'hui un luxe. De fait, un problème nouveau s'est posé : l'importation de multiples essences végétales a profondément modifié le paysage, alors qu'on voulait au départ l'agrémenter. Les cryptomerias du Japon, introduits il y a une centaine d'années environ, composent ainsi un paysage pittoresque, mais leur prolifération nuit au développement d'une végétation native. Plus problématique encore est le cas du *pittosporum*, tant et si bien répandu qu'il en arrive aujourd'hui à empêcher la croissance des hêtres, espèce endémique de l'Archipel (*Faia* veut dire hêtre en portugais), très exigeants en lumière, auxquels il s'apparente. Enfin, la *conteira*, dont les bouquets éclatants de fleurs jaune doré ont été importés pour embellir les chemins, s'est révélée par la suite une véritable plaie, s'introduisant partout en indésirable : les rhizomes forment une masse compacte sur le sol et empêchent les autres plantes de pousser. Il s'agit en fait d'un canna sauvage (*Hedychium gardnerianum*), originaire de l'est de l'Himalaya (Népal et Sikkim), cousin du gingembre, que d'aucuns considèrent comme le plus bel *Hedychium*. Cette plante atteint deux mètres de hauteur, et les fleurs dégagent un parfum entêtant. Son nom commun français est jambose blanc ou sainfoin d'Espagne (famille des *Zingiberaceae*).

On peut craindre un appauvrissement de la flore açorienne si rien n'est fait pour contrecarrer ces évolutions. Heureusement, de nombreux parcs garantissent aujourd'hui la survie de certaines espèces endémiques et encouragent les visiteurs à s'impliquer davantage dans la protection de la nature. Le développement touristique mise pour l'instant sur le côté authentique et sauvage de l'archipel, attirant un type de voyageurs amoureux des grands espaces vierges et respectueux de l'environnement. Cependant, l'explosion du tourisme qui pourrait advenir dans les prochaines années risque de remettre en cause ce fragile équilibre.

© JOPPI - ISTOCKPHOTO.COM

Conteira, fleur endémique des Açores.

Une flore aux mille et une splendeurs

Environ 850 plantes sont recensées aux Açores ; 60 sont endémiques, les autres ont été importées par l'homme. Le long des côtes, on observe une abondance d'espèces introduites dans le cadre de la réorganisation du paysage. Au-dessus de 500 m d'altitude, l'impact humain est faible, il y a peu d'habitations (à cause du vent et du brouillard persistant), et la flore prolifère. Les espèces endémiques les plus remarquables sont le laurier, la bruyère, le cèdre et le genévrier (*Juniperus brevifolia*). L'humidité très importante favorise également des sols mousseux. On dénombre plus de 400 espèces différentes sur l'archipel ! L'une des espèces introduites les plus intéressantes est le dragonnier (*Dracaena draco*), importé de l'archipel du Cap-Vert. La *sangre de drago* est une résine curative, son encre rouge est recherchée, et on l'utilisait pour fabriquer des médicaments. Les Romains l'utilisaient déjà : les gladiateurs s'en oignaient le corps avant d'aller combattre.

Cependant, le voyageur ne manquera pas de constater que les forêts ont été considérablement réduites avec l'extension des pâturages ou la coupe systématique des arbres pour le chauffage et la construction, et la prolifération d'espèces introduites comme le cryptomeria du Japon, utilisé quelquefois comme les hortensias, les roseaux ou les murets de pierre pour délimiter un champ et pour protéger le bétail des vents. Ainsi, plus tranquilles, les vaches produisent un meilleur lait. Il faut dire aussi qu'un vent chargé de sel océanique, le *mata vacas*, fait souffrir la végétation ou les troupeaux. Il nuit partiellement aussi au développement de la forêt naturelle qui reste plutôt confinée dans les ravins, les crevasses ou sur les sommets peu accessibles. Enfin, le *pittosporum*, répandu un peu partout et qui modifie le paysage açorien de façon assez radicale, a été introduit il y a longtemps pour protéger les orangeraies. Aujourd'hui, il concurrence le fayard (le hêtre), dont l'implantation commence à se réduire sérieusement.

Les hortensias, mascotte de l'archipel

Les paysages de l'archipel sont indissociables des hortensias. Introduites par les Portugais et originaires d'Asie, ces fleurs bleues, roses, lilas et violettes jaillissent le long des routes et sont utilisées pour délimiter les haies des bocages. Ils s'installent jusque dans des coins sauvages (pentes et cratères des volcans). Favorisés par le climat subtropical, les hortensias des Açores sont de taille colossale ! Ils fleurissent de fin mai à fin août, juin et juillet étant les meilleurs mois pour profiter de leur floraison qui égaie tout l'archipel, lui donnant un caractère insolite et romantique. Généreuses, ces énormes boules fleuries ne vous laisseront pas indifférents.

La terre volcanique des îles les rend riches et fertiles et les fleurs sauvages poussent en profusion. Ajoutez à cela la douceur et l'humidité du climat, les Açores sont un jardin au cœur de l'Atlantique. Camellias, belladone et azalées apportent des touches colorées aux paysages.

A cette végétation luxuriante s'ajoutent des cultures subtropicales comme la canne à sucre, le tabac, le thé et de nombreux fruits (ananas, fruits de la passion, pastèque, orange…). Introduit par les colons portugais, l'ananas est devenu le fleuron de l'agriculture açorienne et le symbole de l'archipel, en particulier de São Miguel. Son acidité, plus marquée que celle de son cousin antillais, en relève l'arôme et en fait

Sur l'île de São Miguel.

DÉCOUVRIR

Pinson des arbres.

l'un des meilleurs fruits que l'on puisse goûter. Ils sont souvent cultivés sous serre (les hivers açoriens sont limites pour leur culture). Ce qui pose d'ailleurs un problème d'érosion, car pour maintenir la fraîcheur dans les serres en été, on s'attaque à la mousse de la montagne, bien que cela soit formellement interdit. Des flancs entiers de montagne sont détruits, comme du côté de Tronqueira, pas loin de Nordeste, à São Miguel. Cette mousse, parfois épaisse de plusieurs mètres, est une véritable éponge à fraîcheur les mois d'été.

Dans les airs...

Parmi les espèces d'oiseaux particulières, il faut évoquer ledit bouvreuil des Açores (*Pyrrhula murina*, *priôlo* en portugais) qui fait l'objet d'une certaine publicité, en raison de sa rareté. Autrefois abondant, il a été chassé jusqu'à sa quasi-disparition par les fermiers, inquiets pour leurs plantations d'oranges. On peut le voir principalement dans la réserve naturelle du Pico da Vara, sur São Miguel.

Deux autres espèces méritent l'attention : le garajau et le cagarro. Le garajau (garajau commun et garajau rosado) a notamment choisi de nicher à Flores, vers Alagoa ou Quebrada Nova dos Fanais, respectivement au nord-est et au nord-ouest de l'île. Le garajau rosado est une espèce protégée ; oiseau assez rare, il est connu pour être plutôt facétieux. 70 % des garajaus européens nidifient aux Açores. L'oiseau le plus étrange et le plus symbolique des Açores est toutefois le cagarro (*Calonectris diomedea borealis*), un puffin cendré parent de l'albatros, de l'ordre des Procellariiformes (un ordre vieux de quelque 30 millions d'années !). On distingue trois sous-espèces : ***eduvarisii*** (originaire du Cap-Vert, plus petit), ***diomedea*** (nidifie en Méditerranée) et ***borealis*** (espèce Atlantique). Aux Açores, on le voit ou plutôt on l'entend, de mars à octobre. En effet, cet étrange oiseau ne s'approche des terres que la nuit, et sa particularité est de pousser des cris terrifiants, évoquant tantôt une voix humaine, tantôt un canard ou une oie, tantôt on ne sait trop quoi. Les avis divergent, et chacun propose une comparaison de son cru. Une chose est sûre : vous ne pourrez pas manquer cette baroque symphonie (leurs voix ne se ressemblent pas toutes) en vous attardant près des côtes (de Flores, de Faial, de Pico ou de Terceira par exemple), la nuit. Si vous entendez quelque chose de vraiment bizarre, ne cherchez pas plus loin : il s'agit bien de notre puffin cendré. Selon la tradition, son départ marque la fin de l'été. Il pêche des poissons et des calamars en mer et se guide grâce aux thons qui poursuivent la même nourriture. Un bien malheureux service rendu aux pélamides, puisque les pêcheurs utilisent à leur tour les cagarros pour localiser les bancs de thons ! Aujourd'hui, l'espèce est menacée à cause de l'exploitation abusive du littoral par les hommes. On en tue encore de temps à autre. Les autres oiseaux plus communément observables sont le pluvier (sorte d'échassier, *Charadius alexandrinus*), l'hirondelle de mer ou sterne (Sterna dougalii et Sterna hirundo), le roitelet huppé (*Regulus regulus*) ou la lavandière (bergeronnette grise, *Motacilla cinerea particiae*) près des bois ou des chemins tranquilles, le merle (*Turdus merula azorensis*), le pinson (*Fringilla coelebs moreleti*), dont le chant diffère sur le continent, le moineau, l'étourneau ou le canari.

CLIMAT

Au milieu de l'océan Atlantique, dans la fameuse zone anticyclonique, les Açores bénéficient d'un climat océanique tempéré. Même s'il fait doux tout au long de l'année, la réputation météorologique de ces îles n'est pas toujours avantageuse à cause des nombreuses précipitations. Quelle que soit la saison, la météo est très variable. Pluie, brouillard et franc soleil peuvent se croiser dans la même journée. Il faut donc toujours prévoir à la fois un parapluie et de la crème solaire ! En hiver, il pleut souvent mais les températures sont clémentes. En été, le temps peut varier rapidement mais le climat est très agréable. L'archipel peut donc se visiter toute l'année et nous vous conseillons de choisir la saison en fonction de vos envies. L'hiver pour les aventuriers à la recherche de terres désertées par les touristes. Et l'été pour ceux en quête de belles éclaircies au cœur d'une nature préservée.

La douceur des températures

Le mois le plus froid est février, les températures ne descendent cependant que rarement en dessous des 15 °C, mais en altitude elles peuvent quand même chuter jusqu'à 5 °C. En été, elles varient entre 23 °C et 30 °C sur la côte. Enfin, avec le bras chaud du Gulf Stream qui traverse l'archipel, la température de l'eau de mer oscille entre 16 °C en hiver et 23 °C en été. D'octobre à avril, les pluies sont fréquentes, mais sont souvent suivies de superbes éclaircies et, en général, il fait plutôt doux. Le brouillard peut être persistant sur les hauteurs et le vent, très violent, empêche parfois même les avions de décoller ou les bateaux d'appareiller. De mai à septembre, le temps est plus stable, la chaleur n'est jamais étouffante, l'eau très agréable, mais il ne faut pas s'y tromper : les sommets peuvent être tout aussi bien embrumés et le vent puissant.

De nombreux microclimats

Chaque île possède son propre climat et ses microclimats. Dans les *fajãs* ou en altitude, le temps n'est pas le même que sur la côte. Il n'est pas rare par exemple que la Ponta do Pico soit plongée dans les nuages alors qu'il fait un temps radieux en bord de mer. En fait, même si les conditions atmosphériques peuvent être plus incertaines pendant l'hiver, il est toujours possible de randonner quelque part en tee-shirt en plein mois de janvier ! La luminosité quant à elle est vraiment spectaculaire, particulièrement quand le soleil surgit tout à coup d'un banc de nuages, illuminant alors lacs et vallées d'un éclat mystérieux : les photographes s'en donnent à cœur joie ! Santa Maria et Sao Miguel sont les îles les plus ensoleillées. Flores et Corvo les plus humides.

Pour s'adapter aux conditions météorologiques, parfois capricieuses et souvent très variables d'un bout à l'autre des îles, deux sites Internet (aussi disponibles sous forme d'applications) sont vos alliés : SpotAzores (www.spotazores.com/) et Windy (www.windy.com). Sur le premier, des caméras placées à des points stratégiques des îles vous montrent en direct

Ponta do Pico dans la brume.

© NESSA GNATOUSH - SHUTTERSTOCK.COM

Plage à São Miguel.

le temps qu'il fait sur la plupart des sites d'intérêt ! Le second donne des prévisions météorologiques, selon votre géolocalisation ou les points qui vous intéressent, avec également quelques webcams pour vérifier le temps en direct. Totalement gratuits d'utilisation, ces sites et applications fonctionnent sur toutes les îles de l'archipel et vous permettront d'adapter le programme de vos journées et de ne faire vos déplacements que si vous êtes sûr que cela en vaut la peine.

Un taux d'humidité de 80 %

Conséquence de ce taux élevé, une flore abondante. Au printemps et en été, les camélias, hortensias, azalées et autres fleurs colorent l'archipel de mille et une couleurs. La pluie n'a donc pas que des inconvénients ! C'est aussi grâce à cette eau que les lacs, les cascades et les sources sont si somptueux. Presque toute l'année, les Açores forment neuf symphonies de couleurs et d'arômes des plus enivrants. Les collines verdoyantes côtoient des volcans évasés, les forêts denses enchâssent de paisibles lacs, les berges pleines de parfums subtils s'ouvrent sur une coulée de lave figée en une sombre langue de basalte. Plaines fertiles et monts lointains, volcans brumeux et villes claires : à chaque instant, les sens sont en éveil.

Un climat propice à la baignade

Avec des températures douces tout au long de l'année, il est quasiment possible de se baigner de janvier à décembre. L'océan n'est ni trop chaud ni trop froid et surtout les piscines naturelles sont un pur bonheur pour patauger et se rafraîchir. Celles-ci, formées par des cuvettes que les marées de l'océan viennent remplir, constituent un cadre insolite et pittoresque, savamment aménagé pas les locaux (échelles, accès facilité…). Sur São Miguel, Terceira et Santa Maria surtout, mais aussi sur les autres îles, les plages de sable noir ont également leur charme et leur originalité. Il y a aussi les lacs, bref : l'eau réjouira tous les amateurs.

Hiver VS été

L'hiver, la pluie est abondante mais si les gouttes ne vous font pas peur, si vous êtes flexible et que les changements de programme ne vous dérangent pas, vous pourrez profiter des nombreuses activités des îles de manière confidentielle. Les plus beaux spots de l'archipel s'offriront à vous et rien qu'à vous. L'été reste la meilleure période pour visiter les Açores. Néanmoins, la saison estivale entre juin et septembre coïncide également avec la haute saison touristique. Il faudra donc prendre en considération le monde sur place, les prix plus élevés, la pénurie de location de voiture… Mais vous pourrez pratiquer toutes les activités qu'offrent les Açores : baignade, randonnée, sports nautiques…

Quelle saison choisir ?

Si vous êtes un brin aventurier, si vous ne redoutez pas de rester bloqué sur une île à cause du mauvais temps, si vous ne craignez pas la solitude et fuyez les grands rassemblements, les mois d'hiver ne vous décevront pas. En revanche, beaucoup d'établissements risquent d'être fermés et les hortensias, symboles de l'archipel, ne sont pas en fleurs ; ce n'est pas la meilleure saison pour aller voir les baleines (même si, en théorie, on peut les admirer toute l'année). Les meilleurs mois pour connaître l'archipel sont mai, juin, septembre et octobre. Beau temps, belle lumière, prix souvent plus raisonnables qu'en juillet-août… Tout concourt alors à la réussite de votre séjour. Les Açores sont une destination qui vous permettra de vous ressourcer loin des chaleurs estivales ou de la rudesse des hivers.

ENVIRONNEMENT

L'archipel des Açores possède une situation biogéographique qui lui confère une extrême diversité, au carrefour de trois plaques tectoniques (africaine, américaine et eurasiatique). Si le volcanisme a façonné les paysages, l'Homme a également transformé les milieux. Les forêts primaires de lauriers ont largement régressé suite à des coupes, l'introduction d'espèces exogènes ou encore les pâturages. La prévention des pollutions agricoles et la gestion des déchets sont des sujets d'importance. L'archipel a été distingué comme l'une des meilleures destinations en matière de tourisme durable (certification par *Earthcheck* en 2017). De fait, le visiteur pourra découvrir la biodiversité exceptionnelle des îles, au sein des espaces protégés, ouverts à l'écotourisme. Les Açores font également partie de ces territoires insulaires qui ont décidé de transformer leurs contraintes en opportunités. L'archipel a ainsi engagé une transition énergétique fondée sur les énergies renouvelables et l'innovation.

Une biodiversité fragile et des espaces protégés

L'archipel possède une exceptionnelle biodiversité, terrestre et marine, associée à des paysages contrastés, marqués par l'insularité et le volcanisme. La laurisylve, forêt primaire peuplée d'espèces endémiques, subsiste dans certaines parties des îles Pico, Terceira, et São Miguel. Elle a subi depuis le XVe siècle une série de coupes liées aux constructions, à l'agriculture et l'élevage, mais aussi à l'introduction d'espèces allochtones. Les navigations marchandes ont favorisé l'introduction de plantes exotiques, qui se sont acclimatées et que l'on retrouve dans les jardins et les milieux naturels. Ainsi en est-il de l'hortensia, originaire d'Asie, utilisé pour borner les parcelles agricoles et devenu le symbole de l'archipel. Les plantations de *cryptomeria japonica* ou cèdre du Japon sont un exemple emblématique de ces introductions qui fragilisent les espèces endémiques. Le territoire présente également une grande variété de monts sous-marins, dont des volcans actifs, qui abritent une biodiversité remarquable. Les îles constituent un sanctuaire pour de nombreuses espèces de cétacés (cachalots, baleines à bec, dauphins) qu'il est possible d'observer en mer avec des organismes d'écotourisme. Chacune des neuf îles possède un parc naturel, qui regroupe différentes zones de protection (dont réserve naturelle, zone forestière de loisir, zone Natura 2000, monuments naturels). Le territoire comprend également un Géoparc composé de 121 sites géologiques (lacs de cratère, caldeiras sèches, fumerolles, sources géothermales). Il a pour vocation la protection de ce patrimoine, mais aussi la sensibilisation à l'environnement. Les Açores possèdent une vingtaine de centres d'interprétation. Vous trouverez ci-après quelques-uns des trésors naturels de l'archipel :

- **La réserve naturelle Lagoa do Fogo (São Miguel)**, zone Natura 2000, protège un lac de cratère, entouré d'une végétation endémique (genévrier, laurier des Açores)
- **La cascade de Caldeira Velha (São Miguel)** : située à la périphérie de la réserve Lagoa do Fogo, abrite des espèces floristiques endémiques, une magnifique cascade et des piscines naturelles d'eau chaude
- **La réserve naturelle de l'îlot de Vila Franca do Campo (São Miguel)** permet la découverte d'une biodiversité marine exceptionnelle et l'observation d'oiseaux (puffin cendré). Elle abrite aussi des forêts de bruyères et de saules.
- **La réserve naturelle Caldeira de Faial (Faial)** abrite un vaste cratère entouré d'hortensias et d'espèces endémiques.
- **La réserve forestière de Pinhal da Paz (São Miguel)** permet de découvrir toute une flore exotique.
- **Le cratère de Sete Cidades (São Miguel)** abrite une grande diversité floristique, parmi laquelle des espèces endémiques (genévrier, angélique ligneuse, houx des Açores)
- **La zone de protection spéciale du Pico da Vara (Sao Miguel)** ravira les passionnés d'ornithologie. Elle abrite plusieurs espèces endémiques dont le Bouvreuil des Açores, inféodé aux espèces végétales indigènes de São Miguel.

Pâturage et labourage

Les Açores sont réputées pour leur production laitière et fromagère. Terceira est connue pour ses verts pâturages où vivent les ruminantes (elle est d'ailleurs dénommée « l'île aux vaches »). Pas d'étable pour ces dames qui restent toute l'année dans les prés, les éleveurs se déplaçant jusqu'à elles avec une trayeuse mobile. Cette forme d'élevage n'est cependant pas dénuée d'impacts environnementaux : consommation d'eau, déforestation et occupation du sol pour le pâturage et les cultures fourragères, émissions de méthane, rejet d'azote et de phosphore dans les milieux naturels. Ainsi le lac de Furnas connaît-il – comme d'autres – des problèmes d'eutrophisation. Le *Furnas Research and Monitoring Center* met en lumière les problématiques liées aux pollutions agricoles et les solutions mises en place (acquisition de terre, traitements biochimiques et mécaniques des eaux). L'archipel a su cependant faire perdurer depuis le XIXe siècle une culture ancestrale de la vigne, classée en 2004 au patrimoine mondial de l'UNESCO (île de Pico). Les vignes sont plantées dans les champs de lave, au niveau de fissures, et protégées par des murets de pierre volcanique. São Miguel abrite quant à elle des plantations de thé, cultivées depuis le XVIIe siècle, sans pesticides ni produit chimique.

Quand l'incinération des déchets nuit au recyclage

La gestion des déchets a longtemps reposé sur la mise en décharge et l'envoi de déchets vers le continent pour recyclage. Le choix a été fait par la suite d'installer un centre d'incinération à Terceira afin d'éviter l'enfouissement des déchets. Or cela a freiné la démarche de réduction à la source et de recyclage (notamment des biodéchets). En effet, pour fonctionner efficacement, un incinérateur doit traiter une quantité constante de déchets, ce qui n'incite pas à développer l'économie circulaire. C'est précisément ce que montre une étude publiée en 2019 par l'ONG *Zero Waste*. À Terceira, le taux de recyclage des déchets municipaux n'a augmenté que de 1 % entre 2016 et 2017, atteignant 24 %, encore loin de la cible de 55 % visée pour 2025. Le projet d'un nouvel incinérateur, sur l'île de São Miguel, n'apparaît pas non plus pertinent et suscite des protestations locales.

Une transition énergétique fondée sur les énergies renouvelables

L'archipel, isolé, est dépendant des importations d'énergies fossiles, émettrices de gaz à effet de serre. Les Açores font partie des 26 territoires insulaires européens à s'être lancés en 2019 dans la transition énergétique. Un engagement qui va de pair avec l'objectif du Portugal d'atteindre la neutralité carbone en 2050, en vertu des Accords de Paris. L'archipel fonde ses actions sur le développement des énergies renouvelables (hydroélectricité, solaire, géothermie). Pour cela, il s'appuie notamment sur une innovation en matière de stockage d'énergie (batteries lithium-ion titanate). Cette technologie, appelée Wärtsilä, a été initiée en février 2020 sur l'île de Graciosa. Elle devrait permettre de stocker la production d'énergie éolienne et solaire et contribuer à atteindre une part d'énergie renouvelable de 65 % dans l'île, et ce, au détriment des énergies fossiles (diesel). Depuis 2022, la part des énergies renouvelables dans la production d'énergie ne cesse d'augmenter aux Açores : elle atteignait déjà les 40 % de la production d'énergie en 2023, et devrait atteindre les 50 % dans tout l'archipel d'ici 2025. Cette croissance significative s'explique par l'ouverture de nouvelles centrales géothermiques, notamment sur les îles de São Miguel et Terceira, et le développement des énergies éolienne et solaire. L'objectif du gouvernement est de parvenir à 100 % d'énergies renouvelables d'ici 2040.

Éoliennes aux Açores.

HISTOIRE

Avant les grandes découvertes parties d'Europe, ces îles perdues au milieu de l'Atlantique étaient restées vierges de populations humaines. Elles furent progressivement peuplées à partir du XVe siècle par les Portugais. Réparties sur plus de 600 km, les îles de l'archipel n'ont pas été découvertes en une seule fois : 23 ans s'écoulèrent entre la découverte de Santa Maria, en 1427 ou 1431, et celles de Flores et Corvo, à l'ouest, en 1450 ou 1452. Comme pour la plupart des archipels de l'Atlantique, il est assez probable que d'autres navigateurs aient à l'occasion touché terre aux Açores avant ces dates officielles. L'Histoire du pays est étroitement liée à celle de l'Espagne, qui l'a longuement colonisé, du Portugal de qui il dépend actuellement, mais aussi à celle de la piraterie. Tous se sont longtemps disputé ces lopins de terre, au milieu de l'Atlantique, stratégiquement positionnés entre l'Europe et l'Amérique.

1427

Santa Maria

Cette date marque la découverte de la première île. Prudents, les historiens estiment désormais que les îles ont été reconnues par les Portugais, initialement lors d'un retour de Madère. Devant le trouble qui entoure les dates exactes de la découverte de l'archipel, certains ont avancé l'idée que l'existence des îles était maintenue secrète par peur de la piraterie hispanique ou italienne. À défaut d'avoir une thèse plus valable que celle de Frutuoso sous la main, on peut considérer que le premier des découvreurs dûment mandatés fut Gonçalo Velho. Envoyé par Henri le Navigateur pour prendre possession, au nom du Portugal, de cette île qu'avait touchée en 1427 Diogo de Silves, Gonçalo ne se laissa pas impressionner par les rumeurs de magie qui entouraient l'escale de son prédécesseur : le 15 août 1432, il la baptisait Santa Maria.

1400-1460

Gonçalo Velho

Frère Gonçalo Velho est un explorateur portugais qui a notamment été mandaté pour reconnaître et cartographier l'archipel des Açores. Collaborateur intime du Prince Henri, le doute subsiste toujours et on ne sait pas s'il est celui qui a découvert les Açores en premier ! En 1431, il effectue son premier voyage pour localiser des îles aperçues par Diogo de Silves en 1427. C'est à Santa Maria, puis à São Miguel qu'il fait tout d'abord escale. Son nom a aujourd'hui une place importante dans l'archipel, la grande place de la capitale porte par exemple son nom.

1427-1452

Découverte des îles de l'archipel

Cette période marque la découverte progressive de l'archipel. Les marins portugais découvrirent, dans l'ordre, São Miguel, Terceira, Graciosa, Pico, Faial, São Jorge, et enfin Flores et Corvo. Quant au nom générique des Açores, il vient des nombreux oiseaux que les premiers marins virent tourner au-dessus d'eux, et qu'ils prirent pour des autours (*Açores* en portugais). Ils n'étaient que des milans, mais le nom est resté.

Début du peuplement

1439

C'est le début du peuplement. Il sera essentiellement le fait des Portugais les plus pauvres de l'Alentejo, de l'Estremadura ou de l'Algarve, mais aussi de Flamands (à Terceira notamment, grâce à Jácome de Bruges, premier capitaine-donataire de l'île, qui y fit venir ses compatriotes), de Bretons et de Normands, en vertu d'accords passés avec le gouvernement de Lisbonne. Quelques repris de justice y seront expédiés une fois leur peine achevée, et une poignée de Maures et de juifs fera le voyage également. L'ensemble va donner aux Açoriens un air bien moins méridional que celui des Portugais du continent, des consonances un peu nordiques dans certains noms de villages et des moulins à vent dans le paysage. L'histoire des Açores est aussi intimement liée à celle des traversées de l'Atlantique. Les navigateurs de toutes nationalités ont tôt fait de remarquer leur position idéale comme escale des grands voyages, surtout au retour.

Des îles escales

XVE SIÈCLE

Étape sur la route des Indes (occidentales) et des Amériques, abri au milieu d'un océan souvent violent, les Açores servent de refuge à de nombreux navires chargés de richesses qui éveillent l'appétit des pirates et les convoitises des puissances concurrentes du Portugal. Terceira devient en effet une véritable plaque tournante du commerce transatlantique. Les bateaux provenant du Brésil ou d'Amérique centrale déchargent leurs marchandises sur l'île et d'autres les conduisent en Europe. Par ce biais, l'économie pour les armateurs était considérable et les risques de naufrage beaucoup moins grands. Un nombre encore inconnu de galions dorment dans les fonds limpides qui entourent les neuf îles des Açores. Ils ont été attaqués par les pirates ou les corsaires, coulés par les tempêtes, et avec leurs équipages comme leurs trésors s'en est allée la mémoire de leurs périples et de leurs naufrages.

© CHRISDORNEY - SHUTTERSTOCK.COM

Le début de l'assujettissement espagnol

4 AOÛT 1578

Malgré l'avis d'une partie de sa cour, le roi du Portugal dom Sebastião part en Afrique combattre les « infidèles », à la tête d'une armée grosse de 800 voiles environ. C'est la déroute : le 4 août 1578, il est écrasé à Ksar el-Kébir (Alcacer-Quibir) avec toutes ses troupes, et lui-même perd la vie. Nombreux sont ceux qui ne crurent pas à sa disparition et espérèrent son retour, mais concrètement il n'y avait pas d'héritiers (puisque le défunt roi n'avait pas d'enfants).

1580

Suite à la disparition du roi du Portugal dom Sebastião, deux prétendants réclamèrent le trône : Philippe II d'Espagne, son cousin ; et dom António, père supérieur du Crato, son cousin germain. Dom António est d'abord proclamé roi à Santarém, en 1580, mais le roi d'Espagne le défait un peu plus tard à la bataille d'Alcântara. Tout le pays tombe alors sous le joug hispanique. Tout ? Non, une île résiste encore et toujours à l'envahisseur : Terceira, aux Açores.

25 JUILLET 1581

A Terceira, le *corregedor* (sorte de procureur civil ou de magistrat gérant les affaires administratives et judiciaires d'une région), Ciprião de Figueredo, prend le parti de dom António et met en déroute les Espagnols à la bataille de Salga, le 25 juillet 1581, avec l'aide de bovins lancés contre les troupes ennemies. La devise du capitaine était éloquente : « Autant mourir libres que vivre assujettis en paix. » Plus tard, dom António nomma Manuel da Silva pour le représenter, et toutes les Açores penchèrent pour le parti du prieur, à part São Miguel et Santa Maria.

1640

Restauration de l'indépendance du Portugal

Il faudra trois années de guerre, durant lesquelles des navires français prêteront parfois main-forte aux Açoriens, pour que Philippe II achève d'asseoir son autorité après une rude bataille à Terceira, près de Praia da Vitória. Pendant trois ans, cette île sera l'unique foyer de l'autonomie. Ce n'est finalement qu'en 1640, après la restauration de l'indépendance du Portugal, que les Açores rentreront dans le giron continental.

1717

L'archipel reste divisé. Un schisme religieux au sein de l'ordre des Franciscains, dont le pouvoir spirituel aux Açores persistait depuis les premiers jours de la Découverte, sépare les îles en deux provinces distinctes (Angra et Ponta Delgada), ce qui alimente la confusion politique et aggrave la séparation de l'archipel en deux zones d'influence.

26 JANVIER 1771

Premiers mouvements indépendantistes

Les Açores deviennent, par décret, une province du Portugal. Ainsi, inévitablement, São Miguel entreprend son mouvement d'émancipation dès le début du XIXe siècle ; île plutôt riche, elle ne supporte pas que le gouvernement général siège à Angra où l'argent est toujours transporté. Elle souhaite décider elle-même de son propre avenir et conserver la mainmise sur le Trésor.

1807

L'archipel entier cherche alors son identité, au moment où, après le traité de Fontainebleau de 1807 signé avec l'Espagne, Napoléon envahit le Portugal, obligeant la reine et la Cour à fuir pour le Brésil. Alors les Anglais débarquent à Madère et aux Açores, officiellement en « protecteurs », et les consuls deviennent bien vite de véritables pouvoirs parallèles.

1ER MARS 1821

Révolte sur São Miguel

Une révolte éclate à Ponta Delgada, menée par Noronha et João Soares de Albergaria, qui proclame un gouvernement provisoire de l'île de São Miguel, fidèle à la Constitution et au gouvernement, alors organisé en Assemblées de Porto et Lisbonne, après l'expulsion de Beresford.

1822

Le continent reconnaît cette nouvelle autorité et sépare les deux îles orientales des autres, toujours soumises au capitaine général. Lisbonne décide ensuite de diviser les Açores en trois juridictions gouvernées par des juges corregedores : Ponta Delgada, Angra et Horta, qui elle aussi s'est aussi affranchie de la tutelle de Terceira. A ce moment cependant, la majorité des habitants de l'archipel sont fidèles au roi Jean VI, revenu à Lisbonne, qui avait accepté par serment la Constitution en 1822.

Guerre civile portugaise

1826

Pedro IV est désigné roi. Il octroie une charte et abdique en faveur de sa fille Marie, tandis que son propre frère, Miguel, devient régent. Celui-ci usurpe toutefois le trône en 1828, abolit la charte et se proclame roi absolu. Toutes les îles des Açores l'acceptent alors comme tel, sauf Terceira, où d'incessants conflits entre libéraux et absolutistes déchirent la population. Le nouveau capitaine général envoyé là-bas, Sousa Prego, n'est pas reçu à Angra où il n'est pas le bienvenu ; il s'installe alors à Ponta Delgada, qui va prendre une nouvelle importance administrative.

© KIEV.VICTOR - SHUTTERSTOCK.COM

AOÛT 1829

Évidemment, les choses n'en restent pas là. En août 1829, Sousa Prego essaye de soumettre Terceira par la force en débarquant avec 3 500 hommes : les libéraux remportent finalement la bataille, après une lutte fratricide où ne périssent pas moins de 1 000 malheureux. C'est grâce à cette victoire que Praia mérita son nom de Praia da Vitória [« plage de la victoire »]. Peu à peu, les libéraux [appelés aussi constitutionnalistes, puisqu'ils se soumettent à la Constitution et non à l'absolutisme de dom Miguel] vont réussir à conquérir les autres îles de l'archipel, tandis que tous les miguélistes [partisans de dom Miguel] fuient vers São Miguel.

1ER AOÛT 1831

Les absolutistes sont finalement défaits à Ladeira da Velha, et Sousa Prego fuit sous protection britannique. C'est la fin du régime des capitaines généraux. Une leçon importante se dégage : la tentative d'unifier les Açores a échoué ; en fait le concept de centralisation n'est pas du tout une réalité de l'archipel.

1834

Après y avoir constitué un conseil de régence, en 1834, dom Pedro IV utilise Terceira comme base d'expédition vers les côtes portugaises à la tête de son armée. Récupérant la couronne aux dépens de son frère, il fait entrer le Portugal dans l'ère moderne et Terceira dans l'histoire, donnant à la capitale de l'île le nom d'Angra do Heroísmo en souvenir du soutien qu'elle lui a fourni.

Début de l'ère industrielle

1893 Durant la période contemporaine, l'histoire des Açores se fait plus calme. Les divisions ne cessèrent pas cependant après cette guerre civile sanguinaire, São Miguel ne reconnaissant toujours pas la suprématie de Terceira dans la région, et les miguélistes fomentant de temps à autre des guérillas contre les institutions dirigées par les libéraux. Mais peu à peu les tensions retombent, et l'archipel entre dans la voie de l'ère industrielle. Le premier câble sous-marin transatlantique relie Faial au reste du monde, les îles s'ouvrent peu à peu vers l'extérieur, et l'hémorragie des grandes émigrations commence : c'est que la situation économique n'est pas vraiment rose.

1945 Création de la base militaire américaine de Lajes à Terceira.

Révolution des Œillets

AVRIL 1974 La révolution des Œillets vient mettre une dernière petite touche d'agitation aux Açores. La population n'étant que très moyennement portée sur le thème « du pouvoir aux travailleurs », les événements de Lisbonne (avec l'aide d'informations soigneusement sélectionnées par l'Église) ont paru à distance particulièrement inquiétants. Durant les premiers mois de la révolution, la peur du communisme, tant de la part de la population que des Américains qui craignaient de voir disparaître une base stratégique, a fait (re)naître un mouvement indépendantiste.

Statut de Région autonome

1976 Mais la suite des événements a ramené à leur calme habituel les Açoriens, satisfaits par le statut de Région autonome qui leur est accordé en 1976. Les Açores deviennent une Région autonome du Portugal, avec une assemblée et un gouvernement régional. A sa tête, João Bosco Mota Amara, membre du parti Social-Démocrate (conservateur).

1983 Angra do Heroísmo est classée au patrimoine historique mondial par l'UNESCO.

Angra do Heroismo.

Entrée dans la CEE

1986 — L'entrée du Portugal dans la Communauté européenne en 1986 a presque définitivement conquis les derniers sceptiques, et les aides de Bruxelles aux régions périphériques constituent de solides arguments pour les convaincre. C'est sous ce statut que vivent aujourd'hui les Açores, dotées d'un gouvernement régional dont les différents services sont répartis entre Ponta Delgada (São Miguel), Angra do Heroísmo (Terceira) et Horta (Faial).

20 octobre 1995 — Alberto Madruga da Costa, du Parti social-démocrate, prend la tête du gouvernement des Açores. Une présidence qu'il n'exercera qu'une année puisqu'en novembre 1996, il cède sa place au socialiste Carlos César.

Statut de RUP

2 octobre 1997 — Après avoir intégré l'Union européenne, les Açores ont été reconnues, en 1997, comme Région ultrapériphérique de l'UE. Les RUP sont des territoires qui font partie de l'Union européenne, mais sont situés très largement en dehors du continent. Ces régions bénéficient d'un statut particulier et possèdent des avantages, notamment sur le plan fiscal. En effet, l'insularité, le relief volcanique, la distance avec le continent sont autant d'obstacles au développement de ces régions. Les Açores perçoivent à ce titre des indemnités assez conséquentes de l'UE.

17 octobre 2004 — Victoire du parti socialiste aux élections régionales.

2008 — Nouvelle victoire du parti socialiste aux élections régionales avec 49,96 % des voix.

2010 — Les Açores sont nommées « Région européenne de l'année » par la Commission européenne, notamment pour récompenser leur modèle de tourisme durable, entre respect des traditions et de la nature.

6 novembre 2012 — Après seize ans d'exercice à la tête du gouvernement des Açores, Carlos César est remplacé par Vasco Ilídio Alves Cordeiro, du même bord politique. Les prochaines élections régionales se tiendront en octobre 2016.

Octobre 2015 — En tête en nombre de votants, mais incapable de constituer une majorité parlementaire, la coalition de droite perd le pouvoir à la suite des élections législatives portugaises ; le Parti socialiste forme un gouvernement soutenu par la gauche portugaise.

24 janvier 2016 — Sans surprise, le conservateur Marcelo Rebelo de Sousa remporte les présidentielles dès le premier tour avec 53 % des voix.

16 octobre 2016 — Avec 40,84 % des voix, le PS gagne une nouvelle fois les élections législatives et Vasco Cordeiro reste à la tête de l'exécutif régional.

1ER OCTOBRE 2017 Le Parti socialiste sort vainqueur des élections municipales.

25 OCTOBRE 2020 Après près de 30 ans de gouvernance du PS, une coalition menée par le Parti social-démocrate (PSD), le parti d'opposition, remporte les élections régionales, ouvrant ainsi une nouvelle page politique aux Açores. La coalition regroupe plusieurs partis : le Parti social-démocrate, le CDS - Parti populaire et le Parti populaire monarchiste.

Tensions au sein du gouvernement

2023 Depuis son élection, la coalition menée par le PSD a le soutien du CHEGA, parti d'extrême-droite. Au départ, l'Initiative libérale (un parti de droite) l'appuie également, avant de lui retirer son soutien le 8 mars 2023. Un député indépendant, dissident du CHEGA, suit le mouvement. Suite à ces déclarations, le gouvernement régional des Açores perd sa majorité.

Rejet du budget de 2024

23 NOVEMBRE 2023 Le 23 novembre 2023, la proposition de budget pour 2024 est rejetée. Faute de pouvoir faire approuver une nouvelle proposition de budget, le président du gouvernement régional des Açores, José Manuel Bolieiro, s'entretient avec le président de la République portugaise, Marcelo Rebelo de Sousa. Celui-ci décide alors de dissoudre l'Assemblée législative, entraînant la conduite d'élections anticipées.

Elections régionales anticipées

4 FÉVRIER 2024 Le 4 février 2024 se tiennent les élections régionales pour élire les 57 députés de l'Assemblée législative. La coalition regroupant le Parti social-démocrate, le CDS - Parti populaire et le Parti populaire monarchiste remporte l'élection, sans pour autant réunir la majorité absolue des sièges. Le Président du gouvernement sortant, José Manuel Bolieiro, reconduit donc son gouvernement minoritaire.

LA GUERRE CIVILE

LA GUERRE CIVILE PORTUGAISE SUCCÈDE À LA RÉVOLUTION DE 1820

La révolte de 1821

L'archipel s'était dérobé à une autorité pour mieux subir l'influence d'une puissance étrangère. La guerre civile portugaise qui succède à la révolution de 1820 va de nouveau faire jouer à Terceira un rôle particulièrement important. A cette époque germent de nouvelles idées, dites libérales, d'autant que la Cour est toujours en exil au Brésil et que le Portugal est régi, telle une véritable colonie anglaise, par le vicomte Beresford. Le 1er mars 1821, une révolte éclate à Ponta Delgada, menée par Noronha et João Soares de Albergaria, qui proclame un gouvernement provisoire de l'île de São Miguel, fidèle à la Constitution et au gouvernement, alors organisé en Assemblées de Porto et Lisbonne, après l'expulsion de Beresford. La nouvelle autorité de São Miguel remet en cause sa subordination à Terceira, dont le gouvernement est accusé de dilapider le Trésor et d'abuser de l'influence de l'évêché. Le continent reconnaît cette nouvelle autorité et sépare les deux îles orientales des autres, toujours soumises au capitaine général. Lisbonne décide ensuite de diviser les Açores en trois juridictions gouvernées par des juges *corregedores* : Ponta Delgada, Angra et Horta, qui elle aussi s'est aussi affranchie de la tutelle de Terceira. A ce moment cependant, la majorité des habitants de l'archipel sont fidèles au roi Jean VI, revenu à Lisbonne, qui avait accepté par serment la Constitution en 1822.

Terceira VS Ponta Delgada

En 1826, Pedro IV, aussi empereur du Brésil, est désigné roi, mais il octroie une charte et abdique en faveur de sa fille Marie, tandis que son propre frère, Miguel, devient régent. Celui-ci usurpe toutefois le trône en 1828, abolit la charte et se proclame roi absolu. Toutes les îles des Açores l'acceptent alors comme tel, sauf Terceira, où d'incessants conflits entre libéraux et absolutistes déchirent la population. Le nouveau capitaine général envoyé là-bas, Sousa Prego, n'est pas reçu à Angra où il n'est pas le bienvenu ; il s'installe alors à Ponta Delgada, qui va prendre une nouvelle importance administrative. A la même époque, Pedro IV est déposé au Brésil : il songe alors à reprendre la couronne du Portugal. Terceira, qui lui est fidèle, se proclame capitale du royaume du Portugal en son nom et en celui de Dona Maria, le 28 octobre 1828, et Vila Flor est nommé capitaine général. Si bien que les Açores sont à ce moment commandées par deux capitaines : l'un, Sousa Prego, nommé par l'absolutiste dom Miguel à Ponta Delgada, l'autre, Vila Flor, qui soutient dom Pedro à Terceira. Cipriano da Costa Pessoa prononce à cette occasion une phrase historique, tandis que Terceira engage un bras de fer héroïque avec Lisbonne :

« Mieux vaut mourir les armes à la main, que souffrir les insultes des satellites de l'usurpateur. »

La difficile tâche d'unifier les Açores

Evidemment, les choses n'en restent pas là et en août 1829, la bataille de Vila Praia éclate entre la flotte absolutiste et les forces libérales. Sousa Prego essaye de soumettre Terceira par la force en débarquant avec 3 500 hommes : les libéraux remportent finalement la bataille, après une lutte fratricide où ne périssent pas moins de 1 000 malheureux après une longue journée de combat. Cette victoire permit aux partisans de la reine de disposer d'une base sûre, d'où partiraient les armées qui reprendraient le Portugal aux miguélistes. Et c'est suite à cette victoire que Praia mérita son nom de Praia da Vitória (« plage de la victoire »). Peu à peu, les libéraux (appelés aussi constitutionnalistes, puisqu'ils se soumettent à la Constitution et non à l'absolutisme de dom Miguel) vont réussir à conquérir les autres îles de l'archipel, tandis que tous les miguélistes (partisans de dom Miguel) fuient vers São Miguel. C'est là que les partisans de dom Pedro lancent leur ultime offensive, le 1er août 1831, les absolutistes sont finalement défaits à Ladeira da Velha, et Sousa Prego fuit sous protection britannique. C'est la fin du régime des capitaines généraux. Une leçon importante se dégage : la tentative d'unifier les Açores a échoué ; en fait le concept de centralisation n'est pas du tout une réalité de l'archipel. Après y avoir constitué un conseil de régence, en 1834, dom Pedro IV utilise Terceira comme base d'expédition vers les côtes portugaises à la tête de son armée. Récupérant la couronne aux dépens de son frère, il fait entrer le Portugal dans l'ère moderne et Terceira dans l'histoire, donnant à la capitale de l'île le nom d'Angra do Heroísmo en souvenir du soutien qu'elle lui a fourni.

LES ENJEUX ACTUELS

L'unité des Açores est une réalité complexe ; son histoire récente montre qu'il est impossible d'imaginer une unique capitale politique pour gouverner l'ensemble de l'archipel compte tenu de la spécificité de chaque île. Côté économie, les choses ne sont pas simples non plus… Leur rôle d'escale obligatoire ayant pratiquement disparu depuis l'avènement des vols transatlantiques, les Açores ont perdu une bonne part de leurs richesses et les compensations accordées par les États-Unis et la France après la réduction de leur présence militaire ne suffisent pas à leur redonner la splendeur passée. L'archipel faisait partie des sept régions les plus défavorisées de l'Union jusqu'à l'entrée des pays d'Europe de l'Est en mai 2004. L'économie repose aujourd'hui principalement sur l'agriculture, la pêche et bien évidemment sur le tourisme. C'est l'une des priorités du gouvernement. Mais combien de temps l'archipel restera-t-il préservé ?

Des pouvoirs politiques divisés

Le gouvernement régional, l'organe exécutif, siège à Ponta Delgada, sur l'île de São Miguel (l'île la plus importante, avec 75 % de l'économie et 54 % de la population). Il est dirigé par un président élu (en fait, il est le numéro un du parti qui remporte le plus de voix aux élections législatives), accompagné de neuf secrétaires ayant chacun un domaine d'étude : finances, administration publique, travail, affaires sociales, tourisme, transports, etc. Ces secrétaires ont leurs bureaux à São Miguel, à Faial et à Terceira. L'assemblée régionale, détentrice du pouvoir législatif, se tient à Horta, sur l'île de Faial. Elle est composée de 57 députés élus tous les quatre ans, au prorata de la population de chaque île. La Cour suprême, haute chambre du pouvoir judiciaire, siège à Angra do Heroísmo, sur l'île de Terceira. Par ailleurs, un ministre de la République portugaise est chargé de représenter les intérêts du continent dans l'archipel et de l'aviser des volontés des Açoriens. Il réside à Angra do Heroísmo, sur l'île de Terceira.

Un fonctionnement pourtant bien rodé

La dispersion des autorités politiques assure un équilibre plutôt efficace ; l'important étant de satisfaire les petites vanités de chacun, parfois légitimes, et surtout de donner l'impression qu'aucune partie de l'archipel n'est mise à l'écart. En ce qui concerne le fonctionnement de ces institutions, le gouvernement régional est responsable devant l'Assemblée régionale, qui élit cinq députés au Parlement de Lisbonne. L'archipel est autonome en ce qui concerne l'économie, par exemple, mais l'éducation, la santé, l'armée, la police ou la justice relèvent du gouvernement national de Lisbonne. Localement, chaque île est divisée en plusieurs *concelhos*, ou districts ; il en existe six par exemple à São Miguel, et seulement un sur une île plus petite comme Corvo. Les partis politiques aux Açores sont les mêmes que les partis nationaux portugais, avec des sensibilités locales légèrement différentes. José Manuel Bolieiro, le président actuel de la région autonome des Açores, est membre du PSD.

Une économie fragile

Recentrée autour de l'agriculture et de la pêche – et de plus en plus du tourisme – l'économie açorienne tente le pari d'un développement harmonieux et respectueux d'une nature somptueuse qui reste la principale richesse des îles. L'administration, directement ou via Lisbonne, ou les aides européennes, distribuent une bonne part des revenus des habitants et, si l'on n'y est en général pas pauvre, le luxe est rarement présent aux Açores. Les Açores, tout comme Madère, sont considérées comme des régions ultrapériphériques, un terme consacré juridiquement par le traité d'Amsterdam et qui recouvre des spécificités géographiques, climatiques et socio-économiques au sein de l'Union européenne. Les fonds sont débloqués conjointement par l'État portugais et l'Union européenne et visent à l'amélioration des infrastructures, à la promotion des secteurs productifs générateurs d'emplois et au développement des ressources humaines.

Des subventions bien présentes…

Pour la période 2007-2013, le Portugal a reçu de l'Union européenne 21,5 milliards d'euros pour sa politique d'aide et de développement aux régions. Les Açores ont perçu environ 960 millions d'euros pour l'ensemble de la période. En juillet 2014, la Commission européenne a signé un nouvel accord de partenariat avec le Portugal pour la période 2014-2020, toujours dans le but de soutenir ses régions ultrapériphériques. 21,46 milliards d'euros sont ainsi octroyés au pays dans le cadre de la « mobilisation des Fonds structurels et d'investissement de

© ALEXANDRUMAGUREAN - ISTOCKPHOTO.COM

L'Île São Miguel.

l'UE ». Des fonds supplémentaires seront destinés au développement rural, au secteur maritime et de la pêche. Un changement notable dans la gestion des fonds est à souligner : les gouvernements locaux devront désormais gérer près de 40 % des fonds, contre 25 % dans le programme précédent. Parallèlement, pour améliorer la situation économique de l'archipel, des concessions ont été acceptées par le gouvernement national : la TVA y est de 5 %, 10 % ou 18 % suivant les secteurs (6 %, 13 % et 23 % sur le continent). Les personnes privées et les entreprises bénéficient de remises d'impôt ; une zone franche a été instituée à Santa Maria…

… et une réussite impressionnante

Sous le regard tout d'abord critique puis incrédule, voire irrité de la Commission européenne, les résultats obtenus par le Portugal font pâlir d'envie bon nombre de dirigeants politiques de l'Europe du Nord, encore englués dans leur politique de libéralisme à tous crins. En un peu plus de deux ans, le Portugal passe du statut « mauvais élève de l'Europe » à celui de « Premier de la classe ». L'investissement visant à améliorer la qualité de vie des habitants est massif. Construction de routes pour désenclaver les zones de l'intérieur, création ou amélioration de centres de santé, adduction d'eau et développement d'un réseau d'égouts font partie des nécessités élémentaires dans certaines régions de l'archipel. On a aussi construit de nouveaux aéroports – aujourd'hui, chaque île en possède un –, on en a agrandi d'autres, toujours dans l'idée d'ouvrir l'archipel vers l'extérieur. Un effort est également consacré à l'éducation. Les Açores sont désormais dotées de plusieurs universités et l'on construit un peu partout ou bien on agrandit écoles et lycées. L'université des Açores est d'ailleurs mondialement connue pour son département d'océanographie et de pêche.

Les secteurs qui rapportent

L'agriculture (notamment l'élevage), la pêche et les industries agroalimentaires (produits lactés, conserves, boissons, tabac) sont, sans surprise, les trois secteurs qui se taillent la part du lion sur l'archipel. La modernisation des installations et l'amélioration de la qualité sont les deux priorités majeures. Reste toutefois à sauvegarder l'équilibre précaire d'une économie rurale qui a toujours vécu en petites dimensions, et où le métier de pêcheur ou d'agriculteur impliquait la préservation d'une nature généreuse grâce à un rythme d'exploitation modéré. Les fonds marins se soucient malheureusement assez peu des quotas européens et la chaîne qui va de la barque du pêcheur à la table du consommateur devra trouver dans sa nécessaire modernisation une façon de ne pas détruire un jeu complexe de marchés locaux qui permet aujourd'hui de maintenir vivants les petits villages.

Le tourisme a le vent en poupe

Le développement du tourisme est l'une des priorités du gouvernement régional. Il n'y a pas encore l'urbanisation sauvage comme autour de Funchal à Madère – pourvu que cela dure ! –, mais Ponta Delgada a beaucoup changé ces dernières années. Une marina moderne y a été construite, offrant aux touristes restaurants et boutiques de standing, et de nombreux hôtels ont vu le jour. A l'intérieur des terres, des structures dites de « tourisme rural » sont en pleine expansion et se prêtent particulièrement bien au cadre et à l'atmosphère de l'archipel.

Pour accueillir davantage de visiteurs, on a augmenté le nombre de vols inter-îles, encouragé les voyages en bateau, et le gouvernement a décidé depuis peu d'ouvrir ses lignes aériennes à la concurrence ; des liaisons *low-cost* relient désormais les Açores au continent. De grands projets immobiliers ont également été lancés afin de séduire les investisseurs. Mais à trop vite vouloir progresser, l'archipel pourrait bientôt, malgré lui, se trouver face à une problématique touristique inévitable : s'il constitue aujourd'hui un véritable paradis pour les voyageurs en mal d'authenticité et pour les randonneurs en quête d'une nature sauvage et luxuriante, la hausse souhaitée de l'afflux touristique ne risque-t-elle pas, à terme, de menacer l'esprit des Açores ?

Les enjeux actuels

Les Açores souffrent avant tout d'une grande dépendance économique envers la métropole portugaise et l'Union européenne. Au lendemain de la grave crise que ces derniers ont traversée, cette dépendance reste entière. Cependant, il paraît difficile dans l'immédiat d'envisager une économie plus affranchie : la position insulaire, la faiblesse démographique et l'orientation agricole et maritime ne peuvent guère faire place à une diversification rapide. On peut néanmoins rappeler que l'archipel est capable d'une relative autarcie en raison de l'importance de ces mêmes secteurs. Le tourisme, en pleine mutation, est l'enjeu majeur de ces prochaines années. A l'heure actuelle, les Açores ne sont pas encore envahies par le tourisme de masse. Mais depuis mars 2015, le tourisme açorien a reçu un sacré coup de fouet grâce à l'ouverture des liaisons aériennes à la concurrence. Dès le mois d'avril, l'aéroport de Ponta Delgada enregistrait une hausse de fréquentation des passagers de plus de 33 %. Un bouleversement qui a immédiatement questionné la possibilité d'un tourisme écologique durable. Manifestation concrète de l'inquiétude grandissante des Açoriens face à la politique menée par le gouvernement des Açores, c'est une coalition menée par le parti de l'opposition, le PSD, qui a remporté les élections régionales du 25 octobre 2020, mettant ainsi fin à presque 30 ans de gouvernance du PS aux Açores.

L'importance de préserver la nature

Personne aux Açores ne veut que l'archipel ne ressemble un jour aux Canaries, ni même à Madère, dont la politique d'investissement touristique est largement critiquée. On veut préserver le côté naturel de l'archipel, sa beauté sauvage ; l'idée est d'attirer des touristes aisés et amoureux de la nature. Calme et harmonie, voilà un credo qui convient parfaitement aux investisseurs et aux professionnels du tourisme local. A l'heure actuelle, l'objectif est de limiter à 15 000 le nombre de lits dans l'archipel (contre 35 000 à peu près pour Madère). Autre challenge, séduire les touristes en hiver ! A cette période de l'année, on ne croise presque aucun visiteur. Il est possible que la météo soit peu estivale malgré des températures plutôt douces, mais il est très probable aussi qu'au milieu de journées un peu sombres, vite écoulées dans les très beaux musées ou dans un petit bistrot, de soudaines éclaircies fassent leur apparition. Se défaire de ce tourisme inégal fait partie des enjeux touristiques de l'archipel.

Lagoa das Sete Cidades.

ARCHITECTURE

L'apport du Portugal continental dans l'architecture traditionnelle des Açores est indéniable. On retrouve des façades claires, peintes avec des couleurs vives autour des fenêtres, mais on note quelques spécificités dues aux conditions climatiques et aux matières premières locales, comme l'usage du basalte, puisqu'il s'agit d'un archipel volcanique. Les constructions civiles, jusqu'au XVIIIe siècle, ont été édifiées avec du basalte et de la chaux (calcaire). D'une façon générale, un sentiment religieux imprègne toute l'histoire de l'architecture açorienne. Les styles architecturaux sur ces îles ont fortement influencé le reste de l'architecture coloniale portugaise, dont on retrouve un héritage direct au Brésil, dans la région du *Rio Grande do Sul* particulièrement. Les villes d'Angra do Heroísmo sur l'île Terceira et de São Salvador da Bahia sont d'ailleurs très semblables.

Une architecture dominée par la religion

Le style manuélin domina jusqu'au XVIe siècle sur l'archipel. Spécifique au Portugal, il s'est développé au XVe siècle sous le règne du Roi Manuel Ier (1469-1521), alors que le pays devenait, grâce à ses grands explorateurs, la plus grande puissance maritime du monde. Ce style éclectique emprunte au gothique flamboyant aussi bien qu'à l'architecture mauresque, en passant par un héritage roman, et se caractérise par une abondance de motifs décoratifs préfigurant la période baroque. Les motifs caractéristiques de la période manuéline rendent compte des grandes expéditions et mettent en valeur la puissance maritime du pays, déclinant coquillages et instruments de navigation (ancres, proues de caravelles, etc.) autant sur les bâtiments civils et militaires que sur les églises. En ce qui concerne les édifices religieux, il s'agit probablement du style le plus répandu aux Açores. On en trouve de nombreux exemples à Vila Franca do Campo. L'église Bom Jesus da Pedra en fait partie. São Miguel Arcanjo, datant aussi du XVe siècle, est l'une des plus anciennes de l'archipel. Sa façade manuéline est aussi décorée par des ***azulejos***, ces carreaux de faïence qui font la richesse et la fierté du Portugal continental comme de ses colonies. Issue de la même époque, nous pouvons citer l'église Nossa Senhora da Piedade à Ponta Garça.

© NESSA GNATOUSH - SHUTTERSTOCK.COM

Hôtel de ville, Ponta Delgada.

L'archipel connaît par la suite une longue période classique, austère et fonctionnelle caractéristique de la Renaissance et dont témoigne à merveille la Cathédrale de l'Église du Saint Sauveur d'Angra do Heroísmo. A Vila Franca do Campo, le Convento de S. Francisco et ses chambres du style Renaissance – voûtes basses allant du sol au plafond – accueille désormais les touristes en tant qu'établissement hôtelier.

C'est enfin un style éminemment baroque, marqué par son exubérance des formes et des motifs, qui fit son apparition aux XVIIIe et XIXe siècles. Bien qu'il soit qualifié ainsi en raison de la période, il ressemble en de nombreux points à l'architecture manuéline qui s'est développée sur place. Cette ressemblance est en partie due aux matériaux, qui sont restés le basalte et la chaux pour les murs, de sorte que les ornementations ont été concentrées sur les encadrements de portes, des fenêtres ainsi que sur les corniches. C'est donc, plus qu'un baroque européen, un retour à l'art ornemental déjà présent sur l'archipel après une période austère et classique imposée lors de la Renaissance.

Ainsi, l'ermitage de Notre-Dame de la Paix (XVIIIe siècle) en est un magnifique exemple. Sur les hauteurs de Vila Franca do Campo et légèrement excentré, il offre, en haut de son escalier escarpé dont les paliers sont décorés d'***azulejos*** représentant la Vierge, un magnifique panorama sur la ville en contrebas et son îlot au large. L'escalier en question a été ajouté en 1967 afin de faire du petit ermitage une des principales attractions touristiques de la ville.

A Ponta Delgada, l'Hôtel de Ville et les Portes de la ville sont de très beaux exemples de cette

© SACK - ISTOCKPHOTO.COM

Portas da Cidade de Ponta Delgada.

période baroque. On peut également ajouter à la liste la surprenante Église de Notre-Dame de la Miséricorde à Angra do Heroísmo. De couleur bleu clair, elle affiche un blason rouge vif sur sa façade. Ses clochers sont coiffés de coupoles stylisées qui pourraient rappeler l'architecture mauresque.

Architecture civile et urbanisme

La maison rurale typique témoigne d'influences continentales bien identifiables. Pour en citer certaines : de l'Algarve (région au sud du Portugal) sur l'île de Santa Maria (peuplement plutôt épars, maisons à quatre pans) ou encore d'une autre région du sud, l'Alentejo, à São Miguel (peuplement plutôt concentrique, maisons à deux pans), tandis que dans les autres îles, surtout à l'ouest, les influences du nord du Portugal sont plus prégnantes. C'est notamment le cas à Corvo.

Dans les premiers temps du peuplement, la plupart des maisons étaient recouvertes de toits en paille, excepté sur l'île de Terceira, où l'on usait par défaut une herbe appelée *carrega*. A mesure que des matériaux plus résistants et que de nouvelles règles architectoniques faisaient leur apparition dans les constructions, les demeures eurent tendance à s'harmoniser sur les neuf îles de l'archipel. Mais la grande spécificité propre au territoire reste l'utilisation du basalte.

Le souci premier des habitants étant bien sûr de maîtriser la nature sauvage pour y survivre ; les premières constructions de l'île de São Miguel étaient très rustiques : une pièce centrale par laquelle on entrait et où se concentrait la vie familiale, flanquée de deux pièces attenantes – la cuisine (avec four et cheminée pour le pain) et la chambre à coucher. Une citerne pour recueillir l'eau des pluies, un puits et une *burra de milho*, sorte de pyramide en bois utilisée pour sécher le maïs, complétaient l'infrastructure familiale.

Santa Maria fut la première productrice de chaux qui recouvre aujourd'hui tant de maisons dans l'archipel. Ses maisons blanches sont pourvues de part et d'autre de hautes cheminées cylindriques et ajourées.

Dans les îles orientales, jusqu'au XIXe siècle, on édifiait dans les campagnes des maisons de paille (*cafuas* ou *palheiros*), munies d'une porte basse et d'une ou deux petites fenêtres. Les premières émigrations au Brésil et l'argent du commerce qui arriva modifièrent la donne : de nouvelles maisons virent le jour, avec des toits en dur, un étage, des panneaux d'*azulejos* sur la façade, et parfois même des escaliers extérieurs ou intérieurs.

A Terceira, les maisons possédaient à l'origine un seul étage, tandis que la façade présentait une seule porte centrale. Plus tard, on construisit aussi des demeures à deux étages conçues ainsi : un premier bâtiment central, agrémenté de deux fenêtres à guillotine ; un second, latéral, pour la cuisine. Autre curiosité, que l'on pourra remarquer notamment dans la rue De Jesus à Praia da Vitória : des cheminées pittoresques. De fines lames de basalte sont reliées entre elles par un fil de mortier ; leur forme triangulaire évoque deux mains jointes en prière qui justifie leur surnom : les cheminées de *mãos postas* – les « mains jointes ».

Changement de décor sur l'île de Pico, où les maisons étaient séparées en deux édifices. Le premier correspondait à la cuisine ; le second, sur deux étages habituellement, abritait la chambre à coucher au-dessus, et la salle de réception ou de travail réservée aux femmes, en bas. Le mauvais temps récurrent imposait certaines contraintes, notamment le faible nombre d'ouvertures.

© DARKSIDEOFPINK - ISTOCKPHOTO.COM

Kiosque rouge au musée du vin, Île de Pico.

Plus tard, la cuisine fut rattachée à la maison principale. Une tradition perdura : on continua à répandre sur tout le sol des feuilles de pin qui diffusent leurs arômes dans les intérieurs.

Faial offre plusieurs types de constructions archaïques (une seule pièce et un toit de paille) ainsi que plus « modernes » – des toits de tuiles et trois pièces réparties sur un étage. Les maisons à deux étages, aux murs de pierres irrégulières unies avec du mortier et à la façade flanquée de quatre portes, évoquent les habitations de vignerons en Italie centrale ou au nord du Portugal jusqu'au Tage.

Ponta Delgada et Angra de Heroísmo sont deux villes à l'urbanisme emblématique des Açores. Cette dernière est d'ailleurs classée au patrimoine mondial de l'UNESCO. Leurs rues et places aux pavés noirs et blancs formant des motifs font une impression très forte aux voyageurs, tant il est inhabituel de trouver un rapport si raffiné et symbolique à la construction des rues ailleurs en Europe, voire dans le monde. Cette pratique bien répandue donne aux rues un caractère artistique et architectural très marqué – elles deviennent de véritables œuvres d'art guidant les pas des passants. Les motifs sont variés. Tantôt illustratifs et liés à l'imaginaire colonial, ils représentent fruits et céréales exotiques (maïs entre autres), ancres et bateaux – non sans faire échos à l'ornementation manuéline. Tantôt plus abstraits, s'apparentant alors à des grandes frises qui s'anamorphosent avec la perspective, comme autant de rues déroutantes.

Architecture contemporaine

Les Açores ne sont pas reconnues pour leur architecture contemporaine – d'autant que contrairement à nombre d'archipels à travers le monde, les récentes constructions touristiques ont été remarquablement bien maîtrisées de manière à préserver le paysage comme le patrimoine. Quelques exemples méritent cependant notre attention.

Le Centre de Monitoring et de Recherche de Furnas par l'agence Aires Mateus est un très bel exemple d'architecture intégrée au paysage. Les bâtiments en basalte et en bois, au dessin d'une grande sobriété, ont un caractère abstrait et géométrique. Ce beau geste architectural donne aux bâtiments minimalistes des allures de sculpture. Un subtil mélange s'opère entre l'architecture vernaculaire (les murs sont en basalte) et les formes contemporaines.

Le musée du vin de Paulo Gouveia (1939-2009), bâti en 1999 sur l'île de Pico, vaut aussi le détour. Il se démarque par sa passerelle menant à un kiosque placé en surplomb du paysage environnant. Son bois peint en rouge vif offre un magnifique contraste coloré sur les terres basaltiques sur lesquelles il est bâti.

L'archipel participe au projet de regroupement des édifices d'architectes contemporains sur le site Internet (http://roteiroarquitectura.pt/mapaa) qui permet aux amateurs de découvrir les bâtiments notables sur leur trajet. La carte est très utile pour repérer facilement un lieu à proximité, ou préparer son voyage. Le site donne une bonne idée de l'évolution et de la progression des formes contemporaines sur l'île, et du mariage fréquent d'un style vernaculaire sobre à des lignes architecturales belles et bien modernes – afin de ne jamais gâcher le paysage, mais au contraire s'y incorporer, sans accroc. C'est le cas par exemple de cette belle villa rose, signée par l'agence italienne Atelier Mezzo sur l'île de São Miguel. Les murs du rez-de-chaussée de cette ancienne écurie sont assemblés en basalte, tandis que la partie supérieure, peinte en rose, rappelle dans un style minimaliste les maisons colorées que l'on retrouve un peu partout dans l'archipel.

BEAUX-ARTS

L'art açorien est encore jeune. Et pour cause, rien n'atteste d'une présence humaine avant 1427. Il faut attendre le milieu du XVe siècle pour que des familles, d'origine flamande, s'installent sur l'île de Terceira et suscitent les premiers balbutiements d'un art local. Les arts plastiques açoriens restent longtemps imprégnés d'influences extérieures et d'art traditionnel. Pour cette raison, le Musée da Horta (p.244) présente le patrimoine des îles à travers une collection aussi hétéroclite que fascinante. Aux côtés de travaux ethnographiques, les salles de peinture locale et de statuaire religieux couvrent l'art du XVIe au XXe siècle. Peintres, sculpteurs ou photographes açoriens ont en commun d'être un jour partis se former à Lisbonne, Paris ou au bout du monde, mais d'être revenus poursuivre leur carrière dans leurs îles natales. Chaque artiste contribue ainsi à la vie culturelle locale qui s'enrichit désormais de projets originaux.

Premières œuvres

L'art açorien s'est forgé une identité à une date relativement récente. Les premières formes d'expression artistique restent religieuses et longtemps liées aux premières populations. L'art flamand domine durant de longues décennies, et cela sous deux formes. Pour la plupart, les œuvres sont directement importées des ateliers d'Anvers, Bruxelles ou Malines pour orner les édifices religieux. Les œuvres flamandes importées les plus célèbres sont la statue de Notre-Dame des Miracles, de l'église de Vila Nova do Corvo et la Descente de croix de l'église d'Altares à Terceira. En second lieu, les Açoriens commencent à copier ou à s'inspirer des artistes flamands. L'influence flamande se fait clairement sentir dans le triptyque de saint André, qui orne l'église de Nossa Senhora da Estrela, sur l'île de São Miguel, et dans le Triptyque de l'Adoration des mages, conservé au musée d'Angra (p.199).

L'art religieux s'expose au musée d'art sacré (p.292) de Velas ★★ (p.291), développé grâce aux acquisitions du Père Manuel Garcia Silveira. Situé dans les annexes de l'église Matriz de Velas, il donne à voir de précieux instruments liturgiques, des images sacrées, des sculptures et des photographies, allant du XVIe au XXe siècle.

Baroque

Le baroque, arrivé plus tard que dans le reste de l'Europe, se développe dans les Açores avec une extravagance enrichie par les artisanats prisés sur les îles. L'intérieur des édifices religieux érigés aux XVIIe et XVIIIe siècles fait preuve d'une exubérance décorative inouïe aussi bien dans la sculpture, la peinture, le mobilier, l'orfèvrerie que la céramique. Mais ce qui caractérise l'art açorien est le travail des boiseries et l'association à l'art des azulejos qui connaît son apogée durant cette période.

L'un des plus somptueux exemples d'art religieux açorien se trouve dans l'église de Santa Barbara, bâtie au bord de l'océan, face au Pico. Sa première partie remonte à la fin du XVe, soit le début de la colonisation de l'île de São Jorge. Classée monument national, elle renferme des azulejos qui retracent la vie de la sainte patronne de l'église. Saint Georges, le Saint-Esprit et sainte Barbara se retrouvent dans les ornements du splendide plafond en bois de cèdre. Les pilastres, les entablements, la statuaire et les panneaux d'azulejos composent une richesse décorative sans pareil.

Autel doré d'une église sur l''île de Pico.

© MARIJA VUJOSEVIC - SHUTTERSTOCK.COM

Musée Carlos Machado.

Autre modèle du genre, le retable doré et les azulejos baroques représentant la Passion du Christ d'Antonio de Oliveira Bernardes, au **Couvent de Nossa Senhora da Esperança** (p.102). Fondé au XVIe siècle au Ponta Delgada, il abrite le Christ des Miracles qui fait accourir les pèlerins lors de la fête de Santo Cristo. De nombreux émigrants reviennent à cette occasion et se joignent aux pèlerins durant la procession en l'honneur du saint protecteur.

Les trois nefs de l'église Saint-François de Horta bénéficient également de riches ornements baroques. Des panneaux d'*azulejos* du XVIIIe siècle ornent le chœur embelli de splendides dorures. Toutes les îles recèlent des joyaux baroques. Sur Terceira, Angra do Heroísmo, dont le centre historique est inscrit sur la liste du patrimoine mondial de l'UNESCO, possède des œuvres remarquables. Pour la période baroque, le **Couvent de São Gonçalo** (p.198) et son « église en or » sont parés de superbes boiseries sculptées et dorées. Le **Musée d'Angra do Heroísmo** (p.199), installé dans un couvent franciscain depuis 1949, propose une exposition permanente en quatre parties, parmi lesquelles des œuvres açoriennes et des peintures sur bois des XVIe et XVIIe siècles. Les Açores sont racontées à travers un rassemblement hétéroclite d'œuvres et d'objets : jouets, instruments de musique, appareils photo, dessins et gravures, pièces de monnaie, instruments nautiques, art militaire, arts décoratifs s'unissent aux éléments architecturaux, aux sculptures et tableaux pour dresser un portrait de la culture açorienne.

Outre le musée, le couvent abrite l'église de São Francisco, connue sous le nom d'église de Nossa Senhora da Guia, remarquable exemple de l'architecture religieuse du XVIIIe siècle. Ses sculptures, ses statues et ses panneaux d'*azulejos* constituent un cadre exceptionnel.

XIXe siècle, les premiers peintres

La bourgeoisie enrichie par le commence d'oranges fait appel à des artistes locaux pour embellir les habitations et réaliser des portraits de famille. Le **musée Carlos Machado** (p.105), qui combine art moderne local et art sacré, présente des portraits de facture açorienne. Du XIXe siècle, des scènes de genre colorées et des bustes classiques de personnalités locales côtoient des portraits d'un réalisme social puissant tels que *L'Estropié* de Duarte Faria e Maria. La collection possède également des œuvres contemporaines, dont de l'art conceptuel comme *Iles Emaladas*, de Tomaz Vieira qui interroge la notion d'appartenance à une île.

Dans tout le Portugal, les trois dernières décennies du XIXe siècle représentent une période de changements esthétiques alors que la nation tente de redéfinir une culture et une identité portugaise, phénomène d'autant plus complexe dans les îles. En Europe, l'art italien perd de son attrait et l'influence française se renforce. De nombreux artistes açoriens partent étudier à Paris et entrent en contact avec les nouvelles tendances : l'école de Barbizon et l'art de Courbet, Daubigny, Degas et Manet. Ainsi, les peintres s'attachent à un rendu réaliste de leur environnement, sans essayer d'immortaliser ou d'accentuer ses charmes. Les gens du quotidien sont érigés en modèles. António da Silva Porto, João Marques de Oliveira, Henrique Pousão, José Julio de Sousa Pinto et Artur Loureiro (qui part travailler en Australie de 1884 à 1904) sont les premiers à adopter cette nouvelle ligne artistique.

Quelques artistes du XXe siècle

Le sculpteur Canto da Maia (1890-1981) est considéré comme la figure de proue du modernisme portugais. Marqué par une extrême sensibilité, il se partage entre les Açores, Lisbonne et Paris. A partir des années 1930, il reçoit des commandes de la commission nationale, dans le cadre des programmes de l'Estado Novo, et réalise des sculptures à grande échelle. Il revient s'installer aux Açores en 1953, dans sa ville natale. Le **Musée Machado** (p.105) consacre une salle d'exposition permanente dès 1976 à ses sculptures empreintes de grâce.

Domingos Rebelo (1891-1975) est probablement le peintre le plus emblématique des Açores. Marqué par son éducation religieuse, il montre dès l'enfance des facilités pour le dessin et la peinture. Bien que les démarches picturales de Cézanne et de Matisse le marquent durant sa formation à Paris, son art reste fortement connecté aux Açores. Il dépeint comme personne les traditions de son peuple, le monde rural, ses danses et ses festivités. Sa série *Os Emigrantes* fait partie intégrante de l'imagerie açorienne. En dépit de ses nombreux voyages et de sa carrière à Lisbonne, Domingos Rebelo a toujours gardé un pied aux Açores.

José Nuno Monteiro da Câmara Pereira, né sur l'île Santa Maria (1937-2018) mena en parallèle une carrière d'enseignant. Artiste multifacette, il est l'un des artistes plastiques portugais majeurs des années 1970 et 1980 et a bénéficié de nombreuses expositions individuelles que ce soit en peinture, installation, vidéo, sculpture ou encore céramique. Suite à son retour aux Açores en 1994, il s'investit dans des projets publics. Il réalise notamment une œuvre monumentale pour la Pousada de Angra do Heroísmo, sa ville de résidence. Dans l'idée de relier l'archipel à la scène internationale, il anima l'Oficina d'Angra et le Centre Résidentiel pour Artistes.

De nos jours

De nombreuses initiatives attestent du dynamisme de la scène artistique açorienne, qui reste attachée à l'environnement et à ses traditions. Le festival Walk & Talk connaît son point d'orgue tous les mois de juillet. Des graffeurs du monde entier sont alors invités à Ponta Delgada pour réaliser des performances à travers la ville. Les œuvres sont ensuite conservées sur les murs et le mobilier urbain. Les Açores ont leur maître du street art en la personne de Pantónio, né en 1975. Il est reconnu sur la scène internationale pour les fresques qu'il réalise à travers le monde. Il a laissé en France la plus grande peinture murale d'Europe, des poissons remontant les 66 mètres de hauteur de la tour Sienne, dans le 13e arrondissement de Paris. Son style se distingue par ses lignes simples et fluides, et une prédominance de bleu et de noir.

Ponta Delgada dispose depuis 2001 d'un centre culturel établi dans une maison du XVIIe siècle. La galerie d'art du Centro Municipal de Cultura de **Ponta Delgada** ★★★ (p.102) abrite des expositions temporaires mélangeant toutes les disciplines.

Les passionnés ne repartiront pas sans avoir admiré la surprenante bâtisse du Centre d'art contemporain Arquipélago, une ancienne fabrique d'alcool et de tabac. Ce lieu transdisciplinaire soutient la culture émergente avec ferveur.

La Galerie Costa, dirigée par l'association d'artistes locaux MiratecArts, est à l'initiative d'un projet qui conjugue à merveille nature et culture. Un parcours jalonné d'une douzaine d'œuvres d'art exposées aux quatre vents est proposé à travers les vignes, le long d'un sentier d'un kilomètre sur l'île de Pico. La scène alternative se donne rendez-vous à Arco 8, bar doublé d'une galerie d'art et d'une scène musicale. Pour satisfaire les yeux, les oreilles et les papilles à Ponta Delgada.

L'art photographique s'impose timidement aux Açores. Signalons le travail empli de sensibilité de Pepe Bix, primé aux quatre coins du monde pour ses portraits de pêcheurs, « nos derniers héros ». Le photographe, né aux Açores en 1984 dans l'île de Santa Maria, a voyagé jusqu'à Terre-Neuve pour documenter le monde par le biais de son objectif. Ce n'est pas anodin si son compatriote, le photographe Francisco Salgueiro, a également choisi de devenir un artiste itinérant, et a consacré une série émouvante aux gens du cirque.

Centre d'art contemporain Arquipélago.

MUSIQUES ET SCÈNES

Aux Açores, la musique est un des moyens d'expression artistique privilégiés. Omniprésente, elle est le décor sonore de la vie quotidienne et de nombreuses fêtes de l'archipel. Ces célébrations sont d'ailleurs une excellente occasion d'obtenir un aperçu complet de la culture locale, petite sœur de la portugaise, aux mille singularités sculptées par l'insularité. Loin du continent, les Açoriens ont cultivé une variante propre de ce sentiment si portugais qu'est la *saudade*. Une mélancolie douce-amère que l'on retrouve diluée dans les rites, les fêtes populaires colorées et les mélodies jouées à la *viola da terra,* l'instrument local. Terre d'authenticité encore préservée du tourisme de masse, l'archipel porte dans sa musique quelque chose aussi hors du temps que ses paysages ou son architecture.

Les musiques traditionnelles et folkloriques

Véritable paysage sonore omniprésent dans l'archipel, la musique traditionnelle des Açores participe grandement à la beauté des lieux. Dans le domaine vocal, les *cantigas ao desafio* ou *repentes* sont des formes d'expression populaire présentes lors de nombreuses fêtes. Sortes de joutes de dialogues chantés et improvisés, elles abordent la vie quotidienne, de manière souvent très caustique. On y parle des problèmes sociaux, on y dénonce les injustices, on y célèbre les valeurs insulaires, on y évoque l'histoire et la religion. La plupart des chanteurs sont issus du peuple, la langue est simple et directe, mais non dénuée de critiques à l'égard d'une société formelle qui leur refuse bien souvent la parole. Très souvent, ces jugements sont déclamés sur un ton satirique, obligeant le *repentista* (le chanteur de *repente*) à une grande capacité d'improvisation pour donner de l'esprit à ses paroles.

On entend particulièrement les *cantigas ao desafio* durant les fêtes du Saint-Esprit (Culte du Divino Espírito Santo), grandes célébrations dominicales (courant de Pâques à la Trinité) hautes en couleur et en musique ainsi que lors des fêtes de la Saint-Jean (Sanjoaninas). Longue de dix jours au mois de juin, cette dernière est une des plus grandes fêtes profanes de l'archipel et se déroule sur l'île de Terceira. L'occasion d'admirer des cortèges, voir des marches populaires, des expositions, des spectacles de musique et bien d'autres manifestations – dont les fameuses *touradas a corda*.

Toujours dans le domaine purement vocal, on entend à Terceira les *velhas* (les « vieilles ») se moquer particulièrement des vieux et de leurs amours tardives ; tout comme les *repentes*, elles sont très improvisées et sont mises en scène dans les fêtes populaires. Enfin, il est également important de souligner l'influence des chants grégoriens dans l'expression musicale des Açores.

Impossible d'aborder la musique des Açores sans mentionner son instrument traditionnel, la *viola de arame*, plus couramment appelée *viola da terra*. Presque le symbole de l'archipel - elle se retrouve sur ses neuf îles - cette guitare typique est reconnaissable à ses deux cœurs l'ornant souvent. Avec ses 21 frets et 12 cordes, dont certaines en acier et d'autres en laiton, ce petit instrument émet un son qui n'appartient qu'à lui. On en joue à toute occasion, pour le plaisir ou le travail. A Terceira, il existe même une version particulière de 12, 15 ou 18 cordes. D'autres instruments sont également très présents dans le folklore açorien, tels que le violon, le banjo, la mandoline ou *cavaquinho* (petite guitare), les tambours ou tambourins (*pandeiro*), les *testos* (cymbales) ou encore les *ferrinhos* (triangles de métal) plus rares ou plus circonstanciels.

A partir des années 1950, des artistes et groupes folkloriques ont commencé à collecter, jouer et valoriser des grands airs folkloriques pour assurer leur transmission et participer à la survie de l'identité musicale açorienne. Parmi les plus importants, citons Myrica Faya, groupe de Terceira et Carlos Moniz, dont l'album *Temas Populares dos Açores* est un très bon panorama sur la musique d'ici.

La musique populaire

Au fil des générations, l'archipel a vu naître de nombreux artistes devenus populaires dans la chanson portugaise. A commencer par Zeca Medeiros dont les compositions sont très marquées par son île de naissance (São Miguel) et son activité de réalisateur ; ami et collaborateur de ce dernier Luís Alberto Bettencourt est devenu célèbre en mélangeant jazz et musique traditionnelle ainsi qu'en composant des bandes originales pour le cinéma ; autre star très appréciée de la diaspora portugaise, Jorge Ferreira vit désormais aux États-Unis et a été nommé ambassadeur de la musique portugaise dans la ville d'Atlantic City.

© VIDALGO - SHUTTERSTOCK.COM

Parade de danseurs à Angra do Heroismo lors des festivités de la Saint-Jean.

Le fado

Bien qu'éloignées du continent, les Açores n'en demeurent pas moins une région à part entière du Portugal où, comme sur tout le reste du territoire, on écoute et joue du fado. Originaire de la métropole portugaise – surtout Lisbonne et Coimbra – le fado exprime ce sentiment si singulièrement portugais qu'est la *saudade*. Pétri de mélancolie, nostalgie et d'espoir (l'essence de la *saudade*), le fado s'est fait une place dans l'archipel, s'adaptant à l'âme des lieux. Un des grands interprètes de fado venant des Açores est Fernando Machado Soares (1930-2014). Poète, chanteur et compositeur, il a exporté le Fado aux États-Unis dans les années 1960 – en accompagnant l'Orfeon Académico de Coimbra en tournée – et obtenu, en 2006, le prix Amália Rodrigues « pour l'excellence de sa carrière artistique et son dévouement envers les autres ».
Si la sérendipité s'avère souvent le meilleur guide pour trouver du fado (comme à Lisbonne), il est courant d'en entendre en live dans certains restaurants de l'archipel tels que la Casa do Bacalhau ou le **Café Canto do Caís** (p.132) de São Miguel, et des lieux dédiés comme la Taberna do Fado d'Angra do Heroísmo.

La musique classique

Tout héritage portugais mis de côté, il n'y a pas de tradition musicale savante propre aux Açores. Cela dit, il est important de citer deux grandes figures liées à l'île. La première est Francisco de Lacerda (1869-1934). Grand chef d'orchestre, il laisse derrière lui une œuvre fournie, dont la pièce symphonique *Almourol e Álcacer* ou des séries de pièces pour voix et piano, les *Trovas*, traversées par la musique populaire portugaise et plus spécifiquement celle des Açores. Une des figures emblématiques de la musique et la culture portugaise de son temps qui obtint une véritable reconnaissance internationale. Le second est Maurício Bensaúde, un baryton d'opéra portugais, lui aussi à la carrière internationale, s'étant produit sur les scènes de Rome, Milan, New York, Londres, Berlin ou Paris.
L'archipel dispose de quelques lieux intéressants pour les mélomanes comme le **Coliseu Micaelense** (p.124) de Ponta Delgada, considéré comme « l'Opéra » de São Miguel. Dans ce superbe bâtiment, datant de 1917 et joliment rénové, ont lieu de nombreuses représentations souvent grandioses, conviant des artistes de renommée internationale. A noter aussi que Terceira doit notamment sa réputation d'île « culturelle » - en plus de celle d'île de fête – à ses nombreux orchestres philharmoniques comme les Sociedade Filarmónica União Católica da Serra da Ribeirinha et Sociedade Philharmonic Recreio dos Lavradores da Ribeirinha, situées à Angra et plutôt dynamiques.

La danse

Aux Açores il existe de nombreuses danses traditionnelles, exécutées différemment en fonction de la tonalité, comme la *charamba*, la danse açorienne par excellence ou les *mangericão*, *sapateia*, *chamarrita* (sorte de fusion du fandango et de la valse, toujours très populaire), *pezinho* (l'une des plus anciennes de l'archipel), *tanchão*, *tirana* (caractéristique des îles centrales et occidentales), *rema*, etc. La plupart obéissent à un rythme lent, bien spécifique à l'archipel, qui dénote des influences religieuses et mystiques. Parfois réinterprétées pour une audience plus jeune, ces danses peuvent gagner en vivacité. La plupart des danses açoriennes sont originaires du continent, avec de substantielles modifications. Par exemple, le *mané chiné* est une danse typique de l'Algarve du XIXe siècle devenue une tradition de Flores.
Parmi les événements les plus indiqués pour assister à ces danses, Danças de Entrudo, le Mardi gras de Terceira est particulièrement impressionnant et le Carnaval de Graciosa, sur l'île du même nom est une grande fête populaire et colorée.

LITTÉRATURE

Ilots vierges conquis par l'homme au XVIe siècle, les Açores ont connu plusieurs vagues de colonisation puis sont devenues étapes pour les navires en partance vers de lointains horizons. Naître sur une île est source d'inspiration, l'archipel et sa nature luxuriante transparaissent dans l'œuvre de tous les auteurs insulaires, mais également point d'interrogation, faut-il rester ou s'enfuir conquérir le vaste monde ? Alfred Lewis (1902-1977) soulevait la question dans son récit autobiographique, *Home is an island*, quand il se remémorait son enfance sur l'île de Flores, l'imagination adolescente nourrie par le fantasme des Amériques qui l'a incité à faire un choix : partir. Cette confrontation incessante entre terre et mer, île et continent, ici ou ailleurs, alimentera également les écrits des conteurs de Horta puis de nombreuses générations de poètes. Une littérature ouverte sur soi et sur le monde à découvrir le nez au vent.

De l'oralité à l'apparition de la presse

Serait-ce Diogo de Silves ou bien Gonçalo Velho Cabral qui, le premier, a posé le pied aux Açores au début du XVe siècle ? Qu'importe pour la littérature qui ne tarde à s'y écrire, au fur et à mesure de l'arrivée des colons qui très vite s'y installent. Contrairement à la maxime, de cette époque ne nous reste pas d'écrits, par contre les paroles ne se sont pas envolées. C'est ainsi que *O Romance de Vila Franca*, qui pleure le tremblement de terre qui a durement frappé la commune éponyme de l'île de São Miguel dans la nuit du 21 au 22 octobre 1522, est le plus ancien récit oral açoréen à nous être parvenu, en plusieurs versions, notamment celle recueillie par Gaspar Frutuoso quelques décennies après le drame. Lui, serait né l'année même de la catastrophe, dans le village de Ponta Delgada, mais si les registres conservent la mémoire de l'histoire du terrain donné à ses parents, ils sont moins bavards le concernant, jusqu'à ce que nous le retrouvions, en 1548, étudiant les arts et la théologie à l'Université de Salamanque. Il occupera ensuite la fonction de curé, dès 1558, au sein du village de Lagoa, puis deviendra vicaire, peut-être après avoir appris par ailleurs la médecine, jusqu'à sa mort en 1591. Mais de l'humaniste, surtout, nous est parvenu un texte, un peu au gré du hasard. Les nombreuses annotations laissent à supposer que Frutuoso pensait publier ses *Saudades da Terra*, pour une raison inconnue il n'en fut pas ainsi et celles-ci restèrent manuscrit faisant partie de l'héritage qu'il légua au Collège Jésuite de Ponta Delgada. Pour que renaisse l'aventure des deux amis chassés de leur pays natal et contraints de voyager d'île en île, et qu'ainsi le lecteur curieux (et parlant portugais) découvre une description précise de ce que furent les Açores, mais aussi le Cap-Vert ou Madère, au XVIe siècle, il fallut attendre 1873, date de sa première parution. C'est également

© FOTOKON - ISTOCKPHOTO.COM

Statue de Almeida Garrett.

au XIXᵉ siècle que les histoires commencent véritablement à fleurir sur l'archipel grâce à l'introduction de la presse en 1829, et aux pages culturelles qui favorisent les échanges et l'apparition des écrits qui jusqu'alors se nichaient au fond des tiroirs.

Castilho et de Quental

Au cours de ce siècle, et cela a aussi son importance, les Açores saluèrent le retour du grand romancier Almeida Garrett (1799-1854), auteur du célèbre *Voyages dans mon pays* (Éditions La Boîte à documents), qui y avait passé une partie de son enfance, mais aussi le passage d'Alexandre Herculano et celui d'António Feliciano de Castilho. Il est certain que ces écrivains romantiques ont influencé la culture insulaire, notamment grâce à la Société des amis des lettres et des arts fondée à Ponta Delgada par le poète et pédagogue aveugle en septembre 1848. C'est d'ailleurs aux côtés de Castilho qu'Antero de Quental apprit des rudiments de français, à l'époque même où, très jeune, il s'initiait à la poésie. Né en 1842 dans l'archipel, le jeune garçon le quitta dix ans plus tard pour s'installer à Lisbonne avec sa mère. Au Colégio do Pórtico, il retrouva son professeur. Ce premier séjour lisboète fut de courte durée, l'établissement ayant dû fermer ses portes, mais après une brève embardée par son île natale, Quental repartit pour le continent et entra, à 16 ans, à la fameuse Université de Coimbra. Il y étudia le droit, commença à se frotter aux idées socialistes, et créa avec certains de ses camarades la Sociedad do Raio, une association secrète qui avait pour motivation de promouvoir la littérature auprès des masses, et pour but inavoué de destituer le recteur jugé par trop sévère, à en croire António Cabral qui rapporte l'anecdote. Les idées révolutionnaires du jeune homme, devenu officiellement écrivain depuis la publication en 1865 de ses *Odes Modernas*, ne firent que croître, pour preuve la *Question Coimbrã* qui agita le monde littéraire l'année suivante. Cette polémique enfla suite à la postface que Feliciano de Castilho, encore lui, rédigea à propos d'un poème de Pinheiro Chagas. Dans celle-ci, il taclait les étudiants de l'Université, les accusant de saborder la poésie en la rendant opaque, de manquer de « bon sens et de bon goût ». La réponse ne se fit pas attendre, rebondissant sur l'expression utilisée par son ancien maître, Antero de Quental lui rétorqua vertement que la nouvelle génération portait fièrement les grands changements en cours, il en profita, au passage, pour égratigner le soi-disant talent de son aîné. La dispute dura plusieurs mois, sans que la délicatesse ne soit toujours de mise. Elle augurait les Conférences démocratiques du Casino de Lisbonne de 1871, cinq rendez-vous pendant lesquels se propagèrent les idées novatrices européennes, et auxquels, évidemment, Quental prit part aux côtés de son ami Eça de Queiros qui l'avait rejoint au sein du Cenáculo, groupement intellectuel anarchiste. La Génération de 70 était née. Ce fut le point d'orgue de la carrière politique de Quental, mais son apogée littéraire, quant à elle, rima avec 1886 quand parurent ses *Sonetos Completos* qui devinrent chant du cygne, car cinq ans plus tard, le poète se suicidait à Ponta Delgada, la ville qui l'avait vu naître. Les curieux pourront découvrir une anthologie de ses sonnets, *Tourment de l'idéal*, aux éditions L'Escampette.

La vie de Quental résonne étrangement avec celle de son contemporain, concitoyen et ami, Teófilo Braga (1843-1924). Lui aussi fréquenta les cours de droit de l'Université de Coimbra, fut l'un des fers de lance de la Génération de 70 et se consacra à la politique, jusqu'à occuper la fonction de chef du gouvernement provisoire, suite à la chute du roi Manuel II, puis celle de président de la République durant quelques mois, quand le coup d'État du 14 mai 1915 chassa du pouvoir un autre Açoréen, Manuel de Arriaga. Mais Braga fut également l'auteur d'une œuvre considérable, excellant en poésie (*Tempestades sonoras*) et en art romanesque (*Viriato*), travaillant également à sauvegarder la culture des Açores (*Cantos populares do Arquipélago Açoriano*), avant de s'intéresser plus globalement à la littérature de son pays. Il a réalisé nombre d'anthologies et rédigé tout autant d'essais, son *História de Literatura portuguesa* en quatre volumes reste une référence.

Une littérature foisonnante

Enfin, le XIXe siècle salua la naissance d'un poète bien trop méconnu dans nos contrées, Roberto de Mesquita. C'est à Santa Cruz de Flores qu'il voit le jour, le 19 juin 1871, dans une famille liée à la petite aristocratie florentine. Alors qu'il n'a même pas 20 ans, il publie sous le pseudonyme Raul Montanha son premier poème, *Fé*, dans le journal de sa ville. De publication en publication, il finit par se faire repérer par un ami de son frère qui étudie à Coimbra, Henrique de Vasconcelos, qui est à la tête du magazine symboliste *Os Novos*. Au fil des années, Mesquita est accaparé par sa carrière de greffier au Trésor public et les soucis qu'il y rencontre ; il cesse peu à peu de publier, mais non d'écrire. La mort le fauche assez brutalement en 1923. En guise d'hommage, sa veuve décide de faire imprimer en très peu d'exemplaires le manuscrit qu'il a laissé derrière lui, *Almas cativas e poemas dispersos*. Il faut pourtant attendre 1939 pour qu'il soit enfin reconnu, grâce à l'intervention d'un autre poète, Vitorino Nemésio. Depuis, Mesquita a fait l'objet de nombreuses études, il est considéré comme le meilleur représentant du symbolisme lusophone. Il faut avouer que celui qui le fit découvrir n'est pas tout à fait n'importe qui, né sur l'île de Terceira en 1901, décédé à Lisbonne en 1978, Vitorino Nemésio a occupé tout au long de sa vie une place importante sur la scène littéraire. Fondateur de la *Revista de Portugal* où il publia les vers de Mesquita, il enseigna à Bruxelles, dirigea un temps l'Université de Lisbonne, et anima même une émission de télévision. Mais c'est grâce à son chef-d'œuvre, *Gros temps sur l'archipel*, qu'il acquiert ses lettres de noblesse, un texte que nous avons la chance de pouvoir lire en français aux éditions de la Différence. L'histoire prend place aux Açores, de décembre 1917 à août 1919, et met en scène deux amoureux, enfants de deux familles rivales. Une description sans concession de la vie insulaire, mais surtout un magnifique portrait de femme, celui de Margarida, qui oscille entre son désir de fuir et la raison qui la pousse à rester. Un thème qui dut toucher tout particulièrement Natália Correia qui fêtait ses 21 ans quand le livre est paru, en 1944. Elle-même avait quitté l'île de São Miguel pour suivre ses études secondaires à Lisbonne, mais de son propre aveu sa terre natale et ses concitoyens l'inspirèrent toute sa vie au même titre que le surréalisme ou le mysticisme. Journaliste engagée, militante au sein du Parti Social Démocrate, elle connut la censure et fut condamnée à plusieurs reprises à des peines de prison avec sursis. Comme écrivain, elle évolua dans des registres éclectiques, se passionnant pour le théâtre, la fiction, la poésie, dans une volonté récurrente de créer des images fortes et d'user de symboles, des créations foisonnantes dont il faut retenir la pièce *A Pécora*, qui déplut fortement à l'Église, et son recueil de poèmes, *Memória da sombra*. Dans sa génération, deux autres écrivains ont marqué les mémoires : Pedro da Silveira (1922-2003) et José Dias de Melo (1925-2008). Critique, traducteur, chercheur, le premier s'est fait connaître dès 1953 en publiant *A Ilha e o mundo* (*L'Île et le monde*), et c'est par *Todas do mar e da terra* (*Tout dans la mer et la terre*) qu'à la même époque le second a acquis sa réputation de poète. La terre et la mer, l'archipel ou le monde, partir ou rester, des questions comme un fil rouge chez des auteurs insulaires qui n'ont jamais oublié d'où ils venaient.

Statue de António Feliciano de Castilho.

TOP 10

LECTURE

L'archipel ne regroupe que quelques dizaines de milliers d'habitants et a pourtant vu naître un grand nombre d'écrivains qui souffrent néanmoins d'un manque flagrant de traductions en d'autres langues. Mais les Açores, îles merveilleuses, ont aussi été terre de passage pour de grands noms de la littérature qu'elles ont su inspirer.

EN NUMÉRIQUE

Paru en 1965, le récit de voyage d'un Belge passionné par les îles qu'il visite se déguste désormais uniquement sur sa liseuse. *Le périple des îles atlantides*. Albert t'Serstevens.

UN CLASSIQUE

© GALLIMARD

Amours contrariées et pêche à la baleine, l'auteur italien amoureux du Portugal se découvre dans une nouvelle traduction de Bernard Comment. *Femme de Porto Pim et autres histoires.* Antonio Tabucchi, *Éd. Gallimard*

THRILLER

© EDITIONS JPO

Le 24 août 2001, un Airbus canadien contenant 293 passagers et 13 membres d'équipage rencontre une terrible avanie au large des Açores… *Panne au-dessus de l'Atlantique.* Pierre Cayouette, *Éd. JPO*

BEAU-LIVRE

© JULIETTE DIMET

L'auteure a passé six mois aux Açores, dont cinq sur l'île de Pico. Elle en a rapporté 53 photographies qui se découvrent dans un petit livre carré. *9 îles.* Juliette Dimet, *Éd. Helvetius*

ENTRE MYTHE ET RÉALITÉ

© EDITIONS ALBIN MICHEL

Au large des Açores, un navire est retrouvé vide de tout occupant en ce mois de décembre 1872, le début d'une légende… *Le fantôme de la Mary Celeste.* Valerie Martin, *Éd. Albin Michel*

UN CHEF-D'ŒUVRE AÇORIEN

© ÉDITIONS DE LA DIFFÉRENCE

Singulier portrait d'une jeune fille du début du XXe siècle et fresque lucide des neuf îles que l'auteur a tant chéries. *Gros temps sur l'archipel.* Vitorino Nemésio, *Éd. La Différence*

POÉSIE

© L'ESCAMPETTE ÉDITIONS / WWW.ESCAMPETTE-EDITIONS.FR

Une anthologie d'une soixantaine de sonnets de l'un plus grands poètes açoréens suivie d'une étude de Nuno Jùdice sur leur lien avec Victor Hugo. *Tourment de l'idéal.* Antero de Quental, *Éd. L'Escampette*

ÉCRIVAIN-VOYAGEUR

D'île en île, Jean-Yves Loude cherche à percer les mystères d'un archipel soumis à des tempêtes mémorables et ceux du peuple qui y a élu domicile. *Un cargo pour les Açores.* Jean-Yves Loude, *Éd. Actes sud*

CONTE DES AÇORES

© DIDIER JEUNESSE – MURIEL BLOCH – AURÉLIA FRONTY

Clarinha vit sur Flores, Martim sur Terceira, un immense oiseau va leur permettre de se rejoindre, car tel est leur destin. *Clarinha.* Muriel Bloch et Aurélia Fronty, Didier jeunesse

UN ESSAI

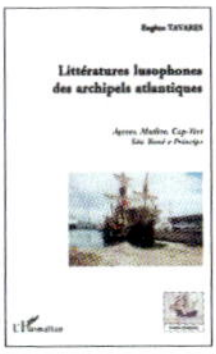

© EDITIONS L'HARMATTAN

Un ouvrage très complet sur la littérature insulaire, les histoires qu'elle brasse, les différents mythes qu'elle invoque. *Littérature lusophone des archipels atlantiques.* Eugène Tavares, *Éd. L'Harmattan*

À L'ÉCRAN

Dans le monde du 7e art, l'archipel des Açores se fait plutôt discret. Pourtant on décèle quelques œuvres indépendantes, quelques cinéastes, qui tentent de mettre en lumière cette région du Portugal. Le réalisateur français F. J. Ossang par exemple, y tourne trois de ces œuvres : *Le Trésor des îles chiennes* (1990), *Dharma Guns* (2010) et *Neuf doigts* (2018). Avant lui, on découvre les Açores dans le court-métrage documentaire *Les Hommes de la Baleine* (1958) du cinéaste italien Mario Ruspoli. À partir de 2013, les Açores sont sous le feu des projecteurs brésiliens, avec le festival du film des Açores, organisé à Rio Grande par l'organisation Burra de Milho. Avec cet événement et la création en 2008 de la commission des Açores, ces îles portugaises du nord de l'Atlantique poursuivent leur quête d'une place dans le monde du 7e art.

À travers les yeux de F. J. Ossang

On découvre peut-être les Açores au cinéma en 1958, dans le court-métrage *Les Hommes de la Baleine*, réalisé par Mario Ruspoli. Dans ce documentaire de 24 minutes, le spectateur s'embarque dans une aventure en chaloupe avec les pêcheurs de cachalot au harpon. Le film reçoit le Grand Prix du film documentaire en Yougoslavie, au Festival de Novisad, ainsi que le Grand Prix au Festival international du film de Mar Plata. Cependant, c'est véritablement le réalisateur, écrivain et poète français Jacques Plougeaut dit F. J. Ossang, qui participe à exposer l'archipel aux amateurs de cinéma. Ainsi, en 1990, Ossang y réalise *Le Trésor des îles chiennes*, un long-métrage de science-fiction expérimental en noir et blanc. Ossang revient vingt ans plus tard aux Açores avec *Dharma Guns* présenté dans la section Horizon à la Mostra de Venise, en 2010. Enfin, plus récemment le réalisateur retourne sur les îles pour les besoins de son film *Neuf doigts* (2018), dont l'intrigue repose sur l'histoire de Magloire, jeune homme lambda qui, suite à l'acquisition fortuite d'une importante somme d'argent, se voit poursuivi par un groupe de truands. Pour cette œuvre, Ossang reçoit le Léopard de la meilleure réalisation au Festival du film de Locarno en 2017. Avec ces trois films, le cinéaste capture avec brio les paysages emplis de rochers volcaniques des îles portugaises. Originaire des Açores, citons l'acteur Zeca Medeiros (né sur l'île de Sao Miguel), présent dans plusieurs œuvres télévisuelles portugaises, comme par exemple *L'héritière* (2017) de la réalisatrice portugaise Maria Joao Mira.

© CORRADOBARATTAPHOTOS - ISTOCKPHOTO.COM

Paysage volcanique des Açores, décor naturel.

Autres œuvres, Burra de Milho et commission

Dans les œuvres passant par les îles portugaises de l'Atlantique du Nord, citons également le documentaire *Les Açores de Madredeus* (1996) de Rob Rombout, *Azores, from Lava to Wine* (2011) de Kenneth Payton, *Quarta Divisao* (2013) de Joaquim Leitao, *Cinzento e Negro* (2015) du Brésilien Luis Filipe Rocha ou plus récemment, *Between Waves* (2020) de Virginia Abramovich. À partir de 2013, la ville brésilienne Rio Grande met les Açores sous les spotlights, en créant la Mostra de cinema contemporâneo dos Açores. Sous l'initiative de l'association culturelle Burra de Milho, ils projettent en 2017 une dizaine de films açoréens, permettant ainsi au grand public de découvrir le 7e art de cette partie du monde. Dans les films projetés cette année-là, citons par exemple *Ponta dos Rosais* (2013) de Dinarte Branco, *Tempos de Bairro* (2014) de Sara Azad, *Deportado* (2012) de Nathalie Mansoux ou *A Viagem Autonómica* (2012) de Filipe Tavares. Notons qu'en matière d'institutions, l'archipel fonde la commission du film des Açores en 2008. Les Açores tentent ainsi de promouvoir la production audiovisuelle et cinématographique de leurs terres.

POPULATION

On vient également aux Açores pour l'hospitalité et la gentillesse de ses habitants. Vous trouverez ici une population simple, bercée par des histoires de marins, de pirates et de dragons. Passionnément, ils vous feront découvrir ce diamant brut, ses légendes et ses moindres recoins. Grâce à vos hôtes et à vos guides, vous tomberez sous le charme de cette nature préservée, si bien conservée par leurs soins. Quelqu'un a dit un jour que les habitants de l'archipel étaient des « gens heureux avec les larmes aux yeux ». Aujourd'hui, les Açoriens sont des gens heureux qui domptent leur environnement, mais ils doivent être prudents avec l'apparition d'un tourisme de masse qui abîmerait les lents et magnifiques crépuscules de ces îles à la beauté étrange. La population n'est pas nombreuse, mais authentique. Elle est aussi légèrement métissée, Espagnols, Flamands, Anglais et même Français sont passés par ici…

En chiffres

Avec environ 242 000 habitants au total, la population des Açores est constituée d'environ 125 000 femmes et de 117 000 hommes. La population est en légère baisse depuis quelques années et très inégalement répartie sur les 9 îles : São Miguel concentre la plus grande partie des habitants avec pas moins 137 000 personnes, suit Terceira avec 54 000, puis Faial 14 000, Pico 13 600, São Jorge 8 200, Santa Maria 5 600, Graciosa 4 000, Flores 3 600, et 460 sur la petite dernière Corvo.

Le taux de natalité est de 8,7 % en 2020. Ce taux est en progression sur les îles de São Miguel et Santa Maria, et en baisse à Graciosa et surtout Corvo, où aucune naissance n'a été enregistrée en 2016 par exemple. Le taux de mortalité est de 10,1 % en moyenne régionale en 2020. Il présente des valeurs supérieures à cette moyenne dans presque toutes les îles, sauf São Miguel (8,8 %) et Santa Maria (9,1 %). Le taux le plus élevé concerne Corvo avec 15 %. Le taux de fécondité présente une tendance à la baisse depuis les années 2000 et s'affiche à environ 34,5 % en 2020.

Histoire de la population açorienne

Le peuplement açorien est un peuplement de colonisation issu de six siècles d'existence des îles au sein de l'Empire puis ex-Empire portugais. La majorité des habitants des îles descendent de colons portugais, venant notamment en nombre significatif des régions de l'Alentejo et de l'Algarve dans le sud du Portugal. Mais d'autres populations ont été appelées à s'y établir, notamment par la volonté de princes portugais qui organisaient le développement

© FRANK BUSS - ISTOCKPHOTO.COM

Ville de Ponta Delgada.

DÉCOUVRIR

de leurs nouveaux territoires. Entre autres, de nombreux Flamands s'établissaient dès les années 1490 sur Terceira, Pico, Faial, São Jorge et Flores. Les Flandres étaient surpeuplées et les princes conquérants avaient besoin de défricheurs… Au cours de l'histoire, on appela parfois les Açores « îles Flamandes » ; on retrouve cet élément culturel aujourd'hui dans le fromage proche du gouda, les moulins à vents, très flamands, et peut-être aussi dans le sens de l'organisation des Açoriens, définitivement plus germaniques que leurs concitoyens du continent… D'autres populations, au fil des siècles, ont apporté leur contribution à la création de ce « melting-pot » açorien. Notamment celles victimes de persécutions : Juifs séfarades de la péninsule ibérique, Maures ou Espagnols, mais aussi Français, Italiens ou Anglais, ceux qui fuyaient alors la loi de leur pays… Le brassage de population a été parfait et on ne distingue aujourd'hui plus de groupes ethniques réellement séparés parmi la population des îles.

Être açorien : une insularité

Vitorino Nemésio, poète et écrivain açorien, a écrit que « les Açores […] sont une forte variété de la nation portugaise créée au long d'un demi-millénaire dans l'isolement nord-atlantique », et il forgeait en même temps le mot *açorianidade* (açorianité), en ajoutant qu'être Açorien était « une qualité ». Peut-on dire vraiment qu'il y a un « type » açorien, un esprit commun ? Les gens ne sont-ils pas les mêmes que sur le continent ?

La plupart des analystes évoquent une identité conditionnée par l'insularité et le climat toujours changeant ; il est aussi évident que les luttes continues avec les éléments naturels ont joué un rôle majeur dans l'affirmation d'une certaine « açorianité ». L'isolement a probablement encouragé une *saudade* plus intense encore, un caractère un peu austère ou renfermé, qui peut paraître indolent ou apathique ; la crainte des catastrophes naturelles a favorisé une conscience un brin fataliste face aux événements, en même temps qu'elle a flatté l'espérance. Pour décrire l'esprit de l'insulaire, on parle encore de *mornaça*, une nonchalance paisible, une bonhomie feutrée, une nostalgie patiente et mesurée. Il est clair que l'éloignement ou l'isolement forge un tempérament bien distinct, instinctivement conservateur pour préserver son identité, et naturellement tourné vers l'émigration comme seule façon de littéralement s'en sortir. Aussi la population açorienne affiche-t-elle, peu ou prou, ces deux qualités différentes, mais non antinomiques.

Pourtant, il existe bel et bien des spécificités sur chacune des îles, et même sur une île, entre chaque *conselho* (en témoignent les rivalités sur Pico ou à São Jorge, entre Velas et Calheta). Imperturbable, Nemésio définit trois différents types d'insulaires : le Micaelense (de São Miguel, travailleur, industrieux, rude) ; le Terceirense des îles rurales du centre (comme Terceira, affable, ouvert, festif) ; et le Picaroto (forte complexion, homme des mers et des durs labeurs de la terre, à Pico par exemple).

Au-delà de la poésie des mots, on peut comprendre en tout cas dans quelle mesure « l'açorianité » n'est pas une, mais multiple ; d'ailleurs le peuplement de l'archipel explique et reflète en même temps cette équivoque : les premiers habitants venaient du Portugal continental, de Beiras, de l'Algarve, de l'Alentejo, mais aussi des Flandres, de Bretagne, d'Espagne, d'Angleterre ou même du Morbihan ; des meuniers y ont été engagés au XVIIe siècle pour construire des moulins dans l'archipel. Vaste mosaïque de peuples soudés à l'image des grands camaïeux de vert et de bleu qui illuminent l'archipel, les Açores semblent, en apparence, divisées. Mais ces importantes différences que justifie une très forte insularité n'empêchent pas un fond culturel homogène : langage, gastronomie, religion, coutumes, etc.

L'émigration

Le concept d'insularité est indissociable de celui d'émigration. Mais pourquoi un tel exode ? Il est commun d'invoquer le surpeuplement, les catastrophes climatiques ou les mauvaises conditions de travail (comme la répartition des terres, sur São Miguel notamment, au profit des capitaines-donataires). Toutes ces causes ont certainement dû jouer un rôle important. Pourquoi, cependant, cette émigration intensive n'a-t-elle véritablement commencé qu'au XIXe siècle, alors que les conditions n'étaient pas pires qu'avant, au contraire ? On peut penser que ces mouvements de population sont allés de pair avec les mouvements industriels qui bouleversaient la donne économique. « Vivre mieux là-bas », sans pour autant qu'on vécût mal ici, tel était peut-être le mot d'ordre de tous ceux qui, clandestinement ou non, partaient sur de grands bateaux sans n'avoir jamais quitté leur village natal auparavant. Soulignons que le flux de personnes au XVIIIe siècle était plutôt dû à une politique de colonisation du Portugal, qui jugea bon d'envoyer des hommes au sud du Brésil pour assurer leurs territoires en face des Espagnols, alors que la colonie de Sacramento venait de leur être donnée (Colonia, aujourd'hui en Uruguay). De nos jours, il y a bien plus d'Açoriens dans le monde qu'aux Açores, et quelques nouveaux riches, de passage ou de retour au pays, modifient le paysage et les mentalités, à grands coups (et coûts) d'immenses maisons de style californien. Mais tous les émigrés ne sont pas ainsi, et les fêtes célébrées en leur honneur, comme celles de Flores en juillet, sont la démonstration de l'attachement porté à ces fils prodigues par ceux qui restent.

Drapeau des Açores.

Il faut aussi parler de ces Açoriens expulsés des États-Unis ou du Canada, suite à des délits qu'ils ont commis sur place, ces dernières années… Ils sont environ 1 000 sur tout l'archipel et vivent dans des centres d'accueil spécialisés. Ayant fondé leur famille dans le pays où ils avaient émigré, ils n'ont le plus souvent aucune attache sur l'archipel et vivent très mal cet exil forcé. C'est pour eux la double peine. Sans oublier la mauvaise image qu'ils ont auprès des locaux pour lesquels ils sont responsables de tous les maux. Ils ne sont pas les bienvenus et beaucoup pensent qu'ils auraient dû rester dans leur prison à l'étranger, que c'est créer de la délinquance dans les Açores en les y renvoyant. La droite açorienne essaie d'ailleurs de politiser ce débat pour gagner des électeurs en prônant une politique plus sécuritaire que celle qui est proposée par la gauche. La délinquance n'est pas devenue l'apanage des Açores pour autant ! Le taux de criminalité est toujours aussi bas, et ces émigrants de seconde classe font plus de bruit que de mal…

Les îles des Açores sont au nombre de neuf, comme les fées de l'île d'Avalon, et offrent autant de façons d'être et de penser. Mais une chose est sûre au moins : bien que tourné vers les Amériques, l'archipel est en Europe, ce qui augure peut-être d'une nouvelle identité commune plus riche.

Un « Portugais açorien »

Le portugais parlé aux Açores est différent de celui du continent. L'isolement géographique, le climat, la lutte continuelle contre les éléments naturels et le niveau social, plutôt bas au cours des siècles, ont préservé dans l'archipel un parler archaïque. Ainsi, *dês* au lieu de *desde* (depuis), *conhecença* au lieu de *conhecer* (connaître), etc. Certains mots sont même parfaitement inconnus à Lisbonne. São Jorge est l'île qui a su le mieux préserver son insularité avec les archaïsmes linguistiques des premiers habitants.

Mais, caractéristique bien propre à la culture de l'archipel, il existe presque autant de parlers aux Açores que d'îles. Pour être tout à fait exact, on peut distinguer trois types de parlers : celui de São Miguel, proche de l'Algarve ou de l'Alentejo, celui de Terceira, et celui des autres îles. Par exemple, *caçoila* signifie *caçarola* (casserole, marmite) à Terceira mais ***guisado de carne*** (ragoût de viande) à São Miguel ; si le son « ei » se prononce à Ponta Delgada comme un « ê », à Terceira la diphtongue est plus marquée, et à Faial encore plus (presque comme un « ai »). Concernant la phonétique, le parler de São Miguel est vraiment particulier : les sons sont « francisés », avec des « ou » et des « ü ».

Certains y voient l'influence des Bretons qui gagnèrent les côtes du nord-ouest au XVIe siècle ; mais en Algarve aussi le son « ü » apparaît, tout comme le son « an », très répandu sur cette île. L'influence française n'a donc peut-être pas été si déterminante. Curieusement, on ne repère presque aucune influence des Flamands dans le parler des Açores malgré l'immigration importante et le rôle joué par les premiers habitants dans le développement politique, économique et culturel de l'archipel. On l'explique souvent par le fait que beaucoup de Flamands se marièrent à des Portugaises ; les enfants baignèrent aussitôt dans le parler de leur mère, chargée de les élever, occultant ainsi rapidement la langue d'origine du père. L'émigration massive a bien sûr considérablement modifié la façon de parler des Açoriens, en important également des mots plus ou moins traduits de l'anglais, comme au Brésil…

SOCIÉTÉ

Les manifestations volcaniques et l'activité permanente de l'archipel ont profondément façonné le caractère et les modes de vie des Açoriens. Éruptions volcaniques et tremblements de terre ont souvent obligé la population à fuir. Le désir d'émigration a été et est toujours fort. Plus d'un million d'Açoriens vivent à l'étranger, principalement aux États-Unis et au Canada et dans une moindre mesure au Brésil et à Madère. Terre rude, terre de passage, les Açores et ses caprices naturels ont aussi modifié la végétation, l'agriculture et donc la manière de vivre au quotidien. Éducation, égalité femmes-hommes, système de santé… vous êtes perdu au milieu de l'Atlantique, mais vous restez en Europe ! Alors pas de décalage majeur avec notre France, les standards européens sont bien présents. Même si, comme dans chaque pays, on observe des spécificités et des modes de fonctionnement propres à l'archipel, vous ne serez pas dépaysé socialement parlant.

Une société plutôt individualiste

De nombreuses enquêtes ont mis en évidence le caractère profondément individualiste de la société açorienne, expliquant par cela un certain immobilisme socio-économique. C'est ainsi que, dès le début du peuplement, la richesse fut donnée à une poignée de capitaines-donataires et leurs familles, sur São Miguel plus particulièrement ; le peuple n'eut souvent que le droit de les servir. Aujourd'hui encore, on constate une évidente humilité en face de l'autorité, et les différentes municipalités, si elles ne se livrent pas une guerre acharnée, font leurs petites affaires dans leur coin. Cependant, cette idéologie individualiste, qui trouve son expression la plus aboutie dans la cellule familiale, noyau suprême de la société, est aussi le gage d'une certaine convivialité sociale. Corvo est un exemple à part, les habitants, peu nombreux, ayant l'habitude de vivre comme au sein d'une grande famille. La vie associative y est là-bas parfaitement organisée, chacun participant à la survie de cette microsociété qui se gère elle-même.

Une émigration impressionnante

Le ratio parle de lui-même : environ 250 000 Açoriens sur l'archipel et plus d'un million à l'étranger ! Loin du continent et de certaines commodités, pays à la nature lunatique, les locaux « fuient » principalement aux États-Unis dans la région de Boston et au Canada à Toronto. L'émigration est un fait non négligeable dans l'histoire et dans la vie sociale des habitants. L'argent des émigrés fait vivre de nombreuses familles sur les 9 îles. Cette émigration est aussi présente entre les îles elles-mêmes. En effet, les plus grandes sont privilégiées, au détriment des plus petites, souvent pour des raisons professionnelles. Cependant, depuis quelques années, la vague semble s'être calmée. Le niveau de vie aux Açores s'améliore, de nombreux retraités reviennent aux sources et ceux qui regagnent l'archipel se font construire des demeures comme à Beverly Hills ! L'idée de la terre promise, celle de tous les rêves qu'étaient les États-Unis, se dissipe peu à peu, et le calme et la beauté de l'archipel séduisent ceux qui étaient partis. Les Açores deviennent également une région d'accueil, par exemple pour les pays d'Afrique où la langue est le portugais, et pour les Brésiliens.

Les femmes aux Açores

Une chanson populaire de São Miguel, *Tanchão*, raconte « qu'il est triste d'être une femme : si elle est belle, elle est suspecte ; si elle est laide, personne n'en veut ». Traditionnellement, la femme se vêt de noir quand elle est veuve ; si cette attitude nous semble archaïque, il suffit de se promener à São Miguel, par exemple, pour constater qu'elle est encore bien présente chez les générations les plus âgées.

Jusqu'au tout début du XVIIIe siècle, on interdisait parfois à la femme de participer aux pèlerinages : on la disait disciple de Satan ! Les archives paroissiales témoignent à l'occasion de telles frayeurs délirantes ; ainsi, un texte paroissial de 1698, à Ponta Delgada, met en garde contre la présence des femmes dans les *romarias* : elles s'y abandonneraient en effet à leurs « appétits désordonnés ». Force est pourtant de constater qu'aujourd'hui les femmes sont plus présentes que les hommes dans les églises. D'autres croyances tout aussi farfelues rappelaient que, si la première personne à pénétrer dans un établissement récemment inauguré était une femme, mieux valait envisager le pain sec ! Et si, par malheur, elle y entrait du pied gauche, il était recommandé de mettre la clé sous la porte aussitôt ! En fait, toute une tradition séculaire, entretenue par l'Église, a voulu inscrire la femme dans un rôle mineur, tant dans la vie privée que sur la scène sociale.

© RODRIGOKRISTENSEN - ISTOCKPHOTO.COM

Femme pratiquant la méditation.

Éducation et université des Açores

Le système d'éducation açorien est sensiblement similaire à celui du Portugal (et donc de la France) et s'inscrit dans une dynamique européenne. Des écoles, collèges et lycées sont présents sur chaque île et de nombreux établissements ont récemment été modernisés et agrandis. Au niveau de l'enseignement supérieur, l'archipel dispose de sa propre université. Fondée en 1976 à Ponta Delgada, elle est composée de trois campus : un à Ponta Delgada sur l'île de São Miguel, un second à Angra do Heroísmo sur l'île Terceira et un dernier à Horta sur l'île de Faial. L'université des Açores s'organise en dix départements et deux écoles supérieures. Elle est notamment spécialisée et mondialement connue pour son département d'océanographie et de pêche. L'idée de créer une institution locale d'enseignement s'est développée avec la Révolution des Œillets qui éclate sur le continent dans les années 1970. Cette dernière entraîne des difficultés scolaires, notamment avec la fermeture de nombreuses universités portugaises. Les riches familles açoriennes décident donc d'envoyer leurs enfants aux États-Unis ou au Canada afin qu'ils puissent poursuivre leurs études. Cela crée un déclic pour les autorités locales qui décident de se lancer dans le projet d'une université açorienne.

Un système de santé de bonne qualité

Quelques données pour avoir une idée de la situation sanitaire dans l'archipel, et convaincre les plus réticents qu'on ne part pas en Amazonie, même si des efforts peuvent encore être menés. La difficulté principale est de trouver des spécialistes, certains domaines ont bien du mal à faire venir les médecins sur leur île et il faut parfois prendre l'avion pour avoir une consultation en cardiologie ou en cancérologie. Chaque île possède un centre médical qualifié pour soigner les blessures bénignes ou les maladies sans gravité. Pour des interventions plus complexes, les patients sont transférés à São Miguel ou à Terceira, dans des hôpitaux plus équipés. Le taux de mortalité est en quasi baisse constante depuis 2002 : en 2022, il s'élevait à 11,3 ‰ (moyenne nationale du Portugal : 11,9 ‰). Le système de santé açorien est d'aussi bonne qualité qu'au Portugal continental ou en France. N'oubliez pas que, même si l'on se trouve au milieu de l'océan Atlantique, on est dans l'Union européenne ! Avec la carte européenne d'assurance maladie, vous pourrez ainsi vous faire rembourser vos soins au même taux qu'en France. L'hôpital le mieux équipé de l'archipel reste celui de Ponta Delgada, à São Miguel.

petit futé
2024-2025
Açores
VERSION NUMÉRIQUE OFFERTE
Explore
TERCEIRA AÇORES
COUNTRY GUIDE

RELIGIONS

La vie sociale de l'archipel est indissociable de la vie religieuse, comme l'attestent les nombreuses églises. Il en a toujours été ainsi, car hormis l'hypothèse hasardeuse de l'Atlantide, les habitants n'ont en effet aucun passé « païen », ce sont donc des catholiques « innés ». Le peuple açorien croit aussi bien au *Senhor Santo Cristo* qu'à la fatalité ou aux superstitions. Les traditions de l'archipel étant surtout orales, la frontière entre le sacré et le profane est ténue. On voit donc souvent au cours des diverses festivités se mêler les rites les plus populaires à des règles religieuses codifiées. On peut se moquer des curés, mais on vénère le Saint-Esprit. Le culte aux morts, très répandu jusqu'à aujourd'hui, comme en témoigne la couleur noire des habits de la femme quand elle est veuve, est aussi une caractéristique remarquable de la religiosité açorienne. Une seule chose est sûre, aux Açores c'est le catholicisme qui prône.

Une population catholique et très croyante

Catholique à 99 %, ce culte laisse très peu de place aux autres pratiques. Le paysage religieux n'est pas diversifié. Ici, les églises sont présentes partout, pas de mosquée, de synagogue ou de temple. La foi se pratique et s'exprime avec une immense ferveur frôlant parfois le mysticisme lors de certaines fêtes religieuses. Les églises sont pleines tous les dimanches et l'atmosphère qui y règne est indescriptible. Tout le monde revêt ses plus beaux vêtements et c'est chaque semaine un moment de partage à ne pas manquer. Les croyances et les marques de la religion s'étendent bien au-delà de cette sphère : le stade national et l'aéroport de Ponta Delgada portent le nom de Jean Paul II ! D'autre part, aux fêtes classiques du calendrier religieux s'ajoutent de nombreuses autres manifestations tout au long de l'année. Le catholicisme est partout et tout le temps et les Açoriens s'y remettent à de nombreuses occasions. On en profite d'ailleurs pour vous mettre en garde : les festivals religieux et les églises ne sont pas des objets touristiques ! Veillez à respecter ces traditions, ces lieux de culte et ces rites. Soyez modéré sur la prise de photos et revêtez une tenue correcte si vous souhaitez participer un l'un de ces événements.

Les églises remarquables

Il semblerait que pour les portugais, toute occasion était bonne pour construire une église. Quand ils partaient à la découverte du monde, chaque fois qu'ils posaient pied à terre surgissait une église. Quand ils survivaient à une tempête, une église. Pour remercier la Très Sainte Vierge de les avoir sauvés des pirates, une église. Pour se faire pardonner de n'avoir pas eu pitié des pirates, une église. Vous aurez compris qu'aux Açores, particulièrement, les églises ne manquent pas. Quelques-unes sont particulièrement remarquables et valent le détour. Les

© HENNER DAMKE - SHUTTERSTOCK.COM

Escalier menant à la chapelle Ermida da Nossa Senhora da Paz.

églises **São Sebastião** (p.209) et **São Pedro** (p.103) à Ponta Delgada, l'une gothique, l'autre baroque, sont de magnifiques exemples des trésors architecturaux religieux de l'archipel. A Vila Franca do Campo, la **chapelle de Nossa Senhora** (p.154) da Paz est connue pour sa localisation. Construite à flanc de montagne, elle domine toute la région. A Angra do Heroismo, l'église de São Gonçalo regorge de jacarandas sculptés et d'azulejos. **Nossa Senhora de Ajuda** (p.227) est une chapelle insolite juchée sur le volcan de Graciosa. Le site est vraiment pittoresque et deux autres chapelles se dressent à ses côtés. Enfin, **l'église de Nossa Senhora de Conceiçao** (p.291) à Santa Cruz est certainement l'une des plus imposantes et des plus impressionnantes de tout l'archipel.

Le culte de la mort

Ne soyez pas étonnés si vous croisez des femmes vêtues de noir… Cette tradition se perpétue et est encore fortement ancrée dans les habitudes religieuses açoriennes, notamment chez les générations les plus anciennes. A Ponta Delgada, sur l'île de São Miguel, il n'est pas rare que les veuves portent des vêtements noirs longtemps après la mort de leur mari. Plus qu'une simple pratique, cela montre bien que la société açorienne est très proche de la religion et que les cultes et habitudes catholiques se retranscrivent dans la vie de tous les jours. Le noir est ici la couleur portée lors de l'enterrement, mais aussi bien au-delà, parfois jusqu'à la fin des jours de la veuve. Un signe très remarquable et très fort.

Le culte du Saint-Esprit

On attribue au Saint-Esprit divers miracles : en 1761, une forte coulée de lave lors de l'éruption d'un volcan sur l'île de Terceira, vers la Serra de Santa Bárbara, aurait été déviée par une couronne posée sur le chemin ; lors de l'éruption de 1808 à São Jorge qui détruisit Urzelina, une petite maison aurait été préservée, alors qu'elle abritait le vin qui devait être distribué le jour de la Pentecôte. Le plus curieux, c'est que la foi en l'Esprit Saint va de pair avec une intime croyance aux châtiments divins, si on ne respecte pas ses volontés. Au cours des siècles, l'Église a toujours cherché à interdire certaines fêtes profanes en vue de les « moraliser » ; elle menaçait d'excommunication ou imposait des amendes financières. Ces censures mirent fin aux fêtes pendant toute la première moitié du XVIIe siècle. Il fallut attendre 1655 pour qu'elles soient de nouveau autorisées, sous l'égide du comte de Ribeira Grande, dom Manuel da Câmara.

Aujourd'hui le culte du Saint-Esprit garde une place prépondérante dans la vie des Açoriens. Il est répandu dans tout l'archipel et constitue un élément essentiel de la culture religieuse.

Imperio de Porto Judeu.

Pendant 8 semaines, entre le dimanche de Pâques et la Trinité, ces fêtes sont célébrées sur toutes les îles, de manière différente. Les rituels et les festivités sont propres à chacune et attirent les foules, mais elles ont pour point commun d'être un évènement considérable que l'on prépare des mois (voire des années !) à l'avance. Chaque ville et chaque village possède son « imperio » : petite chapelle gothique ou romane aux murs souvent colorés dédiée au culte de l'Esprit Saint. L'architecture est variable selon les îles et les couleurs changent selon les quartiers et les restes de peinture. Ces lieux de culte ne s'ouvrent que pendant les semaines de festivité en été et abritent des images pieuses, des objets culturels et la fameuse couronne de l'empereur. A noter : même si cette célébration est splendide sur chaque île, c'est à Terceira qu'elle est la plus pittoresque.

Superstitions, fatalité et destin

Les Açores, jardins perdus de l'Atlantique, îles peuplées par l'imaginaire… L'éloignement a par le passé accentué les mythes. Terres de légendes, les superstitions et la présence de sorcières sont souvent suggérées. Les vestiges de l'Atlantide y auraient même flotté… De nombreuses légendes et anecdotes étaient rapportées par les marins. Dépendant d'une nature plutôt hostile, les couches de peinture accumulées sur les maisons ne servent-elles pas à exorciser tous les maléfices que Neptune fait peser sur ces terres ? Plutôt fatalistes et du genre à s'en remettre à leur destin, il y a quand même des sacrilèges à ne pas commettre comme ne pas reconstruire une église après un tremblement de terre. C'est avec ces croyances, ces superstitions et les caprices de la terre sur laquelle ils vivent que les Açoriens composent.

QUE RAPPORTER ?

Qui dit voyage, dit souvenirs ! Les Açores n'échappent pas à la règle. Chaque île se distingue, chaque île a ses propres spécificités et chaque île vous permettra de rapporter un souvenir différent. De nombreux musées ethnographiques permettent de connaître et de comprendre la vie traditionnelle et l'artisanat typique des différentes régions de l'archipel. Ce savoir-faire se transmet encore de nos jours, principalement au sein des coopératives d'artisanat. Vous en trouverez sur toutes les îles de l'archipel, proposant différentes pièces d'artisanat local. Préférez ces lieux qui garantissent des souvenirs faits main et authentiques. C'est aussi dans ces coopératives que vous comprendrez la fabrication et la conception de vos achats. Les Açoriens partageront avec plaisir leur savoir-faire, et vous pourrez rapporter dans vos valises non seulement de jolis objets, mais aussi quelques secrets et anecdotes.

Un artisanat ancestral

Spécialité de l'île de São Miguel et de Terceira, la poterie s'est développée avec l'exploitation de l'argile rouge almagre de Santa Maria. L'argile était extraite sur l'île, transportée à dos d'âne jusqu'au port et amenée ensuite par bateau jusqu'à São Miguel et Terceira. Si le transport ne se fait à présent plus à dos d'âne, c'est toujours sur Terceira, à l'Olaria de São Bento, et sur São Miguel, dans le village de Villa Franca do Campo, que vous rencontrerez des artisans potiers. Non loin de là, à Lagoa, se trouve l'antique fabrique de céramique Ceramica Vieira. Sur leurs grandes étagères de bois, de magnifiques *azulejos*, ces carreaux typiques du Portugal, mais également des services à thé et café, des assiettes, tasses, beurriers et des dizaines d'autres pièces uniques, peintes de fleurs et d'autres motifs végétaux, émaillées en blanc, marque de fabrique de la maison. Les Açores sont aussi connues pour leur savoir-faire en vannerie et vous pourrez rapporter de votre séjour de jolies pièces en osier ou en jonc. Sur l'île de Faial, au magasin MIMOS, vous trouverez ainsi des chapeaux et sacs en jonc tressé. Le jonc est ramassé sur l'île à la fin de l'été, pour être ensuite séché, tressé, puis travaillé par des artisans locaux. Les broderies sont un autre savoir-faire typique des Açores. Serviettes, draps, taies d'oreiller, serviettes de table, des broderies blanches et épurées influencées par la broderie anglaise, typique de l'île de Terceira, mais également des broderies aux motifs plus colorés comme la broderie typique de São Miguel caractérisée par deux nuances de bleu, ou encore la broderie avec des épis de blé, typique de l'île de Faial, que vous pourrez acheter aux coopératives d'artisanat. Autre activité séculaire des Açores: le tissage.

Poteries des Açores.

L'archipel comptait encore plus de 800 métiers à tisser au XXe siècle. C'est sur São Jorge, à Urzelina ou à la Faja dos Vimes, que vous trouverez les plus belles pièces. Des magnifiques couvre-lits, couvertures ou serviettes de table reflétant toute la maîtrise et l'art des tisserands açoriens. Enfin, si vous souhaitez rapporter un bijou, des boucles d'oreilles, broches ou colliers en pierre volcanique, en moelle de figuier ou en écailles de poisson feront également un merveilleux souvenir très typique de l'archipel.

Le scrimshaw, un souvenir du passé

Caractéristiques des îles aux traditions baleinières, telles que Pico et Faial, les *scrimshaw* sont des sculptures réalisées à partir d'os ou de dents de cachalot. Ce terme anglophone désigne donc une technique de gravure artisanale réalisée, à l'époque, par les chasseurs de baleines durant leurs longs voyages en mer et les nombreux moments d'attente. La technique consiste à graver un matériau, à enduire ensuite la surface d'encre, puis à poncer l'ensemble pour que l'encre restée dans les stries de la gravure laisse apparaître le motif ; généralement des scènes de chasse, des portraits de famille ou des paysages. Si cet artisanat fut autrefois un souvenir prisé, il ne l'est plus guère aujourd'hui. Depuis l'interdiction de la chasse aux cétacés dans les années 1980, les graveurs ont perdu leur matière première, ne pouvant plus compter que sur les vieux stocks de dents pour exercer leur art. Ces stocks se sont doucement épuisés et les pièces de *scrimshaw* ont peu à peu disparu des boutiques des Açores. A noter, si vous en dénichez une chez un brocanteur, ce commerce est très réglementé et les pièces existantes sont en principe toutes enregistrées pour éviter les infractions. Rien ne semble attester de l'authenticité de votre *scrimshaw* ? Prudence, vous avez peut-être en main une simple copie en résine.

Des souvenirs pour les gourmands !

Dans ce domaine, il y a de quoi faire. De nombreux produits locaux raviront vos papilles et émerveilleront vos invités à votre retour de voyage. Côté salé, si vous voulez transporter un peu de saveurs iodées, les boîtes de thon de la fabrique Santa Catarina sur São Jorge (parfumée à l'huile d'olive, au thym, au fenouil…) sont un parfait petit souvenir. Les fromages sont la spécialité de São Jorge, mais vous en trouverez de délicieux également sur Terceira, Pico ou encore Faial. Particularité de l'archipel, ils sont souvent accompagnés d'une touche sucrée. Les confitures d'ananas, de goyave ou de fruit de la passion s'accommodent parfaitement avec le fromage. D'autres spécialités viennent s'ajouter à la liste comme la pâte de piment, le miel, les petits pains sucrés *bolo levedo* ou encore les succulentes pâtisseries locales que sont les *queijadas*. Enfin, côté boissons, les Açores ne sont pas en reste. On trouve à São Miguel les seules et uniques plantations de thé d'Europe. Du thé, définitivement un excellent souvenir à rapporter, tout comme le Kima, cette boisson gazeuse aux fruits de la passion. Côté alcoolisé, la Especial, la Melo Abreu ou encore la Korisca sont autant de bières des Açores. Les liqueurs à base de fruits locaux sont également à déguster, comme la liqueur de néveda, une menthe sauvage des Açores, ou encore les incroyables vins du terroir açorien.

© HEADSPINPHOTO - SHUTTERSTOCK.COM

Thé de São Miguel.

Les vins de Pico, un terroir exceptionnel

La culture de la vigne sur Pico commença dès le début du peuplement de l'île à la fin du XVe siècle. Une terre volcanique, riche en nutriments et un microclimat sec et chaud ont permis à des cépages comme le verdelho, l'Arinto dos Açores ou le terrantez do Pico, trois cépages autochtones, de trouver ici des conditions exceptionnelles de maturation. Sur Pico, le vin se cultive à même le sol, le dos courbé, entre des petits murets de pierre de lave formant une multitude d'enclos, les *currais*, qui protègent les vignes des aléas du vent de l'Atlantique, tout en créant un paysage unique au monde, classé depuis 2004 au patrimoine mondial de l'Unesco.

Le résultat est un vin sec et léger, avec une fraîcheur et une acidité unique. Un vin tellement exceptionnel qu'il était autrefois exporté jusqu'à la Cour impériale de Russie. Un vin qui vous permettra de savourer encore à votre retour toute la subtilité des produits des Açores.

SPORTS ET LOISIRS

En bonne terre portugaise, l'archipel des Açores se passionne pour le football. Il faut dire que l'ancienne légende du PSG, Pedro Miguel Pauleta, est née à São Miguel et que les jeunes Açoriens s'identifient aussi beaucoup à la star Cristiano Ronaldo, originaire de Madère, la sœur insulaire de l'Est. Mais entre deux matchs, on vient surtout ici pour se dépenser. Côté activités, si c'est l'observation des cétacés qui est assurément l'une des plus touristiques de l'archipel, la mer offre d'autres possibilités pour les marins, les pêcheurs, les surfeurs ou les plongeurs. Et sur terre aussi, on en prend plein les yeux. Paradis du randonneur, les Açores sont également une destination de rêve pour s'essayer au canyoning, à la spéléologie, au canoë-kayak ou au VTT. Il faut dire que ces paysages spectaculaires, que l'on pourra aussi admirer du ciel avec un parapente, offrent une topographie de rêve.

Une escale légendaire pour les marins

On ne présente plus la marina de Horta, escale mythique des voyageurs au long cours, qui traversent l'Atlantique vers les Caraïbes depuis quelques décennies déjà. Aujourd'hui, près de 1 500 voiliers ou yachts visitent Horta chaque année. C'est aussi souvent là que s'abritent les bateaux endommagés, lors de grandes compétitions comme celle de la Route du Rhum. Et c'est évidemment aussi là que sont passées quelques-unes des plus grandes figures de la navigation. Et souvent, elles ont trinqué avec plaisir dans l'un des cafés les plus fameux de la route maritime mondiale, le **Peter's Bar** (p.251). Mais Horta n'a plus le monopole des plaisanciers dans l'archipel. Angra et Praia, à Terceira, mais aussi Santa Maria, se sont aussi dotées de marinas, et Ponta Delgada attire aussi son lot d'aventuriers des mers. Arrêt presque incontournable pour ceux qui rallient l'Europe depuis les Antilles, les marinas des Açores offrent tous les services classiques, et leur situation unique, aux portes d'un nouveau monde et au beau milieu de l'océan, leur confère une atmosphère étrange et assez fascinante, il faut bien le dire. Plusieurs compétitions se tiennent au cours de l'année, comme la Semaine de la Mer au début du mois d'août, avec beaucoup d'événements organisés en rapport avec ce monde unique.

Évidemment, les conditions sont réunies pour se faire plaisir à bord d'un voilier lorsque l'on pose ses valises sur l'archipel. Renseignez-vous dans les différents clubs nautiques des îles pour organiser une sortie en mer.

Plaisirs balnéaires et plongée sous-marine

Contrairement à quelques idées reçues, les Açores ne se trouvent pas aux Caraïbes et ne ressemblent pas aux Canaries ! On y trouve peu de plages et aucun cocotier pour évoquer

Voilier près de Faial.

Surf aux Açores.

un paradis du farniente... Toutefois, les accès à la mer sont plus nombreux qu'à Madère grâce à de nombreuses piscines naturelles aménagées un peu partout et à quelques plages de galets ou de sable (noir le plus souvent, même si certaines plages, comme à Santa Maria, sont de sable blanc). Tous les endroits où l'on peut se baigner sont populaires, mais rarement pris d'assaut en été ; quelques coins sont particulièrement appréciés, notamment à São Miguel sur la côte, et il est toujours possible de trouver un petit endroit pour nager et bronzer tranquillement.

Et si les Açores sont avant tout connues pour accueillir les marins du monde entier, sous l'eau aussi, le spectacle est au rendez-vous. La plongée sous-marine se développe petit à petit et l'on trouve des centres sur presque toutes les îles. Comme les côtes sont d'origine volcanique, c'est une merveille de flâner entre les arches, les débris de quelque effondrement de falaise, les tunnels, les grottes, etc. De nombreuses variétés d'épaves attendent les plus téméraires, les corsaires ayant particulièrement apprécié la région il y a quelques siècles, et les batailles navales entre Portugais et Espagnols ayant fait rage à la fin du XVIe siècle notamment, coulant quantité de caravelles près des ports.

Avis aux amateurs de pêche au gros !

Les eaux des Açores sont connues pour abriter quelques gros spécimens de la faune sous-marine, et de nombreux records du monde ont été certifiés ici : le marlin bleu pèse souvent parfois jusqu'à 1 000 livres. Cependant, il semblerait que la situation ait empiré de façon dramatique (peut-être en raison de l'exceptionnelle chaleur des eaux açoriennes, ou de la pêche industrielle à grande échelle) ces dernières années. Certains craignent aujourd'hui que l'espèce des marlins bleus, très menacée, disparaisse prochainement. Sinon, on pêche aussi des requins, des marlins blancs et diverses espèces de thons. La saison de pêche au gros s'étend plus ou moins de fin juin à la mi-octobre, quand l'eau est suffisamment chaude, et l'on trouve des bancs de poissons à 25 milles environ au large des côtes. Pour ceux qui ne connaissent pas ce sport, il est important de préciser que tous les pêcheurs adhèrent à la politique dite du « Tag and Release » (au travers d'organisations comme la IGFA ou la Billfish Foundation) : les prises sont étiquetées (date et lieu, nom du pêcheur et du capitaine, des espèces et du poids), puis relâchées dans la mer ; on ne les emmène au port de Horta que si un record peut être battu ou s'il s'agit d'un animal vraiment extraordinaire. La pêche au gros est en fait un sport onéreux, mais à l'évidente conscience écologique, qui se bat lui aussi contre la pêche outrancière des grands chalutiers pélagiques et autres navires-usines pour préserver l'environnement sous-marin. Avis aux amateurs !

De superbes spots de surf

L'archipel dispose de quelques spots assez fabuleux, avec des « vagues hawaïennes » selon certains *riders* du coin. L'un des endroits les plus prisés est la Fajã do Santo Cristo, à São Jorge. C'est un petit village égaré près de son lagon, accessible seulement à pied ou par bateau, et où se réunissent les amoureux des vagues et des tubes à profusion. Un autre spot très couru des surfeurs du coin est la plage de Santa Barbara, dans la municipalité de Ribeira Grande, sur l'île de São Miguel. Une compétition internationale s'y déroule d'ailleurs en général pendant la première semaine de septembre.

Sur terre ou depuis les airs, pour découvrir un bijou de la nature

Randonnée. Les merveilles des Açores, paradis des randonneurs, ne se découvrent vraiment qu'à pied. Au menu, de revigorantes balades au milieu de paysages sans cesse changeants, le long de ruisseaux dont le cours sauvage dévale entre des ravins à la végétation touffue, de lacs aux eaux translucides et aux rives verdoyantes, de falaises spectaculaires, de cratères endormis, de grottes aux parois iridescentes. Même sur des routes goudronnées, le trafic automobile n'est pas assez important pour constituer une gêne.

Toutes les îles proposent des circuits balisés, mais les conditions climatiques précaires en hiver (coulée de boue, vent qui déracine des bosquets entiers) peuvent obstruer brutalement un sentier tout à fait praticable deux jours auparavant. Malgré tout, même en dehors de l'itinéraire prévu, vous ne serez jamais déçu par les paysages que vous découvrirez.

A São Miguel, direction notamment Sete Cidades et surtout le Lagoa do Fogo, une randonnée incontournable et spectaculaire, en plein cœur d'une zone classée réserve naturelle. A Faial, on grimpe jusqu'au « Miradouro da Caldeira » et le sentier de 8 km qui contourne un gigantesque cratère de 2 kilomètres de diamètre. Clou du spectacle à Pico, où l'on entreprendra l'ascension du mont éponyme (7,5 km – 3h30). Dominant à 2 351 mètres d'altitude, c'est le plus haut sommet du Portugal. Certains randonneurs marchent de nuit pour assister au lever du soleil. Un spectacle vraiment extraordinaire ! Enfin, on peut aussi signaler l'île de Flores, parsemée de chemins très bien balisés qui traversent des paysages parmi les plus extraordinaires que l'on puisse trouver en Europe, entre végétation luxuriante, falaises immenses, cascades vertigineuses et paisibles lacs de volcans. Mais sur toutes les îles, il y a vraiment moyen de se faire plaisir.

Spéléologie aux Açores.

Trail. Les paysages splendides et variés, de même que les reliefs et conditions parfois rudes font aussi des îles de l'archipel le théâtre idéal de nombreux trails de niveau international. Depuis quelques années, Santa Maria par exemple propose chaque année en février le Columbus Grand Trail (qui fait le tour de l'île en 77 km) dont la réputation mondiale ne cesse de croître (www.azorestrailrun.com).

Vélo et VTT. Et avec un relief aussi accidenté, on se fait évidemment plaisir au guidon d'un VTT. C'est possible dans de nombreuses îles. La douceur du climat, le silence des routes secondaires, la beauté des panoramas et l'éclat des fleurs sont des invitations permanentes à de belles virées à vélo de route également.

Parapente. Enfin, à São Miguel, le parapente permet d'observer toutes ces merveilles depuis le ciel ! Les sites les plus connus sont Lagoa do Fogo, Furnas et Pico da Vara. Depuis Furnas, on peut même survoler un volcan. Souvenir inoubliable en perspective !

Le canyoning et la spéléologie, pour partir à l'aventure

Pour les amateurs de sensations fortes, le canyoning promet de grands moments. Descendre les cours d'eau, traverser les rivières et les ruisseaux cachés, dompter les cascades jaillissantes ou sauter dans les eaux transparentes des piscines naturelles, l'archipel offre une nature sauvage et des paysages sublimes qui raviront les adeptes de canyoning. La roche volcanique offre bon nombre d'arêtes coupantes et de blocs fracturés où l'eau ruisselle en abondance. São Miguel, São Jorge et Flores sont particulièrement généreuses en matière de canyoning. Santa Maria, Faial et Terceira offrent également de belles possibilités.

Par ailleurs, sur les différentes îles, de nombreuses grottes d'origine volcanique sont d'un grand intérêt pour les amateurs de spéléologie. A Terceira par exemple, vous pouvez contacter la très sympathique association **Os Montanheiros** (p.207) qui vous prendra en main pour vous expliquer et vous faire découvrir tous les mystères de ces antres fascinants. L'île de Pico recèle également de véritables trésors volcaniques.

Petite balle blanche et petite balle jaune

Les amateurs de golf pourront se faire plaisir sur deux superbes *greens* à São Miguel, le **Furnas Golf Course** (p.166) et le Batalha Golf Course, qui satisferont les amateurs les plus exigeants. Les paysages sont sublimes et concourent pleinement au plaisir de ce sport. Pour les Federer en herbe, quelques établissements hôteliers sont équipés de courts de tennis et des clubs existent à Angra do Heroísmo (Terceira), Horta (Faial) et Ponta Delgada (São Miguel).

GASTRONOMIE

Logé en plein cœur de l'océan Atlantique, l'archipel des Açores offre des paysages verdoyants et vallonnés, au climat délicieux, berceau d'une gastronomie rustique, mais savoureuse. La cuisine açorienne affirme une identité propre, voisine du continent, certes, mais unique tout de même. Les poissons tout frais pêchés sont grillés avec simplicité, tandis que la morue ou *bacalhau* – aussi populaire ici que dans le reste du pays – est mijotée avec des légumes et des épices variés. Les fruits de mer locaux peuvent être intimidants, mais leur goût reste unique. On évoquera aussi la tendresse des viandes de bœuf grillées provenant du vaste cheptel bovin, alors que le porc reste bien plus commun dans le reste du Portugal. Si les vins des îles, tant blancs que rouges, trop méconnus, ne peuvent cacher l'origine volcanique des terres qui les font généreusement pousser, ils se marient harmonieusement aux mets locaux.

Petiscos et autres charcuteries

Si tout le monde connaît les tapas espagnoles, le Portugal n'a rien à envier sur ce point à son grand voisin et propose de délicieuses petites bouchées et entrées appelées « *petiscos* ». On observera à la carte beaucoup de produits de la mer comme les incontournables *pataniscas de bacalhau*, des croquettes de morue aux herbes. On sert un peu de pain grillé (*pao*) pour accompagner une *pasta de sardinhas* – mousse de sardines – bien crémeuse. On retrouve également la *salata de polvo* ou salade de poulpe mariné, ainsi que des *berbigão* (coques) ou les *amêijoas* (palourdes) simplement cuites avec un peu d'ail et d'huile d'olive.

Côté terre, les *moelas à portugue*sa sont des gésiers de volaille dans une épaisse sauce tomate que l'on déguste avec du pain. Les *figado de porco grelhado* sont simplement des petits cubes de foie de porc grillé. Les *ovos de cebolada com tomate,* des œufs cocotte, sont servis avec une sauce tomate aux oignons confits. Les *peixinhos da horta* sont l'équivalent portugais des tempuras. On retrouve plusieurs types de croquettes comme les *bolinho de feijão branco* aux haricots blancs. Les *bolinhos de chouriço*, qui ressemblent plus à des petits gâteaux au chorizo, sont aussi très prisés.

Des produits d'excellence

La charcuterie au Portugal est une affaire sérieuse. Petit tour d'horizon donc avec l'immanquable *presunto*, qui est le pendant portugais du *jamón* espagnol. Bien qu'assez proche du chorizo espagnol, le *chouriço* portugais est parfois fumé et on peut même le cuire, c'est le cas du *chouriço mouro dos Açores*, très réputé. Le *chouriço de sangue* ou *morcela* est une sorte un boudin noir parfumé au cumin et au clou de girofle. Aux Açores on s'en régale sous forme de bouchée piquée sur un cure-dents avec de l'ananas, appelée simplement *morcela com ananás*. La *linguiça* est une saucisse de porc assaisonnée à l'ail et au paprika et fumée alors que l'*alheira* peut être préparé à partir de différentes viandes (généralement du porc, du veau, du canard, du poulet, voire même de la caille ou du lapin).

Grâce à leur climat doux, les Açores disposent de pâturages gras et verdoyants une bonne partie de l'année. L'idéal pour les vaches et les brebis qui produisent un lait de qualité utilisé pour la fabrication de divers fromages (*queijo*). Au Portugal, la plupart des préparations fromagères se présentent toutefois sous la forme de tommes. On peut évidemment citer le *queijo* de São Jorge et le *queijo* do Pico, deux fromages au lait de vache bénéficiant d'une AOP depuis 1996.

Notons aussi d'autres produits, comme le bœuf (*carne dos Açores*) IGP sans oublier plusieurs fruits et légumes. Le climat très clément de cet archipel permet la culture de l'*ananás dos Açores* – assez rond et petit – ainsi que le *maracujá* de São Miguel (fruit de la passion), sans oublier le *mel dos Açores*, tous trois bénéficiant d'une AOP. Enfin le *pimenta da terre* est un piment rouge qui, une fois réduit en purée, accompagne très bien du fromage frais.

Les essentiels de la cuisine portugaise

Un repas au Portugal commence souvent par une soupe. La très rustique *sopa de pedra* (haricots cocos, chorizos, lard et oreilles de porc mijotés dans une cocotte) est un classique, tout comme les *sopa de camarão* (soupe de crevettes), sopa de grão (soupe de pois chiches), *sopa de puré de feijão* (soupe de purée de haricots rouges) et *la sopa de cação* (soupe légère au poisson) qui sont également très populaires. Bien sûr impossible de ne pas citer la fameuse morue ou *bacalhau* que l'on déguste de mille et une façons. Les principaux plats à base de morue sont le *bacalhau com natas* (brandade de morue), le *bacalhau à brás* (morue émiettée avec un écrasé de pommes de terre, d'oignons, de persil, le tout lié avec des œufs brouillés et décorée d'olives noires), le simple *bacalhau assado* (morue rôtie au four) ou encore le *bacalhau à Gomes de Sá* (une salade de morue et de pommes de terre avec des œufs durs).

Sinon essayez la *dourada à portuguesa* (daurade au four avec des tomates et des oignons), le *arroz de tamboril* (riz à la lotte et à la tomate), le *peixe escabeche* (tranches de poisson en escabèche) ou la *caldeirada* (poisson cuit à l'étouffée avec des coquillages). Côté fruits de mer, testez le *choco frito* (seiche frite), les *lulas com camarão* (calamars et crevettes en sauce tomate), les *favas com chocos* (seiches aux fèves) ou encore le *lingueirão à bulhão pato* (couteaux à l'ail et à la coriandre).

Mais cela n'empêche pas les Portugais de préparer la viande à la perfection. On la préfère d'ailleurs fondante et mijotée, plutôt que saignante. L'*ensopada do cabrito* (ragoût de chevreau), le *frango assado* (poulet grillé au paprika), le *ensopado de borrego* (ragoût d'agneau) et le *arroz de pato* (une sorte de paella de canard au chouriço) ne sont que quelques exemples. Commun dans les bistrots, le *bitoque* est une assiette complète comprenant un steak, un œuf au plat, des frites et une salade. Les amoureux de la cochonnaille adoreront le Portugal pour ses nombreux plats à base de porc comme le *cozido a portuguesa* (pot-au-feu), la feijoada (un cassoulet de haricots noirs où le canard est remplacé par de la saucisse fumée et du porc) ou plus simplement le *leitão* (cochon de lait cuit au four). Plus délicat, les *lombinhos de porco com castanhas* (filets mignons aux châtaignes).

Il existe aussi des plats mixtes comme le *carne de porco alentejana*, un ragoût de porc aux palourdes ou la *carne de porco com lulas* (viande de porc aux calamars), les *amêijoas na cataplana* (casserole de coquillages au chorizo) et autre *chicharro no forno* (poisson au lard et pommes de terre).

Spécialités de la cuisine açorienne

Mais en plus des plats communs venant de tout le Portugal, il existe une foule de spécialités propres aux Açores. Parmi les plats célèbres, impossible de rater le *cozido das furnas*, un ragoût complet (saucisse, boudin noir, viandes diverses, chou, carottes, navets, etc.) traditionnellement cuit dans les geysers (*furnas*) présents sur l'île de São Miguel. Autre plat rustique, la soupe du Saint-Esprit ou *sopas de Espírito Santo*, originaire de l'île de Terceira, se compose d'un mélange de bœuf, de volaille, d'os à moelle, de pommes de terre, le tout assaisonné d'un peu de menthe et couronné de pain grillé. On la sert pour la Pentecôte. Sinon on peut se laisser tenter par le nourrissant *torresmos em molho de fígado*, un ragoût de viande et de foie de porc confits. Autre classique, l'*alcatra* est un savoureux ragoût de bœuf, parfois de poisson, cuisiné lentement dans un chaudron d'argile, dans une sauce composée de lard, d'oignons, d'ail, de laurier, de piments et de vin. Enfin le *coelho de molho de vilão* ou « *lapin à la voyou* », un plat de lapin rôti accompagné d'une sauce vinaigrée à l'ail et au piment.

Entourées par l'océan Atlantique, les Açores offrent aux gourmets une multitude de produits de la mer. Les plus aventuriers testeront les *perceve* (pousse-pieds), les *lapas* (patelles) et les *cracas* (balanes), trois mollusques à l'aspect pas forcément très ragoûtant, mais à la chair délicate. Ils sont le plus souvent pochés et servis avec un quartier de citron. Le poulpe est cuisiné de bien des manières. On pourra ainsi savourer le *polvo à açoriana*, du poulpe mijoté avec des pommes de terre, du vin et un soupçon de piment, ou encore le *polvo à moda das Lages*, cuit avec de la tomate et du vin rouge. Sinon on pourra aussi se délecter d'un *guisados*

Les lapas (patelles).

© RFRANCA - ISTOCKPHOTO.COM

Queijadas de Vila Franca do Campo.

de bacalhau (ragoût de morue) ou d'une *caldeiradas de peixe* (bouillabaisse de poisson), richement épicée.

Douceurs et boissons chaudes

Impossible de citer la pâtisserie portugaise sans parler du plus que célèbre *pastéis de nata*. Pour ceux qui ne connaissent pas encore, ces petits flans se composent d'une coque en pâte feuilletée très croustillante garnie d'une crème aux œufs, parfumée à la vanille, au citron ou à la cannelle. Cette recette, dont le succès a allègrement dépassé ses frontières, semble avoir été créée au XIXe siècle.

Bien sûr, il existe de nombreuses autres douceurs propres aux Açores. La *massa sovada* est un terme désignant divers types de viennoiseries à base de pâte briochée sucrée. C'est une spécialité commune de Noël et de Pâques pour les Açoriens et les Portugais continentaux. Pour Pâques, elle est souvent cuite avec des œufs durs au centre du pain. Les *malasadas* sont des boules rondes de pâte qui sont frites et roulées dans du sucre granulé, presque comme un beignet, qui serait originaire de l'île de São Miguel. Le *bolo lêvedo* ressemble comme deux gouttes d'eau aux muffins anglais.

Sinon on peut savourer les *queijadas de Vila Franca do Campo*, des petits gâteaux individuels au fromage frais, denses et crémeux, généreusement saupoudrés de sucre glace. L'*alfenim*, pâte de sucre mélangée avec de l'eau et un peu de vinaigre, prend la forme, entre les mains habiles des pâtissières, d'un monde de douce fantaisie reproduisant fleurs, colombes, cygnes, lapins et d'un souvenir original.

Grâce à leurs conditions climatiques particulièrement douces, les Açores possèdent l'une des seules plantations de thé d'Europe. Elle est administrée par l'usine Chá Gorreana, à São Miguel, qui produit aussi bien du thé vert que noir. Les amateurs de café ne seront pas en reste. En effet, sur Fajã dos Vimes, à São Jorge, se trouve la seule plantation de café en Europe, où vous pourrez goûter au Café Nunes (p.303).

Les boissons alcoolisées

Le *verdelho de Pico* était un vin apéritif dont la renommée s'étendait jusqu'à la cour du tsar de Russie. On suppose que les cépages étaient importés de Sicile ou de Madère, et qu'ils furent plantés d'abord par les franciscains et les carmélites au XVIe siècle, puis par les jésuites au siècle suivant. Au plus fort de la production, au début du XVIIIe siècle, quelque 30 000 fûts et près de 15 millions de litres étaient exportés ; mais une épidémie ravagea les plants un peu plus tard, et l'on entreprit de cultiver des cépages isabella, dont l'arôme soutenu donne le *vinho de cheiro*, que l'on peut boire un peu partout. A Graciosa, on cultive aussi du vin : le terras da conde se boit en rouge ou en blanc, mais aussi en apéritif et en digestif pour conclure le repas. Une autre coopérative fabrique du *pedras brancas*, un vin blanc excellent.

A São Miguel, on goûtera les liqueurs d'ananas ou de maracuja (fruit de la passion), fruitées et très sucrées ; de nombreuses liqueurs *caseiras* (faites à la maison) sauront vous retenir à table : la liqueur de mûre, l'amora et l'angelica, la liqueur *arco-iris* (arc-en-ciel) faite avec du fenouil et des graines de coriandre, ou la *oriental* (avec de la vanille). Un peu partout, on fabrique son propre vin (de faible teneur en alcool) et l'on fabrique une eau-de-vie artisanale très forte, l'*agua ardente*, dégustée par les pêcheurs avec un café après une sortie en mer. On peut enfin goûter l'eau-de-vie de Graciosa. Sinon côté bière découvrez l'Especial, très bonne et très locale puisqu'on la trouve surtout à São Miguel.

DÉCOUVRIR

AGENDA

La religion occupe une place importante dans la vie des Açoriens, et l'archipel vit toute l'année au rythme des fêtes catholiques qui ont lieu sur les îles. Les patrons de certaines paroisses sont célébrés lors de messes, de pèlerinages et de processions, donnant lieu à d'importants rassemblements, mais peuvent aussi être le prétexte de manifestations profanes musicales, sportives ou culturelles. Evidemment, les îles se prêtent particulièrement bien à certaines compétitions sportives : les trails comme les rallyes et les régates mettent en valeur leurs paysages volcaniques et l'océan. Leurs traditions et produits locaux, notamment le vin, sont aussi régulièrement mis à l'honneur lors de fêtes populaires. Typiques de la région, les corridas (*touradas a corda*) et le carnaval ont lieu sur plusieurs des îles. Quasiment toutes accueillent chaque année des festivals de musique ; l'occasion de faire la fête dans des lieux paradisiaques.

ATLANTIS CUP

CNH - Cais Velho

HORTA

✆ +351 292 200 680

cnhorta.org

Du 28 juillet au 4 août 2024.

Cette régate, également appelée Régate de l'Autonomie, est un véritable hommage à la mer. De renommée internationale, elle constitue un excellent moyen de mettre l'archipel à l'honneur au travers de l'eau. C'est l'un des plus grands événements nautiques des Açores depuis plus de 30 ans. Le Club Naval de Horta est à l'origine de cette course qui relie plusieurs îles, différentes selon les années. Plusieurs types d'embarcations peuvent prendre le départ, comme les voiliers par exemple, qui y ont leur place depuis quelque temps.

CULTE DU DIVINO ESPÍRITO SANTO

Cette fête majeure est célébrée pendant huit semaines entre les dimanche de Pâques et de la Trinité.

Ce culte étonnant s'est répandu sur toutes les îles, avec plus ou moins de ferveur ou de symboles. La figure principale en est l'empereur, tiré au sort, qui est conduit en procession jusqu'à l'*imperio* où se tient le couronnement. Les *mordomos*, tirés au sort aussi, s'occupent du *bodo*, le dîner qui se tient le dimanche de la Pentecôte. On y distribue gratuitement du pain et du vin, à l'origine aux nécessiteux et aujourd'hui à tous ceux qui passent par là (vous, notamment !).

CARNAVAL DE GRACIOSA

SANTA CRUZ DE GRACIOSA

En février pendant une semaine, sur toute l'île de Graciosa.

C'est une fête populaire colorée, organisée par les diverses collectivités locales de Graciosa. Les danses et défilés des *foliões* animent les villages et hameaux, et l'on apprécie particulièrement les costumes, toujours préparés avec soin. Si vous êtes sur Graciosa cette semaine-là, procurez-vous le programme des festivités pour savoir où aller précisément. Les danses et défilés sont généralement organisés dans les clubs de sport, les sociétés philharmoniques et les centres culturels qui parsèment l'île. C'est l'un des carnavals les plus réputés des Açores.

FESTIVAL MARÉ DE AGOSTO

VILA DO PORTO

✆ +351 296 883 151

maredeagosto.com

Du 22 au 24 août 2024, sur Santa Maria.

C'est l'un des plus importants festivals des Açores, dont l'origine remonte aux années 1980. Chaque année à la fin août, Santa Maria reçoit un public international animé par une passion commune : la *world music*. Le programme ? Repos la journée et concerts la nuit. La petite île se transforme pour l'occasion en une grande salle de concert à ciel ouvert, et accueille à chaque fois plusieurs milliers de spectateurs. L'événement est organisé dans la baie de Praia Formoso, à quelques mètres de la mer, dans un cadre absolument idyllique.

FÊTE DE SANTO CRISTO DOS MILAGRES

PONTA DELGADA

Elle a lieu le 5e dimanche après Pâques pendant une semaine.

C'est peut-être la plus passionnée de toutes les fêtes açoriennes. De nombreux émigrants reviennent à São Miguel pour y assister. La statue du Christ des Miracles, offerte par le pape à deux nonnes en 1530, a été placée dans le couvent Da Esperança en 1541. Une fois l'an, elle est richement parée et portée dans une procession qui parcourt la ville sur des tapis de fleurs. Le premier cortège eut lieu le 11 avril 1700, sous les auspices de Madre Teresa da Anunciada (1658-1738).

RALLYE DES AÇORES

✆ +351 296 912 321

satarallyeacores.com

Les 8 et 9 novembre 2024.

Le Rallye des Açores (aussi appelé Sata Rally Açores) est une épreuve de rallye portugaise qui se déroule chaque année sur les terres açoriennes, principalement sur l'île de São Miguel. Épreuve mythique, elle offre des panoramas uniques et subjugants notamment lors de l'étape à Sete Cidades. Entre routes escarpées, chemins de campagne, vues sur les volcans… c'est au total environ 220 km que les conducteurs devront arpenter durant 15 étapes. Depuis plus de 50 ans, le Rallye des Açores fait vibrer locaux et internationaux le temps d'un week-end prolongé.

FÊTES DE PRAIA

PRAIA DA VITÓRIA

✆ +351 295 540 200

cmpv.pt/festasdapraia/

Au début du mois d'août.

Ces fêtes commémorent la bataille de 1829 de la guerre civile portugaise entre absolutistes et libéraux. A Vila de Praia, ces derniers repoussèrent triomphalement l'ennemi, puis rebaptisèrent leur ville Praia da Vitória. On célèbre aujourd'hui la bataille partout sur Terceira, et tout particulièrement à Praia da Vitória. Les festivités intègrent des courses de taureaux, des expositions, des concerts, des défilés, une foire gastronomique, des événements sportifs nautiques et compétitions, et s'achèvent toujours par un grand feu d'artifice.

SEMAINE DE LA MER

Largo Duque d'Ávila e Bolama

HORTA

✆ +351 292 202 000

semanadomar.net

Du 2 au 11 août 2024.

Horta, l'une des plus grandes escales maritimes de voile au monde, est le point presque obligé d'une traversée entre Europe et Amérique. Elle célèbre son anniversaire en août. C'est l'occasion d'une multitude de festivités, concerts, stands gastronomiques, grandes tablées installées le long du port, courses de voile, sorties en mer, etc. C'est sans doute le moment de plus grande effervescence aux Açores. Mieux vaut s'y prendre un peu à l'avance pour réserver si l'on veut séjourner à Horta à ce moment-là, ce qui peut vraiment en valoir la peine !

FÊTES DE SÃO JOÃO [SANJOANINAS]

ANGRA DO HEROÍSMO

sanjoaninas.pt

Dix jours au mois de juin (du 21 au 30 juin 2024).

Les plus grandes des fêtes profanes de l'archipel se déroulent sur l'île de Terceira, entre juin et octobre. Bel exemple, les fameuses Sanjoninas marquent le début des festivités qui animeront l'île pendant tout l'été. Durant dix jours, on verra ainsi à Angra des cortèges, des marches populaires, des expositions, des spectacles de musique et d'autres manifestations. À cette occasion ont lieu aussi les fameuses *touradas a corda*, les courses de taureaux sans mise à mort de l'animal.

TOURADAS A CORDA

ANGRA DO HEROÍSMO

A Terceira, du 1er mai au 15 octobre.

De mai à octobre, de nombreux spectacles de tauromachie ont lieu dans les villages de l'île de Terceira. Le taureau parcourt les rues attaché à une longue corde tenue par un groupe d'hommes. Petit rappel important : les Portugais – donc les Açoriens – n'exécutent pas les taureaux en fin de corrida. Même si vous êtes fermement opposé à ce genre de manifestations, ne les ratez pas, car la ferveur populaire est intense tout au long de la représentation et en plus, c'est assez comique. Si vous avez la chance d'être aux Açores à cette époque, c'est un incontournable.

Marre de passer des heures sur internet pour trouver des bons plans ?
mypetitfute
M'A FAIT GAGNER UN TEMPS FOU AVEC SES RECOMMANDATIONS D'ITINÉRAIRES ET SES BONS PLANS TESTÉS PAR DES RÉDACTEURS LOCAUX.
VOTRE GUIDE NUMÉRIQUE SUR MESURE EN MOINS DE 5 MINUTES POUR
2,99 €
mypetitfute.fr
© VIKTOR GL - ISTOCKPHOTO.COM

AÇORES ORIENTALES - SÃO MIGUEL

Le plus à l'est des trois groupes d'îles de l'archipel se trouve à environ 1 500 km de la côte portugaise, 2 000 km de la côte marocaine et 150 km des Açores centrales. Il comprend l'île la plus importante, São Miguel, où est établie la capitale de l'archipel, Ponta Delgada ; et l'île de Santa Maria, un condensé à petite échelle de la variété qu'offre l'archipel. Lors d'un séjour aux Açores, vous passerez forcément par là car São Miguel est généralement votre porte d'entrée dans l'archipel. L'île mérite qu'on s'y attarde et qu'on y prenne du temps car les découvertes et les activités y sont nombreuses. Il s'agit en effet de la plus grande île de l'archipel, et aussi de la plus peuplée. À ne pas manquer : Sete Cidades, Lagoa do Fogo, Furnas, la région Nordeste… Sa voisine, Santa Maria, éloignée de quelque 80 km, est trop souvent laissée de côté par les voyageurs. Pourtant, son charme bucolique et sa quiétude valent aussi le détour.

Açores orientales
AÇORES
CORVO
FLORES
SÃO JORGE
GRACIOSA
TERCEIRA
FAIAL
PICO
SÃO MIGUEL
SANTA MARIA
Océan Atlantique
MOSTEIROS
AJUDA DA BRETANHA
Remédios
PONTA DA FERRARIA
SETE CIDADES
Ginetes
CAPELAS
CANDELÁRIA
SÃO VICENTE FERREIRA
FENAIS DA LUZ
RABO DE PEIXE
ER 8
RIBEIRA GRANDE
PRAIA DE SANTA BÁRBARA
RIBEIRA SECA
PORTO FORMOSO
SALTO DA FARINHA
Achadinha
PARQUE DA RIBEIRA DOS CALDEIRÕES
MAIA
São Brás
ACHADA
SANTO ANTÓNIO DE NORDESTINHO
SÃO PEDRO DE NORDESTINHO
Nordeste
LOMBA DA FAZENDA
NORDESTE
PICO DA VARA
RESERVA NATURAL DO PICO DA VARA
SALTO DO CAVALO
CALDEIRA VELHA
FURNAS
POVOAÇÃO
SERRA DA TRONQUEIRA
ÁGUA RETORTA
FAIAL DA TERRA
Povoação
Fajã de Cima
FAJÃ DE BAIXO
LIVRAMENTO
LAGOA DO FOGO
LOMBADAS
LAGOA DO CONGRO
ER 1
RIBEIRA QUENTE
Relva
SÃO ROQUE
LAGOA
PONTA DELGADA
ÁGUA DE PAU
CALOURA
RIBEIRA CHÃ
VILA FRANCA DO CAMPO
Ponta Garça
10 KM

L'intérieur est champêtre, sauvage, et très peu habité. Il est surtout marqué par le massif volcanique du Pico das Eguas/Pico do Carvão, occupé en son centre par les lacs de Sete Cidades. Ce massif réserve des paysages spectaculaires, des routes avec des belvédères impressionnants, du bocage avec haies d'hortensias, des lacs de volcans, des vues sur la mer... Il résumerait presque à lui seul tout l'intérêt des Açores, et vaut vraiment le voyage !

La côte, quant à elle, est bordée de plusieurs villages paisibles, parsemés çà et là de petites plages de sable noir, de piscines naturelles, et même de sources d'eaux thermales. Un plaisir différent, mais ô combien agréable !

Bref, mer ou montagne (le mieux étant, quand même, de sillonner les deux), la côte ouest vous laisse le loisir de choisir et... le choix du loisir.

À proximité des différents points d'intérêt de la région, Ponta Delgada constitue un camp de base pertinent : après tout, il n'y a pas plus de 30 km pour rejoindre Mosteiros par la route (charmante, même si quelque peu tortueuse)...

Ponta Delgada.

●● CÔTE NORD

Avec l'autoroute, on accède à la côte Nord en seulement 15 minutes en venant de Ponta Delgada. Cela dit, le centre de l'île recèle de si jolis trésors qu'il serait dommage de se précipiter et de risquer d'en manquer. Si vous bénéficiez d'un peu de temps, nous vous suggérons donc de passer par la route nationale. Le détour par Lagoa et le Lagoa do Fogo est l'une des options possibles avec beaux points de vue assurés, mais il faut pour le coup ne pas être pressé.

Ribeira Grande, la ville la plus importante de cette région, compte de nombreux restaurants de qualité et des hôtels agréables. Après Ponta Delgada, elle est certainement la plus intéressante culturellement. Ne manquez pas non plus Porto Formoso, un petit village pittoresque construit en hauteur qui a une très jolie plage et une fabrique de thé superbe. Le village de pêcheurs de Maia est quant à lui le lieu idéal pour déguster un bon poisson ; sa fabrique de thé et son musée du Tabac méritent également une visite.

●● RÉGION CENTRE

Le centre de São Miguel est marqué par un vaste massif volcanique, la Serra de Água de Pau, qui culmine au Pico da Barrosa à 947 m.

Nombre de merveilles naturelles se concentrent dans cette région. Parmi elles, le magnifique Lagoa do Fogo est un immanquable, mais allez-y seulement si le ciel est dégagé : il serait dommage de ne pas pouvoir contempler le magnifique panorama qui s'offre à vous.

PAGES

Le sud de l'île mérite vraiment une visite de 3 ou 4 jours. On vous conseille de résider à Furnas ou à Vila Franca do Campo pendant quelques jours afin de bien visiter la région. En restant à Ponta Delgada, il faut en effet bien 45 minutes de route pour accéder à la côte Sud et ce serait beaucoup de temps perdu en voiture pour tout voir. Furnas, avec son magnifique lac, ses fumerolles de soufre, ses eaux thermales et son parc à l'anglaise, est à voir absolument. Vila Franca quant à elle, jouit d'un joli centre-ville et de quelques boutiques. Sa marina concentre de bons clubs de plongée et d'observation de cétacés.

L'extrême est de l'île est une belle région sauvage et paisible. Bien que réalisable en une journée avec une boucle Povoação-Nordeste-Salga, elle mérite largement une visite de plusieurs jours. A présent que la nouvelle autoroute la relie à l'aéroport de Ponta Delgada en 40 minutes, et à la côte sud en moitié moins de temps, il ne faut donc pas s'en priver. Pour profiter au mieux de ses paysages fascinants, nous vous conseillons de la visiter en voiture – les transports en commun n'étant pas très pratiques pour circuler dans cette région. En termes d'hébergement, il est possible de loger près du village de Nordeste, par exemple, pour consacrer un temps adéquat à la découverte de ce petit éden végétal insulaire.

PONTA DELGADA ★★★

Capitale de l'île, siège de nombreux organes de pouvoir de la Région autonome des Açores, Ponta Delgada était d'abord un petit village de pêcheurs. Elle a acquis son statut très tôt dans l'histoire de l'archipel, après le tremblement de terre de 1522 qui détruisit presque entièrement Vila Franca do Campo. La ville surplombe une large baie ; ses petites rues sont imprégnées d'histoire et c'est surtout l'harmonie générale de la ville qui fait son charme. La cohérence des styles architecturaux se trouve renforcée par l'emploi presque systématique dans la construction de pierres volcaniques. Ponta Delgada est une capitale à taille humaine, où vivent environ 46 000 habitants ; on la parcourt à pied d'un bout à l'autre sans qu'il soit besoin d'être un randonneur chevronné.

Balade

Si vous n'avez qu'une journée pour découvrir Ponta Delgada, le mieux est de déambuler tout le long de l'Avenida Infante D. Henrique qui structure la ville d'ouest en est en longeant la mer. Partant du fort de São Bras, monument incontournable de la capitale qui abrite un musée militaire, commencez par un arrêt sur le Campo de São Francisco. Cette grande place est entourée d'églises qui méritent le coup d'œil :

- **l'église de Saint-Joseph** (*Igreja de São José*) ;
- **le Sanctuaire du Seigneur Saint Christ des Miracles** (*Santuário do Senhor Santo Cristo dos Milagres*).

Continuez le long de l'avenue. Après l'office de tourisme de Ponta Delgada, vous voici sur la charmante place de Gonçalo Velho, qui porte le nom de l'explorateur chargé de cartographier l'archipel des Açores au XVe siècle, Gonçalo Velho Cabral. Sa statue a été érigée sur la place, où ont aussi été installées les portes historiques de Ponta Delgada. Juste à côté se trouve l'hôtel de ville baroque et la tour Sineira, dont l'entrée gratuite permet de bénéficier d'un beau point de vue panoramique sur la ville. Vous verrez également l'église Matrice (*Igreja Matriz de São Sebastião*) qui borde la place.
Après un petit tour à travers le centre-ville et ses ruelles, propices à la flânerie et au lèche-vitrine, retournez sur l'Avenida Infante D. Henrique pour découvrir l'église de São Pedro puis la marina et le complexe Portas do Mar. En prolongeant la déambulation, toujours en longeant l'océan sur l'Avenida Marginal, on arrive à la plage de São Roque.

Transports

- **Suppression des ferries au départ de São Miguel.** Économique, le ferry était auparavant l'alternative la plus simple, écologique et efficace pour rejoindre une autre île depuis São Miguel. Aujourd'hui, ce moyen de transport n'est malheureusement plus une option. Depuis quelques années, la compagnie Atlanticoline, principale compagnie maritime des Açores, ne propose plus de ferries au départ de São Miguel.
En revanche, vous trouverez six lignes de ferry entre les îles du groupe central et celles du groupe occidental. En hiver, le bateau circule ainsi entre Faial, Pico et São Jorge d'un côte, et entre Flores et Corvo de l'autre. En été, les lignes sont plus nombreuses avec une liaison entre Terceira, Graciosa, Faial, Pico et São Jorge.
En raison de la suppression des ferries au départ de São Miguel, nombre de touristes font le choix de rester uniquement sur cette île pendant l'été : le fait de devoir forcément prendre l'avion a un coût non négligeable, à la fois financier et environnemental. Ainsi, il est conseillé de réserver très en avance son voyage car les prix des hébergements sur São Miguel grimpent très vite à cause de la forte affluence que connaît l'île en juillet et en août.
- **Avions inter-îles.** Pour rallier une autre île depuis São Miguel, la seule solution est de prendre l'avion. SATA Azores Airlines est la seule compagnie aérienne qui opère des vols inter-îles dans l'archipel.

COUVENT NOSSA SENHORA DA ESPERANÇA ✞ ★★

Avenida Roberto Ivens ✆ +351 296 286 562
http://senhorsantocristo.com/new
Église : 7h30-17h30 ; chapelle : 17h30-18h30. Visites guidées du couvent : réservation téléphonique obligatoire.

On l'appelle aussi église do Santo Cristo en l'honneur du culte qui y est rendu au Santo Cristo dos Milagres. Le chœur inférieur de la chapelle est orné de sculptures dorées et d'azulejos de toute beauté. L'ensemble conventuel, reconnaissable à sa haute tour carrée à claires-voies, possède un précieux trésor religieux : peintures du plafond, des bijoux, un reliquaire, et surtout la très fameuse statue du Christ dite « des Miracles » enserrée dans un retable en bois sculpté et doré.

ÉGLISE DE SÃO JOSÉ ✝ ★

11A Campo de São Francisco
✆ +351 296 282 894
http://saojose.pt
Ouverte tous les jours de 9h à 12h et de 15h à 18h.

Jadis église de Nossa Senhora da Conceição, c'est-à-dire de l'Immaculée Conception, elle était partie intégrante du couvent des Franciscains. Elle a été édifiée sur une petite chapelle du XVIe siècle à partir de 1709. Les trois nefs aux voûtes recouvertes de fresques, les autels en bois sculpté et doré, les azulejos du sanctuaire, les images des XVIIe et XVIIIe siècles à l'influence hispano-mexicaine, et le mobilier en jacaranda de la sacristie sont intéressants. Les fenêtres de la chapelle attenante de Nossa Senhora des Dores composent un ensemble baroque.

ÉGLISE SÃO PEDRO ✝ ★★

Ladeira de São Pedro
✆ +351 269 628 104
Du lundi au samedi de 17h à 20h, le dimanche de 10h à 13h.

Commencée dès le XVe siècle, son édification s'est poursuivie aux XVIIe et XVIIIe siècles. Derrière sa belle façade et son portail baroque, elle abrite, entre autres trésors, une statue de Notre-Dame-des-Soupirs considérée comme la plus belle de l'archipel, des livres anciens, un autel d'une richesse extrême dédié à Marie, la toile *La Pentecôte* du peintre Pedro Alexandrino de Carvalho et, dans la sacristie, d'émouvants ex-voto de marins. Du parvis, on jouit d'une vue superbe sur le port, en contrebas. À visiter à Ponta Delgada.

ÉGLISE MATRICE DE SÃO SEBASTIÃO ✝ ★★

62 Largo da Matriz
✆ +351 296 285 321
Ouverte du lundi au samedi de 8h à 15h, le dimanche de 8h à 13h.

Offrant une curieuse succession de styles ajoutés les uns aux autres tout au long des trois siècles qu'a duré sa construction, São Sebastião est une cathédrale gothique, construite entre 1531 et 1547 sur l'emplacement d'une chapelle dédiée à saint Sébastien, le patron de la ville. La décoration extérieure emprunte au style manuélin (portail), très typique du XVIe siècle portugais, ainsi qu'au baroque sur sa façade (les deux portes). L'intérieur est lui aussi remarquable.

FORT DE SÃO BRAS ET MUSÉE MILITAIRE DES AÇORES 📷 ★★

10 Rua Eng. Abel Ferin Coutinho
En hiver : du mardi au vendredi, 10h-17h30, et le samedi 14h-17h30. En été : tous les jours, 10h-18h. Entrée 3 €.

Le fort a été construit sur ordre de Dom João III, en 1552, pour défendre l'île contre les pirates. Il abrite aujourd'hui le siège du commandement de la zone militaire des Açores, mais aussi un grand musée militaire dont les collections sont particulièrement fournies. C'est d'ailleurs un militaire en tenue qui encaisse votre billet et vous accueille. Insolite ! On y vient pour faire le tour des remparts et découvrir les armes, pièces d'artillerie et uniformes de toutes les époques.

Fort de São Bras et Musée Militaire des Açores.

GRUTA DO CARVÃO ★

Rua do Paim
+351 961 397 080
Tous les jours 10h-12h30, 14h-18h. Visites guidées à 10h30, 11h30, 14h30, 15h30 et 16h30. Adulte 9 €. Résa recommandée.

Légèrement à l'ouest de Ponta Delgada, la Gruta do Carvão constitue le plus long tunnel de lave de l'île de São Miguel. Si aujourd'hui (seuls) 1 912 mètres sont répertoriés sur la carte, d'anciens documents évoquent une longueur bien plus importante, dépassant les 5 km. Divisée en trois sections (celle de « Paim », celle de « João do Rego » et celle du « Séchoir de Tabac »), elle se visite avec un guide qui, comme vous équipé d'un casque et d'une lampe torche, vous raconte l'histoire et la géologie de cette cavité vieille de 5 000 à 12 000 ans...

JARDIN DA UNIVERSIDADE ★

Rua da Mãe de Deus
+351 296 304 400
Toute l'année, du lundi au vendredi de 7h à 23h et le samedi de 7h à 13h. Fermé le dimanche et pendant les vacances.

Ce jardin est chargé d'histoire. Il fut le lieu de préparation de l'armée des Libéraux qui partit, en 1832, vaincre les derniers défenseurs de l'absolutisme sur le continent. Il est aujourd'hui agréable de s'y balader, entre les fleurs, les bosquets et le long des petits étangs qui ont été aménagés. Lorsque le soleil pointe le bout de son nez, nombreux sont ceux qui s'installent sur les pelouses pour profiter de la nature, discuter, se reposer ou encore pique-niquer. Il y a de nombreuses familles qui s'y baladent et les enfants aiment s'y amuser.

HÔTEL DE VILLE ET TOUR SINEIRA

30 Rua do Açoreano Oriental
+351 296 306 516
Hôtel de ville fermé au public. Visite possible de la tour du lundi au vendredi de 9h à 17h30. Entrée gratuite.

En plein centre de Ponta Delgada, c'est un bel édifice d'architecture baroque. La façade est ornée d'un bouclier de style gothique aux armes nationales, surmonté de la couronne royale et, au-dessus, de la croix de l'ordre du Christ. Le beffroi, dont la cloche du XVIe siècle a été offerte par le roi Dom João III, date de 1724. Il est probablement l'élément le plus remarquable de l'établissement. Il est possible de le visiter. Il n'est pas très haut, mais la vue y est quand même jolie.

JARDIN ANTÓNIO BORGES ★★

22 Rua Jardim António Borges
Ouvert tous les jours de 9h à 20h30 (18h en hiver). Accès libre.

C'est le plus agréable des espaces verts de Ponta Delgada, une ville qui n'est pas franchement écrasée par le béton. Bien sûr, on n'y trouve pas la richesse d'un jardin botanique ou d'un parc luxueux, mais l'espace est agréablement conçu, avec des recoins touffus et des pelouses aérées, quelques essences exotiques, un point d'eau, un petit café et assez de rires d'enfants pour y être heureux. A voir particulièrement : un superbe figuier élastique originaire d'Inde dont les étranges racines qui jaillissent de toutes parts lui donnent un air de poulpe géant.

JARDIN JOSÉ DO CANTO ★★

9 Rua José do Canto
+351 296 085 531
www.josedocanto.com
Tous les jours sauf 25 décembre et 1er janvier ; d'octobre à mars 9h-17h et d'avril à septembre 9h-19h. Entrée 5 €.

© PHORTUN - SHUTTERSTOCK.COM

À côté du palais présidentiel, c'est un parc privé dont l'allée principale mène à un hôtel, la Casa do Jardim. José do Canto fut l'importateur des jardins à l'anglaise de l'époque victorienne aux Açores. Véritable oasis au milieu de la ville, voilà un lieu idéal pour une balade bucolique au milieu de magnifiques spécimens et de nombreuses variétés exotiques. Ce jardin est un espace de grand intérêt paysager et botanique, peuplé d'arbres impressionnants par leur taille monumentale ou leur morphologie unique. Certaines parties manquent malheureusement d'entretien.

MUSÉE CARLOS MACHADO ★★

65 Rua do Dr.Guilherme Poças

✆ +351 296 202 930

Du 01/10 au 31/03, du mardi au dimanche, 9h30-17h30. Du 01/04 au 30/09, du mardi au dimanche, 10h-18h. Entrée : 2 €.

Le musée est installé dans l'ancien couvent de Santo André, d'architecture Renaissance et baroque, protégé par deux extraordinaires grilles en fer forgé. La façade est superbe, avec ses tourelles ornées de fins treillis de bois vert. Diverses expositions, permanentes et temporaires – d'art contemporain tout autant que sacré – sont la démonstration de la vitalité et de l'ouverture artistique des Açores. Consulter le site internet pour avoir les informations sur les événements et les expositions en cours (elles varient tout au long de l'année).

ASSOCIAÇÃO TURISMO AÇORES

✆ +351 296 288 082

www.visitazores.com

Il s'agit du Bureau d'informations de Tourisme des Açores. Le site Internet est très complet et regroupe des bons plans, des idées loisirs, des expériences, des événements, des brochures, des vidéos, des photos... Vous y trouverez des contacts utiles : offices de tourisme, mais aussi mairies, pharmacies, hôpitaux, consulats... et même un point météo grâce aux webcams placées sur les sites touristiques montrant le temps qu'il fait en direct. Pour découvrir ou faire découvrir l'archipel.

MUSÉE D'ART SACRÉ ET COLLÈGE DES JÉSUITES ★★

Largo do Colegio

✆ +351 296 202 930

En été, du mercredi au dimanche, de 10h à 18h. En hiver, jusqu'à 17h30. Ticket combiné avec le musée Machado : 5 €.

Annexe au musée Carlos Machado. Pour la petite histoire, le frontispice grandiose commencé en 1738 ne fut jamais achevé parce que les jésuites furent chassés de l'archipel en 1759, sur ordre du marquis de Pombal. Le collège des Jésuites, dont l'église fait partie, abrite désormais un musée d'Art sacré – petit mais instructif. L'intérieur de l'église est doté d'une nef imposante et de belles boiseries baroques. Une impressionnante visite, notamment si l'art sacré vous intéresse.

PALAIS DE SANT'ANA ★★

Jardim do Palácio de Sant' Ana

Appelé aussi Jacome Correia. Ne se visite pas.

C'est là que siège le président du gouvernement régional. Le palais est un bâtiment néoclassique du XIXe siècle, construit par un architecte anglais. À l'intérieur trônent des peintures relatant la très illustre visite du roi Dom Carlos et de la reine Dona Amélia en 1901, ainsi qu'une collection de faïences. À défaut de pouvoir les admirer – l'édifice étant fermé au public (quel dommage mais on le comprend !) –, on pourra se contenter d'une promenade dans son parc, histoire de sentir et de contempler les belles essences florales et les arbres exotiques.

PALAIS DE FONTE BELA ★★★★

Largo Mártires da Pátria

En plein centre-ville, cette grandiose construction du baron Fonte Bela (qui aurait introduit le style néoclassique aux Açores), datant du XIXe siècle, abrite aujourd'hui l'école secondaire Antero de Quental (les anciens présidents de l'Assemblée de la République, Jaime Gama (2005-2009) et João Bosco Mota Amaral (2002-2005) ont notamment étudié ici). Le palais a conservé des fresques sur les murs et aux plafonds, et possède une librairie très intéressante. Il est considéré comme l'un des plus beaux établissements du genre aux Açores.

PORTAS DO MAR ★★

Avenida Infante D.Henrique

✆ +351 300 035 250

www.portasdomar.pt

Inaugurée en juillet 2008, construite à proximité de l'ancienne toujours en activité, cette marina accueille principalement des ferries inter-îles et des bateaux de croisière. Mais outre cette fonction, c'est une véritable réussite également au niveau de la modernité de son architecture, Portas do Mar est un lieu multiple. On y trouve entre autres une piscine, des restaurants, un bowling, d'agréables cafés avec terrasse, plusieurs bars de nuit, un pavillon culturel avec des événements réguliers et souvent gratuits, ou encore des boutiques de souvenirs...

PORTES DE LA VILLE ★★

Praça de Gonçalo Velho

Ces portes sont l'un des symboles de la capitale. Elles ont été construites en 1783 près de l'ancien quai et ont été transférées ici lors des travaux de la route marginale. L'arche centrale est coiffée de la couronne royale et, en dessous, de deux boucliers ovales, l'un exhibant les armes de la cité (les flèches et la feuille de palmier de saint Sébastien), l'autre les cinq écussons des châteaux du Portugal. Les rois portugais en visite passèrent tous par là, de Dom Pedro IV à Dom Carlos. Elles sont emblématiques de Ponta Delgada.

ABREU

55 Avenida Infante D. Henrique

✆ +351 296 304 450

www.abreu.pt

Agence ouverte du lundi au vendredi de 9h à 18h, et le samedi de 9h30 à 13h.

Agence de voyage portugaise qui connaît particulièrement bien la région. Elle propose plusieurs excursions aux Açores, et à São Miguel notamment. Parmi elles : le programme *A descoberta da Ilha Verde* propose une découverte des incontournables de São Miguel, des sublimes lagons de Sete Cidades à la bouillonnante vallée de Furnas. L'agence propose aussi des séjours qui combinent la visite de São Miguel et d'autres îles, ainsi que des séjours à thèmes, par exemple à l'occasion du nouvel an. Se renseigner et réserver en arrivant sur place ou sur Internet.

REDOUTE MÃE DE DEUS ★

Ladeira da Mãe de Deus

Ermitage ouvert du lundi au vendredi de 8h à 20h.

Ici se dressaient et s'étendaient murailles, boulevards et casemates pour surveiller la ville. Le 1er janvier 1944, ayant peut-être un peu trop fêté le nouvel an, les servants de la batterie aérienne installée dans la redoute ouvrirent, par inadvertance, le feu sur l'avion qui ramenait d'Afrique du Nord vers les États-Unis le général Eisenhower. Il y eut plus de bruit et de peur que de mal… L'ermitage du même nom a été construit au XIXe siècle et est entouré d'un jardin. Une balade peut y être sympathique, surtout pour la vue imprenable qu'il offre sur la ville.

MELO TRAVEL

7/11 Rua de Santa Luzia

✆ +351 296 205 385

www.melotravel.com

Agence ouverte du lundi au vendredi de 9h à 17h30.

Il s'agit d'une équipe jeune et dynamique qui connaît parfaitement les Açores et vous accueille en français. À vous les secrets les mieux gardés de l'archipel : randonnées au cœur de paysages d'un vert exubérant pour les amoureux de la nature, sorties en mer pour observer les baleines ou nager avec les sympathiques dauphins, découverte des phénomènes volcaniques des Açores pour les spécialistes en géologie et, pour les plongeurs, voyages dans le monde sous-marin de l'archipel aux admirables faune et flore. Une agence sérieuse.

OFFICE DE TOURISME

Avenida Infante D. Henrique

✆ +351 296 308 610

visitazores.com/fr/contacts

Ouvert tous les jours, toute l'année : de 9h à 18h d'octobre à avril et de 9h à 19h de mai à septembre.

Sous les arcades qui longent le port. L'accueil est sympathique et, si vous avez de la chance, vous tomberez sur une personne qui parle parfaitement le français. Le personnel parle aussi l'anglais. Renseignements pour loger chez l'habitant. La plupart des cars de São Miguel partent et arrivent pratiquement à côté. L'office distribue horaires et parcours complets de toutes les lignes. Nombreuses cartes, notamment celles des randonnées pédestres de l'île. Vous trouverez ici tous les renseignements et toutes les brochures utiles à votre séjour.

TERRA LUSITANIA AÇORES

✆ + 351 210 101 397

www.voyage-acores.com

Du lundi au vendredi de 10h à 19h, heure française. Découvrez neuf îles uniques pour une immersion totale dans la nature.

Terra Lusitania Açores s'occupe de tout. L'équipe est spécialiste du voyage à la carte aux Açores et conçoit des programmes sur mesure selon vos goûts, vos envies et votre budget, dans la bonne humeur et en français ! Leur connaissance renouvelée du terrain permet de répondre au mieux à vos attentes. Les conseillers proposent des programmes au meilleur rapport qualité-prix. Lacs, cascades, volcans, plongée, kayak, observation des cétacés, monuments, réserves naturelles etc. Contactez l'agence par e-mail ou via le questionnaire détaillé accessible sur le site dans la rubrique contact.

ILHA VERDE

9 Campo S.Francisco
✆ +351 296 304 891
www.ilhaverde.com

Comptez, suivant l'île et la durée de location de 30 € à 40 € environ par jour.

Correspondant d'Avis et Europcar, Ilha Verde est une compagnie implantée sur toutes les îles sauf Corvo et Graciosa. Pratique extrêmement rare, louer avec cette agence facilitera vos démarches si vous envisagez de vous rendre sur plusieurs îles aux Açores et de vous y déplacer en voiture. La catégorie A correspond généralement à une Renault Twingo. Quant aux autres catégories, vous aurez notamment le choix entre Nissan Qashqai, Ford Focus, Renault Capture… Des minibus ou des véhicules 4x4 peuvent également être loués. Le tout en kilométrage illimité.

AÉROPORT JEAN-PAUL II

Aeroporto de Ponta Delgada
✆ +351 296 205 400
aeroportopontadelgada.pt/pt/pdl/home

Taxi depuis ou vers le centre-ville de Ponta Delgada : 10-15 €. Navettes ANC de 5h à 0h : 8 € le trajet. A réserver.

Depuis l'aéroport international de Ponta Delgada, toutes les îles de l'archipel sont desservies. C'est aussi ici que vous atterrirez avec votre vol international. Plus de liaisons sont assurées notamment par la TAP via Lisbonne ou Porto, en provenance de Paris. C'est le plus grand aéroport de l'archipel. Vous y trouverez loueurs de voitures, distributeurs de billets, boutiques de souvenirs et de quoi vous restaurer ou prendre un verre. Il se trouve à 4 km du centre-ville et il faudra compter 15 minutes en voiture pour le rejoindre.

ANC AEROBUS

Aéroport de Ponta Delgada
✆ +351 926 449 624

Adulte 8 € ; +65 ans 7 €, gratuit -11 ans. Bus orange et blanc. Le service fonctionne à la demande ; pensez à réserver.

Pratique, le service de navette de l'aéroport de Ponta Delgada est assuré par l'Agence ANC. Lors de votre arrivée, adressez-vous directement aux agents du guichet orange situé dans l'enceinte de l'aéroport. La ligne dessert 21 arrêts, dont les principaux hôtels (Hotel Marina Atlantico, Hotel Azoris Royal Garden, Hotel VIP Executive…) et les points d'intérêt de la ville (fort de São Bras, église de São Pedro…). Voir la liste complète sur Internet. Attention, la navette ne fonctionne que sur réservation : contactez la compagnie pour convenir d'un horaire.

AUTO VIAÇÃO MICAELENSE

149 Caminho da Levada
+351 296 301 358
Tous les horaires et trajets sur l'application São Miguel Bus.

C'est l'une des trois compagnies de bus qui opère sur São Miguel. Départs pour l'ouest de l'île. En semaine vers Sete Cidades, cinq départs par jour, et quatre retours. Plusieurs départs par jour pour Mosteiros (sept en semaine, cinq le samedi et quatre le dimanche), pour Ramal dos Mosteiros, pour João Bom, pour Fenais da Luz, pour Capelas (19 en semaine, 12 le samedi et sept le dimanche), pour Santo António (16 en semaine, 11 le samedi et six le dimanche), et pour Relva (25 en semaine, 11 le samedi et six le dimanche). Alternative à une location de voiture.

AUTATLANTIS

53-57 Rua dos Manaias
+351 296 205 340
www.autatlantis.com
Comptez au moins 30 € par jour pour une voiture de catégorie A et 38 € pour une catégorie C.

Autatlantis est une agence de location de voitures solide, présente sur sept îles : São Miguel, Santa Maria, Pico, Terceira, São Jorge, Faial et Flores. Pratique donc si vous envisagez un séjour itinérant sur ces îles, vous pouvez demander un devis global. La flotte est renouvelée chaque année pour vous offrir les derniers modèles de voitures ainsi qu'un haut niveau de sécurité et de confort. Deux types de packages d'assurance vous sont proposés. À noter que vous pouvez également louer chez eux des minibus ou encore un véhicule 4x4.

CAETANO RAPOSO & PEREIRAS

Rua Senhora da Rosa
+351 296 285 244
www.crp-caetanoraposopereiras.pt
Tous les horaires et trajets sur l'application São Miguel Bus.

Cette compagnie de bus opère depuis Ponta Delgada vers le nord de l'île. Pour Ribeira Grande et Rabo de Peixe, nombreuses possibilités. Pour Maia, compter sept départs par jour en semaine et quatre à cinq départs le week-end. Pour Furnas, tous les jours, deux départs (le matin et l'après-midi) par la côte nord. Pour Nordeste, quatre départs par jour en semaine, deux samedi et dimanche. Pour Fenais da Ajuda, quatre départs en semaine et deux à trois le week-end.

FLOR DO NORTE

43 Rua Dr Guilherme Poças Falcão
+351 966 506 551
www.flordonorte-rentacar.com
Bureau ouvert tous les jours de 8h30 à 17h30. Location de deux jours minimum. A partir de 10 € par jour.

Si vous décidez de passer par cette compagnie de location de voiture, il est préférable de réserver via Internet, les tarifs étant souvent plus intéressants qu'en direct. Offres de réduction régulières pour ceux qui réservent sur le site. On vous conseillera également de vous y prendre à l'avance si vous souhaitez bénéficier des services de Flor do Norte. La petite agence a la cote, notamment en haute saison où les véhicules sont parfois rares. Forte de son professionnalisme depuis presque 30 ans, vous pouvez rouler en totale confiance.

MICAUTO

109 Avenida Infante D. Henrique
+351 296 284 382
www.micauto.com
Bureau : lundi-vendredi 9h-18h, le w-e 9h-16h. En hiver, catégorie C dès 23 € par jour. En été, dès 26 € par jour.

Micauto est un loueur de voitures basé à Ponta Delgada, sur l'île de São Miguel, et à Praia da Vitória, sur l'île de Terceira. Ils disposent d'une flotte de voitures de différents gabarits, adaptées aux besoins des visiteurs. Les véhicules sont propres et confortables et l'agence propose diverses options d'assurances (couverture de responsabilité, exonération de dommages, dommages corporels...) pour que votre voyage soit le plus sûr possible et sans tracas. Certains packages sont en kilométrage illimité, d'autres non. Agence sérieuse.

TAP AIR PORTUGAL

+351 218 415 000
flytap.com/fr-fr
A partir de 250 € environ l'aller-retour Paris-Ponta Delgada en mars ou octobre, et à partir de 450 € au mois d'août.

TAP Air Portugal est l'une des compagnies qui pourra vous mener aux Açores depuis Paris, Lyon, Nantes, Bordeaux, Toulouse, Marseille ou encore Nice. Après une escale à Lisbonne ou à Porto, vous atterrirez au choix à Ponta Delgada (île de São Miguel), à Horta (île de Faial), à Madalena (île de Pico) ou à Lajes (île de Terceira). Vous pourrez ensuite rejoindre d'autres îles avec la compagnie SATA. Les liaisons inter-îles se font relativement bien, mais les vols peuvent être perturbés par les conditions climatiques parfois capricieuses aux Açores.

SATA AZORES AIRLINES

55 Avenida Infante D. Henrique
+351 296 209 720 - azoresairlines.pt/en
Paris-Ponta Delgada : environ 300 € l'aller-retour. En été, entre 600 € et 800 € l'aller-retour.

Ponta Delgada est reliée aux États-Unis, au Canada, à Madère, au Portugal, à la France et à d'autres pays d'Europe par la compagnie SATA Azores Airlines, qui a aussi le monopole des liaisons inter-îles. Pour vos trajets vers et dans l'archipel, consultez le site Internet (nombreux départs par jour). En hiver, un à deux vols directs (4h) par semaine entre Paris et Ponta Delgada. En été, ils sont bien plus nombreux. Personnel au professionnalisme incontestable, teinté, ce qui ne gâche rien, d'une amabilité qui devient rare à l'époque des vols *low cost*.

VARELA & CA

Rua de Lisboa
+351 296 301 800
Tous les horaires et trajets sur l'application São Miguel Bus.

Il s'agit de la troisième compagnie de bus opérant à São Miguel. Depuis Ponta Delgada, très nombreux départs pour Fajã de Baixo, Fajã de Cima, Lagoa et Vila Franca do Campo. Pour Remédios, le bus passe par Lagoa ; compter neuf départs les jours de semaine et deux à trois les samedis et dimanches. Pour Ribeira Chã, seulement en semaine, deux départs par jour. Pour Povoção, cinq départs en semaine et deux le week-end. Des bus relient aussi Água Retorta depuis Povoção et Ribeira Quente depuis Furnas. Pratique pour se déplacer sans voiture.

WAYZOR

Rua de Lisboa
+351 918 792 700
www.wayzor.pt
Ouvert de 6h à 23h. Véhicule de catégorie A à partir de 32 € la journée.

Cette agence de location de voitures est réactive et efficace. Les voitures sont propres et récentes, et la flotte inclue des monospaces et des minivans pour les familles nombreuses ou les groupes. Pour les plus pressés, le service de fast check-in permet d'éviter de faire la queue afin d'être pris en charge immédiatement. Tout le personnel est sympathique et professionnel. Un total de six stations à Ponta Delgada permet de récupérer ou de rendre la voiture un peu partout dans la ville, ainsi qu'à l'aéroport. Flexible et abordable, à recommander.

ANC AZORES HOLIDAYS

Avienda Dr. João Bosco Amaral
+351 967 309 909
www.azoresholidays.pt
Ouvert tous les jours de 9h à 0h. Tour en buggy : à partir de 109 € la journée, 80 € la demi-journée.

Agence sérieuse qui propose notamment de la location de vélos, de vélos électriques, de scooters et de motos. Mais pas seulement... ANC est également spécialisé dans la location de voitures (et de vans !). La flotte est récente et très bien entretenue. Les tarifs sont quant à eux tout à fait raisonnables. La compagnie peut aussi gérer vos transferts de et vers l'aéroport de Ponta Delgada, vous proposer des options d'hébergement et enfin vous organiser des excursions un peu partout sur l'île. Les tours d'une journée ou d'une demi-journée en buggy sont un must !

NUNO VASCO CARVALHO

55-A Rua Antonio Joaquim Nunes da Silva
+351 966 256 212
Ouvert tous les jours de 9h à 18h. VTT 20 € la journée, scooter à partir de 25 € la journée. km illimités.

Location de VTT et scooter au prix variable selon le modèle et la durée de location. Kilométrage illimité. Les conditions de location sont les suivantes : minimum un jour de location, âge minimum requis : 14 ans pour le vélo et 18 ans pour le scooter. Voilà un autre moyen de découvrir les joyaux de São Miguel. En deux-roues, c'est la liberté absolue alors à vous les routes, pistes et points de vue subjuguant aux quatre coins de l'île. Une belle aventure vous attend. Nous vous recommandons de réserver en avance, surtout en haute saison.

WAYZOR

Rua de Lisboa
+351 918 792 700
www.wayzor.pt
Ouvert de 6h à 23h. Véhicule de catégorie A à partir de 32 € la journée.

Cette agence de location de voitures est réactive et efficace. Les voitures sont propres et récentes, et la flotte inclue des monospaces et des minivans pour les familles nombreuses ou les groupes. Pour les plus pressés, le service de fast check-in permet d'éviter de faire la queue afin d'être pris en charge immédiatement. Tout le personnel est sympathique et professionnel. Un total de six stations à Ponta Delgada permet de récupérer ou de rendre la voiture un peu partout dans la ville, ainsi qu'à l'aéroport. Flexible et abordable, à recommander.

Ponta Delgada.

[illegible] - SHUTTERSTOCK.COM

AZORES YOUTH HOSTELS €

Rua S. Francisco Xavier
✆ +351 296 629 431
www.azoresyouthhostels.com
Haute saison 60 € dortoir, 150 € double sans WC, 170 € double avec WC. Basse saison : respectivement 16 €, 35 € et 40 €.

Une auberge de jeunesse bien tenue, assez proche du centre. Vous pourrez rencontrer des voyageurs internationaux autour d'une partie de billard ou de baby-foot (payants). C'est ce que l'on aime et ce que l'on recherche dans ce style d'établissement. Les 96 lits offrent différentes options de couchage et de confort. Entendez dortoirs, chambres indépendantes, salles de bains privées ou non… Accès Internet gratuit et petit-déjeuner inclus. Leur site Internet contient régulièrement des promotions. Une bonne adresse pour les petits budgets.

ASSOCIATION CASAS ACORIANAS €€

21/RC Rua do Mercado
✆ +351 912 704 039
www.casasacorianas.com
Tarifs selon le type d'hébergement.

Une association dynamique qui regroupe une centaine de gîtes et maisons de caractère dans tout l'archipel. Idéal pour un séjour authentique à la campagne, en pleine nature ou avec vue sur mer. Ces hébergements vous permettront de vivre votre voyage aux Açores à votre rythme. Entièrement équipés, vous pourrez aisément y cuisiner, vous y détendre et vous y reposer. On peut voir les photos des maisons et réserver directement sur le site Internet (par mail ou par téléphone également).

CITY'S HEART GUESTHOUSE €

3 A Rua Tavares Canário
✆ +351 962 403 791
Séjour de 2 nuits min. A partir de 28 € la nuit en chambre double. En été, 100 €/nuit environ. Pas de petit déjeuner.

En plein cœur de ville, trois chambres simples avec salle de bains privée et kitchenette équipée d'un frigo et d'un micro-ondes. La localisation de cet établissement ne pourrait pas être meilleure. Ce dernier est tenu par Afonso et Fátima, un couple de locaux qui vous reçoit dans leur charmante maison. C'est confortable, propre et bien situé, que demander de plus ? L'accueil, en portugais, est sympathique et chaleureux. Très bon rapport qualité-prix ; parfait pour les petits budgets qui veulent un séjour au plus près des habitants.

HOTEL SÃO MIGUEL €

28 Rua Dr. Bruno Tavares Carreiro
✆ +351 296 286 086
www.hotelsaomiguel.pt
En basse saison, dès 54 € la double et 59 € la triple. En haute saison, dès 108 € la double et 127 € la triple avec pdj.

Les chambres sont toutes différentes, certaines étant assez étroites, d'autres plus lumineuses. L'accueil est chaleureux et l'emplacement est idéal (en contrepartie, l'établissement peut être parfois bruyant). Salle de bains privée, téléphone et télévision câblée dans toutes les chambres. La décoration est plutôt simple et rustique, mais c'est propre et dans son jus, exactement comme on aime ici aux Açores. Le petit-déjeuner est local et complet. Résidence sans prétention, mais idéale pour les budgets modérés. Bon rapport qualité-prix.

AZOREAN URBAN LODGE €€

72 Rua José Bensaúde
✆ +351 308 804 341
www.azoreanurbanlodge.com
En hiver, dès 50 € la chambre double et 70 € la triple. En été, à partir de 150 € la double et 180 € la triple.

Rita et Miguel vous accueillent chaleureusement dans cet édifice de la fin du XIXe siècle entièrement rénové en un espace confortable et lumineux. Azorean Urban Lodge offre un concept unique d'hébergement : des espaces partagés et des chambres séparées avec salles de bains privatives toutes décorées avec originalité. Couleur, modernité et design caractérisent cette demeure riche d'un charme contemporain. Sans oublier que Miguel connaît bien son île et qu'il vous transmet son savoir avec passion. Seul bémol, la proximité de l'aéroport.

AZORIS ROYAL GARDEN - LEISURE & CONFERENCE HOTEL €€

Rua de Lisboa
✆ +351 296 307 300
azorishotels.com/en/royalgarden
Installations adaptées aux PMR. Parking gratuit.

Cet hôtel entouré d'un joli jardin japonais propose 193 chambres, toutes d'un confort irréprochable. Le lieu, empreint de sérénité, est une véritable invitation à la détente, avec un restaurant donnant sur le jardin zen, un bar, mais surtout deux piscines (et un bassin pour les enfants), un centre de bien-être (bain bouillonnant, sauna, hammam, bain turc…), une salle de sport, un court de tennis et une salle de jeux. Son offre complète en fait une adresse de choix à Ponta Delgada.

CASA DAS PALMEIRAS €€

26 Rua Diàrio dos Açores
✆ +351 919 020 273
www.casapalmeiras.com

Compter, suivant la saison, de 80 € à 170 € pour une chambre double, petit déjeuner inclus.

La Casa das Palmeiras est un étrange bâtiment situé au centre de Ponta Delgada. Les 10 chambres disposent de grandes fenêtres offrant une vue sur le jardin de la maison ou sur la ville. Au dernier étage de la maison, vous pourrez profiter d'une vue unique sur la mer. Le rez-de-chaussée abrite le hall d'entrée, où vous pourrez admirer les plafonds en stuc et le sol en mosaïque. C'est également ici que se trouve la salle à manger lumineuse où vous pourrez prendre votre petit-déjeuner. Un établissement plein de charme et d'élégance.

CHARMING HOUSE €€

26 Rua Diário dos Açores
✆ +351 919 020 273 - casapalmeiras.com

Chambre simple dès 77 €, double dès 86 €, supérieure dès 116 €. Petit déjeuner compris.

À côté du port de Ponta Delgada, cette belle demeure bénéficie d'un emplacement recherché, parfait pour les familles en quête d'une escapade relaxante. La maison est également irréprochable, meublée dans un style moderne qui respire la chaleur et le confort. Les intérieurs permettent de se sentir chez soi. On y sert l'un des meilleurs petits déjeuners de l'île, dans une salle décorée avec goût. L'espace extérieur est tout aussi délicieux, habillé d'arbres et de plantes, avec une piscine privée et une terrasse. Coup de cœur !

CASA DO PATEO €€

105 Rua Machado dos Santos
✆ +351 296 709 903

En basse saison, à partir de 92 € la chambre double. En haute saison, à partir de 158 €. Petit déjeuner compris.

Une imposante ancienne demeure du centre de la ville, à la façade ornée de jolis balcons en fer forgé, abrite ces hébergements pleins de charme. De grandes pièces lumineuses, du parquet, une magnifique cage d'escalier et de vieilles portes en bois, le tout dans un aménagement résolument contemporain. Pour ajouter au charme et au confort du séjour, de belles salles de bain, pour certaines avec baignoires, une literie de qualité et un excellent petit-déjeuner. Mais aussi un patio intérieur pour terminer la journée au calme, loin de l'agitation de la ville.

CASA HINTZE RIBEIRO €€

62 Rua Hintze Ribeiro
✆ +351 296 304 340
www.casahintzeribeiro.com

Chambre double à partir de 77 €, avec terrasse à partir de 85 €. En été, compter 165 € la nuit. Bar : 8h-0h.

Un boutique-hôtel en plein centre-ville. Cet établissement 4 étoiles se veut familial et convivial. À taille humaine, il propose 22 chambres/appartements équipés d'une kitchenette et pour certains dotés d'une terrasse. La décoration est plutôt contemporaine, dans les tons de bleu. La réception est un petit havre de paix avec son plafond végétal, ses azulejos et son coin lecture cosy. Sur place également : parking privé gratuit, piscine extérieure, spa, bain bouillonnant, sauna et salle de sport. Une adresse petite et charmante.

HERDADE DO ANANAS €€

21 Canada dos Prestes de Cima
✆ +351 919 293 000
herdadedoananas.com

En hiver, chambre double dès 72 €, chambre triple 170 € et suite 180 €. En été, la double dès 350 € et la triple 390 €.

À environ 20 minutes à pied du centre-ville, Herdade do Ananas se cache derrière une maison à la façade rose ! C'est une histoire de famille, la propriété était aux grands-parents du propriétaire actuel. Ouverts depuis août 2018, les lieux sont un doux mélange de moderne et d'ancien. De vieux éléments ont été conservés pour la décoration : machines à écrire, anciens volets en guise de tête de lit… Les 10 chambres sont décorées de manière sobre et il y a des azulejos dans les salles de bains. On y trouve un grand jardin et des vélos sont mis à votre disposition.

HÔTEL PONTA DELGADA €€

49 Rua João Francisco Cabral
✆ +351 296 209 480
www.hotelpdl.com

La double standard à partir de 54 € en hiver et 135 € en été.

L'hôtel Ponta Delgada est un hôtel 3 étoiles situé dans le centre-ville. Les chambres sont chics et coquettes, de la chambre simple à la suite, tout a été pensé dans les détails. Par ailleurs, l'hôtel dispose de tous les équipements nécessaires : piscine, bain bouillonnant, espace bien-être, bar, restaurant, salles de conférences. Pratique également : le parking privé. La piscine intérieure incite à la relaxation et vous pourrez vous délecter au restaurant où la cuisine est délicate. Enfin, vous pourrez finir votre soirée au bar confidentiel de l'hôtel.

NEAT HOTEL AVENIDA €€

R.Dr.José Bruno Tavares Carreiro
✆ +351 296 209 660
www.neathotelavenida.com

Chambre double à partir de 55 € en basse saison et 150 € en haute saison, sans petit déjeuner.

Un hôtel au style moderne qui vous accueille avec charme et simplicité au cœur de Ponta Delgada. À la fois jeune et branché, mais aussi professionnel et confortable, la décoration s'y décline dans des nuances de noir, gris et vert des Açores. De grandes photos des mousses du jardin Terra Nostra ou de l'avenue principale de Ponta Delgada au siècle passé habillent le hall d'entrée, mais également les 120 chambres lumineuses et spacieuses. À noter que l'hôtel dispose d'un sauna et propose sur rendez-vous des massages ainsi qu'un service de baby-sitting.

OUT OF THE BLUE €€

38 Rua da Boavista
✆ +351 932 181 722
www.outofthebluazores.com

Dortoir dès 20 €, chambre double dès 55 €. Petit déjeuner inclus. En été, compter 60 € le dortoir et 160 € la double.

L'établissement se dit auberge de jeunesse... Alors oui il y a des dortoirs, mais le Out Of The Blue offre un standing vraiment confortable. Plancher au sol, décoration chic, salle de bain tout confort... les prestations sont vraiment excellentes pour le prix. Le petit déjeuner est quant à lui succulent (il y a de bons pancakes tout chauds et tout frais tous les matins !). Il y a aussi un petit jardin féerique, une piscine et le personnel est vraiment aux petits soins. Des soirées à thème et des sorties sont régulièrement organisées pendant la haute saison.

THE LINCE AZORES GREAT HOTEL €€

29 Avenida D.Joao III
✆ +351 253 168 748
azores.thelincehotels.com

Chambre double à partir de 77 € en basse saison et jusqu'à 250 € en haute saison.

Situé dans un quartier calme de Ponta Delgada, The Lince se dresse et surplombe la ville. Il compte 154 chambres réparties sur 6 étages et offre une vue fantastique sur l'océan et le sud de l'île. Sur place, tout le confort attendu dans ce type d'établissement : un restaurant, deux bars, une piscine, un bain à remous, un sauna et une salle de sport. Même si de l'extérieur l'hôtel peut paraître un peu imposant, les prestations sont à la hauteur des étages !

GRAND HÔTEL AÇORES ATLÂNTICO €€€

113 Av. Infante D. Henrique ✆ +351 296 302 200
www.grandhotelacoresatlantico.com

Comptez environ 110 € la chambre double en hiver, et 250 € en été, pdj inclus. Parking privé gratuit sur réservation.

L'un des hôtels les plus emblématiques de Ponta Delgada, réputé pour son emplacement privilégié à proximité du centre historique, face au port de plaisance et offrant une vue imprenable sur l'océan. Mais pas seulement... Le décor intérieur d'inspiration classique, composé autour d'anciennes pièces de navires, est grandiose et les chambres, à la fois modernes et sobres, sont simplement superbes. La piscine, le restaurant et le bar viendront parfaire votre séjour au paradis.

HÔTEL CAMÕES €€€

38 Largo de Camões
✆ +351 296 209 580
www.hotelcamoes.com

Selon la saison, chambre double de 65 € à 150 €, petit déjeuner inclus.

L'établissement a un petit côté « hôtel à l'ancienne », classique, tranquille et confortable. Il propose 38 chambres sobres et élégantes, plus une suite. Toutes sont équipées de l'air conditionné, de la TV câblée, d'un sèche-cheveux, d'un téléphone accès direct et d'une connexion à Internet. L'hôtel dispose aussi d'un restaurant (pratique car sur place), d'un petit jardin d'hiver et d'une salle de conférence. Un ascenseur permet de circuler entre les trois étages. Service efficace et agréable. Une adresse très plaisante à deux pas du centre de la ville.

HÔTEL DO COLÉGIO €€€

39 Rua Carvalho Araujo
✆ +351 296 306 600
hoteldocolegio.pt

Compter environ 75 € la chambre double en basse saison, et 180 € en haute saison, petit déjeuner inclus.

L'Hotel do Colégio est un hôtel de caractère installé dans un manoir datant du XIXe siècle. Il a accueilli plusieurs générations d'étudiants lorsqu'il était un collège, le Colégio A Colmeia. Il fut également le premier foyer du Conservatoire régional de musique. Entièrement rénové en 2017 afin de moderniser son image, l'histoire du bâtiment se reflète maintenant dans la décoration des chambres. Le restaurant propose une délicieuse cuisine contemporaine, à l'image de l'établissement. La priorité est de vous sentir chez vous et le pari est réussi. Coup de cœur.

HOTEL MARINA ATLANTICO €€€

1 Av.Joao Bosco Mota Amaral n.1, 767
✆ +351 296 307 900 - www.bensaudehotels.com
Chambre double à partir de 85 € en basse saison, 200 € en haute saison, petit déjeuner inclus.

Situé face à la Marina de Ponta Delgada et à quelques minutes du centre historique, l'hôtel Marina Atlantico, moderne et design, reçoit dans une ambiance confortable, que ce soit pour les vacances ou bien pour les voyages d'affaires. Face à un très beau panorama sur l'Atlantique, il dispose d'installations tout confort, notamment une piscine intérieure et une salle de gym. Sur place également : restaurant, bar, centre d'affaires, connexion wifi... Le petit déjeuner sous forme de buffet est particulièrement copieux. Bel accueil !

HÔTEL TALISMAN €€€

40 Rua Marquês da Praia e Monforte
✆ +351 296 308 500
www.hoteltalisman.com
En haute saison, 160 € la double. En basse saison, à partir de 65 €. Petit déjeuner inclus.

Situé dans le quartier piéton, cet hôtel de charme de 57 chambres, dont 4 suites, à la décoration raffinée, est une adresse de qualité. Il trône dans une propriété du XVIIIe siècle et a été rénové en 2008. Cerise sur le gâteau, il surplombe un parc magnifique et bénéficie d'une piscine sur le toit. La décoration, tout en boiseries, tentures et velours, est précieuse sans être lourde, et le service est efficace. Si l'on n'y réside pas, on peut toujours s'asseoir au bar. Le petit déjeuner varié est servi par une équipe très souriante, sous forme de buffet.

SÃO MIGUEL PARK HOTEL €€€

Rua Manuel Augusto Amaral
✆ +351 296 306 000
bensaudehotels.com/saomiguelparkhotel
En basse saison, à partir de 80 € la chambre double. En été, compter environ 170 € la double. Petit déjeuner inclus.

Une construction moderne et design, près du jardin botanique, 163 chambres tout confort, très classiques, mais jouissant de superbes vues sur la ville. Sauna, bain bouillonnant, une piscine intérieure chauffée et une autre à l'extérieur. Parking privé gratuit. Wifi accessible partout dans l'hôtel, mais payant. Deux ordinateurs avec connexion Internet, payante également, dans le business center. Les chambres sont confortables et décorées sobrement. À noter que le groupe Bensaude possède deux autres hôtels de grand standing à Ponta Delgada.

SENHORA DA ROSA, TRADITION & NATURE HOTEL €€

3 Rua Senhora da Rosa
✆ +351 296 100 900
www.senhoradarosa.com
Mini chambre double dès 140 €, double 180 €, suite 230 € et lodge 250 €. Petit déjeuner inclus. Été : ~340 € la double.

Un très bel hôtel 4 étoiles, situé à Fajã de Baixo, à 10 minutes du centre et à 8 kilomètres de l'aéroport João Paulo II. L'établissement propose 35 chambres et dispose d'un excellent restaurant, d'une salle de conférence, d'un bar en *rooftop*, d'un spa, d'une piscine extérieure et d'une aire de jeux pour enfants. On y sert un petit-déjeuner continental tous les matins et un brunch le dimanche. Un lieu très agréable, parfait pour se réunir en famille. On a envie d'y rester !

©:

© DS

EPICENTER €€

25 Rua dos Foros
✆ +351 913 170 613
www.epicenter.pt
Appart. 2 pers : en hiver, dès 65 € la nuit, en été, compter 160 € la nuit. Appart. 3 pers : de 75 € à 200 € la nuit.

Epicenter propose des appartements superbement décorés à Ponta Delgaga, mais aussi à Lagoa et sur l'île de Pico. Tout est fait pour se sentir comme à la maison et vous disposerez des dernières technologies. Sont mis à votre disposition un téléphone local, Netflix... Thème oriental, urbain ou encore chic, les hébergements sont presque des œuvres d'art ! Certains disposent d'un bel espace extérieur, parfois même d'un bain bouillonnant. Le Epicenter Urban avec ses grands tableaux graffitis et ses jeux de lumière est notre coup de cœur !

QUINTA DE SANTA CLARA €€

129 Rua João Leite
✆ +351 965 186 161
www.quintadesantaclara.com
Villa une chambre à partir de 70 € (min. 2 nuits). Compter 250 € la nuit en été. Egalement 2 villas 2 chambres.

Très proche du centre historique de Ponta Delgada, la Quinta de Santa Clara est située dans une zone agricole où vous pourrez profiter de la plus grande tranquillité et accéder facilement aux magnifiques paysages de l'île de São Miguel. Chaque villa dispose d'une terrasse et d'une décoration contemporaine avec des touches rustiques subtiles. Modernes, chics et aménagées avec beaucoup de goût, les trois villas de tailles différentes s'offrent à vous. Ici, vous pourrez également profiter de la piscine, de la verdure et des jardins.

VILLA ESMERALDA €€

35 Rua José Maria Raposo de Amaral
✆ +351 915 226 111
www.villa-esmeralda.pt
Minimum 2 à 3 nuits selon la saison. Appartement standard dès 65 € la nuit ; compter plus de 300 € la nuit en été.

Voilà une belle option de location dans le centre de Ponta Delgada. Les appartements de Claudia sont très bien situés et disposent de tout le confort nécessaire : cuisine entièrement équipée, grande salle de bain, chambres confortables... Les hébergements s'articulent autour d'une cour agréablement aménagée avec de petites terrasses en bois pour tous les hébergements. A l'intérieur, des tons pâles et doux et une décoration contemporaine. Sur place : parking privé gratuit, wifi, télévision... Et surtout São Miguel qui s'offre à vous pour de belles découvertes.

APITO DOURADO €

17 A Rua do Peru
✆ +351 911 584 104
Ouvert du lundi au samedi de 6h30 à 22h. Entre 7,50 € et 15 € le plat.

Ce petit snack-bar qui ne paye pas de mine sert une bonne cuisine locale. Situé en plein centre de Ponta Delgada, il est idéal pour un repas en toute simplicité, au milieu des Açoriens. C'est populaire et chaleureux, et l'on y mange des plats copieux et gourmands. Mention spéciale aux côtes de porc cuisinées à l'ail et aux poivrons, très goûteuses ! L'accueil est sympathique, le service rapide, et la nourriture faite maison. On ressort de ce petit établissement repu et rassasié. Horaires étendus et excellent rapport qualité-prix.

ARRIBA €

76 Rua do Melo
✆ +351 966 773 237
Ouvert tous les jours de 17h30 à 2h du matin. Compter 25 € par personne.

Ambiance mexicaine un peu décalée. La décoration est chaleureuse et intimiste. En cuisine et dans vos assiettes, l'intégralité des incontournables mexicains : *fajitas*, *burritos*, *tacos*, *enchiladas*, *nachos*... Un peu d'exotisme latino. Même si on adore les spécialités portugaises, ça change un peu. Ce qui ne varie pas, ce sont les quantités, elles sont toujours aussi copieuses. Les cocktails sont bons, une mention spéciale pour la margarita à l'ananas. Le service est lui sympathique et jovial avec en prime un verre de tequila offert en guise de digestif.

ROTAS DA ILHA VERDE €

49 Rua Pedro Homem
✆ +351 296 628 560
rotasdailhaverde.com/en
Mardi-vendredi 12h-15h et mardi-samedi 19h-23h, (18h-0h le vendredi et le samedi). Menu lunch 10 €. Plats 15 € env.

Une très belle surprise que ce petit restaurant végétarien tenu par Catarina. Le fantastique mélange d'ingrédients ravira même les non-végétariens. Les plats sont accompagnés de salade ou de légumes frais délicieux. Au menu, cannelloni de courgettes farcis au soja, ragoût de champignons et sa polenta, burger de lentilles... Sans oublier les desserts (la mousse au chocolat est très réussie) et la carte des vins. On apprécie aussi la musique de fond, le décor des murs et surtout l'hospitalité du personnel qui est tout sourire. Une adresse de choix, à réserver tôt !

TABERNA NA BOAVISTA €

36 Rua da Boavista ✆ +351 965 227 878
linktr.ee/tabernanaboavista
Tous les jours, de 17h à minuit (cuisine ouverte jusqu'à 23h). Tapas de 4 € à 14 €. Cocktails de 6 € à 15 €.

Une superbe adresse où déguster des tapas et des cocktails. Dans un cadre original rehaussé de touches japonisantes, l'ambiance et le service se veulent avant tout conviviaux. Sur la belle terrasse illuminée ou dans la salle, de grandes tables communes laissent le champ libre aux nouvelles rencontres et aux discussions. C'est l'occasion d'expérimenter un repas partagé, en bonne compagnie. Les plus timides pourront aussi profiter d'espaces plus privés. On y déguste des petiscos variés et raffinés et de bons cocktails. Un endroit comme on en voit rarement.

A TASCA €

16 Rua Do Aljube
✆ +351 296 288 880
Ouvert du lundi au samedi de 11h30 à 0h. Compter 15 € à 25 € par personne.

Très apprécié des locaux qui se mêlent aux voyageurs de passage dans une ambiance animée, A Tasca propose des plats typiques savoureux, du poisson grillé de toute fraîcheur et des spécialités portugaises sous forme de *tapas*. Au niveau inférieur se trouve la grande salle du restaurant souvent pleine à craquer et, à l'étage, un bar pour rassasier les assoiffés. Bon rapport qualité-prix pour cette taverne simple et authentique. Réservation conseillée mais difficile de les joindre par téléphone (le restaurant est tellement bondé qu'ils ne répondent presque jamais !).

MICHEL RESTAURANT €€

55-57 Rua Eng. José Cordeiro
✆ +351 296 700 385
https://michelrestaurant.com
Ouvert du lundi au vendredi de 12h30 à 14h30 et du lundi au samedi de 19h à 21h30. Plats entre 13 € et 24 €.

Ambiance classique, chic et feutrée pour ce restaurant traditionnel portugais. Au menu, des plats de viande et de poisson typiques du pays, comme le riz au canard ou le poulpe au four, mais également des plats végétariens et une très belle carte de desserts. Le carpaccio d'ananas, comme la salade de fruits sauce gingembre, sont de vrais délices. Loin de la cantine traditionnelle portugaise, ici les plats sont joliment présentés et la cuisine est très raffinée. Le restaurant reste pourtant très bon marché, ce qui en fait une excellente adresse.

RESTAURANT SUPERPRATO €

18 rua Margarida de Chaves
✆ +351 963 413 501
www.superprato.pt
Ouvert du lundi au vendredi 12h-15h et 18h-22h, samedi 12h-15h. Plat du jour à partir de 7 €. Plats entre 8 € et 20 €.

Petit restaurant aux spécialités de poissons et fruits de mer. On recommande cependant comme entrée le boudin noir grillé à l'ananas ; comme plat les savoureux calamars grillés ou le poisson frais du jour, délicieux. Pour les amateurs de viande, il y a une escalope de poulet grillée. On y vient aussi pour la salade Super Prato, faite, entre autres, avec du fromage de São Jorge. Grand choix de desserts. Accueil attentionné et menu en français. C'est simple, local et raisonnable au niveau des prix. On remarquera les belles assiettes en céramique.

© DS

© RICARDO

AÇORES ORIENTALES – SÃO MIGUEL

O BACO €€

49 Rua João Francisco Cabral
✆ +351 960 494 372
www.hotelpdl.com
Tous les jours de 18h à 23h. Compter 30 €.

C'est le restaurant de l'hôtel Ponta Delgada. L'atmosphère y est confidentielle et les lumières tamisées. Tables en bois, chaises en cuir : la décoration est chic, simple et épurée. La carte des vins est très complète et propose quelques bons crus. La cuisine, quant à elle, est délicate et recherchée. Vos papilles se régaleront par exemple avec le thon des Açores ou avec un morceau de viande tendre et cuit à votre goût. Quelques plats végétariens. Excellents desserts. Le service est discret et les serveurs sont de très bons conseils. Bon rapport qualité-prix.

TASQUINHA VIEIRA €€

21 Rua António Joaquim Nunes da SIlva
✆ +351 927 465 125
Ouvert du mardi au samedi de 18h30 à 23h. Comptez 30 €.

Une toute petite salle dans une cave voûtée, pour mieux apprécier la promiscuité. Les tables sont encore plus proches les unes des autres que dans un restaurant parisien ! Il arrive même que l'on vous propose de partager votre table avec d'autres clients ! Mais la cuisine est tellement goûteuse que tout le monde s'y précipite. Vous l'aurez compris, mieux vaut réserver plusieurs jours à l'avance. Vous vous régalerez avec des produits frais et locaux, très bien cuisinés. La viande est délicieuse et sa cuisson parfaitement maîtrisée. Belle carte des vins.

PALM TERRACE CAFE €€

30 Rua Marquês da Praia e Monforte
✆ +351 296 308 500
www.hoteltalisman.com
Ouvert tous les jours de 7h30 à 11h, de 12h à 15h et de 18h à 22h30. Environ 25 € le repas.

Restaurant de l'hôtel Talisman, c'est sans conteste une des bonnes tables de Ponta Delgada. On peut y prendre un bon petit-déjeuner en terrasse, le buffet est complet et copieux. Mais ce sont surtout les nombreux poissons et fruits de mer locaux qui vous régaleront dans un cadre agréable, à côté du jardin d'hiver que possède le restaurant. Les plats sont plutôt copieux. Votre repas pourra être parfois accompagné d'un pianiste et d'une chanteuse qui entonneront des chansons françaises (en soirée). Pensez à réserver le week-end.

HAIBU €€€

39 R. Carvalho Araújo ✆ +351 296 306 600
hoteldocolegio.pt/restaurant/
Restaurant de l'hôtel do Colégio. Lundi-vendredi 12h-15h et 18h-22h (23h le vendredi). W-e 18h-23h. Env. 35 €/pers.

Le restaurant a récemment fait peau neuve. Déjà très recommandable, la nouvelle proposition est tout aussi audacieuse et succulente. La carte met à l'honneur la gastronomie japonaise avec de délicieuses spécialités nippones comme les *sushis*, les *makis*, les *ramens* et les *udon*, mais aussi d'étonnants *sushis* végans ! La cuisine est fine et les associations subtiles. Les plats sont joliment présentés, à l'image de la salle où ils sont servis, dans un cadre qui se veut raffiné. Une adresse à recommander aussi bien pour les amateurs de poissons que pour les végétariens.

RESTAURANT SÃO PEDRO €€

Avenida João Bosco Mota Amaral
✆ +351 296 285 276
restaurantesaopedro.com/
Du lundi au samedi 12h-15h et 19h-22h. Compter 30 € par personne.

Un vrai coup de cœur ! Cuisine délicieuse, ambiance tamisée, superbes photos des Açores au mur, musique douce et surtout accueil chaleureux et excellent service. Elidio et João, les deux patrons de l'établissement, ne manqueront pas de vous faire rire et sont aux petits soins. Un ordinateur connecté à Internet est à votre disposition gratuitement et vous repartirez avec un DVD de magnifiques photos de São Miguel (moyennant quelques euros !). Côté plats, on vous recommande l'onctueux et consistant *Bife Micaelense* (steak avec piments, œufs, ail et pommes de terre).

LOUVRE MICHAELENSE €€€

Rua Antonio José d'Almeida, 8
✆ +351 938 346 886
Ouvert du vendredi au dimanche de 11h à 0h. Plats entre 9 € et 20 €.

Ce restaurant extraordinaire s'est installé dans ce qui fut, après son ouverture en 1904, un magasin de tissus et de chapeaux directement importés de Paris ! Ses belles vitrines en bois renferment les desserts du jour, du thé, de coquettes décorations ou encore des produits d'artisanat. Un magnifique bar et quelques tables installées dans ce charmant décor vous accueillent pour déguster un petit déjeuner, un lunch ou un repas. Des saveurs de brasserie aux influences internationales. Un lieu hors du commun et une des meilleures tables de Ponta Delgada.

AZORES ADVENTURES
FUTURISMO
Observation
des baleines

OTAKA €€€

5 Rua Hintze Ribeiro
+351 919 312 080
https://otaka-restaurant.negocio.site/
Ouvert du mardi au samedi de 18h30 à 22h. Menu 7 services : 60 €. Menu 10 services : 95 €.

Ambiance feutrée aux notes de bois clairs, ponctuée de coussins colorés, une décoration toute en simplicité pour un restaurant exceptionnel. Otaka propose une cuisine fusion japonaise, comme ces sashimis de poisson des Açores sauce jalapenos... tout simplement délicieux. Pour les gourmands, deux menus «Classiques» ou «Expérience» - en sept ou dix temps - vous permettent de découvrir toute l'étendue des talents du chef. Vous pouvez y ajouter l'accord mets et vin proposant un verre adapté à chaque plat. Une excellente adresse très prisée, pensez à réserver !

BAIA DOS ANJOS

22 Portas do Mar Loja
+351 296 284 231
www.baiadosanjos.com
Ouvert tous les jours de 9h à 2h. Burgers autour de 5 €.

Un bar aux multiples facettes, il est célèbre dans l'archipel. En journée, on s'attable volontiers sur sa terrasse autour d'un verre, à regarder passivement l'animation du centre commercial. Le soir venu, l'ambiance est plutôt *lounge*, sauf le week-end où DJ et concerts *live* mettent le feu dans la salle. Au menu également des repas légers, des toasts, des crêpes... si vous avez une petite faim. Divers événements sont aussi organisés tout au long de l'année. Une adresse vraiment sympa, que l'on apprécie à tout moment de la journée.

CANTINHO DOS ANJOS

83 Rua Hintze Ribeiro
+351 296 629 555
grupoanjos.com
Ouvert tous les jours de 8h à 2h du matin. Burgers : 6-8 € ; plats : 6-12 €.

Qu'il pleuve, qu'il vente ou qu'il neige, vous trouverez toujours de l'ambiance au pub Cantinho Dos Anjos ! Même hors saison. Ce n'est pas pour rien que les habitants de São Miguel le comparent au Peter's Bar de Faial. Touristes et locaux s'y côtoient dans une atmosphère bon enfant. Le tout orchestré par José Anjos, le patron, qui sera ravi de vous parler de son île, s'il n'est pas trop débordé par les bières pression... A noter que si vous préférez le bord de mer, le même gérant possède également le bar d'ambiance Baia dos Anjos, sur la marina Portas do Mar.

DORIS BAR

Portas do Mar
+351 296 629 419
Ouvert tous les jours de l'année de 10h à 2h du matin.

Un bar bien agréable pour flâner en terrasse, en sirotant un cocktail, au bord de la mer. Vous pourrez aussi déguster une bonne bière locale. Une décoration cosy et colorée rend l'atmosphère d'autant plus chaleureuse. Et si l'envie vous en prend, vous pourrez aussi acheter un livre sur les Açores dans la petite librairie multilingue de l'arrière-boutique. Tard le soir, l'ambiance est plus festive et vous pourrez ranger votre livre. L'emplacement est vraiment privilégié, ce n'est pas par hasard si de nombreux locaux se donnent rendez-vous ici.

PÃO DO REI - SÃO PEDRO

2 R. de São Pedro
+351 296 285 800
Ouvert tous les jours de 7h30 à 18h.

Une jolie petite boulangerie-pâtisserie dans le centre-ville de Ponta Delgada. Vous y serez reçu en portugais, mais pas de panique si vous ne maîtrisez pas la langue, le personnel est très aimable et vous servira avec le sourire. L'endroit est parfait pour prendre un petit déjeuner rapide ou un goûter à base de boissons chaudes et pâtisseries savoureuses. Les *pastéis de nata* sont délicieux ! Côté salé, l'enseigne vend aussi des toasts et des sandwichs. La salle est petite, mais l'on peut commander à emporter. De plus, les prix sont imbattables.

RESERVA BAR

1 Travessa do Aterro
+351 910 543 159
Ouvert du lundi au jeudi de 19h à 22h.

Gros coup de cœur. Caché dans une impasse, ce bar du centre-ville propose d'excellents vins à accompagner de délicieuses *tapas*, d'assortiments de fromages régionaux et de charcuteries portugaises pleines de saveurs. Le choix des vins est impressionnant. Le service y est attentionné et surtout avisé ! Le patron est lui un passionné qui se fera un plaisir de vous conseiller. Pour une soirée entre amis, en famille ou en amoureux, toutes les occasions sont bonnes. Peu de tables disponibles dans cet espace intimiste, mieux vaut réserver.

COMUR

9 Rua do Mello
✆ +351 211 349 044
portuguesesardine.com
Ouvert tous les jours de 10h à 19h, vendredi et samedi jusqu'à 20h.

Cette boutique originale est spécialisée dans la vente de conserves de poissons. A l'honneur : sardine, dorade, maquereau, maigre, truite, morue, saumon fumé et œufs de morue, mais aussi moules, bulots et poulpe... Tous sont conservés dans des boîtes plus colorées et fantaisistes les unes que les autres ! En forme de lingots d'or, avec des panoramas de villes portugaises ou même estampillées de toutes les années de 1916 à aujourd'hui (cherchez votre année de naissance !). Pour des cadeaux gourmands. On déplore cependant les prix, assez élevés.

PLANTACAO DE ANANAS DOS ACORES

Rua das Laranjeiras
✆ +351 964 087 745
ananasdosacores.pt/
Ouvert tous les jours de 9h à 18h (jusqu'à 20h en été). Parking, entrée et dégustation gratuits.

Entre 700 et 1 000 tonnes d'ananas sont produits chaque année sur São Miguel. Pour comprendre la culture de ce fruit exotique, venu d'Amérique du Sud en 1832, une visite dans cette plantation ouverte au public s'impose ! Des QR Codes en plusieurs langues permettent de découvrir l'histoire et les étapes de production. A la fin du parcours, une dégustation de liqueur est prévue. Possibilité de repartir avec des produits à base d'ananas, et de goûter à d'autres spécialités au café.

AZORES GOLF ISLANDS

Rua Bom Jesus Fenais Da Luz
✆ +351 296 498 559
azoresgolfislands.com
Ouvert de 8h à 17h (18h en été).

L'île de São Miguel, au milieu de l'océan Atlantique, propose deux splendides parcours de golf : le golf de Batalha et le golf de Furnas. Un paysage à couper le souffle nous motive à bien mener la partie ! Le golf de Batalha comprend 27 trous, les *fairways* sont larges et les *bunkers* bien dessinés. Le golf de Furnas comprend 18 trous, bénéficie d'un paysage volcanique dans l'une des plus belles zones de l'île : Furnas, tout près de la belle Lagoa et des eaux thermales Terra Nostra. Parfait pour tester votre habileté. A vous de jouer et bonne partie !

BIG BLUE

Rua de São Gonçalo
✆ +351 966 078 829
bigblueadventures.pt
Randonnées : 55 € la journée ; voir les cétacés : 55 € ; nager avec les dauphins : 100 € ; cours de cuisine : 95 €...

Amateurs de sport, vous trouverez forcément chaussure à votre pied ! Big Blue vous propose une multitude d'activités à réaliser en plein air : randonnées pour découvrir les sublimes paysages de l'île, tours en bateau à la recherche des cétacés ou encore *snorkeling* avec les dauphins ! Vous pouvez aussi devenir un chef le temps d'une journée et apprendre à cuisiner un plat local. En journée complète ou en demi-journée, tout est possible, tout est réalisable ! L'agence peut aussi organiser vos transferts de et vers l'aéroport de Ponta Delgada.

CLUBE NAVAL DE PONTA DELGADA

Avenida João Bosco Mota Amaral
✆ +351 296 308 380
cnpdl.pt
Ouvert du lundi au vendredi de 9h30 à 19h30.

Pour se baigner, plonger, faire de la voile, du canoë, du jet-ski. On peut aussi prendre des cours de voile. La vocation maritime du club naval de Ponta Delgada est sans égale. Depuis plus de 100 ans, sa capacité à organiser des événements a fait de lui une véritable référence. L'objectif principal est toujours de promouvoir et de développer les loisirs nautiques, en impliquant chaque année des centaines de jeunes et des milliers de membres actifs.

FUTURISMO WHALE WATCHING AZORES

Loja 26 Portas do Mar
✆ +351 296 628 522
www.futurismo.pt
Ouvert tous les jours de 8h à 18h. Observation des cétacés : 65 € (demi-journée).

Cette agence basée sur la marina de Ponta Delgada organise des excursions en mer pour voir les cachalots et les dauphins, mais aussi des sorties en kayak, en bateau, du canyoning et du coasteering. Les activités terrestres ne sont pas en reste : randonnées, tours à vélo, en jeep ou en van autour de Sete Citades et de Furnas. Le personnel est passionné et n'hésite pas à donner de son temps pour vous assurer une expérience optimale et respectueuse de l'environnement. Recommandé.

MARINA DE PONTA DELGADA

Avenida Infante D. Henrique ✆ +351 296 281 510

Haute saison : 9h-12h et 13h-18h30. Basse saison : 9h-12h et 13h-17h30 (fermé les week-ends).

Une des plus grandes marinas des Açores, moins connue que celle d'Horta, cependant. À Ponta Delgada, elle est plutôt moderne et donc moins charmante. Les plaisanciers de tous les horizons qui y débarquent ont pris l'habitude de laisser leurs signatures sous forme de peinture le long des berges (comme à Horta). C'est la touche séduisante ! Vous y trouverez quelques bons restaurants, des bars, les kiosques des agences qui opèrent en mer et évidemment tous les services pour les marins et leurs navires. On entend souvent parler français par ici...

PICOS DE AVENTURA

Animação e Lazer Marina Pêro De Teive Avenida João Bosco Mota Amaral ✆ +351 296 283 288

www.picosdeaventura.com

A partir de 65 € par adulte pour l'observation des cétacés (3h).

Une entreprise sérieuse qui propose un vaste éventail d'activités : randonnées à pied ou à cheval, tours en 4x4, VTT, plongée, nage avec les dauphins, observation des baleines, voyage en bateau, escalade, canyoning… et bien d'autres encore. Difficile de ne pas trouver son bonheur ! Des professionnels compétents qui savent partager leurs connaissances avec bonheur. Une équipe expérimentée et dynamique qui s'efforce de vous faire vivre des moments magiques. Vous pouvez compter sur Catia et Tiago pour graver votre séjour et vos expériences dans votre mémoire.

SEA COLORS EXPEDITIONS

5 Marina Portas do Mar, Avenida Infante Dom Henrique Armazém

✆ +351 918 529 795

seacolorsazores.com

Tarifs sur demande.

Cette structure contribue à l'avancée de la recherche sur les cétacés et la conservation des espèces marines. Elle organise des sorties en mer à la recherche des cachalots et des dauphins dans le plus grand respect de l'animal. L'équipe de biologistes est bienveillante et fournit énormément d'explications. Les groupes sont réduits à 12 passagers maximum sur le zodiac, et la nage avec les dauphins n'est possible qu'en option, si les conditions sont réunies pour pratiquer l'activité. Pour une expérience authentique et pédagogique, éloignée du tourisme de masse.

TRILHOS DA NATUREZA

1 Beco da Rua dos Prestes de Cima

✆ +351 919 020 506

www.trilhosdanatureza.com

Randonnées pédestres de 2h à 3h : 55 € par personne. Randonnées en VTT de 4h : 45 € à 65 €.

Cette agence propose des activités de découverte et d'aventure sur l'île, sur terre ou en mer : randonnées à pied et en VTT, sorties de pêche et circuits en 4x4 ou en van. Les balades à pied vous emmèneront sur des chemins magnifiques, au cœur d'une végétation intacte et surplombant des paysages inoubliables ! Pour les plus sportifs, enjambez votre VTT pour grimper sur les crêtes, parcourir les collines et les sentiers inexploités et des paroisses enchantées. Enfin, à bord d'un 4x4, entre routes principales et sentiers sauvages, São Miguel s'offrira à vous.

COLISEU MICAELENSE

Rua de Lisboa

✆ +351 296 209 500

www.coliseumicaelense.pt

Prix des billets, en fonction du spectacle, de 10 € à 60 € la place.

Ce superbe bâtiment, datant de 1917, est « l'Opéra » de São Miguel. Il a été récemment et joliment rénové. De nombreuses représentations plutôt grandioses ont lieu, et des artistes de renommée internationale viennent s'y produire. Concerts philharmoniques, cirques, bals et même expositions sont au programme. N'hésitez pas à consulter la programmation avant d'arriver aux Açores sur le site Internet ou la page Facebook. Des visites guidées des lieux peuvent être organisées sur demande, il faut dans ce cas remplir le formulaire prévu à cet effet sur le site Internet.

TEATRO MICAELENSE

Largo de São João

✆ +351 296 308 340

www.teatromicaelense.pt

Spectacles et expositions régulières dès 5 € par personne. Billetterie ouverte du mardi au samedi de 13h à 18h.

Inauguré le 31 mars 1951, le Teatro Micaelense a été conçu par le célèbre architecte Raul Rodrigues de Lima, spécialiste du cinéma et du théâtre. À l'initiative de Francisco Luís Tavares, directeur adjoint et avec le soutien de la société de son époque, ce grand théâtre a vu le jour dans un espace urbain expressément aménagé pour l'accueillir. Centre de la culture et des congrès, le Teatro Micaelense offre une programmation variée de spectacles et d'expositions. Renseignez-vous directement sur place, sur le site Internet ou auprès de l'office de tourisme.

FAJÃ DE BAIXO ★

Fajã de Baixo, paroisse de la municipalité de Ponta Delgada, est le lieu de villégiature des riches familles de l'île, comme en témoignent les nombreuses et somptueuses *quintas* qui bordent ses rues. À seulement 10 minutes de la capitale, cette bourgade résidentielle, chic et tranquille peut s'avérer être un bon point de chute pour séjourner dans un environnement plus calme. La ville est surtout connue pour ses plantations d'ananas qu'il faut à tout prix visiter si vous passez par là. Point d'intérêt majeur de Fajã de Baixo, les serres de Augusto Arruda se visitent gratuitement. Profitez-en pour jeter un coup d'œil à l'église paroissiale de Nossa Senhora dos Anjos.

Plantation d'ananas.

PLANTATION D'ANANAS AUGUSTO ARRUDA ★★

Rua Dr. Augusto Arruda ✆ +351 296 384 438

www.ananasesarruda.com

Ouvert tous les jours de l'année, de 9h à 18h d'octobre à mars, et de 9h à 20h d'avril à septembre. Entrée gratuite.

Avec plus de 100 ans d'histoire, la plantation est un véritable musée vivant de cette culture unique au monde. Présentez-vous directement à la boutique pour récupérer le dépliant qui vous servira à la visite. Celle-ci vous amène à suivre et à découvrir les étapes de la croissance de l'ananas à travers les différentes serres. En été, belle terrasse ombragée pour boire un verre. Dans la boutique, vous pourrez déguster et, pourquoi pas, acheter de la liqueur d'ananas, entre autres.

CRESACOR

18 Rua Santa Bárbara

✆ +351 296 295 177

www.azoresforall.com

A partir de 10 € la location de vélo (une journée), 20 € le canoë (1h), 42 € le tour en van (1 journée)...

Cresaçor est une société d'animation touristique active depuis 2005 qui, à travers la marque Azores for All, promeut un tourisme social, accessible et culturel aux Açores. Azores for All propose une assistance à toutes les étapes de votre voyage. Ils assurent le transfert depuis et vers l'aéroport avec un van adapté, procèdent aux réservations dans des hôtels adaptés à vos besoins personnels et organisent surtout des activités et des excursions adaptées (y compris pour les personnes à mobilité réduite ou déficientes). Sérieux garanti.

QUINTA DA ABELHEIRA €€

17 Pico da Abelheira ✆ +351 296 383 903

www.quintadaabelheira.com

Double standard à partir de 110 €, supérieure 151 €, deluxe 160 €, suite 230 €, sans pdj. En été, ~240 € la standard.

Probablement le meilleur hébergement de tourisme rural pour profiter de vacances sur l'île de São Miguel. Le domaine a été entièrement rénové par les nouveaux propriétaires, il est entouré d'une grande zone forestière. Plusieurs espaces verts, des belvédères cachés, une piscine, un potager exclusif que vous pouvez gérer vous-même. Les plages réputées de Pópulo et Milícias, avec du sable volcanique, sont situées à moins de 2 km. Les 15 chambres reflètent un style décontracté mais moderne et populaire, joliment décorées, avec moult détails. Une excellente adresse.

QUINTA DOS 10 €€€

18 Canada dos 10

✆ +351 917 631 224

http://quintados10.com

Séjour de 3 nuits min. A partir de 200 € la villa pour 2 (3 nuits) ; plus de 540 € le séjour en été.

Situé à seulement dix minutes en voiture du centre-ville, une ancienne plantation d'orangers de deux hectares, entièrement rénovée et modernisée en un ensemble de bâtiments blancs et pierre de lave. Trois villas y ont été aménagées, pouvant accueillir de deux à quatre personnes. Quelques produits locaux pour vous accueillir, lit *king size*, douche tropicale, terrasse privée et, dans le grand jardin, un bain à bulles et une piscine panoramique avec vue sur Ponta Delgada. Un lieu apaisant et harmonieux pour goûter au calme de la campagne aux portes de la ville.

LIVRAMENTO ★

A mi-chemin entre Ponta Delgada et Lagoa, cette localité possède un joli petit centre-ville. Principalement résidentielle, la visite de la ville se fera assez rapidement. Au détour des rues, vous pourrez apercevoir chapelles, églises et de magnifiques *azulejos* si vous avez la chance de pouvoir entrer dans certains de ces lieux. Ancien haut lieu de la culture d'agrumes, de nombreux et somptueux manoirs ont été construits au cours de la première moitié du XIXe siècle. Comme Fajã de Baixo, Livramento est paisible et offre quelques belles options d'hébergement. Précisons qu'elle est située à proximité de la Praia do Pópulo, sans doute la plus belle plage de cette partie du littoral.

Balade

Le centre de Livramento possède quelques beaux monuments. On peut notamment admirer l'église paroissiale et son orgue de 1787, restauré au début des années 2000, plusieurs chapelles du XVIIe siècle et le manoir de Nossa Senhora das Necessidades. Ce très joli édifice des XVIIe et XVIIIe siècles renferme de beaux azulejos.

Les manoirs de la ville ont été construits au plus fort du cycle de l'orange, lorsque les Açores constituaient une étape obligatoire pour la collecte de ces fruits lors des voyages en mer de longue distance. Ces édifices ont été érigés à partir de la richesse créée par la culture de vergers d'agrumes.

QUINTA DE SAO CAETANO €€

195 Estrada regional do Pópulo
✆ +351 296 381 233
quintascaetano.com
2 nuits min. en hiver. A partir de 110 € la nuit dans la double et à partir de 140 € la nuit dans la maison 1 chambre.

Une fois passé le portail vert, on avance sur une allée en terre battue qui serpente, jusqu'à la maison, à travers arbres et fleurs. L'établissement offre 3 chambres doubles décorées avec goût, à l'anglaise. La Casa Caseiro (maison indépendante) dispose en plus d'une belle cuisine équipée. Un jardin à arbres tropicaux (si vous voyagez en hiver, goûtez au goyavier !), un terrain de volley, un barbecue, une terrasse avec vue sur la mer, 2 hamacs et… 2 ha de forêt sont à votre disposition. Maria Manuela et Luis, les hôtes, sont aux petits soins avec les clients.

SÃO ROQUE ★

Cette agréable bourgade qui fait partie de la municipalité de Ponta Delgada est à peine à 5 minutes de la capitale en voiture. Lors de sa fondation, il a été dit « A quelques kilomètres à l'est de la ville de Ponta Delgada se trouve le village de Rosto do Cão... Les maisons de campagne de quelques citoyens sont délicatement situées dans ce village, et le sol à proximité est le mieux cultivé de la région ». Une ode au bonheur ! Elle mérite que l'on s'y arrête, ne serait-ce que pour ses belles plages : la Praia das Milícias et la Praia de São Roque. Étendues de sable noir, elles sont moins prisées que leur voisine de Livramento.

QUINTA DA TERÇA €€

221 Rua Padre Domingos
✆ +351 296 642 134
www.quintadaterca.com
Selon la saison, de 125 € à 135 € pour une chambre simple et de 145 € à 155 € pour une double. Petit déjeuner compris.

Cavaliers, vous avez trouvé votre paradis ! À quelques minutes de la mer et des montagnes de l'intérieur, cette bâtisse du XVIIe siècle est bien tenue et en bel état. Les chambres sont confortables et bien équipées. Le petit déjeuner est servi dans une ancienne étable restaurée. Possédant une trentaine de chevaux, Claude et Christina, les propriétaires des lieux, vous proposent des promenades sur toute l'île. Ils peuvent également vous aider à organiser votre séjour et à réserver des bicyclettes, des scooters, des voitures, et toutes sortes d'activités.

AQUA - PÓPULO ECO VILLAGE €€

115 Livramento - Estrada Regional do Pópulo
✆ +351 964 087 883 - www.aquapopulo.com
Appartement 2 pers. à partir de 126 €, 3 pers. 160 €, 4 pers. 180 €. Compter plus de 300 € la nuit pour 2 en été.

Avec vue sur le lac, l'Aqua propose des hébergements sublimes, une piscine extérieure, une salle de sport, un jardin, des installations de sports nautiques, un bain à remous et une terrasse. Tous les logements sont équipés d'une cuisine. Le petit-déjeuner est servi à votre porte tous les matins. Des services de location de vélos et de voitures sont également assurés. Portas da Cidade se trouve à 5 km, tandis que Santuario Nossa Senhora da Esperança est à 6 km. Une très belle adresse.

SETE CIDADES ★★★★

Un incontournable de São Miguel, le cliché qui s'affiche dans tous les magazines quand on évoque les Açores. Autour du village de Sete Cidades, le décor est inoubliable : dans un vaste cratère de 5 km de pourtour, deux lacs, le Lagoa Verde et le Lagoa Azul, se disputent la palme de la beauté naturelle aux versants escarpés, couverts d'arbres et de fleurs. Il s'agit là de l'un des sites les plus célèbres des Açores, et incontestablement l'un des plus beaux. Formé il y a environ 22 000 ans, le site a connu depuis 22 éruptions. Son nom, qui veut littéralement dire « Sept Cités », vient d'une légende selon laquelle la *caldeira* aurait autrefois abrité sept villes, toutes détruites lors d'une éruption volcanique.
Le petit hameau de Sete Cidades est charmant et accueille moins de 1 000 habitants. L'église dédiée à São Nicolau se dresse au bout d'une allée bordée de cryptomerias. Les azalées et les hortensias tapissent les environs, en saison.

Balade

Des chemins de randonnées (voir trails.visitazores.com) donnent accès à de magnifiques points de vue sur le cratère et ses lacs. Citons notamment :

▸ **Miradouro da Boca do Inferno** : au sud-ouest des lacs, ce belvédère offre une vue à couper le souffle - lorsque le temps est dégagé - sur le cratère et les deux lacs. Pour y accéder, se garer sur le parking du Lagoa do Canário ou sur le bord de la route s'il est complet. Un chemin de randonnée en terre vous emmène, à travers la forêt, jusqu'en haut. Attention, les dernières centaines de mètres sont raides et jalonnées de marches. Comptez une vingtaine de minutes pour faire l'ascension. Par beau temps, la vue est absolument splendide et vaut assurément ce petit effort.

▸ **Depuis le même parking,** d'autres chemins de randonnées offrent de nombreuses possibilités pour les marcheurs qui souhaiteraient aussi admirer des points de vue sur l'île de São Miguel et les autres lacs du cratère, à savoir les Lagoas Rasa, das Empadadas et do Carvao, ou même voir les ruines d'anciens aqueducs pris dans la végétation (Aqueduto do Carvão et Muro das Nove Janelas). Ne manquez pas les Miradouros do Pico do Paul et do Pico do Carvão.

▸ **Miradouro das Cumeeiras** : ce belvédère est situé au nord du Lagoa Azul. On y accède par un chemin de randonnée long, avec beaucoup de dénivelé, dont le départ se fait à Sete Cidades, et qui fait le tour du cratère. Magnifique pour les marcheurs aguerris qui souhaitent voir le site sous toutes ses coutures ! Il est aussi possible d'y aller en voiture depuis une petite route de terre et de graviers accidentée qui part de la route rejoignant Mosteiros.

▸ **Le tunnel d'eau** : les lacs étant clos, un tunnel a été percé au nord-ouest du cratère afin de permettre l'évacuation des eaux en cas de fortes pluies. Il est possible de s'y rendre en marchant au bord de l'eau depuis Sete Citades (comptez une demi-heure). Cette petite promenade enchanteresse, sans aucune difficulté, permet d'apprécier l'intérieur du cratère et mène à une aire de pique-nique très agréable. On peut aussi rejoindre celle-ci en voiture, en conduisant sur un sentier cahoteux, constitué de terre et de graviers.

Sete Cidades.

Vista do Rei - PR03 SMI – 7,7 km – 2h – Facile. Ce circuit est très agréable. L'idéal est de partir le matin, de manger à Sete Cidades puis de se rendre au point de départ en taxi (comptez environ 10 € pour aller de Sete Cidades à la Vista do Rei ; un taxi est disponible à quelques mètres du restaurant). Le point de départ du chemin se trouve au point de vue, Vista do Rei.
De cet endroit, comme son nom l'indique, vous avez une vue royale sur les deux lacs. Face au panneau d'émail présentant les lacs, le chemin démarre du côté gauche. La route se termine par un chemin qui monte. Tout droit, on aperçoit sur la gauche la mer et, à droite, les lacs. On marche au milieu de magnifiques hortensias. Puis on redescend tranquillement vers la route. Prenez à droite à la fin du chemin et longez la route sur 100 m avant de traverser et de prendre à gauche le premier chemin sur 50 m pour tourner à droite. Vous êtes aux abords de la ville.
Un dernier tour à droite et l'on entre dans Sete Cidades. Il est aussi possible de faire tout le tour de la *caldeira* (terme plus approprié que celui de « cratère » : on les distingue en effet par leur mode de formation, mais aussi à partir d'un diamètre de 1 à 1,5 km) : quand on parvient sur la piste de terre battue vers la fin, ne pas tourner à droite après 50 m, mais continuer tout droit. Ensuite, il suffit de suivre le cratère, jusqu'à la route qui nous ramène à la Vista do Rei. Une balade très jolie à faire par temps dégagé pour profiter de toute la beauté des lacs et des reflets colorés de leurs eaux bleues et vertes.

Tourisme

Pour profiter du site, il existe aussi de nombreux points de vue et belvédères accessibles en voiture. Ceux-ci jalonnent la route asphaltée qui entoure le cratère.

Miradouro da Vista do Rei : le plus connu, situé au sud du Lagoa Verde, très facilement accessible avec son double parking.

Miradouro do Cerrado das Freiras et **Miradouro da Lagoa de Santiago** : espacés de seulement quelques dizaines de mètres, ils se situent à l'ouest des deux lacs et sont pourvus chacun d'un petit parking. Le premier offre un nouvel angle de vue sur les lacs, que vous verrez de côté, quand le second permet d'observer le Lagoa de Santiago, niché dans son propre cratère. Un petit chemin descend jusqu'à lui pour ceux qui voudraient le voir de plus près ; pensez à vous équiper avant de vous engager !

BELVÉDÈRE DE VISTA DO REI ★★★

Sur la route entre le Pico do Carvão et Sete Cidades.
Accès libre. Parking gratuit.
C'est sans doute le plus beau point de vue sur les lacs de Sete Cidades, le plus connu aussi. Un petit chemin de terre sur une crête, semblant plonger au loin dans les lacs. Autrefois lieu paisible d'où contempler la vue imprenable sur le cratère, il est devenu l'un des endroits les plus sollicités par les foules de touristes en été. On vous conseille donc de vous y rendre tôt… ou tard, si vous souhaitez bénéficier d'un coucher de soleil avec un minimum de privacité.

LAGOA AZUL ET LAGOA VERDE ★★★★

© CAPTURELIGHT - ISTOCKPHOTO

Ces deux majestueux lacs de volcan, qui occupent un seul et même cratère profond et éventré, sont la merveille de l'ouest de São Miguel. Sur la digue entre les deux lacs, il y a un parking. On peut partir à pied en faire le tour en suivant les sentiers balisés. Il ne faut surtout pas hésiter à flâner le long des berges, gagner la presqu'île et profiter du calme bucolique que dégage ce lieu enchanteur. Absolument incontournable. Vous prendrez ici les clichés que vous avez vus partout !

LAGOA AZUL RESTAURANT €

18 Rua de la Caridade
✆ +351 296 915 678
Ouvert tous les jours de 12h à 15h et de 19h à 21h. Formule buffet à volonté (avec boisson et café) : 17 €.

Après vous être émerveillé de la beauté des lacs et des magnifiques points de vue alentour, il vous faut absolument venir manger au Lagoa Azul. Le menu buffet devrait vous rassasier ! On y trouve des plats simples, mais de bonne qualité : viande, morue grillée, calamar, thon albacore, accompagnés de frites et crudités... Ici, la convivialité est à l'honneur. Cette petite adresse familiale est un joyau au milieu des joyaux de la nature. Vraiment délicieux ! Pensez à réserver, les restaurants ne sont pas nombreux dans les environs et ils sont souvent complets.

CANDELÁRIA

Petite localité entre Ponta Delgada et Mosteiros, Candelária jouit d'un emplacement agréable sur la côte, dominé par le massif volcanique. Ses pentes arrosées sont propices aux cultures et aux jardins fleuris. En été, passer par ici réserve toujours de belles surprises. La légende raconte que la petite chapelle fut construite par l'équipage d'un navire qui avait échappé à un naufrage en haute mer. En arrivant dans les eaux sûres de Candelária, les hommes tirèrent un coup de feu vers le rivage et promirent de construire un ermitage à la Vierge Marie là où la balle était tombée. L'église actuelle a été reconstruite sur le site de l'ancien ermitage.

PONTA DA FERRARIA ★★★

Ponta da Ferraria est un lieu épatant. On l'admire d'abord au loin, depuis le Miradouro do Escalvado, puis l'on y descend par une route sinueuse et très pentue, peut-être bien la plus pentue de l'île ! En bas, des paysages plats et lunaires, des roches volcaniques édentées et la possibilité de faire de belles balades au milieu de ce décor hors du commun. Le plus : une très belle piscine de mer chauffée par des sources d'eaux chaudes. Qu'importe la saison, la température varie entre 24 °C et 36 °C, selon la hauteur des vagues. Vous l'aurez donc compris, le maillot de bain ne sera pas de trop ! Depuis 2010, un établissement thermal y a ouvert ses portes.

Pratique

La piscine naturelle de Ponta da Ferraria est accessible gratuitement, à toute heure du jour et de la nuit. Néanmoins, aucun maître-nageur n'est présent en hiver pour surveiller le bassin. Le site www.capitainemaree.com vous permet de retrouver les heures des marées : trop haute, il risque d'y avoir trop de courant et vous ne sentirez pas la chaleur venue de la source, trop basse et au contraire l'eau peut être bien trop chaude ! Attention au courant et aux vagues qui peuvent être puissants ici ; la piscine est équipée d'une échelle et de cordes pour s'accrocher, mais il peut être dangereux de s'y baigner si les conditions météorologiques ne sont pas propices étant donné qu'elle est entourée de rochers. Vestiaires et WC sur place.

O MOINHO DA BIBI €€

5 Canada do Moinho
✆ +351 296 381 486
www.moinhodabibi.com
Séjour de 3 nuits minimum. Environ 130 € par nuit.

Le mieux est d'y loger à 2 ou à 3. Il ne faut pas oublier qu'il s'agit, à la base, d'un ancien moulin à vent. Confortablement aménagé au demeurant : petit living à l'entrée ; lit double à l'étage d'où l'on peut, les bons soirs, voir la pleine lune ; et un lit simple tout au-dessus, après un escalier fort raide. Un salon, une salle de bains impeccable et une cuisine complètement équipée ont été astucieusement construits en sous-sol, ce qui ne gâche pas la vue d'ensemble. Une petite bâtisse indépendante abrite une cuisine traditionnelle. Expérience originale.

TERMAS DA FERRARIA

Rua Ilha Sabrina
✆ +351 296 295 669
termasdaferraria.com
Du mercredi au dimanche de 11h à 18h. Accès à la piscine extérieure d'eau thermale 5 €. Accès au spa en sous-sol 10 €.

Une des richesses de Ferraria, ce sont ses deux sources d'origine volcanique qui chauffent les piscines naturelles et alimentent son complexe thermal. Même si l'établissement paraît presque à l'abandon, on peut se laisser tenter par sa piscine extérieure d'eau thermale si la houle est trop forte et ne permet pas de se baigner dans la piscine naturelle. Le spa en sous-sol est en revanche à éviter (manque de luminosité et d'entretien). Le bar et le restaurant sont propices à une petite pause gourmande ou à un apéritif en terrasse pour regarder le coucher de soleil.

MOSTEIROS ★★

Un endroit pittoresque pour se baigner à São Miguel. Ici, la côte est découpée en baies et en échancrures rocheuses. On y trouve une piscine naturelle et une très belle plage de sable noir ; mais prudence, la mer peut y être dangereuse. Au large, les îlots des Mosteiros et le Pico das Camarinhas abritent encore les vestiges de la végétation primitive de l'île. Gaspar Frutuoso, dans sa chronique *Saudades da Terra*, rapporte une légende selon laquelle la région des Mosteiros faisait partie du grand manteau porté par le géant Almoural, dont le corps était l'île de São Miguel ; les îlots des Mosteiros seraient la pointe de l'un des pieds dépassant des ondes.
Aujourd'hui, le village réunit un peu plus de 1 000 âmes et offre un agréable endroit où faire une pause entre petites ruelles pavées, panoramas sur l'océan et piscines naturelles. Un bel endroit aussi d'où admirer le coucher de soleil ou pique-niquer sur la plage ou les rochers entourant les bassins.

Tourisme

Pour avoir une jolie vue du village et des îlots, rendez-vous au Miradouro da Lomba do Vasco, sur la route de Sete Cidades, ou au Miradouro da Ponta do Escalvado, au nord de Ponta da Ferraria. Les deux offrent un panorama sublime sur les paysages côtiers de l'île. Par temps exceptionnellement clair et dégagé, vous apercevrez peut-être l'île de Terceira au loin !

© CHLOÉ OBARA

Mosteiros.

MOSTEIROS PLACE €€

18 Caminho do Concelho
✆ +351 296 705 100
www.mosteirosplace.pt
Appartement pour 2 à partir de 180 €, petit déjeuner compris. En été, compter environ 345 € la nuit.

Des appartements sous forme de bulles en bois (des bulles carrées, précisons-le) ! Le concept est original et sympathique. Vous séjournez dans un logement moderne, tout confort, et avec une vue à couper le souffle. L'océan est à portée de main, juste derrière votre baie vitrée. Le petit-déjeuner est servi dans votre appartement et vous pouvez profiter de la piscine ou de la petite salle de sport à votre guise. Le personnel est professionnel et agréable. Les activités aux alentours ne manquent pas : Sete Cidades, Lagoa Verde, Lagoa Azul, piscines naturelles…

RESTAURANTE GAZCIDLA €€

16 Rua da Ponte
✆ +351 296 915 469
Ouvert tous les jours de 12h à 15h et de 19h à 21h. Comptez environ 20 € avec boisson.

Bar au rez-de-chaussée et restaurant à l'étage, cet établissement propose une cuisine régionale. Dans une grande salle, on déguste la spécialité de la maison – le poulpe –, en regardant l'océan et ses îlots. La spécialité est servie sous toutes les formes : en sauce, grillé… D'autres plats de viande et de poisson sont bien sûr à la carte. On regrette l'attitude parfois changeante du gérant et l'attente pour être servi mais les assiettes sont bien garnies et l'ensemble reste une bonne adresse à Mosteiros et dans cette partie de l'île.

SETE CIDADES HORSE RIDERS

Canada de Pilatos
✆ +351 918 851 425
setecidadeshorseriders.com
Demi-journée : 85 €. Journée complète : 165 €. Coucher de soleil : 90 €.

Cette petite agence organise des tours à cheval à la découverte des paysages fabuleux de Sete Cidades ou du littoral et ses falaises escarpées. Que vous soyez cavalier débutant ou confirmé, c'est une expérience originale, que la jovialité de João sait rendre inoubliable. Pédagogue, attentionné et patient, il vous accueille avec le sourire et vous guide tout au long de la balade. Les chevaux sont en bonne santé, très bien traités et soignés. A recommander pour découvrir l'île autrement.

AJUDA DA BRETANHA ★

Petite localité isolée, mais pittoresque et authentique. Lorsque le temps le permet, elle vous assure de jolis clichés, avec l'océan en toile de fond. On est à une dizaine de minutes du bord du cratère avec vue sur Lagoa Azul et Lagoa Verde, et à une vingtaine de Mosteiros et sa plage de sable. Quelques confusions entourent l'histoire du peuplement de la cité. Il est dit que les premiers colons s'y installèrent dès la fin du XVe siècle. Puis, des Bretons auraient ensuite quitté leur Finistère pour ces terres encore plus lointaines (d'où « Bretanha »). Certains signes sont toujours présents : les habitants y prononcent le « u » comme en français.

CAPELAS

Avant d'accéder au centre-ville, un belvédère, le Miradouro do Navio, livre une jolie vue sur la côte nord jusqu'à Ribeira Grande. À l'époque de la chasse aux baleines aux Açores, Capelas était un important centre de traitement du nord de l'île de São Miguel ; près des piscines publiques autour du port de Poços se trouvent les ruines de l'usine à usage mixte utilisée pour traiter l'huile de baleine et la farine de meunerie. La ville est aujourd'hui un lieu de villégiature réputé, favorisé par un microclimat appréciable. Les curieux peuvent visiter un petit musée informel et sympathique. Quelques possibilités de logements et de restauration s'offrent à vous.

CASA FELICITAS €€

100 Rua da Assomada
✆ +351 296 917 049
www.casa-felicitas.com
Appartement à partir de 60 € et maison à partir de 80 €.

Agnès et Béatrice, deux Suissesses qui parlent le français, vous accueillent chaleureusement dans leur propriété située dans un magnifique cadre naturel. L'établissement se trouve au milieu d'un terrain de 6 500 m². Le complexe se compose de deux bungalows indépendants et spacieux dotés d'une terrasse couverte avec vue sur la mer et d'un appartement possédant la même vue sur la mer. Vos hôtesses se feront un plaisir de vous conseiller sur les randonnées et les itinéraires de visite. *Gayfriendly* et adresse appréciée des géocacheurs.

MIRADOURO DAS PEDRAS NEGRAS ★

Situé sur la côte nord de l'île, tout près du village de Capelas, ce *miradouro* permet d'observer la populaire « trompe de l'éléphant ». Il ne vous faudra que peu d'imagination pour visualiser l'animal dans la roche ajourée. Son surnom, *Miradouro da Tromba de Elefante*, fait référence à la trompe de l'éléphant qui descend jusque dans la mer. On distingue aussi ses oreilles, bien dessinées dans la roche. Un point de vue insolite à ne surtout pas manquer !

OFICINA MUSEU

56 Rua do Loural
✆ +351 296 989 497
Ouvert du lundi au samedi, de 9h à 12h et de 13h à 18h. Entrée 3 €.

Pour apprendre la vie et connaître les outils traditionnels du tailleur, du barbier, du charpentier, du forgeron, du quincaillier, du potier ou du cordonnier. On y admire aussi une cuisine typique de la région, une taverne et une imprimerie. Un vrai inventaire à la Prévert : machines à imprimer, radios, téléphones, disques, vieilles pellicules, collection de timbres, de stylos, de cartes téléphoniques, de porte-clés, de briquets... Un musée très bien fait avec une visite guidée possible en français ! Également une boutique d'artisanat local pour les souvenirs.

CASA DO MONTE €

2 Estrada Regional
✆ +351 966 506 387
Séjour de 2 nuits minimum. Bungalow à partir de 180 € la nuit, maison (8 pers.) à partir de 295 € la nuit.

Ce manoir et ses dépendances sont construits au sein d'une ferme laitière familiale du XVIe siècle. Entourés d'un beau jardin, ils sont agréables, accueillants et intimistes. Le domaine dispose d'une piscine et bénéficie de vues spectaculaires sur la mer, la côte nord de l'île et les montagnes, avec une orientation privilégiée pour contempler le lever du soleil. Au total, 4 maisons sont mises à la disposition des voyageurs, avec une à trois chambres, salon, cuisine et salles de bains privatives. Certaines possèdent même un poêle, un balcon ou une véranda avec vue.

A CASA AMARELA €€

45 Rua Infante D. Henrique
✆ +351 962 136 041
3 nuits min. A partir de 67 € la nuit dans la maison 1 chambre et de 160 € la nuit dans la maison entière (4 pers.).

Situé à Capelas, à moins de 15 kilomètres de Pico do Carvao. A Casa Amarela propose un hébergement avec un jardin et un parking privé gratuit. Les logements entièrement équipés offrent une vue sur le jardin et disposent d'un coin salon. Certains logements comprennent une terrasse et/ou un balcon avec vue sur la mer. La maison de vacances dispose également d'une terrasse. La propriétaire est francophone. Un établissement à recommander, très recherché !

SOLAR DO CONDE €€

36 Rua do Rosário
✆ +351 296 298 887
www.solardocondehotel.com
A partir de 54 € le bungalow pour 2 personnes, 80 € en suite.

Ancien manoir de style baroque du XVIIe siècle, qui fut la propriété du Comte de Fenais, transformé pour un usage touristique en espace rural. 27 jolis cottages et 4 suites au charme ancien mais discret, indépendants ou non, entourés d'un beau jardin. Le Solar se trouve au milieu d'un jardin botanique luxuriant qui s'étend sur 2,5 ha et qui ravira sans doute les amoureux de la nature. Une piscine permet de se rafraîchir en été. Un bon restaurant, un bar, un snack et des salles de réunion sont à disposition. Une merveilleuse adresse.

CAFÉ CANTO DO CAÍS €€

1 Rua São Pedro
✆ +351 914 785 292
Ouvert tous les jours, sauf le dimanche, de 12h à 15h et de 18h à 22h. Environ 15 € par personne. Plat du jour : 8 €.

Il fait à la fois bar de village pour les travailleurs du coin, et bon restaurant de poissons pour les touristes et autres amateurs. Autant que possible, Eleuterio, le patron, aime à pêcher lui-même les produits qu'il cuisine. Du coup, forcément, ça se ressent dans l'assiette ! Côté déco, on apprécie l'intérieur style « maison de pêcheur » et l'authenticité des grandes tables en bois. Le samedi soir, il n'est pas impossible que votre repas soit agrémenté d'un concert. Une adresse comme on les aime ici aux Açores. Vivement recommandé.

SÃO VICENTE FERREIRA

Une petite localité un peu en retrait de la côte, à proximité de Fenais da Luz. Sur la côte, non loin de la bourgade, se trouve un joli moulin typiquement açorien. S'y trouvent également de superbes piscines naturelles, appelées Poços. À São Vicente Ferreira comme à Fenais da Luz, il existe un microclimat favorable à la culture de la vigne sur gravier de pierres ponces. C'est ce qui explique la présence des vignobles et des *quintas* où l'on produit du vin destiné à une consommation familiale ou locale. La ville s'étend le long de la route principale (ER 1), c'est d'ailleurs l'une des rares liaisons droites de l'île de São Miguel.

PEDRAS DO MAR RESORT & SPA €€

3 Rua da Terça
✆ +351 296 249 300
www.pedrasdomar.com
Chambre double dès 135 € (153 € vue mer), suite dès 220 € (240 € vue mer), chambre familiale dès 275 € (294 € vue mer).

Une adresse haut de gamme sur la côte Nord de São Miguel, entre Santo António et Ribeira Grande, pas si loin de Sete Cidades : l'emplacement est intéressant. Pedras Do Mar Resort dispose d'une piscine d'eau de mer, d'un bain bouillonnant et d'un superbe spa pour vous détendre. Pour les plus sportifs, il y a également un terrain de tennis. Les chambres sont élégantes et modernes. Quant au restaurant, il offre une vue panoramique sur l'océan Atlantique.

FENAIS DA LUZ

Fenais da Luz tient son nom de la grande quantité de foin (*feno*) qui s'y produisait. Quelques édifices sont dignes d'attention : l'église paroissiale renferme un superbe autel en bois sculpté et doré et une antique horloge dans la sacristie. L'église, dédiée à Notre-Dame de la Lumière (en 1756), a été construite sur les ruines d'un édifice plus ancien. Elle a été identifiée par la reine D. Maria I lors de la célébration marquant la défaite entre les forces de D. António, prieur de Crato, et Philippe II d'Espagne en 1582. Dans le cimetière se dresse une croix de basalte commémorant les missions du père Bademaker.

QUINTA DA JARDINETE

19-23 Rua dos Montes Nossa Senhora do Carmo
✆ +351 296 919 414
www.quintadajardinete.com
Visites guidées et dégustation : 5,50 € (sur réservation). Horaires variables selon la saison, voir le site internet.

Ce vignoble de 4 hectares appartenant à une famille açorienne est un bel exemple de la culture de la vigne dans un microclimat et sur un sol typique de pierre ponce. On y produit du merlot rouge, du merlot rosé, du chardonnay blanc, du sauvignon blanc, etc. Ces vins sont vendus localement et on les trouve aussi dans quelques restaurants de l'île. La maison organise (sur réservation) des visites guidées avec dégustation à la fin. Une expérience que l'on vous recommande fortement, notamment si vous vous intéressez un peu à l'œnologie.

QUINTA NOSSA SENHORA DE LOURDES €€

132 Rua da Igreja
✆ +351 296 919 626
quintanslourdes.com
Selon la saison, entre 75 € et 95 € pour une double. Le petit déjeuner est inclus.

C'était à l'origine une maison de vignerons dont elle a conservé cave, pressoirs, tonneaux et outils. Les 3 chambres doubles sont décorées avec soin dans la tradition açorienne. Elles ont accès au jardin tropical, à la superbe piscine située en hauteur, à la terrasse d'où l'on voit à 180° la côte et l'océan, à la salle de muscu et au barbecue. Vous pourrez aussi participer à la vendange et à la fabrication du vin biologique. Accueil attentionné et francophone de Anselmo et Esmeralda.

© DS

©

RABO DE PEIXE

Rabo de Peixe est le plus grand port de pêche des Açores et l'une des localités les plus densément peuplées de l'île. La petite agglomération n'est pas des plus belles de l'archipel, mais le vieux village est pittoresque avec ses maisons toutes colorées. En raison de son histoire, Rabo de Peixe est une région au riche patrimoine et aux traditions culturelles, qui comprend des festivals traditionnels, du folklore, de la musique et un vaste patrimoine architectural. Les fêtes religieuses sont appréciées par la population locale et attirent de nombreux visiteurs tout au long de l'année. Quasiment chaque mois a sa fête, ce qui rend la ville dynamique et divertissante.

RESTAURANTE DA ASSOCIAÇÃO AGRÍCOLA DE SÃO MIGUEL €€

Recinto da Feira ✆ +351 296 490 001
restauranteaasm.com/pt/
Restaurant ouvert tous les jours de 12h à 22h. Bar ouvert de 8h à minuit.

Carnivores, bienvenus dans le meilleur restaurant de viande de l'île ! Installé au beau milieu de la coopérative agricole de São Miguel, l'endroit ne laisse aucune place au doute : ici au moins, vous savez d'où provient ce qu'il y a dans votre assiette ! Et c'est excellent. Le lieu est réputé pour sa viande de grande qualité et son goût unique, associé à l'art de bien servir. Une grande salle d'une capacité de 140 personnes, un bar, une terrasse...

QUINTA DE SANTANA €€

4 Canada de Meca
✆ +351 296 491 241
www.qsantana.com
Selon la saison, appartement T1 de 80 € à 140 € et appartement T2 de 120 € à 180 €. Petit déjeuner 12 €.

25 appartements modernes ou rustiques, équipés des commodités d'usage. Le cadre est magnifique, la vue est belle, la piscine bordée d'azalées et le service aimable. Au cœur de la nature, l'établissement vous promet un séjour paisible dans une ferme typique des Açores. Le jardin est très agréable et adapté aux familles avec une aire de jeux pour les enfants. Accès Internet en wifi à la réception, près de la piscine, ou depuis les chambres. Le billard vous promet de plaisants moments ludiques. Une belle adresse recommandée par le Petit Futé.

RIBEIRA GRANDE ★★

Les premiers colons s'installèrent à Ribeira Grande dès le début du XVIe siècle. Le long de la rivière, ils construisirent de nombreux moulins qui permirent la filature du lin et de la laine. Il en reste une certaine atmosphère et un centre historique où les rues, qui se croisent à angle droit, sont délimitées par des demeures typiques de l'architecture açorienne de l'époque. Ribeira Grande a acquis le statut de ville en 1981. Aujourd'hui, c'est la deuxième ville d'importance de l'île : elle englobe 14 paroisses où vivent un peu plus de 32 000 habitants.

Balade

Ribeira Grande abrite plus d'une dizaine d'églises, que vous aurez plaisir à apercevoir au cours d'une jolie balade dans son centre. Autour du jardin public, où l'on prendra plaisir à s'attarder pour contempler les magnifiques *metrosideros* ou « arbres de velours », on peut observer plusieurs édifices remarquables.

- **L'église Do Espírito Santo**, ancien temple de la confrérie de la Miséricorde, dont on peut difficilement ignorer la façade baroque exubérante. L'intérieur est, par contraste, très sobre.
- **L'hôtel de ville** est un bel exemple d'architecture civile des XVIIe et XVIIIe siècles. Il renferme une collection de portraits des chefs d'Etat, de Dona Maria II jusqu'à nos jours.
- **L'église Matriz de Nossa Senhora da Estrela**, construite en 1507 et consacrée en 1517. Très impressionnante, elle domine la place de la ville depuis le haut d'un escalier monumental. Remarquez son clocher massif en basalte et les carreaux de mosaïques coupés à la main qui tapissent la place. Au sommet des marches, vue imprenable sur la ville. Si elle est ouverte, poussez la porte pour en contempler l'intérieur, magnifiquement orné.
- **Le pont aux huit arches**, l'un des plus grands ouvrages routiers des Açores du XIXe siècle. Bâti sur huit arcs plein cintre reposant sur des piliers rectangulaires, il est devenu l'un des symboles de la ville et, à ce titre, a été intégré à ses armoiries, que l'on peut voir sur la façade de l'hôtel de ville.

Une jolie corniche rénovée permet aussi de superbes balades jusqu'à la piscine. Si vous êtes surfeur, allez faire un tour sur la plage de Santa Barbara, à 5 minutes du centre-ville : c'est l'un des meilleurs spots des Açores !

Tourisme

A environ 5 km au sud-est de Ribeira Grande, sur la route menant au Lagoa do Congro en passant par Lombadas, se trouve une toute petite localité, **Caldeiras da Ribeira Grande**. Si vous empruntez cette route, un petit arrêt peut valoir le coup.

- **Activité volcanique et thermes.** A Caldeiras, on peut contempler des fumerolles et des bassins d'eau bouillonnante. Au cœur du hameau, vous trouverez par ailleurs un établissement thermal (3 € pour 1h), Termas das Caldeiras, proposant deux petits bassins d'eau chaude et des massages à la boue volcanique. Idéal pour un moment de détente après une randonnée. Fermé en hiver.
- **Cuisine géothermique.** Une aire de pique-nique avec toilettes et barbecue est utilisée pour la cuisine géothermique : ici cuit le fameux *cozido*, ragoût enterré pour mijoter grâce à l'activité volcanique. Pour ceux qui souhaitent goûter, le restaurant-bar Caldeiras en propose un très bon au menu.
- **Randonnée.** Le bourg est aussi le point de départ d'une jolie randonnée, le PCR29 SMI (Caldeiras da Ribeira Grande - Salto do Cabrito). Cette boucle de 8,5 km (comptez environ 3h - difficulté moyenne) fait traverser la forêt jusqu'à un barrage puis une cascade, le Salto do Cabrito. Il n'est pas nécessaire de faire la boucle complète : une fois à la cascade, vous pouvez faire demi-tour et retourner à Caldeiras en revenant sur vos pas car la suite du parcours présente moins d'intérêt et mène sur une route fréquentée. N'oubliez pas de réserver un créneau aux thermes de Caldeiras pour vous revigorer après la balade !

ARQUIPÉLAGO ★★

Rua Adolfo Coutinho de Medeiros s/n
✆ +351 296 470 130

Centre d'art ouvert du mardi au dimanche de 10h à 18h. Fermé le lundi. Entrée 3 €. Entrée gratuite le dimanche.

Dans une approche pluridisciplinaire, ce centre d'art contemporain très dynamique installé dans une ancienne usine d'alcool et de tabac impressionne par son architecture austère et ses murs de basalte noir. L'intérieur dévoile de très beaux espaces d'exposition épurés et un accès aux anciennes caves où l'exposition se poursuit. Le bâtiment en lui-même, pour ceux qui seraient hermétiques à l'art contemporain, mérite bien un coup d'œil. N'hésitez pas à consulter le programme sur le site internet afin de connaître les différentes expositions et événements en cours.

ÉGLISE NOSSA SENHORA DA ESTRELA ✝

45 Rua do Prior Evaristo Carreiro Gouveia
✆ +351 296 473 660
Ouverte du lundi au vendredi de 9h à 12h et du lundi au jeudi de 14h à 17h.

L'église, avec sa façade blanche et son clocher de basalte carré et massif, surplombe fièrement la place du haut des marches monumentales qui mènent au portail. Elle a été consacrée en 1517. Dans la sacristie se trouve un petit musée d'art sacré qui exhibe un beau triptyque flamand du XVIe siècle représentant saint André. C'est ici que les gens du monde entier viennent pour adorer « l'Imagem do Senhor Santo Cristo dos Milagres », principalement au milieu de mai. Mérite une visite.

FABRICA DE LICORES DE EDUARDO FERREIRA & FILHOS 📷

12 Rua do Brequo
✆ +351 296 472 831
sabemais.pt/informacao2/2/26485/100
Ouvert du lundi au vendredi de 9h à 12h et de 13h à 18h. Visite guidée et dégustation gratuites.

Reconnues par de nombreuses récompenses internationales, les liqueurs de cette fabrique raviront les amateurs. Parmi les principaux produits figure la liqueur au fruit de la passion (une étape importante dans l'histoire et les traditions gastronomiques des Açores). Elle a remporté 6 médailles d'or internationales. Il y a aussi la liqueur à la crème Queen of the Islands, la liqueur à l'anis et les liqueurs variées de fruits naturels. Courte visite guidée, comptez quelques minutes.

FABRIQUE DE CÉRAMIQUE CERÂMICA MICAELENSE 📷 ★

42 Rua do Rosário
✆ +351 296 472 600
ceramica-micaelense8.webnode.pt
Fabrique ouverte du lundi au vendredi de 9h à 18h. Entrée gratuite. Visite guidée sur demande.

Tout comme Lagoa sur la côte sud, Ribeira Grande, sur la côte nord, possède elle aussi sa fabrique de céramiques. Au fil de votre visite, vous découvrez les différentes étapes de production de ces pièces uniques, et à la fin, même si c'est un peu risqué de rapporter en avion de la porcelaine dans ses valises, vous pourrez bien sûr passer par la case boutique. Les objets en céramique font partie des plus beaux souvenirs que vous pourrez rapporter des Açores.

QUINTA DO PARAIZO €€

29 Rua de Sao Joao - Rabo do Peixe
✆ +351 919 511 602
www.quintadoparaizo.com
Suite à partir de 85 € la nuit, petit déjeuner inclus. Studio à partir de 120 € la nuit, sans petit déjeuner. Parking.

Une ancienne quinta aux pierres centenaires, datant de l'époque où les oranges étaient la richesse de l'île, entourée de 8 000 m² de jardins et vergers où poussent fruits et légumes. Appartenant aux grands-parents d'Ana Catarina, elle a été entièrement rénovée et modernisée. Elle propose 3 suites, un studio et une maison autour d'une piscine à débordement et d'un jacuzzi. Le jardin est très agréable avec son barbecue. Dans son atelier de céramique, Ana propose à ses hôtes de réaliser leurs propres créations et de les emporter comme souvenirs. Un petit paradis !

© DS

© DS

TUKÁTULÁ

Rua do areal de Santa Barbara
✆ +351 296 477 647

Un bar tendance idéalement situé en bordure de la plage de Santa Barbara. On peut y manger un bout à n'importe quelle heure de la journée ou y siroter un coup en regardant les surfeurs s'éclater sur les vagues. Les snacks et les cocktails y sont bien préparés. Un peu comme depuis une terrasse, la vue y est superbe. On vous conseille vivement d'y aller au moment du coucher de soleil où l'ambiance a quelque chose de spécial... En été, des soirées à thème sont organisées et la fête bat son plein jusqu'à tard dans la nuit. Bref, une vraie bonne adresse.

MUSÉE CASA DO ARCANO ★

Rua Madre Margarida do Apocalipse
✆ +351 296 470 763

Ouvert du lundi au vendredi de 9h à 17h. Fermé le week-end. Entrée : adulte 3 €, + 65 ans 1,50 €, -6 ans gratuit.

Inauguré en 2009, ce musée a été aménagé dans la maison natale de la sœur Marguerite de l'Apocalypse (1779-1858) et abrite l'Arcano, l'œuvre mystique et insolite à laquelle la sœur a consacré toute sa vie. Considéré comme un trésor régional, l'Arcano est une vitrine qui expose sur trois niveaux des figurines (santons en farine de riz et gomme arabique) de 1 à 20 cm représentant des scènes bibliques. Dans la maison, certains espaces ont été préservés, comme les plafonds et la cuisine où l'on peut voir, par exemple, un four traditionnel.

MUSÉE VIVO DO FRANCISCANISMO

Rua de São Francisco
✆ +351 296 470 730

Du lundi au vendredi de 9h à 17h. Entrée : adulte 2 € ; +65 ans 1 € ; -6 ans gratuit.

Fermé pendant une trentaine d'années, ce musée a rouvert ses portes le 14 février 2013. Il divulgue l'histoire de l'ordre des Franciscains à Ribeira Grande et sur tout l'archipel. Une visite intéressante, mais beaucoup d'informations ne sont pas traduites ni en anglais ni en français, alors si vous ne parlez pas portugais, il sera parfois un peu compliqué de tout saisir précisément ! Si vous avez l'occasion de monter en haut de la tour, la vue y est splendide.

MUSEU DA EMIGRAÇÃO AÇORIANA ★★

Rua do Estrela
✆ +351 296 470 770

Du lundi au vendredi de 9h à 17h. Entrée : 2 € (1 € pour les plus de 65 ans).

Installé dans l'ancien marché aux poissons de la ville, ce petit musée retrace l'histoire de millions d'émigrants açoriens, aujourd'hui plus nombreux à l'étranger que sur l'archipel ! Très riche en archives et objets d'époque, ce musée est passionnant. Vous y découvrirez par exemple que le ukulélé hawaïen vient en fait de l'archipel des Açores. Des expositions temporaires et des événements divers sont organisés tout au long de l'année. Une visite à ne pas manquer !

MUNICIPIO DA RIBEIRA GRANDE

Largo Conselheiro Hintze Ribeiro
✆ +351 296 470 730
www.cm-ribeiragrande.pt

Ribeira Grande est une ville de caractère, réputée pour son architecture pleine de spécificités. L'occasion de se lancer dans un voyage culturel, à travers ses musées et monuments religieux, représentant un style unique du baroque des Açores. Dans les environs de la ville, une grande variété de loisirs est possible : visite des plantations de thé, découverte du volcan, plongée dans un bain d'eau chaude, et surtout, la pratique du surf sur la côte nord de la ville.

POSTO DE TURÍSMO

Rua Luis Camoès
✆ +351 296 474 332
ribeiragrande.pt/geo/posto-de-turismo

Ouvert du lundi au vendredi (été comme hiver) de 9h à 17h.

Le bâtiment n'est plus très frais, mais vous trouverez dans cet office de nombreuses informations sur Ribeira Grande et ses alentours. Brochures, cartes, idées de visites et de randonnées... L'accueil y est efficace et fort sympathique. Le personnel parle anglais (malheureusement pas français !). La côte Nord de São Miguel regorge de petits trésors et de lieux à ne pas manquer alors pour rendre votre aventure et vos découvertes parfaites, passez par ici pour enquêter et glaner les renseignements nécessaires à votre séjour sur l'île.

ALABOTE €€

68 Largo East Providence
✆ +351 296 473 516
www.alabote.net

Ouvert tous les jours sauf le mercredi de 12h à 17h et de 19h à 22h. Environ 20 €.

Ce restaurant doit son nom à l'expression açorienne « Ala bote » qui signifie « prends la barque et vas-y ». C'est une invitation à la détente dans un espace simple et sans chichis où l'on peut savourer de bons plats typiques. Une magnifique terrasse où l'on profite de la vue sur la partie ouest de São Miguel est ouverte toute l'année. On recommanderait volontiers le boudin noir à l'ananas açorien, le feuilleté au serran (spécialité de la maison) ou le *bife micaelense*. Les poissons et les fruits de mer sont également excellents.

QUINTA DO PASSO €€

7 Rua do Espirito Santo
✆ +351 296 472 204
www.quintadopasso.com

3 villas de 4 à 6 personnes. Séjour de 2 nuits minimum. A partir de 85 € la nuit. En été, comptez plus de 300 € la nuit.

À deux pas du centre-ville de Ribeira Grande, les hébergements s'articulent autour d'une belle piscine et d'un jardin. Les structures sont en bois et de grandes baies vitrées permettent d'admirer ce havre de paix. À l'intérieur, tout le confort nécessaire : cuisine entièrement équipée, coin salon, salle de bains avec une douche immense, chambre à la literie très confortable... Quelques touches de couleur, bleue ou verte selon les accommodations, viennent égayer ces jolis appartements. Parking privé. L'accueil des hôtes est adorable.

SANTA BARBARA ECO BEACH RESORT €€€

1 Estrada Regional
✆ +351 296 470 360
www.santabarbaraazores.com
14 studios, 7 villas 1 chambre, 9 villas 2 chambres. A partir de 160 € la nuit. Comptez plus de 600 € la nuit en été.

Inauguré en 2015, l'établissement entre montagne et mer est tout simplement splendide. La réception prend place derrière une grande baie vitrée avec vue sur l'océan. Il en est de même pour le restaurant. Les villas sont relaxantes et apaisantes. Certaines disposent d'un bain bouillonnant privé, d'autres d'une piscine chauffée et partagée avec quelques autres hébergements. Il y a un accès direct à la plage, un beach club en été, un spa, des cours de yoga...

QUINTA DOS PEIXES FALANTES €€

40 Rua de Santana ✆ +351 296 493 301
peixesfalantes.pt
Séjour de 3 nuits minimum. Studio (3 pers.) à partir de 200 € la nuit. Maison (4 pers.) à partir de 240 € la nuit.

Des maisons et des studios à louer dans une jolie quinta entourée d'un jardin exotique avec une piscine. Ce joyau, parfaitement décoré, allie avec goût tradition et design moderne. Les bâtiments ont été réalisés dans le style Micaelense, typique de São Miguel, avec des murs en pierre et en basalte. Chaque type de logement dispose d'une kitchenette et de coins repas intérieur et extérieur. Le petit déjeuner se prend dans la chapelle rénovée du XVIIIe siècle. Tout simplement charmant.

RESTAURANTE CALDEIRAS €€

Largo Caldeiras da Ribeira Grande
✆ +351 296 474 307
Ouvert de 10h à 22h tous les jours sauf le lundi. Comptez 20 € le repas complet.

Bar et restaurant au design moderne et esthétique. Choix de plats typiques et excellentes grillades. Si vous y passez le dimanche midi, ce sera buffet à volonté : entrée, *cozido* traditionnel (extraordinaire ragoût cuit à la chaleur des sources d'eau chaude) et deux plats de poisson ou viande, plus un dessert. Un bon moyen de goûter aux différentes spécialités de l'île. Pedro vous réserve un accueil dont vous vous souviendrez : souriant, aux petits soins et de très bon conseil. Découvrez aussi les bières artisanales d'Azbeer.

RIBEIRA SECA ★

À Ribeira Seca, municipalité attenante à Ribeira Grande, les ruines d'une fontaine ensevelie par l'éruption du Pico do Sapateiro en 1563 méritent un bref arrêt. L'église de São Pedro, juste en face, n'aurait rien de remarquable si elle n'était le lieu de la fête populaire des Cavalhadas de São Pedro qui se tient chaque 29 juin et célèbre l'élévation de Ribeira Grande au statut de ville. Pour être parfaitement complet, un site naturel intéressant peut être visité en été, quand la lumière y pénètre : la Furna do Sol à la Ponta do Cintrão, près de Ribeirinha. On ne peut y parvenir que par la mer. Si l'aventure vous tente, renseignez-vous auprès de l'office de tourisme de Ribeira Grande.

PRAIA DA SANTA BARBARA ★★

La plage de Santa Bárbara est l'une des plus grandes de la région avec son étendue d'environ un kilomètre. Vous l'aurez compris, une belle balade les pieds dans le sable noir et les yeux dans le bleu intense de l'océan s'annonce ! Dotée de bonnes installations (vestiaires, douches, restaurant…), elle s'est également fait un nom dans le monde des sports nautiques. C'est le meilleur spot de l'île si vous souhaitez pratiquer le surf ou le bodyboard. Vous trouverez ici des écoles qui dispensent des cours et louent du matériel. Un championnat international de surf – le SATA Airlines Azores Pro – y est également organisé chaque année au mois de septembre.

PORTO FORMOSO ★★

Porto Formoso mérite un déplacement prolongé. La plage dos Moinhos est joliment située. On y accède par une ruelle en pierres plutôt bucolique. Notez qu'il vaut mieux venir s'y baigner le matin, le soleil disparaissant derrière les collines plus tard dans la journée. Le sable est plutôt clair et fin, un ruisseau se jette dans la mer ce qui donne un charme fou à l'endroit et un restaurant/snack offre une belle vue d'ensemble sur la baie. On vous conseille également la randonnée qui fait le tour du village. Une balade de 6 km qui vous fera longer l'océan. La localité abrite aussi l'une des deux fabriques de thé de l'île, et d'Europe.

Porto Formoso.

FABRIQUE DE THÉ DE PORTO FORMOSO ★★

22 Estrada Regional
✆ +351 296 442 342
www.chaportoformoso.com
D'octobre à avril, du lundi au samedi de 9h à 17h. De mai à septembre, ouvert aux mêmes jours, de 9h à 18h. Gratuit.

Peut-être plus intéressante pour les touristes que celle de Gorreana car mieux équipée, mais du coup un peu moins authentique. Elle comprend un espace vidéo, un musée et une boutique de souvenirs où une dégustation gratuite est prévue. Très belle vue sur la côte depuis le jardin botanique ; un petit sentier permet de se perdre au milieu de la plantation. On peut acheter le thé sur place 40 % moins cher que dans les boutiques en ville ou à l'aéroport.

FABRIQUE DE THÉ GORREANA ★

Route principale
✆ +351 296 442 349 - gorreana.pt
Ouvert du lundi au vendredi de 8h à 18h, et le week-end de 9h à 18h. Gratuit.

Cette fabrique de thé fonctionne depuis 1883 et appartient toujours à la famille qui l'a fondée. Si elle est plus authentique que celle de Porto Formoso et son accueil tout aussi amical, sa visite est moins pédagogique. En revanche, vous pourrez admirer l'alignement au cordeau de la plantation et la vue qui se perd à l'horizon ; vous pourrez aussi y déguster gratuitement du thé vert, variété que l'on ne trouve qu'ici. La culture de thé aux Açores est un fait original et spécifique à la région, alors pensez à visiter l'une des fabriques.

O MOINHO TERRACE CAFE €

18 Praia dos Moinhos ✆ +351 296 442 110
moinhoterracecafe.com
En été, tous les jours jusqu'à minuit. En hiver 12h-19h, fermé le lundi. Burgers : environ 10 €.

Dominant la plage à l'accès plutôt confidentiel, cet ancien moulin à vent converti en snack-bar fait aussi restauration. Suivant l'appétit et l'heure, on pourra y grignoter ou manger plus copieusement sur la terrasse qui surplombe la plage et l'océan. Les viandes sont bonnes, les hamburgers parmi les meilleurs de São Miguel, mais c'est peut-être sa situation qui est le plus appréciable. Vous pourrez manger ou boire en verre en écoutant le son des vagues. Les prix sont vraiment raisonnables et en été vous pourrez vous restaurer jusque tard dans la soirée.

MUSÉE DU TABAC ★

Estrada Regional de São Pedro
✆ +351 296 442 905
Du lundi au vendredi 9h-12h et 13h-16h30. Adulte 3,50 € ; +65 ans et jeunes 14-17 ans 1,50 € ; -14 ans gratuit.

La plus ancienne fabrique de tabac de São Miguel, en activité de 1871 à 1988, a été transformée en musée. On y découvre toutes les étapes de la fabrication du tabac et les méthodes traditionnelles et ancestrales de production. La visite, toujours guidée, est claire et instructive. Les guides ne parlent cependant pas français (anglais et portugais). On regrettera qu'il n'y ait ni photo ni diaporama pour présenter le métier hormis une courte vidéo et qu'il n'y ait même pas la possibilité de pouvoir acheter des cigarettes toujours produites sur l'île.

MAIA ★

Après Porto Formoso, la route passe par São Brás, puis continue jusqu'à Maia, un petit village de pêcheurs très tranquille. Une bonne option pour l'heure du déjeuner : gagnez la pointe, le Miradouro do Frade et son aire de pique-nique bien aménagée. La vue est belle sur la côte et donne notamment sur une cascade qui plonge directement dans la mer, comme on peut en voir à Madère. Pour une vue encore plus rapprochée, il faut rejoindre le bout de la Travessa da Rua de Santa Catarina, qui part de la place centrale ; il n'y a aucun parking, c'est juste le bout de la rue, mais ensuite on peut tourner à droite et rejoindre la route pour Lomba da Maia.

SOLAR DE LALÉM €€€

Estrada de São Pedro
✆ +351 927 304 191
www.solardelalem.com
A partir de 135 € la double, 255 € la suite. Petit déjeuner inclus.

Solar de Lalém signifie « manoir au-dessus du village ». Situé à l'entrée du petit port de Maia, c'est un manoir rénové dont le premier édifice, la chapelle de Saint-Sébastien, remonte à 1687 (toujours en état). L'entrée a été construite en 1742 et la maison, entièrement rénovée et agrandie, a été achevée en 1850. 10 chambres, dont 6 dans la maison principale (une suite) et 4 dans une annexe. Situation très agréable (piscine, jardin). Accueil chaleureux. Curiosités ou activités sportives à proximité. Il est impératif de réserver. Très bon standing.

LOMBADAS ★★★

La route secondaire qui mène de Ribeira Grande au Lagoa do Congro est, à notre avis, l'une des plus belles de l'île. On grimpe avec de belles échappées sur Ribeira Grande et la côte Nord, jusqu'à la pointe occidentale de l'île, avant de prendre à droite lors d'une déviation vers la vallée de Lombadas, un endroit sauvage et méconnu. La route devient bientôt un chemin pavé au milieu d'une végétation intéressante. On distingue une belle cascade sur la droite, jaillissant des bosquets. On enjambe la Ribeira Grande et on atteint finalement un bâtiment abandonné. De là partent des sentiers de randonnée pour les marcheurs qui veulent profiter de ces paysages quasi vierges et verdoyants.

Balade

Pour les aventuriers sportifs qui souhaitent voir la cascade de plus près, un chemin de randonnée vous y mène ! Le départ se fait au niveau de la dernière boucle de la route (laissez votre voiture en bas). Attention toutefois, le niveau de difficulté est très élevé, voire dangereux. Un sentier glissant et boueux descend à travers la végétation. Il n'est pas indiqué, pas balisé et peu visible donc le risque de se perdre dans la forêt est important ; prenez des repères à mesure que vous avancez ! Une fois dans la vallée, vous n'aurez plus qu'à suivre le ruisseau pour atteindre la cascade, l'une des plus belles de l'île. Vous trouverez non loin des fumerolles et des sources d'eau chaude. L'endroit est idyllique, et tellement difficile d'accès et confidentiel que vous ne devriez pas y croiser beaucoup de visiteurs. Randonnée à ne pas tenter après la pluie, par mauvais temps, mal équipé, ou avec des enfants. Une très bonne forme physique et de bonnes chaussures de marche s'imposent.

Histoire

Les ruines que vous verrez au fond de la vallée de Lombadas sont celles d'une ancienne usine d'eau minérale, détruite en 1998 par une inondation. A cet endroit, on mettait la fameuse « Agua das Lombadas » en bouteille. Par ailleurs, en cherchant un peu, vous trouverez peut-être des sources naturelles d'eau gazeuse puisque l'eau en sort naturellement carbonatée à cause du sol volcanique qu'elle traverse ! Elle est aussi très riche en minéraux, et notamment en fer, dont on peut observer des dépôts rouges au bord de la rivière. Les anciens tuyaux d'embouteillage de l'usine fonctionnent encore et il est possible de remplir sa gourde directement de cette eau pétillante très agréable à boire (pour cela, il faudra traverser la rivière pour rejoindre le bâtiment abandonné de l'autre côté).

Transports

La route qui descend jusqu'au site peut s'avérer effrayante car elle est très étroite, pentue, tortueuse et accidentée. Une fois engagé avec la voiture, n'espérez pas pouvoir faire demi-tour avant de parvenir jusqu'à la vallée (environ 5 km à parcourir, qui peuvent paraître longs dans ces conditions). C'est par ailleurs quasiment une route à une voie donc prenez garde si vous croisez une voiture en sens inverse. Le déplacement mérite cependant l'effort car l'endroit est splendide et préservé.

Lombadas.

RANDONNÉE DU MONTE ESCURO À VILA FRANCA DO CAMPO

Circuit PR32SMI – 13 km – 4h – difficulté moyenne. Renseignez-vous auprès de l'office de tourisme.

Avant Lombadas, un sentier à droite vous mène au Monte Escuro (889 mètres d'altitude), point de départ d'une très belle randonnée qui vous conduira jusqu'au niveau zéro – Vila Franca do Campo –, via le Pico da Vela, puis la chapelle de Nossa Senhora da Paz. La promenade est assez facile, nul besoin d'être un grand marcheur pour s'en régaler. Soyez tout de même bien chaussés, et renseignez-vous avant de vous engager sur les conditions météo. Un très belle randonnée.

LAGOA DO CONGRO ★

Lagoa do Congro est une petite merveille que l'on atteint soit par une piste de terre battue, soit, en prenant la route asphaltée qui conduit à Vila Franca. De toute façon, il vaut mieux se garer avant de s'engager, la piste pouvant être hasardeuse et le site lui-même étant suffisamment proche pour que la promenade soit de toute façon réjouissante. En fait, le lac n'apparaît qu'au dernier moment, lorsque l'on y arrive, vu qu'il est blotti à l'intérieur d'une *caldeira*, caché et entouré d'une dense végétation de cryptomerias. Ne pas hésiter à grimper sur une colline avoisinante pour avoir une vue d'ensemble.

CALDEIRA VELHA ★★

Sur la route transversale qui relie Lagoa à Ribeira Grande via le Lagoa do Fogo, faites un petit détour par Caldeira Velha. Classé monument naturel depuis 2013, le site est aujourd'hui payant, mais il vaut largement la peine de s'en acquitter... Une fois passé le portail, vous pénétrez dans une sorte de jungle où la végétation est luxuriante. Un peu plus loin, des sources d'eau chaude, des fumerolles bouillantes, l'odeur du soufre, le clapotis de l'eau... Et tout au bout une belle cascade à l'eau cristalline. Le site est encore plus enchanteur lorsque le soleil perce à travers des feuillages et fait éclater les couleurs.

Géologie

Caldeira Velha est l'une des cinq sources chaudes de l'île de São Miguel. Située à environ 628 m d'altitude, cette réserve de biosphère classée en 2008 a été formée par le complexe volcanique de Lagoa do Fogo. L'eau qui y coule est riche en fer et directement chauffée par l'activité volcanique de la zone. Ainsi, la plus ancienne cascade atteint une température d'environ 25 °C quand l'eau de la plus jeune est plutôt située entre 35 et 38 °C.

Transports

De mai à septembre, la route entre Caldeira Velha et le Lagoa do Fogo est fermée aux voitures de location entre 9h et 19h. Si vous souhaitez vous rendre sur le site par la route, il faudra donc obligatoirement passer par le nord. Un parking est mis à la disposition des visiteurs.

CENTRE D'INTERPRÉTATION DE CALDEIRA VELHA ★★★

Dans la descente entre le Lagoa do Fogo et Ribeira Grande.

✆ +351 296 704 669

De nov. à mars 9h-17h, en avril et en octobre 9h-18h30, de mai à sept. 9h-20h30. Entrée 10 €, à réserver en ligne.

C'est un site ravissant, à la végétation luxuriante, par endroits tropicale, où l'on goûtera aux délices d'un bain apaisant : un petit bassin aménagé en dessous d'une cascade naturellement chaude, deux autres légèrement plus haut... On s'y trempe comme dans une grande baignoire emplie d'eau sulfurée et toujours à la bonne température (environ 38 °C), dans un halo de vapeur quand le temps est frais, mais toujours dans une ambiance familiale et bon enfant. Le coin manifeste clairement l'activité volcanique de la région. On se croirait en pleine jungle !

Pour visiter le parc, l'entrée est à 5 €. En revanche, pour se baigner dans les sources, il faudra réserver à l'avance sur le site Internet, et prendre le billet complet à 10 €. L'accès à la baignade est en effet limité à seulement 100 personnes par créneau horaire d'une heure trente pour limiter l'impact touristique (les bassins sont petits). En été, n'espérez pas pouvoir profiter des sources sans réserver au moins deux semaines à l'avance. Vestiaires (peu nombreux) et deux douches sur place. Nous vous conseillons de venir déjà en maillot de bain pour profiter davantage du temps limité sur place !

Le centre propose également un petit espace muséal, dans lequel on peut découvrir l'origine volcanique des Açores et notamment la formation du Lagoa do Fogo. On y trouve aussi quelques informations sur le site de Caldera Velha lui-même en termes de biodiversité, géodiversité et géothermie. A ne pas manquer !

Caldeira Velha.

LAGOA DO FOGO ★★★

Lagoa do Fogo est l'un des plus beaux sites d'une île qui n'est pourtant pas avare en paysages somptueux. Plusieurs *miradouros* sur la route permettent d'en contempler toute la splendeur. Le lac bleu au fond d'un cratère volcanique apparaît alors comme suspendu entre ciel et mer : le relief, lorsqu'on regarde vers le nord, s'abaisse jusqu'à laisser voir la mer sans qu'il y ait presque de frontière avec la surface du lac en altitude. Le lieu prend vraiment une ampleur féerique quand le soleil jaillit tout à coup des nuages, inondant le cratère et la mer au loin d'une étrange lumière...

Balade

Plusieurs chemins de randonnée permettent de rejoindre le Lagoa do Fogo, notamment PRC02 SMI, depuis Praia, au sud du lac (11 km - 4h - difficulté moyenne). Un repère a été placé au départ de la randonnée sur Google Maps, sous le nom « Inicio Ruta PRC02 SMI Lagoa do Fogo ». Depuis la petite localité de Praia, entre Ribeira Chã et Vila Franca, suivez les indications en voiture jusqu'au départ du parcours pédestre, lui aussi signalé. D'abord le long d'un sentier en terre battue (avancez jusqu'au réservoir d'eau puis tournez à droite), ensuite au travers d'un bois à la végétation luxuriante, vous découvrez au gré de vos foulées les différentes espèces de plantes et de fleurs locales. Parmi elles, eucalyptus, pittospores ondulés, acacias, hedychiums ou encore « espanadas » vous accompagnent pendant quelques kilomètres. Suivez toujours les indications ; vous atteindrez bientôt un petit cours d'eau (*levada*). Attention, la prochaine portion (2 km environ) peut s'avérer boueuse. Des spécimens végétaux uniques et quelques superbes points de vue sur la côte sud ponctuent votre ascension. Le *lagoa* n'est plus bien loin : dans un tel cadre, les derniers efforts sont plus motivants que jamais ! Nous attirons l'attention sur le fait que la quasi-totalité de cette randonnée évolue en zone classée Réserve naturelle : soyez donc vigilants et ne laissez derrière vous que l'empreinte de vos semelles... et encore. Plus d'infos sur trails.visitazores.com.

Faune et Flore

Les amateurs d'ornithologie pourront y observer nombre d'espèces d'oiseaux, aussi bien terrestres, comme la buse variable, la bergeronnette des ruisseaux et le merle noir, que marins comme le goéland leucophée et l'hirondelle de mer.

Parmi la végétation présente sur les bords de la caldeira, on trouve le laurier, la bruyère, le genévrier des Açores et la bourdaine des Açores, *frangula azorica*, endémique de l'archipel et de Madère.

Géologie

Du haut de ses 575 mètres d'altitude, Lagoa do Fogo est le plus haut lac de São Miguel. Il repose dans le cratère du volcan Água de Pau, le plus jeune volcan de l'île, formé il y a environ 15 000 ans, aujourd'hui endormi. C'est aussi l'un des plus grands lacs des Açores, et il est protégé depuis 1974 au sein de la *Reserva da Lagoa do Fogo*, dont le statut a évolué jusqu'à devenir une réserve naturelle de plus de 500 hectares intégrée au Parc naturel de São Miguel. A ce titre, la baignade y est strictement interdite et aucune infrastructure ne peut y être construite.

Pratique

Entre mai et septembre, l'accès au site est limité : seuls les locaux peuvent emprunter la route qui y mène, les voitures de location sont interdites. Pour s'y rendre, il faut obligatoirement prendre une navette payante (5 €, permettant de monter et descendre autant de fois qu'on le veut), opérant de 9h à 19h depuis le Centre d'interprétation de Caldeira Velha. Départ toutes les 70 minutes environ (pas d'horaires précis indiqués). L'achat des billets se fait directement sur place auprès du chauffeur ou en ligne sur le site lagoadofogo.pt.

La navette s'arrête quelques minutes sur les différents belvédères qui donnent sur le lac, tels que :

- **Miradouro da Bela Vista** ;
- **Miradouro da Lagoa do Fogo** (depuis lequel il est possible de descendre jusqu'à la plage de sable du lac en 30 minutes environ en suivant un sentier raide comprenant des marches. La balade en vaut la peine mais mieux vaut être en forme et bien équipé pour s'y engager) ;
- **Miradouro do Pico da Barrosa**.

Pour éviter les foules, l'attente et l'organisation erratique des navettes, plusieurs options s'offrent à vous : se rendre très tôt au lac et emprunter la route avant 9h, choisir au contraire d'y aller tard, après 19h, ou bien opter pour une randonnée ! Quel que soit votre choix, vous ne regretterez pas le déplacement jusqu'à cet endroit magique. A noter : à l'été 2023, les scooters de location étaient autorisés à passer.

LAGOA ★★

La richesse du sol en faisait l'une des meilleures régions agricoles de l'île. Ainsi, Lagoa se développa rapidement et acquit le statut de ville en 1522. On y cultivait alors du blé, du pastel et de la vigne. Pendant le XVIIIe siècle, l'essor du marché des oranges contribua à enrichir la localité, dont le port jouait un rôle important pour les échanges commerciaux. Apparurent ensuite les premières industries, une distillerie d'alcool notamment, et les premières cultures d'ananas. À partir de 1862, la ville devint un centre de céramique important. Aujourd'hui, on y cultive principalement le tabac, la chicorée, la betterave, l'ananas, la banane et l'orange.

Balade

Quelques bâtiments des siècles passés, une grande place de village ombragée, des maisons blanches aux volets verts, Lagoa ne manque vraiment pas de charme et il fait bon s'y balader. Au gré de votre promenade, certains édifices religieux valent plus particulièrement le détour.

- **L'église paroissiale de Santa Cruz**, dont les voûtes du sanctuaire ou la chapelle du Saint-Sacrement sont de style manuélin.
- **L'église de Nossa Senhora do Rosário**, dotée d'une belle collection de sculptures du XVIIIe siècle réalisées par Machado de Castro.
- **Le couvent des Franciscains**, édifié en 1749, de noble allure avec sa belle façade baroque.

FABRIQUE DE CÉRAMIQUE CERÂMICA VIEIRA ★

10/12 Rua das Alminhas
✆ +351 296 912 116
Ouvert du lundi au vendredi de 9h à 18h, le samedi de 0h à 12h45 le samedi. Fermé le dimanche. Entrée gratuite.

Créée au milieu du XIXe siècle, cette fabrique appartient à la même famille depuis cinq générations. Toutes les pièces sont originales et faites à la main ; on peut évidemment se contenter de les admirer si vous ne voulez pas charger vos valises avec quelques céramiques (toutes les gammes de prix), pourtant superbes. La visite est rapide et on regrette de ne pas avoir davantage d'explications écrites. Les amateurs d'azulejos seront sous le charme.

BOCABERTA CERVEJARIA & MARISQUEIRA €€

Largo Porto dos Carneiros
✆ +351 296 242 250
www.bocaberta.pt
Ouvert du mercredi au lundi de 12h à 22h. Comptez 30 € par personne.

Avec sa superbe terrasse au bord de l'océan, ce restaurant offre un cadre exceptionnel et il fait bon s'y attabler pour manger de délicieux plats de poissons et de fruits de mer tout juste pêchés. Huîtres, crevettes, langoustines, queues de homard, poisson du jour grillé... tout est frais et succulent. Le service est irréprochable également, les serveurs pourront vous prodiguer leurs conseils pour choisir les plats et les vins. Un incontournable de Lagoa.

LA TENDA DO FERREIRO FERRADOR

Av. Conselheiro Poça Falcao
✆ +351 916 865 007
Ouvert du lundi au vendredi, de 14h30 à 18h. Fermé les samedis, dimanches et jours fériés.

C'est une plongée dans le temps que l'on vous propose dans ce musée-atelier de forgeron. Les Benevides sont une famille de forgerons fiers de leur art, et les seuls aux Açores à encore pratiquer la ferronnerie artisanale. À l'époque où les transports nécessitaient la traction animale, ils ont par exemple façonné de nombreux fers à cheval ou d'éléments pour constituer les roues des carrosses. Ici, vous pourrez découvrir tout leur savoir-faire. Une visite passionnante.

VIEILLE VILLE ★

Quelques édifices des siècles passés, une grande place de village ombragée, des maisons blanches aux volets verts, Lagoa ne manque vraiment pas de charme. L'église paroissiale de Santa Cruz, dont les voûtes du sanctuaire ou la chapelle du Saint-Sacrement sont de style manuélin ; l'église de Nossa Senhora do Rosário, dotée d'une belle collection de sculptures du XVIIIe siècle réalisées par Machado de Castro ; ou le couvent des Franciscains, édifié en 1749, de noble allure avec sa belle façade baroque, valent plus particulièrement le détour.

TERRA LUSITANIA

✆ +351210 101 397
www.terra-lusitania.com

Du lundi au vendredi de 10h à 19h, heure française. Découvrez neuf îles uniques pour une immersion totale dans la nature.

Terra Lusitania Açores s'occupe de tout. L'équipe est spécialiste du voyage à la carte aux Açores et conçoit des programmes sur mesure selon vos goûts, vos envies et votre budget, dans la bonne humeur et en français ! Leur connaissance renouvelée du terrain permet de répondre au mieux à vos attentes. Les conseillers proposent des programmes au meilleur rapport qualité-prix. Lacs, cascades, volcans, plongée, kayak, observation des cétacés, monuments, réserves naturelles etc. Contactez l'agence par e-mail ou via le questionnaire détaillé accessible sur le site dans la rubrique contact.

HÔTEL ARCANJO €

2 Rua Senhora das Necessidades
✆ +351 296 960 450
www.hotelarcanjo.com
Chambre double dès 40 €, petit déjeuner inclus. En été, séjour de 3 nuits minimum ; comptez plus de 90 € la nuit.

Installé dans un bâtiment du XIXe siècle, cet hôtel 2 étoiles allie traditionnel et confort avec toutes les commodités d'usage (air conditionné, TV câblée…), à deux pas de l'océan dont la rumeur bercera vos nuits. Les tons clairs et le bois ornent les hébergements. Suivant la chambre, vue sur la montagne ou sur la mer. Il manque peut-être un ascenseur, car les escaliers sont raides. Petit déjeuner copieux. L'équipe pourra vous organiser diverses excursions : équitation, plongée, observations des baleines... Bon rapport qualité/prix.

SUL VILLAS & SPA €€€

42 Rua do Dr Filomeno da Camara
✆ +351 296 247 630
www.sulvillasazores.com
Villa à partir de 210 € ; villa avec piscine à partir de 300 €. Petit déjeuner inclus. En été, comptez plus de 350 €.

Bel établissement au bord de l'océan. Derrière de grandes fenêtres, la réception laisse apparaître la piscine d'eau salée, le bain bouillonnant et la grande terrasse avec vue sur la mer. La salle des petits déjeuners bénéficie aussi de cette superbe vue. La décoration est faite de bois et d'osier et l'ensemble est très harmonieux. Les suites sont spacieuses, voire immenses ! Toutes disposent d'une terrasse privée où vous pourrez vous relaxer et certaines ont même une petite piscine ou un bain bouillonnant privé. Dans chaque chambre kitchenette et Bluetooth.

WHITE EXCLUSIVE SUITES & VILLAS €€€

10 Rua Rocha Quebrada
✆ +351 296 249 153
www.whiteazores.com
Suite à partir de 240 €. Comptez plus de 675 € la nuit en été.

Ouvert en 2017, cet hôtel propose 9 suites et une villa de grand standing. Derrière une grande façade blanche se cache la réception, son mur de pierre authentique et sa végétation. Un peu plus loin, une grande terrasse extérieure avec piscine chauffée et vue sur l'océan. Tous les hébergements ont vue sur la mer et sont décorés avec beaucoup de goût dans un style chic. Le restaurant change de menu tous les jours. La plage est à 5 minutes de marche. Massage sur demande. Coup de cœur.

QUINTA NOSSA SENHORA DO CABO €€

4 Rua do Doutor José Pacheco
Vieira
✆ +351 916 467 728
Séjour de 3 nuits min. De 150 €/nuit (basse saison) à 300 €/nuit (haute saison). Wifi et parking privé gratuits.

Ce B&B est installé dans une maison du XVIIIe siècle au sein d'une propriété rurale de 1,5 hectare. À environ 10 km de Ponta Delgada, sa localisation centrale permet un accès facile aux différents points d'intérêt de l'île. Toutes les chambres sont en suite et les espaces communs sont très grands. Excellentes vues tant sur la mer que sur les montagnes. Entre modernité et authenticité, cette *quinta* est une splendide option à Lagoa. La décoration est particulièrement soignée.

© SD

© SD

ALMA LATINA €

13 Rua do Porto
✆ +351 939 605 490
Ouvert du mardi au dimanche de 12h à 15h et de 18h à 23h. Fermé le samedi midi et le lundi. Plats 20 € environ.

Une jolie adresse dans le centre de Lagoa. Ce restaurant, qui se fait discret de l'extérieur, sert des plats de viande et de poissons, et surtout des spécialités brésiliennes ! Tous les ingrédients sont frais et de qualité, et les portions généreuses. Les ribs de porc sont tout simplement divins ; le poulpe et les calamars font partie des plats signatures du chef. Les amateurs de fruits de mer s'y régaleront sans aucun doute. Malgré un peu d'attente, le service reste aimable et courtois. Pensez à réserver, car la salle est petite et se remplit vite.

BORDA D'AGUA RESTAURANTE €€

52 Largo do Porto
✆ +351 296 912 114
Ouvert du lundi au samedi de 12h à 15h et de 19h à 22h. Compter de 20 € à 25 € le repas.

Si certains locaux vous diront que sa qualité a baissé depuis ses débuts, ce restaurant n'en demeure pas moins une bonne adresse pour un repas aux délicieuses saveurs marines : patelles grillées, crevettes, poulpe... Même les légumes sont excellents. Les amateurs de bon vin pourront accompagner leur poisson d'un petit *vinho verde*. Seul bémol, lorsque la salle est complète, elle est très bruyante... Dans ce cas, oubliez le dîner romantique ! Une cuisine typique, sans chichi, mais un régal pour les papilles. Réservation recommandée.

RESTAURANTE ONDAS DO MAR [OCEAN WAVES] €€

14 A Largo do Cruzeiro
✆ +351 296 916 514
Ouvert du mardi au dimanche de 10h à 1h du matin. Comptez environ 20 € le repas par personne.

Situé à deux pas de l'hôtel Arcanjo, ce restaurant donne immédiatement sur les vagues que l'on peut admirer à loisir pendant son repas grâce aux multiples baies vitrées. On y mange du poisson et des fruits de mer pour des prix tout à fait raisonnables. Les plats sont enchanteurs et copieux. Le personnel est particulièrement sympathique et fait l'effort de parler anglais. En été, une terrasse agréable permet de profiter de l'air marin. Établissement vivement recommandé.

ÁGUA DE PAU ★

C'est la localité la plus riche en eau douce et potable de São Miguel : on ne lui dénombre pas moins de vingt-sept fontaines ! Si vous n'êtes pas pressé par le temps, amusez-vous à en dénicher quelques-unes : en pierre volcanique ou en céramique, aucune ne se ressemble vraiment. Profitez-en également pour visiter l'église Nossa Senhora dos Anjos, portant sur sa façade la croix baroque de l'ordre du Christ. Chaque année, le 15 août, l'édifice est décoré à l'occasion de la fête de Nossa Senhora dos Anjos. Água de Pau abrite par ailleurs un intéressant petit musée, la Mercearia Central, qui retrace le mode de vie des Açoriens d'autrefois.

Ermida de Monte Santo, Agua de Pau.

MUSEOLÓGICO MERCEARIA CENTRAL - CASA TRADICIONAL

1 Praça da República
✆ +351 296 912 510
Ouvert du mardi au vendredi de 9h30 à 13h et de 14h à 17h. Le samedi de 10h à 16h.

C'est en fait l'épicerie centrale, acquise par la mairie, qui constitue aujourd'hui le musée. Au rez-de-chaussée, dans cet ancien établissement commercial, vous découvrirez des témoignages du passé. On vous raconte la façon dont vivaient, consommaient et s'habillaient les Açoriens d'hier. Un petit musée dont la visite ne vous prendra que quelques minutes. Juste à côté, il y a une taverne où vous pourrez continuer la découverte en échangeant avec les habitants.

A CASA DO ABEL €€

1 Largo do Barracão
✆ +351 296 913 954
casadoabel.com

Ouvert tous les jours sauf le mercredi de 12h à 15h et de 18h à 21h30. Comptez 30 € pour un repas complet. À réserver.

On peut le dire, c'est un restaurant exceptionnel pour la viande, majoritairement sourcée aux Açores. On choisit son morceau entre pièces de bœuf, de canard, de porc ou d'agneau... et parfois de gibier ! Les accompagnements sont également très bien préparés : purée à la truffe, frites maison, légumes grillés... Les desserts sont maison et la carte des vins très exhaustive (comme le mur orné de bouteilles !). Les serveurs portent un beau tablier et sont d'excellent conseil. La salle, quant à elle, a été réaménagée début 2024. Une superbe adresse.

CALOURA ★★

On peut avoir une première vue d'ensemble de ce village depuis le Miradouro do Pisão, sur la route principale qui conduit à Ponta Delgada ; le panorama est intéressant sur la côte sud, l'îlot de Vila Franca et Caloura en contrebas avec sa piscine naturelle très prisée l'été, dans la partie avant du môle. Caloura, petit port de pêche traditionnel, est situé dans un endroit agréable, protégé par une haute falaise couverte de végétation, au milieu de vignobles entourés de *currais*, murets noirs de pierre basaltique. Le coin est fameux pour son vin de cheiro. Quelques beaux araucarias nous invitent à pénétrer dans l'église de Nossa Senhora das Dores.

BAR CALOURA €€

20 Rua da Caloura
✆ +351 296 913 283

Cuisine ouverte tous les jours de 12h à 21h30 (à partir de 12h30 le samedi). Poisson grillé : 25 € env.

Au bout de la route qui descend jusqu'à l'ancien petit port de pêche et ses vieilles barques en bois colorées, une ancienne maison de pêcheur et une grande terrasse sur l'océan, à l'ombre d'arbres centenaires. Vous êtes à Caloura. À l'entrée, un tableau reprenant la pêche du jour. Vous n'avez plus qu'à choisir le poisson que vous souhaitez déguster grillé, accompagné de pommes de terre au four et d'un buffet salade. C'est simple et savoureux et le cadre est vraiment magique. Une très belle adresse prisée par les locaux, pensez à réserver.

CALOURA HOTEL RESORT €€€

27 Rua do Jubileu
✆ +351 296 960 900
www.calourahotel.com

Chambre double dès 100 € la nuit, petit déjeuner inclus. En été, comptez 140 € la nuit. Restaurant et bar ouverts 7j/7.

L'hôtel est agréablement situé au calme à l'extérieur du village. La vue panoramique sur l'océan est un vrai atout. Chaque chambre dispose de la vue sur la mer et c'est magnifique, y compris depuis la terrasse du restaurant. Les 81 chambres sont confortables et parfaitement équipées. Toutes disposent d'un accès wifi gratuit. Un ordinateur est mis à disposition à l'accueil (payant). Possibilité de réserver pour tous types d'activités (golf, tennis, whale watching, plongée…). Le restaurant de l'hôtel est excellent. Bref, une très bonne adresse.

RIBEIRA CHÃ ★

Cette petite ville entre Lagoa et Vila Franca do Campo est surtout intéressante pour son complexe muséal, l'un des plus importants de l'archipel. Vous pourrez y visiter trois musées : l'un agricole, l'autre ethnographique et le dernier d'art sacré. L'occasion de faire d'une pierre trois coups et d'en apprendre énormément sur l'archipel. La région tient son nom du ravin qui longe la vallée et se jette dans la mer, à travers une grotte de falaises et de rochers. Jusqu'au XVIIe siècle, c'était une petite localité connue comme un terrain de chasse pour la pintade, et où peu de gens s'installaient, en raison d'une accessibilité difficile.

MUSEU DE ARTE SACRA E ETNOGRAFIA ★

Avenida Eng. Eduardo Arantes de Oliveira
✆ +351 296 913 787
Du lundi au vendredi 9h30-13h et 14h-17h30. Visite guidée possible. Fermé samedi, dimanche et jours fériés. Entrée 2 €.

Intéressant complexe regroupant trois musées : agricole, ethnographique et d'art sacré. Ce dernier mérite une visite pour l'image de Notre-Dame da Ajuda, du XVIe siècle, qui ornait une chapelle aujourd'hui disparue. La section ethnographique raconte la vie quotidienne de plusieurs artisans au début du XXe siècle, exhibe des outils usuels ou des objets d'art populaire. Un petit jardin botanique attenant permet de contempler quelques exemples de la végétation endémique de la région.

VILA FRANCA DO CAMPO ★★

Le nom vient de sa situation géographique (la ville est située sur une « plaine fertile » ou campo) et économique (c'était une ville « franche », franca, et les habitants y étaient exempts de taxes). C'est désormais un port de pêche typique, tout comme d'ailleurs les poteries locales dont la tradition remonte à plusieurs siècles. Sa prospérité économique a été assurée par la culture du pastel et de la canne à sucre, ainsi que par le blé, le maïs, la patate douce, la vigne, la banane et l'ananas : dans ce seul *concelho*, les 800 serres produisent chaque année entre 500 000 et 800 000 fruits. L'élevage et la pêche y sont bien sûr essentiels aujourd'hui.

CHAPELLE (ERMIDA) DE NOSSA SENHORA DA PAZ ★★

33 Rua Luis Medeiros Rezendes Paiva
✆ +351 296 539 100

Construite à flanc de montagne, elle domine toute la région de Vila Franca de Campo située en contrebas. Son double escalier orné d'azulejos n'est pas sans rappeler les sanctuaires de Lamego ou de Braga, dominés eux, il est vrai, par d'imposantes églises, alors qu'il s'agit ici d'une modeste chapelle. Cela étant, elle offre une vue exceptionnelle. Elle aurait été érigée au XVIe siècle suite à, selon la légende, l'apparition de la Vierge Marie à un berger.

Vue sur Vila Franca do Campo, depuis Nossa Senhora da Paz.

ÉGLISE DE SANTO ANDRÉ ✝ ★

Rua Visc. do Botelho

Elle fait partie de l'ancien couvent de Santo André, du XVIe siècle (partiellement détruit après l'extinction des ordres religieux en 1832, le palais et l'église sont toujours debout). C'est ici que furent inventées les fameuses *queijadas da Vila*. S'y mélangent les styles baroques et néoclassiques. Quand le roi dom Pedro IV décida de dissoudre les ordres religieux en 1832, les clarisses durent fermer boutique, et aujourd'hui il ne reste qu'une partie de l'église et le parloir. Un passage peut tout de même s'avérer intéressant si vous êtes à Vila Franca do Campo.

ÉGLISE PAROISSIALE DE SÃO MIGUEL ARCANJO ✝ ★

81 Rua Teófilo Braga

✆ +351 296 582 246

Ouverte du lundi au vendredi de 8h à 16h, le samedi de 8h à 10h et le dimanche de 10h30 à 13h puis de 19h à 21h.

Construite au XVe siècle par Rui Gonçalves da Câmara, le troisième capitaine-donataire de l'île, elle a été entièrement détruite par le tremblement de terre de 1522 et aussitôt reconstruite selon le même schéma. Elle présente trois nefs, un frontispice orné de la croix du Christ, un beffroi en basalte et une porte en ogive de style gothique. A l'intérieur, on remarquera le superbe maître-autel en bois doré et sculpté recouvert d'azulejos sur les pendants.

MUSEU ETNOGRÁFICO DA VILA FRANCA DO CAMPO 🏛 ★

Rua Visconte Buthelo

✆ +351 296 539 282

cmvfc.pt/servicos/museu-municipal

Ouvert du mardi au vendredi de 9h à 12h30 et de 14h à 17h, et le week-end de 14h à 17h. Entrée gratuite.

Le musée possède une belle collection de céramiques locales ainsi que de nombreuses pièces issues de fouilles archéologiques effectuées sur toute l'île de São Miguel. Les expositions visent à refléter les traditions et les expériences ancestrales de la ville et de l'île en général. Les visiteurs pourront par exemple observer l'artisanat traditionnel, l'art de la chasse à la baleine, la religion, les découvertes archéologiques... Plutôt intéressant.

AZORES WHALE WATCHING TERRA AZUL

4 Marina de Vila Franca do Campo

✆ +351 913 453 030

www.azoreswhalewatch.com

A partir de 62 € par personne pour observer les cachalots et les dauphins et de 89 € pour nager avec les dauphins.

Terra Azul, opérateur écotouristique maritime depuis 2001 spécialisé dans l'observation des cétacés, organise quotidiennement des sorties depuis la marina de Vila Franca. L'archipel est un lieu unique pour observer la faune marine – 98 % de chance de voir des cétacés, 4 espèces résidentes de cétacés (cachalot inclus) et, à partir de mars, rencontre jusqu'à 24 espèces. L'agence propose 2 circuits exclusifs : la réserve naturelle de l'Ilhéu da Vila Franca et le patrimoine des baleiniers.

© DS

© DS

ILHÉU DE VILA FRANCA ★★★

bilheteira.cnvfc.net/bilheteira

De mi-juin à mi-octobre, navettes toutes les heures de 10h à 18h. Départ du port de Vila Franca. Billet 13 €.

En face de la ville se dresse une petite île à laquelle on accède par bateau : l'Ilhéu de Vila Franca, aussi connue sous le nom de *Anel da Princesa* (littéralement, anneau de la princesse). Classée réserve naturelle, elle possède une forme curieuse : elle est creusée, en rond, face à la côte, par une baie abritant une délicieuse petite plage. Il s'agit en réalité d'un ancien cratère volcanique âgé de 4 000 ans qui s'est probablement effondré sur lui-même après une éruption. Composé de deux îlots, le Grand et le Petit, seul ce dernier abrite des infrastructures humaines. Dès sa découverte à la fin du XVe siècle, l'île a servi de terrain viticole, mais elle a abrité d'autres activités humaines telles que la coupe à la baleine.

C'est près de ce bel îlot qu'eut lieu la tragique défaite de la flotte française envoyée par Catherine de Médicis pour aider dom António à reconquérir son trône, contre l'armada espagnole du marquis de Santa Cruz, le 26 juillet 1582.

Aujourd'hui protégé, notamment par la Commission européenne, l'îlot ne peut accueillir simultanément que 400 personnes par jour. Cette limitation a pour but de réduire les impacts négatifs et les dégradations liées au tourisme et de conserver l'environnement. L'île est en effet le lieu de reproduction de certains oiseaux marins et migrateurs. À ce titre, les visiteurs n'ont accès qu'à certaines zones restreintes du cratère.

Pour ceux qui souhaitent s'y rendre, la solution la plus simple est d'embarquer sur la navette qui part du port de Vila Franca do Campo. Le trajet dure une dizaine de minutes, et il n'y a qu'un bateau par heure. Les ventes de billets se font en ligne (dans la limite de 5 par personne) ou directement sur place. Lorsque c'est complet et que la limite de 400 personnes est atteinte, il n'est plus possible de réserver sur Internet, il est donc recommandé de prendre ses places en avance. WC sur place mais pas de douches ni de vestiaires. Pas de restaurant ni de café, prévoir en conséquence. Attention, la plage disparaît sous l'eau à marée haute, elle n'est accessible qu'à marée basse.

Une alternative pour découvrir l'îlot autrement est de louer un kayak à Vila Franca do Campo, et d'y aller à la force des bras ! Vous n'aurez pas le droit d'accoster sur l'île (sauf si vous êtes munis de billets de ferry), mais vous pourrez néanmoins profiter des paysages et d'une superbe excursion, admirer le cratère sous toutes ses coutures depuis votre embarcation, et éventuellement vous baigner, tout en respectant la nature. Activité vivement conseillée.

CENTRE DE PLONGÉE ESPIRITO AZUL

Marina ✆ +351 914 898 352

www.espiritoazul.com

95 € pour un baptême en mer, 60 € en piscine et 140 € pour les deux. A partir de 32 € pour les plongeurs confirmés et pour un pack de 10 plongées.

Un excellent centre de plongée, très sérieux. Possibilité de plongées pour tous les niveaux et, surtout, on vous accueillera et vous formera en français. Une très bonne adresse pour les amoureux de la mer qui pourront découvrir les récifs volcaniques, les caves sous-marines, les épaves et surtout la grande diversité de la vie aquatique de cette région de l'Atlantique. Possibilité de faire une croisière plongée ou un voyage en voilier sur une autre île en catamaran de luxe.

OLARIA JOAO DA RITA

123 Rua da Cancela

✆ +351 296 581 762

Du lundi au vendredi de 8h à 18h.

Rui Rodrigues est né dans une famille de potiers, de celles qui faisaient autrefois la renommée de Vila Franca do Campo. Dans une des ruelles du centre, il vous ouvre les portes de son petit atelier. On y trouve un tour en bois actionné avec les pieds, quelques carafes, bougeoirs, des miniatures et un antique four de cuisson. À noter que vous trouverez devant la porte un panneau reprenant les noms des autres potiers de Vila Franca do Campo, du musée ainsi que l'itinéraire du parcours organisé pour partir à la découverte de cet artisanat ancestral.

POSTO DE TURÍSMO MUNICIPAL

187 Rua Almirante Cândido dos Reis

✆ +351 263 285 605

Déc à fév, lundi-ven 10h-18h, sam 10h-13h et 14h-18h. Mars à nov, lundi-ven 10h-18h30, sam 10h-13h et 14h-18h30.

C'est le lieu idéal pour concocter votre itinéraire dans les environs. À votre disposition, de nombreuses brochures et informations sur les activités à faire à Vila Franca do Campo et aux alentours. L'équipe vous renseignera avec précision sur les horaires d'ouverture des différents sites, sur les incontournables à voir et à faire, sans oublier les possibilités d'hébergement et de restauration. Vous l'aurez compris, une mine d'or pour ne rien manquer lors de votre passage par ici.

São Miguel · Azores Islands · Dive Center and Dive School · www.espiritoazul.com
ESPÍRITO AZUL
Plongée aux Açores
Plongée
Snorkeling
Baptême
Formation
Excursions en Bateau
WhatsApp +351 914 898 352
info@espiritoazul.com
+351 914 898 352
ESPÍRITO AZUL
contacts
www.espiritoazul.com
Maison d'hôtes
Contactez-nous pour hébergement 2 minutes à pied de notre part
PLONGÉE ET VOILE EN CATAMARAN AUX AÇORES
PLONGÉE OFFSHORE
SUNSET CHARTERS
CROISIÈRES
INFO@WATERANDWIND.EU
+351 912533509
W&W
CONTACTS
WWW.WATERANDWIND.EU
UNIQUE LIVEABOARD AND CHARTER · AZORES ISLANDS ·
WATER & WIND
WWW.WATERANDWIND.EU
MT-04/2017

CONVENTO DE SÃO FRANCISCO €€

Jardím Antonio Silva Cabral
✆ +351 962 651 593
www.conventosaofrancisco.net
Séjour de 3 nuits minimum. A partir de 100 € la nuit en chambre double. En été, comptez environ 175 € la nuit.

Ce couvent est un lieu d'un autre temps. Entièrement rénové, il offre de jolies vues sur le jardin et l'océan. Si la cour est majestueuse, le couvent en lui-même est empreint d'une atmosphère paisible et sereine. Les grands couloirs résonnent encore des interminables prières tandis que les douze chambres ont tout le confort et une cheminée. Les espaces sont immenses et les hébergements très spacieux. À disposition des hôtes : une grande piscine et un squash.

PESTANA BAHIA PRAIA €€€

Água d'Alto
✆ +351 296 539 130
A partir de 90 € pour une chambre double, petit déjeuner inclus. En été, comptez plus de 250 € la nuit.

La rénovation qu'a subie l'établissement l'a replacé au plus haut niveau en termes de confort et de décoration pour laquelle on n'a pas lésiné sur la qualité des matériaux. S'élevant juste à côté de la belle plage d'Água d'Alto avec laquelle il communique directement, il peut encore trancher, par son apparence extérieure, avec le côté naturel de l'environnement, mais paradoxalement cela en rehausse la beauté. De luxueuses prestations vous attendent. Piscine extérieure, centre de bien-être et nombreuses activités organisées sur place.

QUINTA DOS CÚRUBÁS €€

1 Estrada Regional
✆ +351 961 739 880
www.quintadoscurubas.com
Compter entre 90 € et 150 € pour 2 personnes, selon la saison. Petit déjeuner à 16 € par personne.

Située à 1 km de la ville, la Quinta dos Curubas regroupe plusieurs bungalows en bois de pin, pas du tout de couleur locale. Ils sont de construction récente, décorés avec goût et équipés de cuisine. Le cadre est reposant, on est entouré de verdure et l'on profite d'une belle vue sur la mer. Quinta dos Curubás est fortement investie dans la durabilité, la lutte contre le gaspillage et l'utilisation de produits sains. Les eaux de pluie sont par exemple récupérées pour les sanitaires et l'arrosage du jardin, les résidus pouvant être réutilisés le sont...

BAR DA MARINA €

12 Rua da Marina
✆ +351 296 582 224
Ouvert tous les jours de 8h à 22h (service continu) et jusqu'à 2h du matin en été.

Idéal pour une petite pause avant ou après excursion (sous-) marine. Pensez-y pour le petit-déjeuner, juste pour boire un verre ou pour le déjeuner. Au choix, vous pourrez déguster salades, hamburgers... L'accueil est sympathique et les serveurs parlent anglais. Touristes et locaux se côtoient dans la joie et la bonne humeur. Il faut se déplacer au comptoir pour passer commande, on vient ensuite vous servir vos plats à table. La terrasse donnant sur le port est plutôt agréable. Une adresse simple au bon rapport qualité-prix.

QUEIJADAS DO MORGADO

20 R. do Penedo
✆ +351 296 581 183
Ouvert tous les jours de 9h à 18h.

Ce petit café avec terrasse et vue sur la mer, dans le centre de Vila Franca, vend les fameuses *queijadas da vila*, la pâtisserie locale préparée depuis plusieurs siècles ! Emblématique de la ville, cette friandise au fromage frais recouverte de sucre glace est originaire du couvent de Santo André. Attablez-vous avec une délicieuse boisson chaude pour goûter à ces petites merveilles. A l'intérieur de l'établissement, des baies vitrées permettent de voir les pâtissiers travailler à leur réalisation. A ne pas manquer si vous êtes de passage en ville !

AQUAPARQUE DOS ACORES

Rua Manuel António Martins Mota Ribeira Seca
✆ +351 296 539 160
Ouvert de juin à septembre, tous les jours de 10h à 18h. Adulte : 23 €. Enfant : 12 €.

Seul parc aquatique de l'île, donnant sur la mer. Le site est plutôt petit avec 6 toboggans, une piscine et un bassin pour les petits. Transats et parasols à louer sur place (3 €). Possibilité de se restaurer au snack (pique-niques interdits). Une alternative sympathique si vous voyagez avec vos bambins et si la journée est ensoleillée. En revanche, rien de typique ni d'authentique, vous vous en doutez ! C'est un parc aquatique comme on en connaît un peu partout dans les zones touristiques. Sans enfant, passez votre route. Il reste cher pour ce qu'on y trouve.

OCEANEYE AZORES

Marina de Vila Franca do Campo
✆ +351 911 111 731
www.oceaneyeazores.pt
Kayak (2h) : 20 € par pers., tous les jours de 9h à 17h. Tour en bateau fond de verre (2h) : 50 €, départ 9h30 et 14h30.

Agence sérieuse proposant un petit panel d'activités nautiques sur la marina. Vous pourrez y louer des kayaks et du matériel de snorkeling pour partir à l'aventure en toute autonomie, et pourquoi pas faire le tour de l'îlot de Vila Franca par vous-même ! Pour les moins aventureux, embarquez à bord d'un bateau à fond de verre pour d'admirer la faune marine, ou partez à la recherche des cétacés avec un biologiste. L'équipe est aux petits soins pour ses clients, les équipements fournis sont de bonne qualité et en bon état, de quoi passer un excellent moment en mer.

SAILZEN

3 Travessa da Igreja
✆ +351 911 938 308
sailzen.net
Croisières en voilier 6-10 jours. Réserver au moins 6 mois à l'avance. Voyage partagé : 2 inscrits minimum.

Si vous êtes tenté par l'expérience hors du commun d'une excursion avec skipper, l'offre de SailZen devrait vous ravir. À bord de leur voilier de 14 mètres, *Irró*, André et Ana proposent des croisières de 6 à 10 jours autour des îles, sous forme de voyages privés ou partagés. Des vacances inoubliables aux Açores, bercées par le calme et la tranquillité. Rien de mieux que de profiter de l'océan lorsque le moteur est éteint ou d'admirer le coucher du soleil depuis la mer. Une aventure à ne pas manquer si vous avez le pied marin, pour découvrir l'archipel autrement.

FURNAS ★★★

On y parvient soit par le nord, soit par le sud. La petite localité abrite 22 sources à vocation médicinale, qui jaillissent naturellement chaudes et sulfurées, et que révèlent d'étonnantes fumerolles autour de concrétions nées des sels déposés au fil des siècles. Dans les eaux ferrugineuses de Furnas, les locaux trouvent un remède à toutes les maladies respiratoires recensées à ce jour, dans une sorte d'état d'inhalation permanent. Le splendide parc botanique de l'hôtel Terra Nostra attire le visiteur autour de son bassin thérapeutique. La Vale das Furnas est traversée par deux rivières, ou plutôt deux torrents : l'un froid, l'autre chaud et ferrugineux.

WORLD'S NESTS FURNAS PODS VILLAGE €€

Canada das Pedras
✆ +351 918 253 029
www.worldsnests.net
Maison 1 chambre : à partir de 160 € pour 2 pers., de 200 € pour 3 pers. et de 240 € pour 4 pers. Petit déjeuner : 15 €.

Cet établissement 4 étoiles est situé à 5 minutes à pied du centre-ville, non loin des sites naturels de la région. Il propose des hébergements avec vue sur le jardin, petit déjeuner continental, et des activités de plein air : location de vélos électriques et tout-terrain pour profiter de belles balades, et circuits en jeep pour visiter São Miguel avec un service privé et exclusif aux clients (jusqu'à 6 personnes). Un havre de paix dans un lieu magique, avec un accueil extraordinaire.

CASA INVERTIDA

1 EN 1-1A

Accès libre.

Effectivement, on ne fera pas le déplacement jusqu'à Furnas juste pour venir voir cette curiosité citadine... La Casa Invertida, comme son nom l'indique, est une maison inversée ; à l'envers si vous préférez ! Pour tout vous dire, cette maison abrite en fait un transformateur électrique ! Une architecture intéressante pour une utilité peu glamour ! Si vous vous baladez dans la ville, faites un détour par ce monument tout du moins insolite. On ne voit pas cela tous les jours, alors une petite pause photo s'impose et peut se révéler particulièrement rigolote.

TERRA NOSTRA GARDEN HOTEL €€€

5 Rua Padre José Jacinto Botelho

✆ +351 296 549 090

www.bensaudehotels.com/terranostra

Selon la saison et la gamme, entre 145 € et 305 € la chambre simple, 159 € et 319 € la double, 429 € et 659 € la suite.

Un hôtel mythique des années 1930, mélange de modernité et d'élégance. Le palace offre aux curistes et aux touristes des prestations haut de gamme dans un décor résolument Art déco. Restaurant, spa, piscine d'eau thermale intérieure, piscine extérieure chauffée, salle de sport et une équipe aux petits soins pour sa clientèle. Un accès direct vous emmène au jardin botanique situé à côté, l'accès est gratuit pour les clients de l'hôtel. L'évasion assurée !

MIRADOURO DO PICO DE FERRO ★★

Sur les hauteurs, à 544 mètres d'altitude, tout près du terrain de golf, la vue est superbe sur le cratère de 7 km de diamètre et 250 mètres de profondeur ; et par beau temps, sur les sommets du Planalto dos Graminhais, à l'est. On peut parfois même apercevoir l'île de Santa Maria. Ce superbe point de vue est accessible à pied (attention fort dénivelé et glissant en cas de pluie) ou en voiture. Plus d'infos sur le site officiel de la randonnée aux Açores : trails.visitazores.com.

CENTRE DE MONITORISATION ET D'INVESTIGATION ★

1489 Rua da Lagoa das Furnas

✆ +351 296 584 436

De novembre à mars du mardi au dimanche de 10h à 17h et d'avril à octobre tous les jours de 9h à 18h. Entrée : 3 €.

Ouvert depuis le 1er juillet 2011, ce centre de recherche, installé dans un bâtiment ultra moderne, tout en pierre, en verre et en bois, travaille à la surveillance et à la récupération de la qualité de l'eau du lac de Furnas. Car sous ses airs idylliques, cet espace souffre d'un véritable problème environnemental : une pollution démesurée due aux interventions répétées de l'homme. Lors de votre visite, vous apprendrez notamment qu'avant la dernière éruption de 1630, le lac – qui a, à l'occasion, été déplacé – était dénué de toute présence animale. Ce sont les hommes qui, après l'événement, ont commencé à y introduire des poissons, déséquilibrant ainsi l'écosystème. Plus tard, et jusqu'à encore peu de temps, l'agriculture laitière trop intensive est venue aggraver le phénomène.

Pour se rendre au centre, notez que la route n'est en principe ouverte qu'aux personnes à mobilité réduite. Pour les autres, il faut laisser sa voiture au parking (payant) puis marcher le long du lac sur un sentier pendant une quinzaine de minutes (1,1 km aller). Cette petite promenade très agréable au bord de l'eau vous permettra aussi de voir la chapelle funéraire néogothique de Nossa Senhora das Vitórias, construite en 1864 par José do Canto. Malgré ses airs abandonnés, on peut en réalité la visiter moyennant 3 €, ainsi que le jardin botanique qui l'entoure et sa petite cascade.

Une fois parvenu au centre d'interprétation, comptez entre 30 et 45 minutes pour la visite, comprenant un petit film explicatif sur l'activité volcanique de Furnas et une courte exposition intégrant des éléments interactifs. On y est bien reçu ; le personnel pourra vous proposer une visite guidée de 45 minutes (à réserver 48h à l'avance en haute saison) et le thé est offert !

Aujourd'hui, une douzaine de personnes travaillent dans ce centre soutenu par le gouvernement local et par les fonds européens. Il comprend un auditorium pour les ateliers et séminaires et un grand espace couvert pour les expositions qui, grâce à des mécanismes interactifs, des outils conviviaux, des plateformes multimédias et des visites guidées, amène les visiteurs à découvrir l'écosystème de la lagune ainsi que de la flore et de la faune locales. Il existe des espaces extérieurs, notamment des aires de pique-nique et de contemplation, ainsi qu'un grand espace vert offrant une vue privilégiée sur le lagon, où les visiteurs peuvent pleinement profiter du paysage. Une visite incontournable à Furnas.

TERRA NOSTRA GARDEN HOTEL
L'escapade parfaite pour explorer les merveilles des Açores
DÉCOUVREZ AU MILIEU DE L'ATLANTIQUE UNE DESTINATION IMMERGÉE DANS UNE NATURE LUXURIANTE, INCOMPARABLE À AUCUNE AUTRE PARTIE DU MONDE. DANS UN JARDIN BOTANIQUE CENTENAIRE AUX SOURCES D'EAU CHAUDE VOLCANIQUES ET THERMALES, ACESSIBLE 24H SUR 24H AUX HÔTES.
BENSAUDE HOTELS
COLLECTION
AZOREAN HOSPITALITY
SINCE 1935
TERRA NOSTRA
GARDEN · HOTEL
RÉSERVEZ MAINTENANT:
+351 296 301 880 | RESERVAS@BENSAUDE.PT | BENSAUDEHOTELS.COM/TNGH

LAGOA DAS FURNAS ★★

Accès libre.

A quelques minutes de Furnas, le lac est une invitation à la paresse et à la méditation. En venant du village, la première route sur la droite mène à une petite plage aménagée, avec buvette et bateaux à pédales ; c'est l'occasion de voir de petites fumerolles moins impressionnantes, mais tout aussi odorantes que leurs grandes sœurs de la ville. On y prépare le fameux *cozido*, l'un des repas les plus pittoresques que vous pourrez goûter aux Açores. Si vous voulez observer comment tout cela se goupille, venez vers midi le dimanche : un moment aussi sympathique qu'instructif. Attention, il ne s'agit pas d'une tradition remise au goût du jour par vocation touristique : ce repas cuit à la vapeur volcanique est vraiment prisé par les locaux, qui viennent déjeuner en famille, le dimanche, dans ce cadre magnifique. Si vous voulez essayer le *cozido* dans l'un des restaurants de Furnas, ce que nous vous conseillons fortement, il faut réserver au moins la veille, temps de préparation oblige. La Quinta d'Agua offre en été de nombreuses activités, promenades à cheval, à bicyclettes, en charrette, flâneries sur le lac… Le circuit qui fait le tour du lac (comptez 3h) permet d'observer, au mois de septembre, de nombreuses espèces végétales telles que les quenouilles de Vénus, fleurs jaunes et odorantes. Une partie du parcours longe une magnifique route pavée. L'après-midi, l'expédition peut se poursuivre par l'ascension du Pico da Areia, le plus haut sommet de la *caldeira* : vue superbe sur Furnas et sur le lac.

PARQUE DA GRENÁ

parquegrena.pt

Ouvert tous les jours 9h30 à 18h30 (17h30 d'oct. à mars). Entrée 10 €. Location de vélo 20 €, kayak 10 €. Parking 3 €.

Ce parc est un petit joyau caché, à seulement 3,5 km de Furnas, juste au nord du lac. Abandonné par l'Etat portugais pendant 22 ans, il a finalement été racheté en 2018 par un particulier qui l'a réhabilité. On y découvre une nature enchanteresse, des sentiers et des aménagements en bois, des cascades et des cours d'eau, le tout baignant dans une végétation luxuriante. Les points de vue qui donnent sur le lac et les cascades se méritent : attendez-vous à monter plus de 500 marches ! Prévoyez au moins 2h pour profiter des lieux. Baignade possible !

PARC BOTANIQUE TERRA NOSTRA ★★★

Rua Padre José Jacinto

✆ +351 296 549 090

www.parqueterranostra.com

7j/7 de 10h à 16h30. Entrée : 10 €. Bains à remous temporairement fermés pour travaux. Douches, WC et vestiaires.

Le consul américain Thomas Hickling construisit en 1780 une maison secondaire en bois dominant une piscine, qu'il entoura d'arbres, essentiellement d'Amérique du Nord. À sa mort en 1834, la propriété fut achetée par le vicomte de Praia qui édifia la Casa do Parque à l'emplacement du « Yankee Hall », comme on surnommait la résidence du consul, particulièrement animée. La vicomtesse, très portée sur la botanique, et son mari, transformèrent les deux hectares déjà plantés en un beau jardin romantique avec des lacs, des chemins sinueux, des fleurs et des arbres exotiques centenaires baignant dans un silence incomparable. Au cœur de ce jardin, leur fils, le marquis da Praia e Monforte, a fait ériger en 1896 un mémorial en leur honneur, entouré de huit palmiers des Canaries. Il entreprit aussi de faire construire des canaux et des grottes à la fin du XIXe siècle.

L'hôtel adjacent fut inauguré en 1935 et acheté plus tard par la famille de Vasco Bensaúde, amoureux des plantes lui aussi, qui étendit encore le parc jusqu'aux 12,5 hectares actuels. La piscine fut agrandie, entourée de pierres, et la plupart des sentiers réhabilités. Pendant les années 1990, le parc subit une sérieuse cure de restauration, qui maintint les 2 485 arbres existants et en planta près de 3 000 autres, comme des rhododendrons de Malaisie. C'est d'ailleurs le seul endroit d'Europe où ils poussent à l'extérieur sans protection spéciale.

En un mot comme en cent, ce jardin botanique mérite vraiment que l'on s'y attarde. C'est un immanquable de São Miguel et de Furnas. Votre visite ne sera pas complète si vous n'êtes pas passé par le Jardin botanique Terra Nostra. Entre chemins de randonnée et baignades dans le bassin d'eau ferrugineuse et les bains à bulles, on peut y rester facilement une après-midi voire une journée complète. L'eau est chaude, à une température entre 35°C et 39°C, et elle est riche en fer, d'où sa couleur orange. Prévoir un maillot de bain de couleur foncée pour ne pas le salir. Vestiaires, douches et toilettes provisoires sur place, le parc étant en travaux d'aménagement. Concernant les randonnées et les balades, demander le dépliant au guichet d'accueil pour prendre connaissance des itinéraires, variables selon les saisons pour voir les arbres en fleurs. Les jardins sont magnifiques et reposants. Suivez les sentiers le long des petits cours d'eau, des parterres et des grottes, perdez-vous dans les allées, vous ne le regretterez pas !

Coup de cœur.

POÇA DA TIA SILVINA

Avienda Manuel Arriga

Accès libre.

Vous êtes de passage à Furnas mais ne bénéficiez pas de suffisamment de temps pour profiter de toutes ses curiosités ? Rendez-vous à la Poça da Tia Silvina ! Quittez rapidement vos chaussures et plongez vos pieds dans ce petit bassin à l'eau un peu jaunâtre : vous avez là un bref aperçu de ce que sont les eaux thermales et ferrugineuses de la ville. Avant de repartir, basculez-les dans l'eau de la rivière : la différence de température est pour le moins saisissante ! Attention, l'endroit n'est pas évident à trouver car pas du tout indiqué.

HÔTEL VALE VERDE €

3 Rua das Caldeiras

✆ +351 296 549 010

hotelvaleverde.com/web/index.php/pt

Selon la saison, comptez de 65 € à 95 € la chambre double. Petit déjeuner inclus.

C'est le premier hôtel que vous croiserez en arrivant à Furnas par Ribeira Grande, et il constitue une bonne option pour les petits budgets en quête d'un peu plus de confort que la toile de tente. Les 10 chambres sont bien tenues et disposent toutes d'une salle de bains, d'une TV, de la climatisation et du wi-fi (gratuit). La plupart bénéficient par ailleurs d'un petit balcon. Au rez-de-chaussée, on peut se restaurer pour moins de 15 € au restaurant Bocage, où l'on peut même commander un *cozido*. Bref, un bon rapport qualité-prix.

CASA DA AVÓ €€

42 Rua Padre José Jacinto Botelho

✆ +351 966 506 387

Séjour de 5 nuits minimum. Capacité : 6 personnes. À partir de 170 € la nuit.

La «maison de la grand-mère» est une maison traditionnelle accueillante et parfaitement située, dans la rue principale de Furnas en face du parc Terra Nostra. L'endroit est idéal pour les familles voulant profiter de l'ambiance du village, ses fumerolles et ses bains thermaux. Le Lagoa das Furnas et le village de pêcheurs de Ribeira Quente ne sont qu'à quelques kilomètres. La maison est fonctionnelle et équipée de 3 chambres à coucher, 2 salles de bain, un séjour, une salle à manger, une cuisine et un beau jardin avec terrasse. Pour un séjour «comme à la maison».

FURNAS LAKE FOREST LIVING €€€

Estrada Regional Sul - Lagoa das Furnas

✆ +351 296 584 107

www.furnaslake.com

T1 entre 175 € et 320 €, T2 à partir de 291 €. Petit déjeuner non inclus. Location de vélos. Bar, piscine extérieure.

Au cœur d'un espace de 103 hectares de verdure, à deux pas du lac de Furnas, ces 13 bungalows à l'architecture moderne, alignés côte à côte, offrent des prestations de qualité. Tous disposent d'un salon, d'une kitchenette, d'au moins une chambre séparée et d'une salle de bains, tandis que côté services, piscine et location de vélos viendront égayer votre séjour. Restaurant également disponible sur place. Tout y est pour un séjour dans un écrin de verdure, un havre de paix.

© DS

© DS

CASA DOS BARCOS €€

Margem Sul da Lagoa das Furnas
+351 918 779 700
incantolagoa.com/en
Selon la saison et le nombre de personnes entre 100 € et 350 € la nuit. Séjour de 3 à 4 nuits minimum selon la saison.

Impossible de manquer ces deux maisons bourgeoises situées au bord de la Lagoa, en allant vers Furnas. La Casa dos Barcos et la Casa da Lagoa font partie d'un précieux héritage architectural laissé par José do Canto, un aristocrate açorien qui a également été à l'origine du jardin José do Canto, à Ponta Delgada. Des allées de camélias, un ruisseau, des arbres originaires de différents coins du monde et la vue idyllique du lac en face de cette verdure opulente donnent une sensation de conte de fées ou de paysage irréel. Une excellente option.

QUINTA DA MÓ €€

66 Rua da Água Quente
+351 917 800 281
www.quintadamo.com
A partir de 200 € la nuit en T1 et 400 € en T3. Séjour de 4 à 5 nuits min. En été, comptez plus de 320 € la nuit en T1.

La Quinta da Mó est avant tout un jardin tropical qui vous enchantera en toute saison. Arbres à fruits exotiques, pelouses soignées, petits sentiers bordés de bambous, une exubérance de fleurs et, pour parfaire le tableau, une rivière qui traverse la propriété et où l'on peut nager à loisir. Luisa, la maîtresse des lieux, vous reçoit avec cartes, idées de visite, bons plans resto et avec des fruits de son jardin. À disposition : parking privé, bain à remous, barbecue avec table et chaises dans un petit pavillon avec vue sur la rivière. Une excellente adresse.

LANDESCAPE FURNAS €€

5 Canada das Pedras
+351 912 889 031
https://landescapefurnas.com
5 studios avec sdb et kitchenette. À partir de 145 € la nuit, petit déjeuner inclus. Piscine ext., fitness et spa.

Ce havre de paix, situé sur les hauteurs de Furnas, non loin du centre-ville, est dédié au repos et au bien-être. Dans un écrin de verdure dessiné par António Borges, célèbre paysagiste açorien du XIXe siècle, 5 studios en bois modernes et confortables, bien équipés. On y trouve, outre une salle d'eau et une literie moelleuse, une kitchenette pratique pour préparer son petit déjeuner composé de produits frais, salés et sucrés. Le spa, la piscine et la discrétion du personnel complètent à merveille l'offre de l'établissement. Pour un séjour intimiste au calme.

JÁ SE SABE €

5 Largo das 3 Bicas
+351 924 289 443
https://jasesabe.pt
Du mardi au dimanche de 12h à 17h30 (15h30 le dimanche). Cozido sur réservation : 18 € pour 1 pers ; 32 € pour 2 pers.

Situé au centre de Furnas, à quelques pas du parc Terra Nostra, ce restaurant lumineux, tout en baies vitrées, propose une cuisine locale pour un bon rapport qualité-prix. On y déguste notamment un *cozido* délicieux et en quantités généreuses... mais aussi du thon et le *bitoque à regional* (steak servi avec un œuf au plat et des frites). L'équipe est sympathique et parle bien anglais ; elle est de bons conseils et se fera un plaisir de vous aiguiller. Petite terrasse en été pour profiter du soleil. Une valeur sûre en centre-ville.

Lagoa das Furnas.

CALDEIRAS & VULCÕES €€

36 Rua das Caldeiras
✆ +351 296 584 312
www.caldeirasevulcoes.com
Ouvert tous les jours sauf le mardi de 12h à 15h et de 18h30 à 21h. Aux alentours de 20 € le repas.

Pub au rez-de-chaussée et restaurant au premier, les deux frères à l'origine de cet établissement semblent avoir vu juste. Séance de billard ou de baby-foot pour ouvrir l'appétit, quelques marches à grimper, et vous voilà bientôt à table. Au menu, il est difficile de prévoir, car le chef élabore une carte d'été et une carte d'hiver, en maintenant malgré tout quelques incontournables. Parmi eux, la *bruchetta de bolo levedo*, le *lombo de novilho*, ou encore bien sûr, le *cozido*. Bonne adresse.

À TERRA - FURNAS €€

Av. Dr Manuel Arriaga
✆ +351 296 249 200
furnas.octanthotels.com/a-terra-furnas
Ouvert tous les jours de 13h à 15h et de 19h à 22h. Prix moyen 35 €.

Intégré au magnifique Octant Hotel, le restaurant À Terra vous reçoit dans un décor frais et lumineux. Derrière les grandes baies vitrées, découvrez une atmosphère à la fois chaleureuse et décontractée. Sans oublier la terrasse extérieure, vraiment très agréable. Pour se délecter sans culpabiliser, le restaurant propose une cuisine créative et revisitée, simple et savoureuse entre pizzas au four à bois, gratinés et produits du terroir. Une gastronomie riche de formules et de déclinaisons thématiques. Options véganes. À ne pas rater !

TONY'S €€

Largo do Teatro
✆ +351 296 584 290
restaurantetonys.pt
Tous les jours de 12h à 15h30 et de 18h à 21h15. Comptez autour de 25 €. Cozido sur place ou à emporter sur réservation.

En haut du village, en face de l'église. On y mange un *cozido* très copieux, du poulpe, de la morue ou des steaks à la Tony's dans une ambiance populaire. Le bar est très animé la plupart du temps par des messieurs qui boivent allègrement ; prenez garde car la salle est grande et peut vite devenir très bruyante, à l'image d'une cantine. On y est un peu plus au calme sur la terrasse, au premier étage, avec vue sur la place. Pensez à réserver car le lieu reste prisé ! Quant au service, il est efficace et avenant. Ambiance familiale et agréable, plats généreux.

RESTAURANTE TERRA NOSTRA €€€

5 Rua Padre José Jacinto Botelho
✆ +351 296 549 090 - bensaudehotels.com
Menu «3 saisons» : 48 €. Plats entre 26 € et 34 €.

Le restaurant de l'hôtel Terra Nostra Garden est considéré par beaucoup comme le meilleur de l'île. De la jolie salle Art déco donnant sur le jardin aux assiettes d'une extrême finesse, l'attention est accordée aux moindres détails. Le service est à la hauteur de cet établissement haut de gamme : tout en délicatesse et en discrétion, dans une ambiance feutrée. En cuisine, le chef Nuno Gonçalves réalise des spécialités parfaitement maîtrisées, avec des produits locaux et de saison, rehaussées d'influences internationales. Une véritable expérience gastronomique.

FURNAS GOLF COURSE

Estrada Regional do Norte
✆ +351 296 584 651
www.azoresgolfislands.com
Ouvert du mercredi au dimanche de 8h à 17h.

Un parcours de golf spectaculaire au milieu d'un puissant paysage volcanique et d'une végétation tropicale luxuriante. Mackenzie Ross a établi les neuf premiers trous du parcours en 1936 et représente le premier terrain de golf de l'île. Développé de façon éclatante par les architectes Bob Cameron et Chris Powell en 1992, le parcours comprend désormais 18 trous de style britannique et un club-house. Le parcours de golf de Furnas est situé dans l'une des plus belles régions de l'île de São Miguel, sur un plateau au sommet de la vallée.

POÇA DA DONA BEÍJA

Lomba das Barracas
pocadadonabeija.com
Ouvert tous les jours de l'année, de 8h30 à 23h.
Tarif adulte : 8 € pour 1h30. Casier : 2 €.

Ces thermes offrent un espace bien-être appréciable 365 jours par an, qu'il pleuve, qu'il vente ou qu'il neige ! Cinq bassins de différentes profondeurs ont été aménagés le long d'une source d'eau thermale, naturellement chaude et ferrugineuse. Résultat : une température annuelle de 39 °C, et des fonds orangés. Attention aux taches donc, bien que des douches (plus froides !) soient prévues à la fin de la visite. On apprécie les horaires étendus, permettant de profiter des bains même le soir, avec de jolies lumières colorées. Un pur moment de relaxation.

SALTO DO CAVALO ★

De Furnas, prendre la route du nord vers Ribeira Grande et bifurquer à droite direction Salga pour rejoindre le mirador du Salto do Cavalo, à 805 m d'altitude. Le parcours est très agréable : beaux points de vue sur l'intérieur de l'île puis les côtes sud et nord. Paysages champêtres d'une suprême tranquillité. Le panorama depuis le belvédère est magnifique par temps clair : on embrasse la totalité de la vallée de Furnas, le lac jouant parfois avec nos yeux quand la lumière y reflète la végétation alentour. Il semble alors qu'il ne fasse qu'un avec elle. Devant, la plaine de Povoação et ses sept collines avoisinantes. Les lieux sont bucoliques et reposants.

SALTO DA FARINHA ★★

C'est un belvédère bien indiqué sur la gauche de la route. Le Salto da Farinha offre une vue saisissante de l'ensemble que forment la cascade de 40 mètres de hauteur, la falaise, une petite maison perchée et l'océan. Une plage de galets attend les plus téméraires, tout en bas. On vous informe tout de suite que si la pluie n'est pas tombée, il faudra faire preuve d'imagination et deviner la cascade ! Si vous suivez les panneaux indiquant « Poço Azul », vous découvrirez un beau bassin à l'eau bleue et cristalline. Enfin, sachez que le dénivelé lors de la balade est important, ça monte, ça descend, il y a des marches... La beauté du site se mérite !

RIBEIRA DOS CALDEIROES ★★

Après Achadinha, et peu avant Achada, on parvient dans une petite vallée enchanteresse, impossible à manquer. Au détour d'un virage, une superbe cascade jaillit sur la droite, surtout quand il a plu, au milieu d'un paysage à la fois farouche et policé. À gauche de la route, près d'un moulin à eau réhabilité (de graves inondations ont détruit la quasi-totalité des 100 moulins de Nordeste en 1986, quelques-uns sont restaurés actuellement), une petite levada glisse paisiblement. On prend plaisir à flâner entre les massifs d'azalées et de pittosporums alentour. À l'intérieur, on observe un très beau moulin à grain souvent en activité, n'hésitez pas à entrer.

ACHADA ★

Cette petite localité est surtout intéressante pour sa cascade et pour la route qu'elle fait emprunter. Panoramas à couper le souffle, il faut cependant être véhiculé pour y accéder car très peu de transports en commun passent par ici, ou vous risquez d'attendre longtemps ! C'est ce qui rend ces lieux encore peu connus magiques. En revanche, si vous avez une voiture de location, il faut s'aventurer à la recherche du Poço Azul, comprenez le « trou bleu ». Après une balade d'environ 30 minutes, la découverte de cette petite merveille de la nature donne toute son importance à la bourgade d'Achada ! Profitez-en également pour visiter l'église Nossa Senhora da Anunciaçao.

ÉGLISE NOSSA SENHORA DA ANUNCIAÇÃO ✞ ★

Largo Padre Benjamim Resendes

On peut faire un petit tour du côté de l'église paroissiale de Nossa Senhora da Anunciação, édifiée au XVIe siècle et reconstruite en 1782, surtout pour le point de vue qui se dégage depuis le parvis, à l'arrière, sur les falaises de la côte nord, à l'ombre d'un superbe araucaria. Mais c'est surtout, tout près, en passant de l'autre côté de la EN1A, au fond d'une gorge étroite que l'on peut admirer la très jolie cascade d'Achada, au milieu d'une véritable forêt de pittosporums.

POCO AZUL ★★

Accès libre. Comptez 45 à 60 minutes pour faire l'aller-retour depuis Achadinha.

A 5 min d'Achada se trouve un petit coin de paradis, un paradis tout bleu ! C'est l'un des principaux points d'intérêt de l'île avec son eau bleue et cristalline. Le lieu est accessible par un sentier pédestre dont le point de départ se trouve au niveau du monument historique Alminhas, au centre d'Achadinha. Prévoir de bonnes chaussures car le sentier peut être boueux. D'autres options, plus longues, sont possibles pour rejoindre le « trou bleu » comme le sentier des Terres de Notre Seigneur (4 km/moyen). Il faut du soleil pour que la beauté soit maximale.

PARQUE NATURAL DA RIBEIRA DOS CALDEIRÕES ★★

Estrada Regional

Accès libre.

Ce petit parc naturel est situé sur les versants de la Serra da Tronqueira, le long de la rivière Ribeira do Guilherme qui y a creusé une jolie gorge. Il faut absolument prendre le temps d'y faire une halte. Le projet est de mettre en valeur le paysage et le pari est plus que réussi. Partout des cascades, des petits chemins aménagés pour se balader dans cette nature enchanteresse, des kiosques, des bancs pour contempler et cinq moulins à eau du XVIe siècle... Tout est vert et luxuriant, un vrai jardin d'Éden. C'est le paradis au détour d'un virage, une vallée exubérante où il fait bon écouter la nature et se relaxer un moment... Le parc a par ailleurs été intégré à la Zone de Protection spéciale de Pico da Vara et Ribeira do Guilherme pour protéger sa flore macaronésienne et une espèce de passereau qui y a élu domicile.

Sur place, un parking, un snack, une aire de pique-nique, des toilettes, et un petit bureau d'accueil où se renseigner. N'hésitez pas à entrer dans les moulins à eau (certains sont ouverts au public) pour y découvrir de toutes petites expositions sur leur fonctionnement et la région. On peut faire le tour du parc en une vingtaine de minutes, mais pour vraiment s'immerger dans ce lieu ravissant, on prendra le temps de faire quelques photos et d'admirer le paysage depuis les *miradouros*.

L'endroit est aussi le point de départ d'une randonnée qui remonte au nord jusqu'à Achada sur un peu plus de 2 km. On peut également y pratiquer le canyoning.

RESTAURANTE POÇO AZUL €

14 Caminho Fundo, Achadinha
✆ +351 296 452 151 - pocoazul-restaurante.com
Ouvert du mardi au samedi de 12h à 20h30, le dimanche de 12h à 15h. Buffet à volonté : 10 €. A la carte, plats 10-15 €.

Si vous passez par Achadinha pour la randonnée qui descend au Poço Azul, un arrêt dans ce charmant restaurant du même nom s'impose ! Très agréable – même si la salle peut parfois être un peu bruyante – on y déguste de savoureuses spécialités des Açores. Une formule buffet à un prix défiant toute concurrence est proposée, mais vous trouverez aussi des plats de viande et de poisson, et même quelques options végétariennes à la carte. Ne ratez pas le dessert à l'ananas ! Tout est excellent et le service est efficace et souriant, l'assurance de passer un bon moment.

PICO DA VARA ★★

C'est le point culminant de l'île, qui domine de ses 1 105 mètres terres et mer. Ce piton volcanique peut être l'occasion d'une très belle randonnée. Tristement célèbre, c'est ici que le boxeur Marcel Cerdan et la violoniste Ginette Neveu s'écrasèrent en avion sur le Pico da Vara le 27 octobre 1949, alors que le boxeur se rendait à New York pour prendre sa revanche contre Jake LaMotta et rejoindre plus rapidement Édith Piaf (il devait voyager en bateau et changea *in extremis* son ticket). C'était le premier accident de la compagnie Air France sur le trajet Paris–New York, après plus de 2 000 traversées sans incident.

ASCENSION DU PICO DA VARA ★★

Seul chemin autorisé pour l'ascension : PCR07 SMI (3h - 7 km - Difficile). Remplir le formulaire en ligne.

Plusieurs chemins menaient au Pico da Vara. Aujourd'hui, il n'y en a plus qu'un seul, les autres étant interdits pour des raisons de sécurité. Pour faire l'ascension, il faudra suivre le sentier PRC07 SMI, au départ de Santo António Nordestinho. Le panorama au sommet, si le temps est dégagé, est magnifique ; vous embrassez pratiquement la totalité de l'île. Attention à bien remplir le formulaire d'autorisation en ligne depuis le site officiel des randonnées aux Açores.

SANTO ANTÓNIO DE NORDESTINHO

Santo António, comme São Pedro et Algarvia, faisait partie de la seule et même commune de Nordestinho qui a été divisée en 2003. Avec la nouvelle autoroute, on y est en moins d'une demi-heure depuis le centre de l'île. C'est un endroit bucolique et très agréable entre terre et mer. Son église est particulièrement remarquable. Pour séjourner au calme et dans cette partie de São Miguel trop souvent délaissée, Santo António de Nordestinho constitue une option intéressante. Et puis tout est relatif, Furnas n'est qu'à 25 minutes en voiture, Ribeira Grande à 30 minutes, Ponta Delgada à 45 minutes et Sete Cidades à 1h15 de trajet. Ce n'est pas le bout du monde !

SÃO PEDRO DE NORDESTINHO

Comme Santo António, anciennement membre de feu la commune de Nordestinho, cette petite bourgade d'à peine 300 habitants, est charmante et son église mérite une visite. Son musée ethnographique a été fermé il y a plusieurs années. Il est aussi possible de visiter la chapelle de Nossa Senhora do Pranto et le théâtre du Divino Espírito Santo. La paroisse abrite un jardin, une aire de jeux et un kiosque à musique. Les touristes ne seront pas en reste puisque la localité dispose de plusieurs maisons de tourisme rural, des sentiers pédestres, une zone de pêche (aménagée) et un accès au Pico da Vara (le seul que l'on puisse emprunter pour y monter).

ÉGLISE NOSSA SENHORA DE PRANTO ✝

Rua da Igreja

La chapelle de Nossa Senhora do Pranto est célèbre pour le culte qui s'y tient le dimanche de Carême ; les pèlerins y apportent des présents en remerciement des bienfaits reçus, qui sont ensuite mis aux enchères. Selon la légende, la Vierge Marie y est en effet apparue en 1522 à un jeune berger, en lui annonçant une épidémie de peste à Ponta Delgada. Si vous êtes dans la région de Nordeste à São Miguel, passez par ce lieu de célébration et d'hommage.

LOMBA DA FAZENDA ★

On se promènera avec plaisir dans le parc endémique de Lomba da Fazenda (Pelado), situé près de la côte, au milieu des hêtres ou des bruyères. La proximité de l'océan et la beauté sauvage de la côte invitent à pique-niquer, à se promener ou à pêcher ; bref à contempler, observer et profiter de la nature. La région est par ailleurs idéale pour les randonnées. Un parcours peut commencer à Lomba da Fazenda et passer par Vila do Nordeste, Boca da Ribeira et finir à la piscine (4 km - facile). Un autre peut monter jusqu'au Pico da Vara en passant par Algarvia. Les options sont nombreuses, diverses et de tous niveaux. Renseignez-vous auprès des offices de tourisme.

CASA DE PASTO O CARDOSO €

19/21 Estrada Regional
✆ +351 296 486 138
www.casadepastocardoso.pt
En été 12h-15h et 18h30-21h30 (sauf le dimanche 12h-15h). En hiver 12h-15h. Fermé le vendredi. Le soir sur réservation.

L'octopus et la viande de Nordeste sont les spécialités de ce restaurant. À tester absolument : le fromage frais en entrée. Une formule sous forme de buffet est également proposée. La salle du restaurant n'est pas très attrayante, plutôt sombre, éclairée uniquement par la lumière froide d'un néon, mais la cuisine est bonne et de qualité. Le fait que l'établissement soit fréquenté par nombre de locaux ne trompe pas ! Service diligent et sans manières, cuisine très correcte, surtout au regard du prix. Ambiance conviviale et bon enfant.

NORDESTE ★★

Comme son nom l'indique, Nordeste, surnommé « la Dixième Île », est situé à la pointe orientale de l'île de São Miguel. Si les Açores sont déjà, par bien des aspects, une terre du bout du monde, Nordeste est pour les Açoriens de São Miguel leur bout du monde insulaire. Avant l'autoroute achevée en 2011, s'y rendre nécessitait une « expédition » depuis la capitale, ce qui, à l'échelle açorienne, représentait un long voyage. Nordeste est le point de départ idéal pour des randonneurs en mal de nature sauvage : ils seront assurés de trouver dans la forêt qui recouvre le Pico da Vara, tout proche (1 103 m), les sentiers propices à leurs aventures.

Balade

▶ **Jardins.** Plusieurs jardins agréables agrémentent Nordeste, comme le jardin da Boca da Rua, le jardin do Viaduto ou le jardin municipal, qui réjouissent le regard. On peut citer aussi le jardin Quinta Do Moinho qui a tout pour vous donner envie de flâner en toute quiétude : fleurs multicolores, cascade... L'arrêt est sympathique et calme. À proximité, barbecue et parking pour profiter un peu plus longtemps des lieux. À noter : accès possible aux personnes à mobilité réduite. Les Açores, c'est la nature dans toute sa splendeur.

▶ **Phare.** Depuis Nordeste, vous pouvez vous rendre au phare do Arnel et son petit village. Le point de vue sur la côte y est époustouflant ! La pente est très raide, aussi il vaut mieux laisser sa voiture sur le parking en haut. C'est une belle balade et la remontée à pied est difficile mais la vue en vaut la peine.

Nordeste.

CASA DO TRABALHO [MAISON DU TRAVAIL] ★

7 Estrada Regional
✆ +351 296 488 448
Ouverte du lundi au samedi, de 9h à 12h et de 13h à 16h. Fermé les dimanches.

La Maison du travail mérite une visite, il s'agit en fait d'une association. Elle permet de découvrir le travail artisanal des femmes de la région de l'île qui perpétuent un savoir-faire de haut niveau. On y enseigne les métiers traditionnels, comme la broderie ou le tissage ; on y confectionne également les habits typiques des groupes folkloriques de l'île. Vous pourrez y acheter de belles pièces et les profits réalisés vont à une bonne cause. Souvenirs locaux garantis !

CENTRO AMBIENTAL DO PRIOLO

Apartado 14
✆ +351 918 536 123
centropriolo.com
Ouvert du 15/02 au 15/11, mar-sam 10h30-18h. Visite guidée dans le parc (2h30) 15 €. Visite guidée en voiture (3h) 35 €.

En plein cœur de la réserve forestière de Cancela do Cinzeiro, à 6 km de Nordeste, ce centre environnemental est consacré à la protection du priolo, appelé en français bouvreuil des Açores, et à la préservation de son habitat, la laurisylve. On ne trouve cet oiseau rare que dans la région montagneuse du nord-est de São Miguel. Des visites dans la forêt permettent de partir à sa recherche – et peut-être de l'apercevoir ! – avec d'excellents guides. A réserver en avance.

MIRADOURO DA PONTA DO SOSSEGO

Ce superbe belvédère est une étape obligatoire si vous visitez la côte est de l'île. C'est probablement l'un des plus beaux miradouros de São Miguel, de par le panorama qu'il offre sur l'océan et le littoral escarpé, mais surtout pour le jardin magnifique dans lequel il est niché. Au printemps, il est en fleur ; sublime ! Sur place, vous trouverez aussi une aire de pique-nique avec des tables, un barbecue et des sanitaires, et des chats errants qui réclament des caresses aux visiteurs.

PONT AUX SEPT ARCHES ★

Le pont aux sept arches néo-romanes, construit en 1883, est très pittoresque et est certainement l'un des plus beaux de São Miguel. Vous ne pourrez pas le manquer en traversant la ville de Nordeste. Vous pourrez l'admirer d'en bas, depuis la petite place, ou le traverser et admirer la vue sur la ville depuis là-haut. Il est orné de fleurs de toutes les couleurs à la belle saison et mérite bien un cliché ! Mais c'est en vous en éloignant un peu que vous aurez le meilleur point de vue et que vous apprécierez sa belle construction.

POSTO DE TURISMO

Praça da Republica
✆ +351 296 488 320
visitnordeste.pt
Ouvert du lundi au vendredi de 10h à 17h.
Le week-end de 10h à 15h15.

Voyager dans le Nord-Est, c'est avant tout pénétrer dans la partie la plus profonde d'un pays fait de tranquillité et d'une beauté inoubliable. Des vues à couper le souffle, de superbes vallées, des montagnes imposantes, des cascades, des ruisseaux rafraîchissants... C'est aussi s'enivrer des masses de fleurs qui font du Nord-Est le comté le plus fleuri. Le poste de tourisme a pour mission de vous aiguiller dans ces découvertes : brochures, cartes et informations en tous genres sont à votre disposition. On pourra également vous aider pour vos réservations.

PARQUE DE CAMPISMO €

EN1-1A 2 9630
✆ +351 919 060 141
parquecampismonordeste.pt
De 4 € à 6 € l'emplacement, plus 4 € par adulte et 3 € par enfant (3-10 ans). Location de tente (3-5 pers.) : 10 €-18 €.

Le cadre est véritablement enchanteur, près de moulins à eau, d'une piscine naturelle, d'un très joli jardin, à l'ombre d'une belle végétation. Pour s'y rendre, deux entrées : l'une à la sortie de Lomba da Fazenda (panneau jaune que l'on peut voir en venant de Nordeste, dans l'autre sens guettez sur votre gauche la bifurcation ; une fois arrivé à la fourche, prenez à droite le chemin qui descend), l'autre à l'entrée de Nordeste. Mieux vaut être motorisé, ou alors tout emporter avec soi, ou bien aimer la marche, car il y a une belle trotte à remonter.

CASA DA MADRINHA €€

6 Estrada Regional
✆ +351 916 760 092
www.casadamadrinha.com
Séjour de 2 à 3 nuits minimum selon la saison. A partir de 50 € la nuit.

La « Maison de la marraine » est une maison typique aménagée de façon traditionnelle, avec des meubles authentiques açoriens. Elle dispose d'une chambre double, d'un salon, d'une salle de bains, d'un lave-linge, d'une cuisine équipée, ainsi que d'un grenier avec lit double. Coin barbecue à l'extérieur. La « Maison de la cheminée » quant à elle est équipée d'une grande chambre avec un lit double et un lit simple, d'une salle de séjour avec cheminée, d'une cuisine et d'une salle de bains. Des maisons idéales pour séjourner en famille.

TRADICAMPO ECO COUNTRY HOUSES €€

Rua dom david dias pimentel 1 - Algarvia ✆ +351 966 025 812
www.tradicampo.pt
Séjour minimum de 3 nuits.A partir de 85 € la nuit. Comptez environ 135 € la nuit en été.

Trois belles maisons traditionnelles avec vue sur la mer. Chacune a une chambre avec lit double, salle de bains et salle de séjour/cuisine équipée, avec poêle à bois. L'ensemble se partage une piscine, un jardin, un barbecue (où l'on peut faire cuire son pain !) et un terrain de croquet. Des vélos et des équipements pour les PMR sont à disposition. Ricardo, le propriétaire, parle le français et peut aussi vous préparer des repas traditionnels ou organiser des circuits dans l'île.

QUINTA DAS QUEIMADAS €€

✆ +351 296 488 578
quintadasqueimadas.com
Comptez 80 € l'appartement 1 chambre double et 95 € l'appartement 2 chambres doubles. Petit déjeuner inclus.

Cet ancien séchoir à thé du XIXe siècle compte deux appartements, d'une et de deux chambres doubles ; tous deux parfaitement équipés. À 50 minutes de Ponta Delgada, à Nordeste, sur la route de Tronqueira, en pleine nature, ce manoir offre des gîtes confortables, accueillants et fonctionnant aux énergies renouvelables. Vous apprécierez la vue à couper le souffle sur l'océan et les paysages verdoyants alentour. En été, c'est un paradis de fleurs et de couleurs. Les hôtes étant franco-belges, vous n'aurez aucune difficulté à parler français, anglais ou portugais.

RESTAURANTE TRONQUEIRA €€

Estrada Regional Tronqueira ✆ +351 961 770 896
Ouvert tous les jours sauf le lundi de 12h à 21h. Buffet à volonté 15 €. A la carte, comptez 15 € le plat.

Bonne table à buffet où l'on peut déguster viandes, poissons et de nombreux vins locaux. C'est simple et honnête ! Chaque jour, le restaurant propose un buffet de midi composé de plats traditionnels portugais ou açoriens, avec options végétariennes. L'endroit est idéal pour un arrêt rapide pour le déjeuner, entre deux randonnées par exemple. Le point de vue depuis la terrasse et le jardin est magnifique. Alors si le temps le permet, n'hésitez pas à prendre votre repas à l'extérieur pour jouir de ce beau paysage (bien plus agréable que la salle intérieure).

AZOREAN ACTIVE BLUEBERRY

Estrada Regional ✆ +351 914 822 682
azoreanblueberry.com/en
Canyoning à partir de 65 € par pers., toute l'année. Coasteering à partir de 60 € par pers.

Que serait un voyage à São Miguel sans canyoning ? Les cascades, les gorges, les cours d'eau et la végétation luxuriante de l'île se prêtent parfaitement à ce type d'activités ! Pour ceux qui veulent tenter l'aventure, Azorean Active Blueberry propose des expériences de tous niveaux, notamment dans le parc Ribeira dos Caldeirões. Soyez sûr de passer un moment inoubliable grâce au professionnalisme et à la bonne humeur de leurs guides. En bonus, vous repartez avec les photos et vidéos prises tout au long du parcours. Hautement recommandé.

SERRA DA TRONQUEIRA ★★

Le massif volcanique de la Serra da Tronqueira, quasiment vierge de population, forme l'intérieur du Nordeste. Une route le traverse, et permet de saisir la beauté sauvage du massif qui culmine au Pico da Varda, à 1 105 mètres d'altitude. En hiver, la route peut être un peu cabossée, surtout s'il a plu les jours précédents. En été, soyez prudent et faites attention aux randonneurs et aux VTT qui empruntent le même chemin. Dans tous les cas, roulez au pas et observez. Évidemment si le temps est clair et que le brouillard ne s'agrippe pas aux sommets, la vue n'en sera que plus jolie. Mais si le temps est couvert, appréciez la dimension mystique du massif…

TRAVERSÉE DE LA SERRA ★★★

Une piste traverse la Serra da Tronqueira depuis Nordeste jusqu'à la route de Povoação, au sud, dans un paysage grandiose de pics et de défilés, sur un arrière-plan magnifique d'horizons vert et bleu. Cette piste d'une vingtaine de kilomètres peut être en très mauvais état (surtout en hiver), voire impraticable avec une voiture classique ; la brume est persistante sur les hauteurs, mais par temps dégagé le trajet vaut vraiment la peine. Paysages isolés, naturellement authentiques. Une déviation conduit au Pico Bartolomeu en passant par le récent Parque Florestal de Cancela do Cinzeiro, qui déploie de nombreuses variétés de plantes endémiques, un parc de jeux pour les enfants, des aires de pique-nique et des sentiers qui se perdent dans les forêts de cryptomerias, dans un beau site. La route qui mène au Pico Bartolomeu est superbe. On pénètre dans l'un des coins les plus retirés et les plus sauvages de l'île. Après le Parque Florestal, on atteint une ligne de crête d'où la vue est spectaculaire sur la côte est jusqu'à Agua Retorta et les montagnes de l'intérieur recouvertes d'une végétation dense. On parvient à une antenne de radio qui en marque le point culminant. De là, la perspective sur la route que l'on vient d'emprunter, serpentant sur les crêtes, est saisissante, sans parler du spectacle remarquable qui s'offre à nos pieds ; un panorama qui n'englobe pas l'île entière, comme au Pico da Vara, mais qui s'avère extraordinaire quand la lumière fend les nuages et éclabousse au hasard les massifs et la mer au loin.

ACORES ORIENTALES - SÃO MIGUEL

© ANTON ZELENOV - SHUTTERSTOCK.COM

Serra da Tronqueira.

AGUA RETORTA

On pourra contempler la singulière beauté de certaines toitures du village. Anecdote : l'église est construite dans un terrain découvert, à l'écart des habitations... Pourquoi ? Tout simplement parce qu'en 1740, les riches habitaient en bas et les pauvres en haut ; chacun voulant l'église près de chez lui, l'évêque prit la sage décision de la bâtir au milieu des deux secteurs. Le nom du lieu a été inspiré par un ravin « qui s'est tordu et tourné ». C'est ainsi que Gaspar Frutuoso la décrit : « D'ici progresse les terres du Nordeste, toutes en terre de hautes falaises, où deux longueurs en dessous se trouve la plage, appelée Água Retorta, parce que l'eau se tord et tourne. »

FAIAL DA TERRA ★

Peu après Agua Retorta, une route secondaire part sur la gauche vers Faial da Terra, petite bourgade pittoresque qui rappelle un peu, par son emplacement, certaines localités de l'île de Madère. Alternative enthousiasmante, cette route asphaltée nous conduit à travers des paysages typiques et bucoliques propres aux Açores. Un mirador au début de la descente délivre une jolie vue sur le village. Depuis la bourgade, une très belle promenade de 2 heures environ (aller-retour) conduit au Salto do Prego, jolie chute d'eau entourée de pittosporums odorants. Vous découvrirez aussi le petit village de Sanguinho ; longtemps abandonné, il a été restauré en gîtes ruraux.

POVOAÇÃO ★★

Les premiers habitants de l'île s'installèrent en 1444 dans ce lieu insolite entouré de sept collines. On peut s'amuser à les compter du haut du mirador précédant la ville : Lombas do Cavaleiro, do Carro, do Botão, do Pomar, do Loução, do Alcaide et dos Pós. Les habitants sont réputés pour leur accueil et leur art floral. Pendant les fêtes du Saint-Esprit, les fleurs, dont ils jonchent les chemins, forment de magnifiques dessins. Les petites ruelles pavées du centre-ville sont agréables. On ne perdra rien à jeter un coup d'œil à l'église de Nossa Senhora do Rosário, la plus ancienne de l'île, à l'horloge de l'Hôtel de Ville et à son histoire curieuse.

Balade

La région de Povoção est striée de chemins de randonnées conduisant à de belles cascades dans lesquelles la baignade est possible. Le départ se fait à Faial da Terra, un petit village plein de charme à environ 8,6 km à l'est de Povocão.

- **PRC09 SMI Sanguinho** (4,5 km - 2h - difficulté moyenne), jusqu'à la cascade Salto do Prego.
- **PR11 SMI Ribeira do Faial da Terra** (5,9 km - 2h - difficulté moyenne) pour aller voir la superbe cascade Salto do Cagarrão.

Tourisme

Le miradouro do Pôr-do-Sol, juste avant l'entrée de la ville depuis l'est, offre une vue époustouflante sur la région. Joli coin aménagé avec tables et barbecue, superbe pour admirer le coucher du soleil.

MAISON D'HÔTES ARCHIPELS €€

17 rua da Avenida ✆ +351 966 252 982
www.sejouracores.com

4 nuits min. De 50 € à 60 € la double en logement indépendant et de 35 € à 50 € en chambre d'hôtes, sans petit déjeuner.

Géraldine, une Française, a repris ce qui fut dans le passé l'épicerie du village. Elle en a fait une accueillante maison d'hôtes. On apprécie la grande terrasse, les jardins et la magnifique vue sur la mer. Mais la propriétaire est surtout une passionnée des plantes et vous trouverez dans son jardin des fleurs, des arbres à fruits exotiques, enfin, de quoi faire l'enchantement des amoureux du jardinage. C'est également une adresse d'écotourisme : douche et chauffage solaires, toilettes sèches et activités ayant peu d'impact sur l'environnement.

MUSEU DO TRIGO (MUSÉE DU BLÉ) ★

Estrada Regional da Lomba do Alcaide
✆ +351 296 585 549

En hiver, lundi-vendredi 9h-17h ; samedi 11h-16h ; dimanche, 11h-14h30. En été, jusqu'à 18h en semaine et 15h30 le w-e.

Ce musée revient sur la culture ancestrale du blé aux Açores, aujourd'hui disparue et remplacée par l'élevage. On y découvre les techniques traditionnelles de production des XVIIIe et XIXe siècles. Le musée du blé est issu de la reconstruction d'un ancien moulin hydraulique, où les visiteurs peuvent observer les instruments traditionnels utilisés lors de la récolte du blé, ainsi que d'une exposition permanente composée de panneaux évoquant la culture des céréales à São Miguel.

HÔTEL DO MAR €€

Rua Gonçalo Velho
✆ +351 296 550 010
www.hoteldomar.com
A partir de 47 € la chambre double et 64 € la suite. Petit déjeuner inclus. En été, comptez environ 95 € la double.

Un bel établissement 4 étoiles face à la mer. Les prestations sont d'un standing assez élevé. Dès votre arrivée, on vous offrira une boisson pour vous accueillir. Les chambres sont belles et spacieuses. Certaines disposent d'un beau balcon aménagé avec table et chaises pour profiter de la vue sur l'océan et du bruit des vagues. Le petit-déjeuner est copieux et on appréciera tout particulièrement la belle piscine extérieure, les bains bouillonnants et le spa. N'hésitez pas à consulter leur site Internet, il y a régulièrement des offres spéciales.

RIBEIRA QUENTE ★

Une impression de bout du monde en arrivant à Ribeira Quente… Et ce n'est pas qu'une impression puisque la route s'arrête ici ! Pour repartir, il faudra forcément faire demi-tour. C'est un hameau de pêcheurs typique qui mérite une visite pour les charmes de sa plage de sable, la Praia do Fogo, relativement solitaire. Tout au bout de la ville, elle est pourtant animée à la belle saison (la taille du parking en dit long). La route qui y mène depuis Furnas, encadrée de torrents d'eau ferrugineuse, est bordée d'une végétation luxuriante. Il n'y a pas un touriste en hiver, évidemment, et pourtant le port reste toujours très actif ; on y pêche en effet beaucoup de chicharros.

COSTANEIRA €

4 Rua do Castelo
✆ +351 296 584 123
Ouvert tous les jours sauf le mardi de 12h à 21h. Comptez environ 20 € par personne.

Aussi appelée « Cadafi » (impossible de trop savoir pourquoi), cette brasserie, à l'excellente réputation locale, offre des plats simples et consistants. Les produits utilisés sont locaux et de bonne qualité. On vous suggère le steak de thon ou les maquereaux frits. Les desserts sont également délicieux. Un très bon rapport qualité-prix et la gentillesse en plus ! La patronne et sa sœur sont des amies de la France ! Endroit authentique avec une belle vue sur la mer. Vous apprécierez la simplicité et l'ambiance qui se dégagent des lieux.

PONTA DO GARAJAU €€

9 Rua Frederico Moniz Pereira
✆ +351 296 584 678
www.restaurantepontadogarajau.com
Ouvert tous les jours d'avril à octobre. Comptez entre 20 € et 25 € le repas par personne.

Le restaurant Ponta do Garajau est installé dans la bourgade de pêcheurs de Ribeira Quente. Le décor de style rustique rappelle les anciennes cuisines régionales et fait de cet espace un lieu de bien-être. La décoration typique, avec ses nombreuses fleurs, lampes à huile, hamacs et autres motifs ethnographiques évoquent le monde de la pêche. La cuisine est créative, basée sur la culture açorienne, les produits locaux et le respect des traditions culinaires. Un lieu d'excellence pour goûter une large gamme de poissons frais et de crustacés.

Ribeira Quente.

PASSPORT

Des baies profondes, des plages isolées (les plus belles sans doute de l'archipel), des fonds poissonneux… Santa Maria charme par sa quiétude et ses paysages bucoliques, peu accidentés, où alternent le vert des champs de blé et le jaune des prairies avec, en arrière-fond, l'azur illimité de l'océan. À un plateau de faible altitude succède une zone escarpée que domine, au centre, le Pico Alto (590 m). Cette île, probablement la première découverte des Açores, jouit d'une longue tradition d'escale sur les routes atlantiques : Christophe Colomb y fit une halte un peu mouvementée (il fut pris d'abord pour un pirate) et s'agenouilla à la chapelle des Anges. Si l'on ignore la date exacte de la découverte de Santa Maria, on sait avec certitude que des caravelles portugaises en longèrent les côtes en 1427, et que peu après cette date, Gonçalo Velho Cabral y abandonna du bétail pour voir s'il était capable de survivre et de se multiplier.

Santa Maria
AÇORES
CORVO
FLORES
SÃO JORGE
GRACIOSA
TERCEIRA
FAIAL
PICO
SÃO MIGUEL
SANTA MARIA
ANJOS
Feteiras de Baixo
Feteiras de Cima
NORTE
SANTA BÁRBARA
SÃO LOURENÇO
Santana
São Pedro
Cruz de São Mor
Aeroporto
SÃO PEDRO
ALMAGREIRA
ER 2
Feteirinha
SANTO ESPÍRITO
Santo Espírito
PRAIA FORMOSA
VILA DO PORTO
RESERVA NATURAL
DO ILHÉU DA VILA
Malbusca
Terras do Raposo
ÁREA DE PAISAGEM
PROTEGIDA DA
BAÍA DA MAIA
Panasco
MAÍA
3 KM

PAGES

●● TOUR DE L'ÎLE

180

VILA DO PORTO ★

180 C'est la petite capitale de l'île de Santa Maria. Elle regroupe les administrations, commerces et restaurants. La vieille-ville et quelques églises sont remarquables au gré des rues. Avec seulement 3 000 habitants, Vila do Porto est une capitale à taille humaine !

189 **SANTA BÁRBARA ★★**

186 **SÃO PEDRO ★**

187 **ANJOS**

187 **NORTE ★**

187 **SANTO ESPÍRITO ★**

189 **SÃO LOURENÇO ★**

MAIA ★★

190 Tout à l'est de l'île, la bourgade de Maia est prisée par les émigrants qui y ont construit leurs résidences d'été. En effet, on peut ici se baigner dans de très belles piscines naturelles. Un peu plus loin, on peut aussi visiter le phare.

190 **ALMAGREIRA ★**

PRAIA FORMOSA ★★

191 C'est une plage très populaire, surtout en été. Elle fait fureur avec sa grande étendue et son sable clair [plutôt rare aux Açores…]. Locaux et touristes s'y agglutinent à la belle saison. La grande baie incite à la baignade et à se prélasser sur son sable fin.

Phare de Maia.

VILA DO PORTO ★

Vila do Porto est la petite capitale de Santa Maria. En 2021, elle regroupait 3 012 habitants sur les 5 414 de l'île. Vivante et colorée, c'est une base agréable pour sillonner l'île. On y trouvera des magasins, des bars et des restaurants. En été, c'est un endroit assez animé, Santa Maria attirant un monde assez important pour ses plages. La ville s'organise le long de l'avenue du Dr Luis Bettencourt, c'est ici que l'on trouve toutes les commodités.

Balade

Pour une visite complète, baladez-vous dans la vieille ville, passez par le fort de São Bras, par le moulin à vent et ne manquez pas les édifices religieux, dispersés de part et d'autre de la grande avenue.

Quartiers

Installée sur une colline bordant la mer, entre deux rivières, Vila do Porto semble se résumer à une longue rue principale. Mais la ville était historiquement divisée en deux parties et celle située en dessous de l'église Nossa Senhora da Assunção, plus ancienne et qui descend jusqu'au fort, a maintenu le tracé primitif des rues médiévales. Quelques maisons y gardent encore le souvenir de la grandeur passée, comme la très belle façade d'une ancienne demeure marquée par différents styles et influences, le gothique et le manuélin. Restaurée pour devenir le nouveau musée de Santa Maria, il s'agissait en fait de la maison du troisième capitaine-donataire de l'île de Santa Maria.
Une belle balade en perspective.

Transports

▶ **Suppression des ferries.** Attention, notez que la principale compagnie maritime des Açores, Atlanticoline, a supprimé les liaisons entre Santa Maria et São Miguel, et entre São Miguel et les îles du groupe central, quelle que soit la saison.
Il reste encore possible de se déplacer en bateau au sein du groupe central (Terceira, Graciosa, Faial, Pico et São Jorge) et du groupe occidental (Flores et Corvo), mais pour rejoindre ces îles depuis Santa Maria ou São Miguel, la seule solution est de réserver un vol inter-île.

▶ **Par avion.** Désormais, la seule option pour rejoindre Santa Maria est de prendre l'avion. L'île est reliée par vol direct à Ponta Delgada uniquement. Pour aller sur une île autre que São Miguel, comptez donc au moins une escale. En haute saison, pensez à réserver vos vols en avance.

COUVENT ET ÉGLISE DE NOSSA SENHORA DA VITÓRIA ✝

R. Dr. Luís Bettencourt
Entrée libre.

Construit en 1607, il fut détruit par les pirates neuf ans après, puis reconstruit en 1725 et modifié pour la dernière fois en 1822. Jadis demeure des franciscains, il abrite aujourd'hui différents organismes publics. Les chapelles da Ordem Terceira et do Senhor do Sepulcro possèdent de beaux retables en bois sculpté et doré, et la chapelle das Almas une belle collection d'azulejos du XVIIe siècle. Le joli cloître est planté de palmiers et de cactus.

ÉGLISE MATRIZ DA NOSSA SENHORA DA ASSUNÇÃO ✝ ★

Entrée libre.

Construite entre le XVe et le XVIIe siècle, rebâtie au XIXe siècle, l'église, où le bleu domine, conserve des éléments gothiques et manuélins. On pourra y admirer des azulejos et, dans le baptistère, des vitraux (assez rares aux Açores) représentant le baptême de Jésus. On remarquera également une représentation en relief de l'Enfer, une Vierge à l'Enfant d'un peintre flamand et une sculpture de Nossa Senhora do Carmo tout particulièrement émouvante.

FORT DE SÃO BRAS ★

Ouvert de 10h à 18h du lundi au vendredi, de 10h à 13h30 et de 14h30 à 17h samedi et dimanche. Entrée : 3 €.

Construit pendant l'occupation espagnole au XVIe siècle afin d'assurer la défense du bourg, il fut rudement mis à l'épreuve lors des nombreuses attaques des pirates et corsaires qui, jusqu'au XVIIe siècle, envahissaient régulièrement les terres pour piller les villages. Le fort de São Bras se compose d'un petit bastion, de la maison du commandant et des casernes des troupes ainsi que de la belle chapelle de Nossa Senhora da Conceiçao. Son petit rempart offre une très belle vue panoramique sur la baie et sur la marina de Vila do Porto en contrebas.

MAISON DES FOSSILES - CENTRE D'INTERPRÉTATION DALBERTO POMBO ★

10-14 Rua Teófilo Braga ✆ +351 296 206 798

De nov. à mars, du lundi au vendredi 9h-12h30/13h30-17h. D'avril à oct., tous les jours 9h-12h30/13h30-17h. Entrée 5 €.

Un musée interactif et moderne pour nous présenter une des particularités du patrimoine naturel de l'île de Santa Maria : ses fossiles marins et les différents gisements où ils ont été découverts. Écrans explicatifs, cartes animées, la visite est passionnante. Le musée nous fait également découvrir la vie et les recherches de Dalberto Pombo, naturaliste passionné installé sur Santa Maria en 1952, qui passa sa vie à faire connaître et à mettre en avant le patrimoine naturel de l'île.

MOULIN À VENT DO GINJAL

Accès libre.

Au nord du centre-ville, il s'agit d'une reproduction fidèle des moulins à vent typiques de l'île, construite avec les matériaux et selon les techniques traditionnels. D'inspiration flamande, avec des coupoles généralement rouges, une vingtaine de moulins sont répartis dans tout l'archipel. Ils témoignent de l'abondante production de céréales vouées à l'exportation au fil des temps, qui a fait mériter à l'île le titre de « grenier des Açores ». Celui de Santa Maria ne déroge pas à la règle même s'il n'est qu'une reproduction, et mérite le coup d'œil.

PETITE ÎLE MAIS GRANDES RANDOS

- **Côte nord de Feteiras do Baixo à Baía dos Anjos.** Circuit PR01 SMA – 8,4 km – 4h – difficulté moyenne. Au départ de Bananeiras, il vous conduit à la Baía dos Anjos via la Baía do Raposo. Vous découvrez la diversité écologique et géologique qui caractérise le parc naturel de Santa Maria. Les dunes d'argile de Barreiro da Faneca font notamment partie du programme.
- **Entre montagne et mer depuis Santa Bárbara.** Circuit PRC03 SMA – 9,8 km – 2h30 – difficulté moyenne. C'est l'unique randonnée officielle de Santa Maria formant une boucle. Elle offre un bon aperçu de la diversité des paysages de l'île. Lors des premiers kilomètres, ne manquez pas les ruines des moulins à vent de la localité et ses belles carrières. Cap ensuite sur Norte via la baie de São Lourenço. Le retour s'effectue par les terres, où vous attend la cascade de Ribeira do Amaro, haute de 50 mètres.
- **Pico Alto.** Circuit PR02 SMA – 6,2 km – 2h – difficulté moyenne. Une petite randonnée qui vous emmène au point le plus haut de Santa Maria, en passant par des belvédères naturels d'où vous pourrez profiter de jolis points de vue sur l'île.
- **Entre les deux plages de sable blanc.** Circuit PR06 SMA – 11,5 km – 4h30 – difficulté moyenne. Ce chemin relie les deux plages de sable blanc de l'île, Praia Formosa, sur la côte sud, et Baía de São Lourenço, au nord-est, via l'intérieur de l'île et ses espaces protégés, notamment le Pico Alto (intersection avec PR02 SMA). Ne manquez pas le château da Praia sur le chemin.

PÓLO DE VILA DO PORTO

R. Frei Gonçalo Velho S/N ✆ +351 296 884 844

museu-santamaria.azores.gov.pt

D'oct. à mars, du mardi au dimanche de 9h30 à 17h. D'avril à sept., du mardi au dimanche de 10h à 17h30. Gratuit.

En plein centre-ville, ce petit musée moderne est le résultat de la réhabilitation de deux demeures historiques, la maison du troisième capitaine-donataire de l'île de Santa Maria, João Soares de Sousa (1493-1571), et la maison où est né Manuel Monteiro Velho Arruda (1873-1950), illustre médecin et historien. A l'intérieur, des expositions temporaires s'y succèdent, regardez le site web pour savoir à quoi elles sont consacrées. Pour en profiter, la meilleure option reste de demander une visite guidée ; le personnel du musée se fera un plaisir de vous accompagner !

OFFICE DE TOURISME

Aéroport

✆ +351 296 886 355

En juillet et août, ouvert tous les jours de 6h30 à 20h, et le reste de l'année de 9h à 20h.

Accueil sympathique et conseils avisés ! Idéalement situé à l'aéroport pour vous aider dès votre arrivée, c'est l'un des premiers lieux où vous devez vous arrêter afin de recueillir toutes les informations et les bons plans relatifs à l'île de Santa Maria. Brochures, cartes, cartes de visite, rien ne manque à l'appel. On vous y renseignera également sur différents itinéraires à thème, tel que l'itinéraire découverte « Pirates et Corsaires à Santa Maria ». L'office de tourisme dispose également d'un bureau d'information dans la rue principale de Vila do Porto.

AÉROPORT DE SANTA MARIA

A 3,5 km du centre-ville.
✆ +351 296 820 020
santamariaairport.pt/en/sma/home

Petit aéroport sur l'île de Santa Maria. Vous atterrirez dans la ville principale, à Vila do Porto. C'est donc très facilement que vous rejoindrez le centre-ville. De même, le jour du départ, pas besoin de partir des heures à l'avance puisque l'aéroport se trouve seulement à quelques minutes de la ville. Quelques commodités au sein du hall dont des loueurs de voitures. L'aéroport vit tranquillement au rythme des arrivées et des départs. Une fois débarqué, vous serez immédiatement plongé dans l'ambiance de Santa Maria où tout est petit et simple.

CAMARA MUNCIPAL DE VILA DO PORTO

Rua Teófilo Braga
✆ +351 296 820 000 - www.cm-viladoporto.pt
Ouvert du lundi au vendredi de 8h30 à 12h30 et de 13h30 à 16h30.

Divisée en 5 paroisses, cette petite capitale vit au rythme des événements qui y sont organisés tout au long de l'année. Elle constitue un bon point de chute pour sillonner Santa Maria. Vous y trouverez tout ce dont vous avez besoin pour planifier vos activités sur l'île : un office de tourisme, des hôtels, des bars, des restaurants et des magasins, ainsi que des agences locales qui pourront vous organiser des visites et des sorties. La mairie gère aussi le camping de Praia Formosa.

AUTATLANTIS

Aéroport de Santa Maria
✆ +351 296 205 340
www.autatlantis.com
A partir de 30 € pour une voiture de catégorie A et de 37 € catégorie C.

Autatlantis est une agence de location de voitures solide, présente sur sept îles : São Miguel, Santa Maria, Pico, Terceira, São Jorge, Faial et Flores. Pratique donc si vous envisagez un séjour itinérant sur ces îles, vous pouvez demander un devis global. La flotte est renouvelée chaque année pour vous offrir les derniers modèles de voitures ainsi qu'un haut niveau de sécurité et de confort. Deux types de packages assurances vous sont proposés. À noter que vous pouvez également louer chez eux des minibus ou encore un véhicule 4x4.

ILHA DO SOL

Salvaterra, 26
✆ +351 969 405 700
ilhadosol.com/rentals
Pour une catégorie A, à partir de 34 € par jour.

Ilha do Sol est une petite compagnie proposant des locations de voitures uniquement sur l'île de Santa Maria. Leur flotte est relativement restreinte, il faudra donc s'y prendre à l'avance si vous souhaitez louer un véhicule auprès de cette agence (surtout si vous comptez vous rendre aux Açores pendant la période estivale, c'est-à-dire en juillet et en août). La compagnie propose aussi des scooters et motos, autres solutions agréables pour découvrir l'île si vous êtes un peu aventurier et si vous aimez les escapades en deux-roues.

ILHA VERDE

Aéroport de Santa Maria ✆ +351 296 886 528
www.ilhaverde.com
Comptez environ 40 € par jour pour une catégorie A, et environ 48 € par jour pour une catégorie C. Tarifs dégressifs.

Correspondant d'Avis et Europcar, Ilha Verde est une compagnie sérieuse implantée sur toutes les îles sauf Corvo et Graciosa. Pratique extrêmement rare, louer avec cette agence facilitera donc vos démarches si vous envisagez de vous rendre sur plusieurs îles aux Açores et de vous y déplacer en voiture. La catégorie A correspond généralement à une Renault Twingo. Quant aux autres catégories, vous aurez notamment le choix entre Nissan Qashqai, Ford Focus, Renault Capture… Des minibus ou des véhicules 4x4 peuvent également être loués. Le tout en kilométrage illimité.

SATA AZORES AIRLINES

Aéroport de Vila do Porto
✆ +351 296 209 720
azoresairlines.pt/fr
Comptez environ 115 € pour un aller-retour depuis Ponta Delgada.

Depuis la France, la liaison qu'opère la compagnie SATA Azores Airlines jusqu'aux Açores ne s'effectue qu'à destination de Ponta Delgada (en vol direct ou via Lisbonne ou Porto) : il faudra ensuite prendre un autre vol inter-îles pour arriver jusqu'à Santa Maria. Depuis Ponta Delgada, vous n'êtes qu'à 30 minutes de vol de l'île. La ligne est opérée une à quatre fois par jour selon la saison, mais l'on ne peut pas faire l'aller-retour dans la journée en hiver. Enfin, les vols peuvent être perturbés par les conditions climatiques parfois capricieuses aux Açores.

DES COULEURS

Sur l'île de Santa Maria, chaque commune a sa couleur : fenêtres, abribus ou fontaines, tout dans chaque village est peint avec celle-ci. Ces peintures étaient à l'origine des pigments naturels, tels que l'almagre, une argile rougeâtre qui a donné à l'île son surnom de « île rouge ».

Ainsi, si la commune de Santo Spirito est verte, celle de Santa Barbara est bleue, São Pedro jaune et Almagreira est… rouge almagre. À la capitale, la couleur était originellement le gris, mais les nombreux habitants venus s'y installer pour travailler lors du développement de l'aéroport ont emporté avec eux la couleur de leur village, transformant Vila do Porto en une capitale multicolore.

TSM - TRANSPORTES DE SANTA MARIA

55 Rua Teófilo Braga
✆ +351 296 882 115
www.transportesdesantamaria.com

Horaires précis sur le site Internet ou auprès de l'office de tourisme.

C'est l'unique compagnie de bus qui opère sur l'île. Ses 9 lignes couvrent les localités principales. Une douzaine d'allers-retours sont programmés par jour en semaine, moitié moins les samedis et aucun les dimanches. Pour les autres lignes, comptez un à quatre allers-retours par jour, en semaine uniquement. L'application *Mobilidade* permet de connaître en temps réel les trajets, les horaires et les tarifs. Une bonne alternative si vous ne voulez pas louer de voiture.

PARQUE DE CAMPISMO DE PRAIA FORMOSA

Praia Formosa
✆ +351 296 820 000

Ouvert du 15 juin au 30 septembre. Réception de 9h à 13h et de 14h30 à 20h30. Tarifs sur demande.

Ce camping géré par Vila do Porto est situé à Praia Formosa, sur la plage de sable blanc, et donne directement sur la mer. Vous vous endormirez avec le bruit des vagues ! Il dispose de quelques tentes, bungalows et salles de bains communes. Un peu en retrait du village, prévoyez une voiture si la marche n'est pas votre fort. Sur place, un bar permet de manger à un bon rapport qualité-prix. Le personnel est serviable et aimable. Une option économique dans un cadre splendide.

POUSADA DE JUVENTUDE DE SANTA MARIA €

Rua Frei Gonçalo Velho
✆ +351 296 883 592
www.pousadasjuvacores.com

Chambre double à partir de 36 €, triple à partir de 40 €. Petit déjeuner inclus.

Une excellente option pour les petits budgets comme pour les voyageurs en quête de rencontres, à deux pas du port et non loin du centre. Cette auberge de jeunesse (sans dortoirs), dont la directrice actuelle est française, a ouvert en avril 2012 et propose des prestations de qualité (pour certaines carrément inespérées, à l'instar de la piscine !), à des prix défiant toute concurrence. De plus, les aménagements sont conçus pour accueillir les personnes à mobilité réduite.

HÔTEL PRAIA DE LOBOS €€

Rua Mercado Vila Porto
✆ +351 296 882 277
www.hotel-praiadelobos.pt

Chambre twin à partir de 52 € la nuit, chambre double à partir de 68 € la nuit, suite à partir de 90 € la nuit.

L'hôtel et les chambres, à la décoration un peu datée, mériteraient un petit rafraîchissement. Mais l'établissement est très central, situé dans la rue principale de Vila do Porto. Trente-quatre chambres sont mises à disposition, toutes très lumineuses et parfaitement équipées (TV câblée, air conditionné…). Plusieurs d'entre elles ont vue sur l'océan. Au rez-de-chaussée, un salon de détente, un bar, mais également un restaurant avec une carte de plats régionaux. Les clients de l'hôtel ont par ailleurs accès à une piscine ainsi qu'à des courts de tennis.

HÔTEL SANTA MARIA €€

Rua da Horta
✆ +351 296 820 660
www.hotel-santamaria.pt

Chambre simple à partir de 65 €, chambre double à partir de 75 € et suite à partir de 110 €. Petit déjeuner inclus.

À seulement 1 km de l'aéroport, dans un bâtiment récent dont le premier mérite est de ne pas avoir la folie des grandeurs, l'hôtel Santa Maria dispose de chambres spacieuses et lumineuses décorées dans des tons chauds. Elles ont toutes vue sur le jardin. Sur place : piscine, court de tennis, salle de jeux, billards… À votre disposition également : location de vélos, blanchisserie, parking,… L'établissement est confortable, même si l'ensemble ne dégage pas un charme inoubliable. À noter qu'il est possible de partir en randonnée au pied de l'hôtel.

ILHA A PE €€

31 Rua da Boa Nova
✆ +33 768 560 859
www.ilhaape.com

4 refuges avec 4 lits simples et un lit double. Eau chaude. Tarifs sur demande.

« Grand Route - GR01SMA », la plus longue randonnée des Açores, 80 km et 5 jours de marche. Et le long de celle-ci, quatre anciennes granges, transformées en refuges où vous reposer en fin de journée. Architecture de bois et de vieilles pierres, les refuges sont modernes, chaleureux et confortables. Plusieurs formules vous sont proposées, qui vont de la simple nuit avec votre sac de couchage, jusqu'au kit tout compris : 5 nuits en refuge, lit avec draps, repas, serviettes et transfert de bagages. Une très belle manière de découvrir Santa Maria.

CHARMING BLUE €€€

31 Rua Teófilo de Braga
✆ +351 296 882 083
www.charmingblue.com

Dès 85 € la chambre simple, 98 € la simple supérieure, 100 € la double, 115 € la double supérieure, avec petit déjeuner.

Un récent et très charmant établissement qui offre, à des prix raisonnables, des prestations de luxe. Les chambres sont délicatement décorées dans des tons clairs qui incitent à la détente. Le personnel est extrêmement professionnel et serviable. Au sein de l'hôtel : piscine, bar et excellent restaurant. En plus de cela, Charming Blue se situe au cœur de la ville de Vila do Porto, idéal pour aller arpenter ses rues. Bref, tout y est pour vivre un séjour de rêve dans un cadre enchanteur. Une des meilleures adresses de l'archipel.

HÔTEL COLOMBO €€€

Rua Cruz Texeira
✆ +351 296 820 200
www.colombo-hotel.com

Chambre double à partir de 50 €, triple à partir de 68, T1 à partir de 67 €, suite dès 64 €. Petit déjeuner inclus.

Un hôtel 4 étoiles contemporain, doté malgré tout d'un certain cachet. Il propose 87 chambres, dont 4 suites, disposant de tout le confort nécessaire (air conditionné, TV satellite, wifi, mini-bar, sèche-cheveux…). Restaurant, piscine, salle de sport, billards, bains à remous, hammam, sauna, et service de location de voitures. On retiendra le bar et sa terrasse offrant une vue panoramique sur l'océan. La plage et la montagne ne sont pas loin non plus ! L'hôtel se situe à proximité du centre-ville et à environ 10 kilomètres de l'aéroport.

CONVERSA COM LETRAS €

3 Rua Dr. Luís Bettencourt
✆ +351 296 883 415

Ouvert du lundi au samedi de 8h à 00h (jusqu'à 2h vendredi et samedi). Plat du jour : environ 20 €.

Ambiance jeune et décontractée dans ce très sympathique snack-bar de la rue principale. Pour un plat du jour ou un petit-déjeuner, pour bouquiner avec un café ou savourer un de leurs nombreux desserts maison, l'endroit est très apprécié des locaux qui s'y retrouvent aussi le soir pour prendre un verre en jouant aux fléchettes. À l'arrière, une grande terrasse couverte permet de profiter du jardin les jours de pluie. À noter que le café organise aussi régulièrement des concerts ou des menus spéciaux. Un lieu très vivant en plein centre !

Vila do Porto.

A TRAVESSA €

97 Rua Dr.Luis Bettencourt
✆ +351 296 882 213
Ouvert du lundi au vendredi de 8h à 22h et le dimanche de 12h à 22h. Comptez 15 € par personne.

Une très sympathique brasserie se cache derrière la toute petite devanture de ce snack de la rue principale. Murs en briques, un grand comptoir en bois et une carte pour les gourmands : petits déjeuners variés, grillades de viandes et poissons, pitas, burgers maisons, ou encore quelques tapas à déguster avec une sélection de bières spéciales, dont la « A Nossa », bière artisanale de Santa Maria. Pour le goûter, ou même en dessert, le snack propose également une très belle carte de crêpes, salées et sucrées, ce qui est assez rare aux Açores.

MAD €€

109 Rua Teófilo Braga
✆ +351 915 964 903
Ouvert du mardi au vendredi, de 12h à 14h30. Comptez 15 à 20 € par personne.

Une façade rouge contrastant avec un intérieur aux nuances de gris, un sol en pierres naturelles, le ton est donné. Ici, on aime l'esthétique. Les assiettes, les produits, tout a été pensé pour que les plats soient aussi bons que beaux, et c'est très réussi. Au menu, une cuisine aux influences multiples : portugaise évidemment, mais aussi libanaise ou japonaise. Poisson des Açores, houmous... une merveille ! Le tout cuisiné avec des produits de saison. Attention, les horaires d'ouverture sont comme le restaurant : atypiques. Pensez à réserver.

CLUBE NAVAL DE SANTA MARIA

Sur les quais.
✆ +351 296 883 230
www.cnsantamaria.pt
Secrétariat ouvert du lundi au vendredi de 8h à 12h30 et de 14h à 17h30.

On peut y louer du matériel de plongée et pratiquer toutes les activités nautiques classiques : jet-ski, pêche au gros, voile… L'île de Santa Maria est un véritable paradis pour ce type d'activités, alors n'hésitez pas. Le club naval dispose aussi d'un bar assez sympa et animé. Le club naval fait donc partie des incontournables pour vous distraire. Des tournois sont organisés tout au long de l'année et viennent animer le petit port de l'île et ses alentours.

SÃO PEDRO ★

La terre y est tellement fertile qu'on se croirait dans une minuscule forêt vierge avec, au centre, un immense palmier, une église du XVIIe siècle et des *azulejos* polychromes représentant la mise en croix. En raison des sols riches et fertiles, São Pedro a toujours été un centre agricole et la base de l'économie de la région. Cela a permis la prospérité par le passé et de nos jours les récoltes continuent de prospérer. De belles propriétés seigneuriales et de grands manoirs (appelés *solares* en portugais) avec leurs propres chapelles font la fierté des habitants et le bonheur des touristes.

© JUAN VILATA - SHUTTERSTOCK.COM

São Pedro.

BARREIRO DA FANECA

En quittant São Pedro, prendre la route en direction de la baie d'Anjos. Suivre ensuite les panneaux «Barreiro da Faneca».
✆ +351 292 207 300

On l'appelle le désert rouge des Açores. Un terrain aride, argileux, de couleur rouge intense. Il s'agit en fait d'une ancienne coulée de lave recouverte d'une couche de cendres volcaniques, que le temps et le climat ont transformée en argile. C'est l'un des géosites les plus remarquables de Santa Maria. En quittant São Pedro, prenez la direction de la baie d'Anjos. Suivez les panneaux indicatifs. Ne vous attendez pas à un désert immense, le site n'est pas très grand, mais vaut le détour pour la beauté de ces différentes nuances de rouge, d'ocre et de jaune.

ANJOS

Petit village de pêcheurs au milieu d'un paysage désertique, la végétation se fait ici plus rare. Son église vaut le détour, on y trouve une arche de l'ancienne chapelle, l'édifice le plus ancien de tout l'archipel des Açores, qui aurait été l'endroit où Christophe Colomb aurait assisté à la messe dès le retour de son voyage de découverte de l'Amérique. Mais Anjos est surtout connue pour sa baie, zone de baignade et de détente prisée par les touristes en été, mais aussi par de nombreuses espèces d'oiseaux migratoires qui choisissent cet endroit comme zone de repos et d'alimentation sur leur route vers le sud.

RESTAURANTE-BAR DOS ANJOS €

R. Francisco Lopes Anjo
✆ +351 296 886 734
Ouvert tous les jours de 11h à 22h. Poissons et viandes pour moins de 10 €.

Situé à côté des piscines naturelles des Anjos, c'est l'endroit idéal pour reprendre des forces après la baignade. La décoration est un peu datée et le service est parfois lent, mais la vue sur la baie est magnifique. Outre les plats de viande et de poisson, on vous servira aussi des salades, des pâtes et quelques spécialités traditionnelles en saison, comme les lapas grillés. Une bonne option dans cette partie plus isolée de Santa Maria et un bel endroit pour un apéritif sur la plage.

NORTE ★

Juste après le panneau d'entrée de Santa Bárbara, une route secondaire filant à gauche vous mènera à Norte Santa Bárbara. En chemin, faites éventuellement une halte à Barreiro : son belvédère offre une jolie vue sur l'îlot de São Lourenço. Quelques dizaines de mètres plus loin, un embranchement à droite marque le départ du sentier pédestre de Fajãzinha, qui vous conduira à São Lourenço en 40 minutes. C'est dans le hameau de Norte que la route goudronnée prend fin, laissant ensuite place à un chemin de terre, sur lequel nous vous déconseillons vivement de vous engager. Vous pourrez revenir sur vos pas pour rejoindre la chapelle Nossa Senhora de Lourdes.

CASA DO NORTE €€

Lugar do Norte
✆ +351 910 649 407
www.norteazores.com
5 nuits min. Comptez 70 € la nuit de novembre à mars, 80 € d'avril à mai et en octobre, et 90 € de juin à septembre.

Située dans un endroit qui respire la paix et invite à la détente, cette ancienne maison a été restaurée dans le respect de la tradition de Santa Maria. Adaptée au tourisme rural, elle se présente comme un « open space » composé d'un living, d'une chambre à coucher et d'une cuisine totalement équipée. La Casa do Norte est entourée d'un grand jardin avec un beau verger d'arbres fruitiers exotiques. Devant et derrière la maison, il y a des terrasses avec une magnifique vue sur la mer et la montagne. Une adresse à retenir sans hésiter.

SANTO ESPÍRITO ★

Située à l'est de l'île, la localité de Santo Espírito regroupe plusieurs points d'intérêt. Outre sa coopérative d'artisanat et son musée, elle abrite l'église Nossa Senhora da Purificação, construite au XVIe siècle, et qui surprend notamment par sa façade baroque et ses sculptures en lave noire. Santo Espírito marque par ailleurs le début d'une belle randonnée (fermée temporairement) qui vous mènera jusqu'à la Ponta do Castelo en quelque 3h de marche. Depuis l'église de Santo Espírito, cette randonnée conduit au phare de Gonçalo Velho, à l'extrémité de la Ponta do Castelo. Ne ratez pas en chemin le moulin à vent traditionnel et la cascade de Ribeira do Aveiro.

CASCADE DO AVEIRO

Accès libre. Accessible en voiture, parking sur place.

C'est la plus haute cascade du Portugal ! Du haut de ses 110 mètres de hauteur, elle est très impressionnante. La chute dégringole au milieu d'un amphithéâtre naturel basaltique résultant de coulées de lave, dans une végétation luxuriante. Zone protégée, elle fait partie du parc naturel de l'île de Santa Maria et du Géoparc des Açores. En été, il est possible de s'y baigner, mais la cascade est parfois asséchée. Au pied de la falaise, là où tombe l'eau, vous verrez l'ancien pressoir construit à la fin du XVIe siècle, le Lagar de Diogo Santos Faleiro. Idyllique.

COOPERATIVA DE ARTESANATO DE SANTA MARIA

Termo da Igreja, s/n Santo Espirito
✆ +351 296 884 888
Ouvert du lundi au vendredi de 8h à 12h30 et de 13h30 à 16h. Le samedi de 9h à 14h. Fermé le dimanche.

Un jour, les femmes de Santa Maria en ont eu assez de rester à la maison et d'attendre leurs maris. Elles ont créé une coopérative, entièrement autogérée. Tout y est fait à l'ancienne : pulls, vanneries, couvre-lits colorés, pain, etc. On y dégustera aussi les fameux biscuits de ***orelha*** et de ***aguardente***, notamment. Une belle occasion de découvrir le savoir-faire de l'archipel. Une excellente adresse pour acheter vos souvenirs. Vous êtes sûr de rapporter du 100 % local.

MUSEU DE SANTA MARIA

Largo Padre José Maria Amaral
✆ +351 296 884 844
museu-santamaria.azores.gov.pt
D'oct. à mars, ouvert du mardi au dimanche de 9h30 à 17h. D'avril à sept., du mardi au dimanche de 10h à 17h30.

Situé dans une ancienne maison du village, c'est le musée des traditions perdues ou oubliées. On y verra des objets en terre cuite, des ustensiles agricoles, des amphores, des assiettes, un salon reconstitué et une dînette pour enfant. Vous y apprendrez davantage sur les coutumes d'autrefois et les techniques pour conserver et distribuer l'eau. Parmi les objets insolites : des couscoussiers rapportés par des habitants de Santa Maria qui avaient été faits prisonniers par des pirates en Algérie, au XVIe siècle, et à qui on avait appris à faire le couscous.

RIBEIRA DE MALOAS ★

Sur la route qui quitte Malbusca pour longer la côte sud, suivre les panneaux indiquant Ribeira do Maloás.

Sur la route en terre qui quitte le village de Malbusca par le sud, empruntez le sentier de randonnée qui part sur la droite, en suivant les panneaux indiquant « Calçada do Gigante ». C'est le nom que donnent les locaux à la Ribeira de Maloas, cette impressionnante formation géologique, une paroi de prismes de pierre noirs d'où surgit une cascade, en référence à la Chaussée des Géants, un site d'Irlande du Nord qui présente des caractéristiques similaires.

Considéré comme un des lieux d'intérêt géologique majeur de l'île Santa Maria, le site fascine par sa beauté. C'est une zone protégée qui fait partie du Géoparc des Açores ainsi que du parc naturel de l'île de Santa Maria. Les colonnes de basalte qui forment cette impressionnante structure naturelle mesurent entre 15 et 20 mètres de hauteur et s'étendent sur 220 mètres de long. Elles se seraient formées suite à la rencontre d'une coulée de lave provenant du Pico Alto avec la mer. Cette formation volcanique est célèbre surtout pour la cascade qui la dévale sur près de 20 mètres de hauteur en un spectacle grandiose.

À noter que la randonnée qui y mène offre de très belles vues sur la côte sud de l'île. Comptez environ 20 minutes de marche le long d'un sentier qui longe la falaise. En hiver, il peut être boueux, la prudence est donc de mise car il n'y a pas de garde-fous, il faut marcher près du vide. Cette randonnée ne présente toutefois pas de difficultés majeures et sera accessible même aux familles avec des enfants. Un détour qui vaut absolument la peine.

Santo Espírito.

São Lourenço.

SANTA BÁRBARA ★★

Peut-être le village le plus charmant de l'île, avec son église du XVIIe siècle et ses ravissantes bâtisses. Les chemins raviront les marcheurs : plusieurs circuits entièrement balisés s'offrent à eux. Entre montagne et mer, on vous suggère le PRC3SMA. C'est l'unique randonnée officielle de Santa Maria formant une boucle, et elle a le mérite de vous donner un bon aperçu de la diversité des paysages. Lors des premiers km, ne manquez pas les ruines des moulins à vent et ses remarquables carrières. Cap ensuite sur Norte via la superbe baie de São Lourenço. Le retour s'effectue par les terres, où vous attendent notamment la cascade de Ribeira do Amaro et ses 50 m de hauteur.

SÃO LOURENÇO ★

L'arrivée dans la baie de São Lourenço, une anse taillée dans les coulées de lave où la mer turquoise s'est désormais engagée, est impressionnante ; c'est la Ponta Negra. Ce n'est pas un ancien cratère, l'absence de dépôts volcaniques ne permettant pas d'accréditer cette thèse. Le courage de l'homme se mesure à l'aune des vastes surfaces plantées de vignes sur les versants du cratère. Les murets sont entièrement construits avec de la lave. Le village s'anime surtout en été, autour de sa belle plage et de sa piscine. A la sortie de São Lourenço, un belvédère offre un excellent point de vue sur la baie, la plage et l'îlot. On pourrait y rêvasser des heures…

POÇO DA PEDREIRA

C'est une ancienne carrière. Pendant des années y ont été prélevées les pierres pour construire la plupart des bâtiments de Santa Maria. Laissée ensuite à l'abandon, la nature y a repris ses droits, créant ainsi l'un des géosites marquants de l'île. Une haute paroi de pierre rougeâtre au bas de laquelle un petit lac s'est formé ; un lieu apaisant. Un belvédère y est aménagé pour pouvoir profiter de la vue, avec une table de pique-nique. Pour y arriver, empruntez, sur la droite de la route quittant le village d'Arrebentao vers l'est, le chemin de randonnée PRC03.

ÎLOT DE SÃO LOURENÇO

Accès libre.

Sur cet îlot, au large de São Lourenço, se trouve une belle grotte couverte de stalactites et de stalagmites. Les adeptes de spéléologie apprécieront sans aucun doute les lieux. Il y a un petit côté mystique et mystérieux qui s'en dégage… On peut y accéder en barque depuis le village. Renseignez-vous auprès des locaux pour la traversée. La plage qui porte le même nom est située dans une jolie baie. C'est une zone balnéaire appréciée, car son décor est magnifique : amphithéâtre en bord de mer, coteaux sur les hauteurs, bleu turquoise des eaux…

MIRADOURO DE SÃO LOURENÇO ★★★

Accès libre.

Sur la route qui vous mènera à Santo Espírito depuis Lourenço, ne manquez pas sur votre gauche le Miradouro de São Lourenço. Il offre un panorama tout bonnement grandiose sur l'espace naturel protégé de la Baía de São Lourenço, depuis la Ponta dos Matos jusqu'à Pontinha, en passant bien sûr par la Ponta Negra et l'îlot de São Lourenço. Une table abritée peut être prétexte à une halte pique-nique, histoire de prolonger le plaisir et d'en prendre plein les yeux.

PONTA DO CASTELO ★★★

Avant d'arriver à Maia.

Accès libre.

C'est l'un des paysages phares – si l'on peut dire ! – de l'île de Santa Maria, celui que l'on retrouve sur nombre de cartes postales. Si plusieurs belvédères (remarquables au demeurant) ponctuent votre descente tortueuse vers Maia, c'est incontestablement ici qu'il faut s'arrêter. Vous pouvez stationner juste avant l'épingle, et poursuivre à pied le long d'un sentier tracé. Intéressant : ce dernier est jalonné de plusieurs panneaux documentaires retraçant les différentes périodes de chasse à la baleine, et détaillant le rôle de chacun des bâtiments en contrebas.

MAIA ★★

Tout à fait à l'est de l'île, Maia est un village d'été où se remarquent les grandes maisons blanches des émigrants. On peut s'y baigner dans des piscines naturelles ou grimper vers le phare de Gonçalo Velho. Les conducteurs prudents arrêteront leur voiture au début du chemin avant de s'y aventurer : il serait en effet très hasardeux de tenter un demi-tour si une autre voiture était engagée. Vous pouvez également admirer la très belle cascade do Aveiro. Située au bout de la route qui traverse le village de Maia, elle dévale la falaise entre les vignobles en terrasse. Une table de pique-nique est prévue pour profiter de la vue.

ALMAGREIRA ★

Cette localité est réputée pour recéler une grande quantité d'*almagre*, une argile très riche en plomb (d'où sa couleur qui tend vers le roux) qu'on utilisait autrefois pour peindre les maisons avec de la chaux ou pour fabriquer de la porcelaine (argile vitrifiée). On observera quelques ruines de moulins à vent ou à eau (*azenha*) et des fosses appelées « matamouros » : autrefois, on y cachait les céréales ou tout autre bien à cause des corsaires. On les recouvrait ensuite d'une pierre, d'une dalle marquée d'un signe afin de reconnaître le propriétaire. Vous pouvez visiter l'une de ces caches dans la rue qui descend vers Covas, à gauche de la Quinta do Falcão.

PHARE DE GONÇALO VELHO

R. do Divino Espirito Santo

✆ +351296 884 252

En hiver, ouvert le mercredi de 13h30 à 16h30.
En été, ouvert le mercredi de 14h à 17h.

Il date de 1927. Perché sur la pointe rocheuse de Ponta do Castelo, c'est l'un des plus beaux phares des Açores et l'un des rares qui se visite. Vous trouverez à l'intérieur des explications très précises sur son fonctionnement et le rôle crucial de ces édifices pour les marins, mais également une série d'objets évoquant la vie des gardiens de phare. La terrasse extérieure et la vue du haut de la coupole offrent quant à elles un panorama à 360 degrés à couper le souffle sur l'océan, l'ancien port baleinier en contrebas, les vignes à flanc de colline et la falaise.

CASA DE ALMAGREIRA €€

Canada do Outeiro

✆ +351 282 444 444

www.altoazores.com

Selon la saison, chambre double de 200 € à 250 €, 2 chambres (4 pers.) de 250 € à 320 €. Petit déjeuner inclus.

Située à 2,5 km de la plage de Praia Formosa, cette maison à l'extérieur traditionnel et à l'intérieur moderne vous offre deux chambres avec lit *queen size* et une chambre avec lit double. Elle peut accueillir jusqu'à huit adultes. La vue sur la campagne environnante incite à la détente et à profiter de Dame Nature. Rien n'est bien loin : l'aéroport se trouve à 9 km, l'océan à 3 km et le centre de Santa Maria à 2 km. Internet, parking, cuisine équipée, service de navette et de location de voiture... Enfin, à Casa de Almagreira on parle français !

QUINTA DO FALCAO €€

Lugar do Falcao
✆ +351 961 132 454
https://quintadofalcao.pt
Selon la saison, T1 de 85 € à 120 € la nuit, et T2 de 125 € à 170 € la nuit. 25 € le lit supplémentaire.

Derrière un magnifique portail rouge almagra, l'impressionnante quinta de João Falcão de Sousa, arrière-arrière-grand-père de l'actuel propriétaire. Les différents bâtiments de ce qui était autrefois l'une des plus grandes propriétés agricoles de l'île ont été réaménagés en logements modernes et confortables, d'une ou deux chambres, aux dominantes de bois et de béton lissé. Literie d'excellente qualité, cuisine équipée. À l'extérieur, on trouve un espace barbecue et les anciens jardins, surplombant la vallée, de cette propriété pleine de charme et d'histoire.

PRAIA FORMOSA ★★

Avec sa grande étendue de sable clair enclavée entre deux falaises, Praia Formosa est une rareté dans les îles des Açores, où prédominent les sables noirs d'origine volcanique. Des eaux transparentes et peu profondes en font une zone de loisirs très appréciée dans cette partie sud de l'île. Elle est d'ailleurs surveillée en été, et vous y trouverez quelques aménagements : un petit snack-bar, des douches et des sanitaires. Sur la route qui longe la plage, vous pouvez observer les ruines du fort São João Baptista, datant des XVIe et XVIIe siècles. À noter que c'est à Praia Formosa que se tient depuis plus de 25 ans, chaque mois d'août, le festival Maré de Agosto qui réunit tous les grands noms de la musique internationale.

Balade

Il est possible de rejoindre Praia Formosa à pied depuis Vila do Porto par la randonnée PR05 SMA (8 km - 3h - difficulté moyenne). Vérifiez l'état des sentiers sur trails.visitazores.com (chemin temporairement fermé en hiver).

Tourisme

Sur la route reliant Almagreira à Praia Formosa, ne manquez pas de faire un arrêt au Miradouro da Praia - Macela avant d'entamer votre descente vers la plage. Depuis celui-ci, une vue imprenable sur ce versant de l'île s'étend à vos pieds. L'occasion de contempler toute la beauté de la baie et de cette magnifique plage de sable blanc. Une grande table de pique-nique et un barbecue invitent à une jolie pause déjeuner.

PARQUE DE CAMPISMO €

✆ +351 961 809 446
Ouvert de mi-juin à fin septembre. Se renseigner pour les tarifs (autour de 5 € pour l'emplacement d'une tente).

Le seul terrain de camping de Santa Maria, juste à la sortie de Praia. Un terrain pris d'assaut lorsqu'il ouvre à la belle saison. Des tentes de toutes les couleurs viennent décorer l'espace. Il faut dire que l'emplacement est idéal, à deux pas de la plage. Vous avez juste à sortir de votre tente, enfilez vos tongs et direction l'océan ! Sur place : parking, sanitaires, tables de pique-nique... Mais aussi un bar et du personnel jeune, dynamique et sympathique. La simplicité et le bonheur à l'état pur. Les mots d'ordre de l'archipel.

BEACH PARQUE €

1-2 Almagreira
✆ +351296 884 452
Ouvert du mardi au dimanche de 12h30 à 23h.

Une structure originale en forme de bulle, un vaste espace extérieur avec aire de jeux pour enfants et baby-foot pour les plus grands, ce snack-bar est assez plaisant pour boire un verre ou manger sur le pouce, bien que l'on y serve aussi des assiettes plus consistantes. À la carte des sandwiches, des hamburgers... L'emplacement est parfait, à quelques pas de la plage. En été, c'est l'endroit idéal pour faire une petite pause et se restaurer. Vous ne pourrez pas manquer l'établissement, c'est le seul ayant cette apparence sur l'île de Santa Maria.

RESTAURANTE O PAQUETE €

1-2 Almagreira
✆ +351 296 884 142
Ouvert tous les jours de 10h30 à 22h30. Viandes et poissons pour moins de 10 €. Burgers ou omelettes pour moins de 5 €.

Un restaurant en forme de paquebot avec une vue imprenable sur la mer toute proche. Décoration design, grande terrasse et terrain aménagé pour l'organisation de soirées l'été... Très animé par les touristes et les Açoriens en pleine saison. Le meilleur endroit pour faire la fête sur l'île, surtout après les concerts du festival Mare de Agosto qui se tient juste à côté ! Côté carte, des mets plutôt internationaux : des crêpes, des hamburgers... mais aussi de délicieux plats à base de fromage local. Un bon rapport qualité-prix.

PASSPORT

Terceira est la troisième île des Açores à avoir été découverte, autour de 1450, d'où son nom. De forme allongée, c'est une île paisible et bucolique. À l'est, le plateau de la Serra do Cume s'abaisse doucement vers l'océan ; le centre est marqué par de nombreux petits cratères, remplis de lacs, tandis que dans la partie occidentale se dresse la Serra de Santa Bárbara, un cône volcanique au large cratère qui constitue le sommet de l'île (1 023 m).

Nantie du plus grand cratère des Açores, la caldeira de Guilherme Moniz (périmètre de 15 km), Terceira dispose d'un héritage historique captivant et peu connu, qui tient des sommets dans la ville d'Angra do Heroísmo, sous protection de l'Unesco. L'île est forte de traditions solidement ancrées dans un tempérament insulaire complexe, et de possibilités de balades dans des paysages lunaires ou verdoyants, auxquels l'océan omniprésent apporte une douceur ou une force singulière.

Terceira
Océan Atlantique
Océan Atlantique
AÇORES
CORVO
FLORES
SÃO JORGE
GRACIOSA
TERCEIRA
FAIAL
PICO
SÃO MIGUEL
SANTA MARIA
ALTARES
BISCOITOS
Quatro Ribeiras
MIRADOURO DO RAMINHO
SERRA DAS QUATRO RIBEIRAS/BISCOITOS
PONTA DO QUEIMADO
QUATRO RIBEIRAS
VILA NOVA
Agualva
LAJES
N 1
SERRETA
RESERVA NATURAL DO BISCOITO DA FERRARIA E PICO ALTO
Fontinhas
SERRA DE SANTA BÁRBARA
ALGAR DO CARVÃO
PRAIA DA VITÓRIA
FURNAS DO ENXOFRE
EN 5
DOZE RIBEIRAS ET SANTA BARBARA
FONTE DO BASTARDO
CINCO RIBEIRAS
PORTO JUDEU
São Bartolomeu de Regatos
RIBEIRINHA
SÃO SEBASTIÃO
SÃO MATEUS DA CALHETA
NEGRITO
ANGRA DO HEROÍSMO
FETEIRA
Refugo
RESERVA FLORESTAL DE RECREIO DO MONTE BRASIL
5 KM

A partir de Praia, on peut visiter en une journée Biscoitos et son musée du Vin, puis le village bucolique de Santa Barbara, pour finir par Angra do Heroísmo. Un parcours qu'on peut faire dans les deux sens et qui est très pratique si on réside à Praia ou Angra.

La région centre est composée d'un vaste massif volcanique. Végétation luxuriante, brouillard et nuages fréquents, comme sur toutes les îles des Açores, le contraste est saisissant. Le mieux est d'y pénétrer par la côte ouest, depuis le hameau de Cruzinhas. On gravit le flanc de la serra jusqu'à 400 m d'altitude.

Entre Angra do Heroísmo et Doze Ribeiras, cette partie de la côte est tranquille et bordée de quelques villages de pêcheurs. La route longe la côte ; elle offre un joli parcours et contient quelques points d'intérêt particulier.

ANGRA DO HEROÍSMO ★★★★

Sur la côte sud de Terceira, Angra do Heroísmo est la capitale de l'île et accueille une population d'environ 35 000 habitants. Le représentant de l'État portugais, ministre de la République, y réside, et elle a d'ailleurs été choisie par deux fois comme ville d'exil du gouvernement portugais : une première fois entre 1580 et 1582, et une seconde fois entre 1830 et 1833 pendant la guerre civile portugaise. Elle a aussi été capitale de l'archipel entre 1766 et 1832. Gaspar Frutuoso comparait Angra, dans sa somme *Saudades da Terra*, à « une petite Lisbonne », pour l'abondance des choses qu'on y trouvait et vendait. Aujourd'hui, la ville paraîtra toutefois bien calme à celui qui connaît la capitale lusitanienne.

Balade

Le port est solidement gardé par les deux fortins qui l'encadrent, les châteaux de São João Baptista et de São Sebastião. Du club naval, situé au pied du premier, jusqu'aux quais marchands au pied du second, une avenue longe la baie presque circulaire en une longue promenade pour amoureux des ports. Pour qui aurait envie d'une balade un peu plus longue encore, le Monte Brasil est un promontoire naturel qui s'engage dans la mer comme un troisième fort de verdure et qui domine l'océan en laissant la ville derrière son rideau d'arbres.

Histoire

Classée au Patrimoine historique de l'humanité en 1983 par l'Unesco après le tremblement de terre de 1980, Angra do Heroismo se distingue tant pour avoir été la première ville européenne établie au milieu de l'Atlantique que pour son architecture remarquable. Cette dernière se caractérise par son plan rigoureux, tracé au XVIe siècle et scrupuleusement respecté depuis, ainsi que par son harmonie. Angra do Heroísmo est effectivement le premier exemple de l'urbanisme européen du XVIe siècle. Détruite à 80 % par un séisme de 23 secondes, il n'a fallu que 10 ans pour la remettre sur pied. Dans sa zone historique, presque toutes les constructions datent des XVIIe et XVIIIe siècles.

Transports

Le ferry. Angra do Heroísmo, tout comme Praia da Vitória, possède sa gare maritime. Notez que les bateaux ne circulent qu'entre juin et septembre, et que Terceira n'est reliée qu'aux îles du groupe central à cette période, à savoir São Jorge, Faial, Pico et Graciosa. C'est la compagnie Atlanticoline qui opère les lignes de ferry. Depuis Angra, la ligne violette permet d'aller directement à Calheta, sur São Jorge. Pour rejoindre les autres îles, une voire plusieurs escales sont nécessaires.

L'aéroport de Terceira est situé à Lajes, à une vingtaine de kilomètres d'Angra do Heroïsmo. Pour faire le trajet, comptez environ 20 minutes de voiture et entre 20 € et 25 € en taxi. Un bus relie également l'aéroport à la capitale.
L'aéroport est suffisamment grand pour recevoir des vols internationaux. S'y trouvent un guichet de SATA Azores Airlines et des agences de location de voiture. Bien que l'on puisse aussi réserver une voiture depuis Angra ou même Praia, il peut être plus pratique de récupérer un véhicule dès son arrivée sur l'île.

CHÂTEAU DE SÃO FILIPE ★★

Monte Brasil

Visite du château toutes les heures. En hiver : 10h-11h et 14h-17h. En été : 10h-11h et 14h-18h. Entrée gratuite.

Édifiée entre les XVIe et XVIIe siècles par Philippe II d'Espagne au pied du Monte Brasil, c'est tout simplement la plus grande forteresse espagnole construite à l'étranger. Son portail central, en pierre de taille noire, est couronné par les armes royales. Elle est protégée par des fossés et par de massives murailles de 5 km de longueur et elle est percée de boulevards qui étaient destinés aux mouvements des troupes. Le château abritait en effet les cargaisons d'or et d'argent des galions devant faire route vers Séville. Avec ses 400 canons dirigés vers la ville, ses 1 200 hommes, sa citerne et l'appui du fort de São Sebastião, elle constituait une solide défense. En 1640, cependant, elle ne résista pas au mouvement d'indépendance du Portugal. Un long siège eut raison du moral des hommes de troupe (souvent mariés à des Portugaises), et la forteresse s'avoua vaincue. L'église de São João Baptista fut édifiée par le roi dom João IV peu après la victoire contre les Espagnols. C'est ainsi un des seuls lieux au monde où les deux empires coloniaux ibériques laissèrent leurs empreintes. La balade pour y parvenir est superbe et le panorama sur la ville depuis là-haut est tout simplement à couper le souffle. Plus aucun doute, si vous êtes à Angra do Heroísmo, c'est une visite à ne pas manquer sous aucun prétexte (pour le fort en lui-même, mais aussi pour la promenade qui vous y mènera, alors prenez votre temps et admirez ce qui vous entoure lors de votre ascension). Vivement recommandé pour les voyageurs futés !

Angra do Heroísmo
CÂMARA MUNICIPAL
www.exploreterceira.com - Tél. + 351 295 204 810

ÉGLISE DE LA MISÉRICORDE

Pátio da Alfândega
✆ +351 295 204 840
Ouvert du lundi au vendredi de 10h à 16h et le samedi de 10h à 13h. Entrée : 2 €.

En face du port d'Angra, l'imposante église de la Miséricorde datant du XVIIIe siècle a été bâtie sur une ancienne chapelle du XVe siècle consacrée au Saint-Esprit. Juste à côté se trouvait le premier hôpital des Açores fondé par les confrères de la Fraternité d'Espírito Santo. L'église actuelle a été elle construite entre le 21 octobre 1728 et le 4 juin 1746. Avec ses deux grandes tours bleues surmontées d'un dôme en pierre de chaque côté de son imposante façade, c'est l'une des images d'Épinal d'Angra do Heroísmo. À l'intérieur, on retrouve une seule nef et un grand chœur entouré de six chapelles sur les côtés. Quelques panneaux d'*azulejos* et un tableau représentant l'apparition du Saint-Esprit à la Vierge et aux Apôtres sont également à observer.

Si vous passez par là, n'hésitez pas à en pousser la porte. Vous serez reçu (en français !) et pourrez même profiter d'une courte visite guidée (comptez quelques minutes) pour découvrir les lieux. Il est possible de monter à l'étage, dans la galerie qui surmonte les chapelles latérales, pour jouir de magnifiques perspectives sur l'intérieur de l'édifice. À ne pas manquer.

Juste en face de l'église, sur le parvis, approchez pour observer la statue de Vasco de Gama, inaugurée en 1883. Il est dit que le célèbre explorateur portugais aurait débarqué à Terceira pour y enterrer son frère, Paulo de Gama, décédé de maladie pendant le voyage de retour d'Inde en 1499. Très affecté par ce décès, Vasco de Gama serait resté entre un et trois mois sur l'île.

© FULCANELLI - SHUTTERSTOCK.COM

COUVENT ET ÉGLISE DE SÃO GONÇALO ✟ ★★

Rua Recreio dos Artistas
✆ +351 295 212 511
Ouvert du lundi au vendredi de 9h30 à 11h30 et de 14h à 16h30, et le samedi de 9h30 à 12h. Entrée 2 € (visite d'1h30).

Un des plus anciens couvents des Açores, datant de 1545. Construit par les Franciscains pour les Clarisses, il possède deux cloîtres. À l'entrée, un passage dans le mur a été creusé pour y déposer les cadeaux aux Sœurs ou aux enfants abandonnés. Le couvent abrite des scènes bibliques, où pharaon et soldats romains ressemblent fort à des hommes du XVIe siècle. L'église, au plafond hispano-arabe, de style baroque, regorge de jacarandas sculptés et d'azulejos. À voir.

ÉGLISE DO SANTISSIMO SALVADOR DA SE ✟ ★★

Rua da Sé
✆ +351 295 217 850
Ouvert du lundi au samedi de 9h30 à 17h. Le dimanche et les jours fériés de 9h30 à 12h et de 17h à 19h. Entrée : 2 €.

Édifiée du XVIe au XVIIe siècle sur l'ancienne église paroissiale de la ville, la cathédrale fut endommagée par le tremblement de terre de 1980 qui altéra grandement les tours-clochers et certains murs, et plus encore par l'incendie dévastateur de 1984 qui détruisit les bois dorés du plafond et des autels. Aujourd'hui restaurée, ses richesses témoignent de l'âge d'or de la cité : son lampadaire et son autel en argent, ses peintures sur bois de cèdre du XVIe siècle, ses grilles en bois de jacaranda, son lutrin orné de décorations en ivoire ou ses trésors religieux tels que la chasuble anglaise du XVe siècle méritent une visite. De dimension imposante, la cathédrale fit naître l'atelier dit des « maîtres d'Angra ». À cette occasion, artistes locaux et sculpteurs espagnols ont travaillé à la réalisation d'une partie des sculptures et des boiseries qui décorèrent la cathédrale. Les « maîtres d'Angra » ont ainsi donné naissance à une production associant les influences locales (orientales et flamandes) au maniérisme venu d'Espagne. On pourra observer ces œuvres dans la cathédrale d'Angra, dans d'autres églises de la ville, mais aussi sur d'autres îles telles que Faial, Graciosa et São Jorge. Notez que l'on vient du monde entier profiter de l'acoustique de l'édifice et de son orgue gigantesque pour enregistrer des disques ! Autre détail insolite, la cathédrale a récemment enrichi ses murs collatéraux de peintures contemporaines illustrant des scènes de la Passion du Christ.

FORT DE SÃO SEBASTIÃO ★

Rua do Castelinho

Accès au fort tous les jours de 11h à 17h30.

Dominant le port historique das Pipas, le fort fut édifié sur ordre du roi Dom Sebastião au XVIe siècle, probablement vers 1570, afin d'assurer la défense de la ville. Il est un bel exemple du nouveau concept de protection côtière mis en place à l'époque. Il ne semble pas très imposant quand on le compare à la forteresse de São João Baptista, d'où son surnom *castelinho*, le « petit château », mais vaut tout de même le coup d'œil. Il est aujourd'hui réhabilité en hôtel-restaurant, et la vue qui se dégage des remparts mérite que l'on s'y attarde un moment.

JARDIM DUQUE DA TERCEIRA ★★

Rua Direita

✆ +351 295 401 700

Ouvert tous les jours de 8h à 21h. Accès libre.

Le jardin public aux essences tropicales enchante par ses beaux parterres d'azalées et de ses superbes magnolias. On peut monter jusqu'à l'Alto de Memoria, un obélisque érigé en l'honneur du roi Dom Pedro IV qui vécut à Angra durant les luttes constitutionnelles. C'était l'emplacement de la première forteresse des Açores, le château de São Luís. La couleur jaune et la base quadrangulaire reflètent l'influence de la franc-maçonnerie. Excellent point de vue sur la ville et le Monte Brasil, immanquable si l'on visite Angra. Salon de thé dans le jardin.

MUSÉE D'ANGRA DO HEROÍSMO ★

Ladeira de S.Francisco ✆ +351 295 240 800

https://museu-angra.azores.gov.pt

D'avril à septembre, mardi-dimanche 10h-17h30 ; d'octobre à mars, mardi-dimanche 9h30-17h. Entrée : 2 €.

Il occupe les bâtiments de l'ancien couvent de Saint-François. Sa riche collection, que l'on découvre au fil des espaces colorés, raconte l'histoire de la ville. Sa diversité s'accomplit dans des thématiques diverses : phénomènes géologiques, découverte de la faune et de la flore, exposition d'objets archéologiques... À travers un parcours chronologique argumenté, vous découvrirez l'histoire de cette terre insulaire, de son peuplement aux grandes inventions de l'époque contemporaine.

PAÇOS DO CONCELHO ★

Praça Velha

✆ +351 295 401 700

Du lundi au vendredi de 8h30 à 16h. Entrée libre.

C'est en fait l'hôtel de ville. Proche de la magnifique église du collège des Jésuites, cette majestueuse construction du XIXe siècle fut érigée sur l'emplacement des deux précédents hôtels de ville, dont le dernier datait du XVIIe. Les salons (peintures et meubles précieux) sont à la mesure de l'édifice. On peut y voir, religieusement protégé, le premier drapeau bleu et blanc du régime constitutionnel, et un portrait de la reine D. Maria II. Si vous avez l'opportunité de visiter les lieux, saisissez-la, vous ne serez pas déçu.

PALAIS DES CAPITAINES GÉNÉRAUX ★★

Rua do Palácio

✆ +351 295 402 300

Ouvert tous les jours sauf le mardi et le dimanche de 10h à 17h. Les dimanches d'été ouvert de 14h à 18h. Entrée 3 €.

Ancien couvent jésuite construit au XVIIe siècle qui devint la résidence des capitaines généraux des Açores après l'expulsion de l'ordre en 1759 et la création de cette fonction en 1766 par le marquis de Pombal. La cour abrite une fontaine et un superbe dragonnier. L'église est très richement décorée en bois doré et en azulejos. On y découvre aussi une collection de voitures et de charrettes ornées de lampes en cristal et d'ivoire. Beaucoup proviennent de France, les noms ne trompent pas : Sedan, Landau... On visite aussi la chambre où dormit le roi dom Pedro IV quand il vint sur l'île. Aujourd'hui, l'édifice accomplit trois fonctions spécifiques : il est l'une des résidences officielles du Président du Gouvernement régional des Açores, il accueille l'administration de la vice-présidence et il possède un parcours muséologique ouvert au public. Une visite guidée de 25 minutes, en plusieurs langues dont le français, est proposée aux visiteurs. Très intéressante, elle vaut vraiment le coup ! Pour les horaires, voir sur place.

▸ **Juste à côté, on peut visiter l'église do Colégio** appelée aussi de Nossa Senhora do Carmo, qui faisait partie de l'ancien collège des Jésuites, dont les six chapelles latérales sont richement décorées de peintures religieuses, d'autels en bois doré et de panneaux d'azulejos des XVIIe et XVIIIe siècles. Avec un peu de chance, vous aurez droit à une visite guidée très intéressante (en anglais et gratuite) qui présente le décor de l'édifice. A ne pas manquer !

RANDONNÉE AU MONTE BRASIL ★★★

Ouvert tous les jours de 7h30 à 18h en hiver, et jusqu'à 20h30 en été. Entrée gratuite.

Si le temps le permet, on ne manquera pas de randonner au Monte Brasil, volcan émergé après la formation de l'île, et dont le cratère central est entouré de quatre monts : Cruzinhas, Facho, Vigia da Baleia et Zimbreiro. Sa forme péninsulaire délimite les baies de Fanal et d'Angra. La végétation qui en recouvre les versants est dense. Au départ du parc de Relvão, le circuit balisé PRC4 TER (7,5 km – 2h30 – facile) vous garantit un agréable moment d'escapade et de très jolies vues.

AGENCIA VIAGENS TELES

138 Rua da Sé
✆ +351 295 213 236
www.telestravel.com
Ouvert de 9h à 18h du lundi au vendredi.

Teles Travel a été la première agence de voyages à s'installer aux Açores, il y a environ un demi-siècle. C'est aujourd'hui un acteur majeur du tourisme dans l'archipel. L'équipe s'engage à fournir un excellent service aux touristes : proximité, compétence, esprit d'équipe, dynamisme, passion et intégrité. Vous pourrez effectuer diverses excursions et partir à la découverte de Terceira : visite d'Angra do Heroísmo, de la grotte d'Algar do Carvao, ascension du Monte Brasil... Les options sont sans fin ! Une agence sérieuse et sympathique.

OFFICE DE TOURISME

70/74 Rua Direita
✆ +351 295 404 810
www.visitazores.com
Ouvert du lundi au vendredi de 9h à 12h et de 13h à 17h.

Bon accueil. Informations sur les horaires de bus, les chambres chez l'habitant et tous les autres classiques. Si vous le demandez, on vous remettra une petite brochure (en portugais et en anglais) proposant les randonnées possibles sur l'île (plus d'informations sur le site officiel des randonnées aux Açores : trails.visitazores.com). Pratique : vous pouvez si besoin laisser vos bagages quelques heures dans l'office. C'est l'endroit par lequel il faut passer à votre arrivée pour dégoter toutes les bonnes infos et pour connaître les petits secrets de Terceira.

AGUIATUR

Av. Ten-Cel. José Agostinho
✆ +351 917 553 111
aguiaturazores.com
Ouvert tous les jours de 8h à 18h30. Randonnées à partir de 50 €.

Avec Aguiatur, vous pouvez faire des sorties en mer pour observer les baleines et les dauphins. L'agence organise aussi des balades en bateau jusqu'à l'îlot das Cabras. Les autres activités possibles sont le tour d'une heure et demie des baies de Terceira ainsi que des sorties de pêche d'une demi-journée, pour faire de la pêche de fond ou à la traîne. Pour les marcheurs, Aguiatur organise des parcours de randonnée d'une demi-journée qui passent par les meilleurs endroits de l'île avec, au programme, pâturages, forêts préservées et miradors à couper le souffle.

TURANGRA

47-A Carreira dos cavalos
✆ +351 295 204 040
www.turangra.com
Ouvert du lundi au vendredi de 8h30 à 18h.

Turangra est une agence de voyages spécialisée dans les circuits locaux. Elle organise des excursions nature ou découverte de la mer, et des circuits autour de chacune des îles de l'archipel avec des activités variées (randonnées, canyoning, canoë-kayak, circuits en vélo ou en jeep...). Une agence sérieuse et très recommandable pour vos sorties aux Açores. Pratique, le site Internet permet aussi de réserver des hôtels sur toutes les îles (ou de faire des combinaisons) et de louer des véhicules. Possibilité de faire vos demandes et devis en ligne.

AGUIATUR - RENT A CAR

Loja Aguiatur - Pontão C
✆ +351 917 553 111
aguiaturazores.com
Tous les jours de 9h à 18h. Locations diverses : voiture à partir de 30 € par jour, kayak 15 €, vélo électrique...

Créée en 2004, cette agence propose des prestations diverses et complètes. Vous pourrez y louer votre voiture, votre scooter ou votre vélo pour vous déplacer sur l'île. Vous pourrez aussi y louer canoës et jet-skis pour vous amuser sur les eaux açoriennes. Enfin, l'agence peut également vous organiser des sorties en mer (observations des cétacés notamment), ainsi que des excursions un peu partout à Terceira (visites guidées). Possibilité d'organiser les transferts de/vers l'aéroport. Vous pouvez réserver toutes vos activités en ligne.

SCUBAZORES DIVERS

1 Estrada regional- Silveira
✆ +351 927 164 238
www.scubazoresdivers.com
Ouvert de 9h à 12h et de 13h30 à 17h. Baptême de plongée à partir de 95 €. Tour en bateau à partir de 75 €.

Ce centre de plongée est une référence à Terceira. On peut noter l'engagement remarquable des instructeurs pour la sécurité et le bien-être des plongeurs, mais aussi pour le respect de l'environnement et des écosystèmes marins. Les équipements fournis sont de haute qualité afin de garantir une expérience de plongée sûre et confortable. Quant à l'accompagnement, il est très professionnel et bienveillant, et les instructeurs sauront vous transmettre leur passion pour cette activité. Pour débutant ou plongeur confirmé ; tours de bateaux et *snorkeling*. À essayer !

ATLANTICOLINE

✆ +351 292 242 000
www.atlanticoline.pt
De juin à septembre uniquement. Terceira (Angra) - São Jorge (Calheta) : 27,50 € (3h - direct).

De juin à septembre, la compagnie Atlanticoline, principale compagnie maritime des Açores, propose un seul itinéraire passant par Angra do Heroísmo. Il s'agit de la ligne violette : Faial (Horta) - Madalena (Pico) - Calheta (São Jorge) - Terceira (Angra do Heroísmo). Vous trouverez donc une liaison directe entre Angra et Calheta, sur São Jorge. Pour les autres îles, il y aura des escales. Pour rejoindre Graciosa en ferry, le trajet est direct aussi mais le départ se fait depuis le port de Praia da Vitória (ligne blanche). En hiver, pas de ferry depuis Terceira.

EMPRESA DE VIAÇÃO TERCEIRENSE (EVT)

15 Rua Dr. Sousa Meneses
✆ +351 295 217 001
www.evt.pt

La compagnie de bus locale propose différents trajets quotidiens, même si ce n'est pas le moyen idéal pour se déplacer sur l'île. L'office de tourisme vous délivrera une feuille mentionnant les horaires et les différents parcours. Vous pouvez également consulter les horaires sur le site Internet. Parmi eux :

- **Ligne 1 :** Biscoitos - Angra ; **Ligne 2 :** Angra - Praia ; **Ligne 3 :** Raminho - Praia ; **Ligne 5 :** Juncal - Angra ; **Ligne 7 :** Porto Judeu - Angra ; **Ligne 151 :** Praia - Lajes (aéroport).

GO RENT-A-CAR TERCEIRA

Rua do Castelinho
✆ +351 295 403 560
terceira.gorentacar.pt
A partir de 16 € par jour (Citroën C3).

Cette agence de location de voiture est nouvelle sur l'île, mais c'est déjà un succès ! Avec une flotte constituée seulement de deux voitures, Flavio fournit un service de haute qualité et professionnel. Très arrangeant et flexible, il permet de récupérer et/ou de rendre la voiture à deux endroits sur l'île : près du fort de São Sebastião à Angra, ou directement à l'aéroport de Lajes. C'est avec une grande amabilité que vous serez accueillis et briefés sur les fonctionnalités du véhicule, et Flavio reste disponible et réactif en cas de problème. Une valeur sûre.

HOTEL ZENITE €

12 Rua da Rosa
✆ +351 295 212 260
https://hotelzenite.com/hz/fr
A partir de 50 € la nuit en chambre simple, 57,50 € en chambre double. Petit déjeuner inclus.

Un très bon rapport qualité-prix pour cet hôtel 2 étoiles situé en plein centre-ville. Vous ne pourrez pas le manquer avec sa façade colorée. Les 14 chambres sont lumineuses et le mobilier est neuf. La literie est confortable. Chacune possède sa propre salle de bains avec douche. C'est propre et bien entretenu. Accueil chaleureux et souriant de João, le patron de l'établissement, et de son personnel, qui sont à vos petits soins. Wifi gratuit, téléphone, air conditionné. Deux places de parking, juste devant, sont réservées pour l'hôtel.

BEIRA MAR €€

Largo Miguel Corte Real
✆ +351 295 215 188
www.hotelbeiramar.com
Compter de 70 € à 85 € la chambre double selon la saison, et de 55 € à 70 € la simple. Petit déjeuner inclus.

En bord de mer, une vieille maison bourgeoise très bien placée et jouissant d'une vue superbe sur la marina et le Monte Brasil. L'atmosphère est accueillante et incite au repos. Les chambres disposent de l'air conditionné, de salles de bains privées, du téléphone, de la télévision par câble, d'un minibar et d'un accès à Internet. La réception est ouverte 24h/24. Le restaurant de l'Hôtel Beira Mar propose une bonne cuisine et un bon service. Pendant l'été, vous pourrez profiter de la belle terrasse avec à proximité la mer, la plage et le château.

MEMÓRIA BOUTIQUE HOSTEL €€

15 Rua da Miragaia ✆ +351 967 874 105
www.memoriahostel.pt
Séjour de 2 nuits minimum. Dortoir dès 20 €, chambre double dès 65 € et suite à partir de 80 €. Petit déjeuner inclus.

Ouvert depuis mars 2019, le Memória Boutique Hostel propose différents types d'hébergements, du dortoir à la suite. Ici tous les voyageurs se mélangent et c'est ce qui rend l'endroit sympathique et cosmopolite. Chaque étage a un thème et chaque chambre a un nom en relation avec ce thème : les beautés naturelles de l'île, les monuments de Terceira, ses écrivains célèbres... Les dortoirs se composent de 4 lits et chacun dispose de sa propre salle de bains. Coin réception confortable, cuisine commune et grande terrasse. Les propriétaires sont adorables.

MY ANGRA BOUTIQUE HOSTEL €€

168 Rua de São Pedro ✆ +351 295 213 181
www.myangra.com
Chambre double à partir de 45 € et suite à partir de 64 €. Petit déjeuner inclus.

Installé dans une jolie rue un peu à l'écart du cœur de la ville, My Angra Boutique Hostel est ouvert depuis 2018. Vous ne pourrez pas rater la belle bâtisse bleue dans la rue de São Pedro. À l'intérieur, la décoration est bien choisie. Il y a un bel espace bibliothèque, chaleureux dans les tons bleu nuit et jaune. Le grand espace commun, qui fait aussi office de cuisine, prend place derrière d'immenses baies vitrées qui donnent sur le jardin. Côté hébergement, vous aurez le choix entre chambre double, suite ou petit studio avec kitchenette.

AZORIS ANGRA GARDEN - PLAZA HOTEL €€€

Praça Velha
✆ +351 295 206 600
www.azorishotels.com

L'Angra Garden bénéficie d'un emplacement de rêve juste en face de l'hôtel de ville. 118 chambres confortables, équipées de tout ce que l'on peut attendre de cet luxueux hôtel 4-étoiles, attendent les visiteurs. Préférez les chambres qui donnent sur l'arrière pour leur vue plongeante sur le jardin municipal. Salle de fitness, piscine intérieure et sauna sont également à disposition. Le *must* reste le rooftop avec sa vue superbe sur la ville, l'océan et le Monte Brasil. Incontournable !

TERCEIRA MAR HOTEL €€€

1 Portões de São Pedro
✆ +351 295 402 280
www.bensaudehotels.com
Selon la saison, compter entre 96 € et 220 € la double. Petit déjeuner inclus. Restaurant Monte Brasil : environ 20 €.

L'hôtel est situé à quelques minutes du centre de Angra, en face du Monte Brasil. Cet établissement 4 étoiles offre d'ailleurs une superbe vue sur celui-ci. Les chambres, décorées dans des tons chauds, sont très confortables. Le buffet du petit déjeuner est copieux et servi dans une grande salle avec vue sur mer. Sauna, salle de musculation, piscine intérieure, piscine extérieure d'eau salée et à débordement, grand jardin bordé de palmiers... le confort à l'état pur. Une très belle adresse à Terceira si vous souhaitez vous offrir un moment de luxe et de détente.

CASADANGRA €€

9 Rua da Miragaia
✆ +351 295 628 038
www.casadangra.com
Séjour de 2 nuits min. Chambre double à partir de 49 €. Petit déjeuner : 6 €/pers/jour.

Au cœur du centre historique d'Angra, cette maison d'hôtes met à la disposition des voyageurs une cuisine équipée, un petit salon avec TV, une buanderie et un jardin verdoyant avec vue sur le Monte Brasil. Inaugurée en 2015, elle mêle avec goût le charme de l'ancien et le confort moderne. Margarida vous réserve un accueil chaleureux et une expérience authentique au plus près de la culture locale. Le petit déjeuner est en option et, pour plus d'intimité, vous pouvez préparer vos propres plats dans la cuisine avec les assaisonnements mis à votre disposition.

THE SHIPYARD ANGRA €€€

Avenida Infante Dom Henrique
✆ +351 295 101 520
www.theshipyardangra.com
A partir de 89 € la nuit le studio, de 95 € l'appartement avec une chambre et de 143 € l'appartement avec deux chambres.

The Shipyard Angra est l'une des excellentes adresses de la ville, où il fait bon se reposer après une belle journée d'excursion. C'est en fait un appart-hôtel au look moderne et très design, où l'on peut choisir entre 31 studios et appartements avec une chambre ou deux chambres de différents standings. Tous possèdent un coin cuisine bien pratique pour les séjours en famille. Surtout, l'établissement possède un restaurant de très belle facture proposant une carte qui revisite à merveille les produits de Terceira et des terrasses avec une vue exceptionnelle sur la marina et l'océan.

CASAS DO MERCADO €€

8-8A rua do Rego
✆ +351 913 934 755
3 appartements de 2 à 4 personnes. À partir de 90 € la nuit.

Ana et João mettent à disposition trois appartements, tous parfaitement situés dans le centre historique classé au patrimoine mondial d'Angra : Casa Sirius, Casa Orion et Casa Nautilo. Très confortables, ils sont joliment décorés et pourvus d'un vaste séjour, d'une cuisine tout équipée ainsi que d'une à deux chambres et salles de bains. Les hôtes, très prévenants, seront là pour vous accueillir. Ils restent disponibles et réactifs pour répondre à vos questions et pourront vous conseiller sur les visites à faire sur l'île. Idéal pour un séjour comme à la maison !

PASTELARIA CENTRAL €

15 R. da Esperança
✆ +351 295 212 600
Ouvert tous les jours de 7h à 23h. Menu du jour 7,50 €.

De bons sandwichs, d'excellentes pâtisseries, quelques plats sans prétention, mais sûrement la plus belle terrasse de la ville, avec son kiosque qui fait face au Palais des Capitaines-Généraux. L'endroit tout trouvé pour un déjeuner sur le pouce (le sandwich Brianda au cheddar et au bacon est excellent) ou un apéritif au soleil couchant. Le matin, on n'hésite pas à demander sa commande à emporter pour vadrouiller dans la ville avec un bon café et une pastéis de nata à la main. Bref, parfait pour une pause gourmande quel que soit le moment de la journée.

VERDE MAÇÃ €

111 Rua Direita
✆ +351 295 218 294
verdemaca.pt
Du lundi au vendredi 8h30-18h, samedi 8h-15h. Brunch 12-14 €. Plats ~15 €. Menus dégustation 2 pers. 50 € et 55 €.

Un café, ou plutôt un salon de thé vraiment très sympathique au cœur de la ville. La petite terrasse donne sur la rue, mais elle est agréable et l'intérieur est un beau mélange de bois, de pierre et d'azulejos. La décoration est plutôt moderne, avec de grands tableaux pop accrochés aux murs. Quelques touches de vert viennent donner un peu de pep's à l'ensemble. On s'assoit sur des tables basiques ou dans des fauteuils douillets. On vient ici pour boire un thé ou un café. Et pour couronner le tout, il y a de bonnes pâtisseries locales.

MERCEARIA D'ANGRA €

93 Rua de Santo Espirito
✆ +351 295 213 068
Ouvert du lundi au samedi de 8h à 19h (le vendredi, jusqu'à 22h). Plats autour de 8 €.

Un restaurant tout petit et mignon avec une décoration végétale. La Mercearia d'Angra propose chaque semaine des petits plats faits maison, à prix tout doux. Au menu, des salades, du fromage frais, des spécialités de viande ou à la morue... C'est bon, copieux et rapide. La petite salle ne peut accueillir que quelques clients à la fois, mais c'est l'occasion de passer une commande à emporter pour pique-niquer. N'hésitez pas à faire un tour dans l'épicerie attenante pour acheter des produits locaux : vins, liqueurs, conserves...

O CHICO €

7 Rua São João
✆ +351 295 333 286
Fermé le dimanche. Ouvert du lundi au samedi de 12h à 15h et de 18h30 à 22h. Compter environ 12 € le plat.

Dans un décor d'azulejos, on se laissera tenter par un *alcatra* (pour 2 ou 4 personnes, c'est une spécialité de viandes cuites lentement dans un grand pot en terre, la viande est succulente, fondante à souhait), ou bien par d'autres spécialités de poisson grillé et de viande. L'établissement est resté dans son jus : simple et local. L'accueil est sympathique et les assiettes sont copieuses. Le service est rapide et efficace. Les prix sont quant à eux très raisonnables, alors aucune raison de se priver ! Pensez à réserver, c'est presque obligatoire.

HÔTEL DO CARACOL €€€

1 Estrada Regional
✆ +351 295 402 600
www.hoteldocaracol.com

À partir de 65 € la chambre double (78 € vue mer) et de 113 € la junior suite. Petit déjeuner inclus.

Établissement récent, aux portes de la ville d'Angra en direction de São Mateus. Il faudra compter 15 minutes pour rejoindre le centre-ville d'Angra do Heroísmo. L'hôtel offre 100 chambres confortables et aménagées sans simagrées, dont une réservée aux personnes à mobilité réduite. Piscine extérieure, piscine intérieure chauffée, sauna, bains à remous... Le wifi est disponible gratuitement dans les chambres. Promotions régulières sur le site Internet. Le restaurant 3-étoiles de l'hôtel est par ailleurs de très bonne qualité.

QUINTA DOS AÇORES €

149 Pico Redondo
✆ +351 295 216 213
www.quintadosacores.com
Ouvert tous les jours de 10h à 22h. Snack : 6 € à 10 €. Plats : 11 € à 18 €.

C'est en fait une grande cafétéria, ou le fast-food local. Complètement excentré du centre-ville, les lieux sont pourtant toujours complets et on comprend pourquoi : les produits sont excellents et la vue sur la ville est exceptionnelle. Vous passez tout d'abord commande à la caisse, vous payez et vous allez vous asseoir avec votre numéro de commande. Votre plat vous sera apporté à table. Les hamburgers sont succulents et préparés avec des produits locaux. La cerise sur le gâteau : les glaces maison, accompagnées d'une crêpe ou d'une gaufre c'est encore mieux !

Q.B. - FOOD COURT €€

50 Caminho do Meio de São Carlos
✆ +351 295 333 999
qbangra.com
Ouvert du lundi au jeudi de 7h30 à 22h, vendredi et samedi de 8h à 23h. Comptez environ 20 € par personne.

Le QB propose deux types de restauration. Le snack, au niveau inférieur, et le restaurant gastronomique, à l'étage. Le cadre est magnifique et la terrasse donne sur un beau jardin. Dans ce dernier, le chef Paulo Lourenço vous en met plein la bouche. Le poulpe accompagné de sa purée de pommes est fondant à souhait ! La carte propose également des choix végétariens tout à fait délicieux. Ambiance *cosy* et service attentionné. C'est un peu cher comparé aux autres restaurants de l'île, mais les plats sont vraiment succulents. Excellente adresse.

TASCA DAS TIAS €€

117 Rua de São João
✆ +351 295 628 062
Ouvert tous les jours de 12h à 23h. Comptez autour de 20 € le plat et entre 3 € et 12 € les tapas.

Ouvert en 2014, Tasca das Tias affiche une décoration boisée, moderne et chaleureuse. Cuisine goûteuse sous forme de plats ou de *tapas*. La viande est tendre et succulente et les cuissons parfaitement respectées. Le thon grillé est tout simplement à tomber. Toutes les assiettes sont généreuses. Large carte des vins. Ici, touristes et açoriens se mélangent. L'ambiance est très conviviale, on se sent bien. C'est l'une des meilleures tables de Terceira, et on vous le dira jusque sur les autres îles de l'archipel ! Réservation (très) conseillée.

FUMEIRO DE SÃO JOÃO

82 Rua de São João
✆ +351 295 218 063
fumeirosaojoao.com
Ouvert du lundi au samedi de 15h30 à 22h30.

Un charmant bar à vins en plein centre. Décorée avec goût, la salle est aussi chaleureuse que les serveurs ! Grâce aux murs de pierre et aux meubles en bois, on se croirait dans une véritable cave à vins. Très accueillante, l'équipe parle bien anglais et est d'excellents conseils. Il n'y a plus qu'à se laisser guider parmi la riche sélection de vins locaux. La carte est très soignée ; on y découvre aussi des bières belges et des tapas à grignoter. Les produits sont rigoureusement sélectionnés, il faut absolument goûter au jambon de porc noir, découpé à la main !

PASTELARIA O FORNO

65/9 Rua São João
✆ +351 295 213 729
Ouvert de 8h à 19h tous les jours sauf le dimanche.

C'est l'une des plus anciennes pâtisseries des Açores. O Forno propose un large choix de douceurs régionales fraîchement préparées. Une petite terrasse s'est installée devant cette pâtisserie à l'ambiance locale. A ne pas manquer : les délicieux *donas-amélias* qui fondent littéralement dans la bouche. Il y a aussi la possibilité de déguster des douceurs salées. Il faut parfois faire preuve de patience pour être servi, mais ça en vaut la peine ! Alors, n'hésitez pas et prenez le temps de faire cette pause gourmande au cœur d'Angra do Heroísmo.

OCEAN EMOTION

Porto das Pipas
✆ +351 917 072 154
www.oceanemotion.pt
Ouvert tous les jours de 9h à 18h. Observation des cétacés : 65 € (2-3h). Nage avec les dauphins : 95 €.

Société spécialisée dans les activités nautiques depuis 2009, Ocean Emotion opère sur l'île de Terceira et possède un bureau sur la marina d'Angra do Heroísmo. Son objectif est de vous offrir la meilleure expérience possible avec un confort et un service de qualité, ainsi qu'une participation responsable à la recherche et à l'environnement. Vous pourrez donc partir à la découverte des cétacés, nager avec les dauphins, partir pour une session de snorkeling, vous offrir un coucher de soleil et l'apéritif en mer, etc. Une très bonne adresse.

OS MONTANHEIROS

8 Rua da Rocha
✆ +351 295 212 992
www.montanheiros.com
Ouvert tous les jours de 8h à 12h et de 13h à 16h.

Un groupe de joyeux lurons passionnés par les îles et la spéléologie organise fréquemment des balades. Au programme : flore, faune, volcanologie et ambiance garanties. À noter : entre mars et novembre, ils organisent une fois par mois une randonnée à la journée, guidée et gratuite ! Pas besoin de réserver, il faut aller à leur bureau en voiture le jour de la randonnée, à 9h. On vous indiquera alors le point de départ que vous rejoindrez avec votre voiture, que vous pourrez garer juste à côté. La randonnée débute ensuite à 10h. Prévoir son pique-nique.

QUINTA DO GALO

Fonte Faneca, 75
✆ +351 295 333 315
Promenade à cheval 40 € de l'heure.

« Quinta do Galo » est un lieu privilégié où tout le monde (surtout les enfants) peut être en contact avec les véritables réalités de la campagne et connaître la nature de manière amusante et instructive. C'est un endroit qui attire l'attention sur les problèmes environnementaux actuels, tels que la protection de la nature et des animaux, l'agriculture biologique, le compostage et le recyclage. Outre les randonnées à pied et à cheval, il propose des sorties d'escalade, de la randonnée pédestre, des activités paintball ou encore des tours en véhicules motorisés.

RIBEIRINHA

Ribeirinha est un village d'agriculteurs. La rue principale, très colorée, est dominée par des balcons en fer forgé. En haut du village, depuis le Miradouro de Serra da Ribeirinha, une vue superbe se découvre sur les Ilhéus das Cabras. Coupés en deux par une éruption volcanique en 1550, ces îlots ont assuré la protection de deux sous-marins pendant la guerre. Ils sont à présent peuplés principalement d'oiseaux et de cracas (balanes). Sur les hauteurs également, la Casa Etnográfica, si elle est ouverte, peut être prétexte à une courte pause culturelle. Inaugurée en 2003, elle est un portrait vivant de la région.

FETEIRA ★

Peu avant la localité de Feteira en direction de Porto Judeu, nous vous invitons à suivre l'indication « Zona de banhos », à votre droite. Une petite route pentue (qui se terminera en cul-de-sac) vous conduit au Miradouro da Laginha, l'un des points de vue les plus proches et saisissants que l'on puisse avoir sur les Ilhéus das Cabras. Derrière vous s'imposent les falaises de la côte sud. La ville faisait auparavant partie de Angra do Heroísmo et c'est en 1568 qu'elle est devenue indépendante. C'est un territoire volcanique avec peu d'eau potable, qui a tardé à se développer. C'est au XIXe siècle que l'endroit a commencé à prendre vie.

Moulin traditionnel près de Feteira.

PORTO JUDEU

Village bucolique, Porto Judeu possède trois chapelles à trois portes. Son *império* est par ailleurs très coloré et typique de ceux que l'on peut trouver sur l'île. La paroisse possède un port et une très belle zone de baignade. Situé dans une région très sèche, Porto Judeu jouit d'un microclimat sec et sain. Depuis 2006, le gouvernement régional des Açores a créé la zone de protection spéciale des îlots das Cabras, qui couvre Ilhéus das Cabras et une partie de la côte qui leur est adjacente, afin de protéger son important colonie d'oiseaux migrateurs. Sur place, plusieurs possibilités pour se restaurer. Divers établissements proposent une cuisine plutôt correcte.

RESTAURANTE SNACK-BAR ROCHA €

134 Caminho da Esperança
✆ +351 295 905 185
www.restauranterocha.pt
Ouvert tous les jours de 8h30 à 23h. Plats autour de 20 €.

L'établissement a une longue histoire et tradition. La philosophie est ici d'offrir à tous les clients le meilleur service possible. Terrasse avec vue magnifique et plongeante sur la mer. La cuisine est variée et axée sur les spécialités méditerranéennes et portugaises. Les fruits de mer et les poissons frais sont toujours une excellente option pour émoustiller vos papilles. Une très bonne adresse qui dispose également d'un snack côté rue pour boire un verre ou manger sur le pouce.

RESTAURANTE BOCA NEGRA €€

Largo de Santo Antonio
✆ +351 295 905 182
Ouvert tous les jours de 12h30 à 15h et de 19h à 22h. Comptez environ 20 €/personne.

Situé à l'arrière d'un café, le Boca Negra est un peu comme une adresse confidentielle… Ce restaurant est souvent recommandé pour ses produits de la mer et son *alcatra* de poissons. Ce plat traditionnel qui rappelle notre bouillabaisse est absolument divin. Si vous aimez le poisson, n'hésitez pas et passez votre commande ! Le fromage, les desserts, le vin… sont également de qualité. Le service est impeccable et toujours souriant. Bref, vous l'aurez compris, voilà une très bonne table et la promesse d'une belle escale à l'heure de se mettre à table.

SALGA ★

La baie de Salga est aménagée pour la baignade ; même si sa plage manque un peu de charme, elle constitue une bonne option pour patauger dans la région. Côté hébergement, la localité comporte un camping, parfaitement situé, où l'on peut aussi se baigner très facilement puisqu'il dispose d'un accès direct à la plage. À côté de la baie, vous pourrez observer le monument Brianda Pereira. Cette femme paysanne s'illustra contre les Espagnols lors de la bataille de Salga le 25 juillet 1581.

Histoire

Le 5 juillet 1581, les Espagnols s'approchent de l'île et bombardent la côte pour préparer le débarquement. Le 25, Pedro Valdez, amiral espagnol, donne l'ordre de débarquer dans la baie de Salga. Les Espagnols sont un millier et les feux de l'artillerie de leurs vaisseaux leur apportent un fort soutien. Malgré le courage des défenseurs, la lutte est inégale et les Açoriens se voient contraints de reculer. C'est alors, sur l'idée d'un moine, qu'on décide de faire appel à un renfort inattendu. Près de 400 bêtes sont rameutées : effrayé par la fureur déployée par les Açoriens et guidé dans sa course folle vers les Espagnols, le troupeau se lance dans la plus gigantesque corrida jamais imaginée en chargeant furieusement l'envahisseur, contraint de reculer en désordre vers la mer. Les soldats finiront presque tous sous le fer ou le feu des Açoriens qui suivent la charge, ou bien encore noyés en tentant de rejoindre leur bateau. Terceira est sauvée.

PARQUE DE CAMPISMO DA SALGA €

Caminho da Salga
✆ +351 295 905 451
Ouvert seulement en été. Comptez environ 3 € l'emplacement et 1 € par personne, soit 4 € par nuit. Gratuit -10 ans.

Le seul et unique camping de la côte est de Terceira. Une bonne option pour les petits budgets, qui profiteront par ailleurs d'un accès direct à la mer (un élément à prendre en considération !). Le camping et les Açores vont tellement bien ensemble ! L'aire de camping de Salga est une bonne alternative dans cette partie de l'île. Pour davantage d'informations, contactez le numéro indiqué (tarifs, réservations…). L'accueil y est simple et sympathique.

SÃO SEBASTIÃO

Le hameau actuel se trouve sur le site du peuplement initial de l'île de Terceira. On s'y arrêtera pour son église et surtout pour son *império*. Ce dernier est extrêmement coloré et décoré, et sa fresque mérite que l'on s'y attarde un moment. En regardant par les vitres, vous pourrez apercevoir l'intérieur de ce monument sacré. Sachez que sur rendez-vous il est également possible de le « visiter » et d'en apprendre davantage sur les fameuses et célèbres fêtes du Saint-Esprit. Situé dans un paysage bucolique traversé par une petite rivière et parsemé de très vieux moulins, l'ermitage de Santa Ana est considéré comme le premier monument religieux érigé dans l'île.

São Sebastião.

ÉGLISE SAINT-SÉBASTIEN ✞

Rua Direita

Entrée libre.

L'église de Saint-Sébastien date de la fondation du bourg (qui reçut sa charte en 1503). Remaniée jusqu'au XVIe siècle, elle présente un portail et d'intéressantes fresques gothiques, uniques aux Açores, découvertes seulement en 1930. L'autel est de style manuélin, et la porte de la sacristie du plus pur baroque. On y verra aussi une belle démonstration d'art populaire, un Christ à la gauche du Père, des soldats romains en habits du Moyen Âge et une Jérusalem très gothique. Faites le détour si vous passez par São Sebastião...

FONTE DO BASTARDO ★

Un petit détour par l'intérieur nous emmène à Fonte do Bastardo, où l'on peut admirer un *império* coloré de 1913 et des maisons typiques dites de Ramo Grande, une région qui s'étend entre cette localité et Agualva, au nord de l'île. Les bâtisses présentent des caractéristiques bien propres : elles sont construites perpendiculairement aux chemins pour se préserver des regards indiscrets, les fenêtres à guillotine à deux ou trois battants sont peintes de couleurs lumineuses, elles sont souvent flanquées d'escaliers et de parapets. Sur les hauteurs, calme et tranquillité se dégagent de cette localité. L'un des plus anciens villages de l'île de Terceira.

PRAIA DA VITÓRIA ★★

Le centre historique de Praia da Vitória est un labyrinthe de rues et de ruelles bordées de maisons anciennes dont les fenêtres, à double guillotine, sont souvent protégées de grilles ou de moucharabiehs. Les balcons sont parfois en cèdre ou en acacia (rua do Jésus). Dans la deuxième partie du XXe siècle, la croissance économique de Praia fut importante. Ce développement va lui permettre d'acquérir le titre de *cidade* (ville) en 1981. Praia da Vitória, c'est aussi une belle et grande plage.

Histoire

Praia da Vitória, où naquit le grand écrivain Vitorino Nemésio, jouit d'un récent et vaste port qui a ranimé l'activité de cette vieille ville, siège de la capitainerie de Terceira et donc capitale de 1456 à 1474, avant d'être supplantée par Angra. Elle contribua cependant à la prospérité de l'île aux XVIe et XVIIe siècles, mais subit les effets dévastateurs d'un séisme en 1614. Bien plus tard, les luttes entre libéraux et absolutistes ramèneront Vila da Praia au premier plan de l'histoire, plus de deux siècles plus tard. En 1829, ayant pris parti pour les libéraux, le bourg résiste héroïquement à une tentative de débarquement d'une escadre « migueliste » de 22 navires. L'ayant mise en déroute, Praia, décidément aussi astucieuse que combative, reçoit de la reine le titre de Praia da Vitória, « plage de la Victoire ». Peu après, en 1841, la ville fut (à nouveau) partiellement détruite par un séisme.

ÉGLISE DU SENHOR SANTO CRISTO OU DA MISERICORDIA ✝ ★

11 R. da Misericórdia

Entrée libre.

Partiellement détruite par un incendie en 1921, l'église, fondée en 1521, présente curieusement deux chœurs, symbole de l'insoluble discorde entre deux ordres, ceux de Santo Christo et de Misericórdia. Pour ne fâcher personne, on a donc tout construit en double ! Et c'est pour cette même raison que l'église porte deux noms ! Les forts en thème peuvent lire l'histoire, contée en portugais, sur le portail. On y verra également une belle statue flamande représentant l'Éternel.

FORT DE SANTA CATARINA ★

Cabo da Praia

Au sud de la plage de Praia da Vitoria, près de Cabo da Praia, petit fortin constituant l'unique vestige des neufs fortifications qui préservaient la ville des pillards depuis le XVIe siècle. La Ponta do Cabo permet de jouir d'un excellent panorama sur la côte et sur la ville à partir du mirador Riviera. Faites ce petit détour, vous ne serez pas déçu par la vue, on vous le promet. Le fort est extrêmement bien conservé et permet de se rendre compte de l'architecture militaire de l'archipel. Vous ne pourrez pas le manquer avec ses murs jaunes !

ÉGLISE PAROISSIALE DE SANTA CRUZ ★★

1761 P. Francisco Ornelas da Câmara

✆ +351 295 542 100

Lundi, mercredi et jeudi 9h-18h30 ; mardi et vendredi 9h-17h ; samedi 9h-19h et dimanche 11h-19h. Entrée libre.

© ABB PHOTO - SHUTTERSTOCK.COM

Construite en 1456 par Jácome de Bruges, le premier capitaine-donataire de l'île, et achevée seulement en 1517, ce sont les transformations réalisées au début du XIXe siècle qui lui ont donné sa physionomie actuelle. Son portail, dont l'arcade comporte cinq voussures, est un don du roi Manuel Ier. L'intérieur, qui mêle plusieurs styles, abrite dans la sacristie une belle statue de l'Enfant Jésus en albâtre dans une boîte en argent provenant de l'ancien couvent de Jésus.

HÔTEL DE VILLE (PAÇOS DO CONCELHO) ★

Praça Francisco Ornelas da Câmara

✆ +351 295 540 200

www.cmpv.pt

L'édifice actuel date du XVIIe siècle, après sa destruction par le séisme de 1614. Son architecture est très intéressante avec son double escalier central adossé à la façade : les voyageurs qui connaissent le Portugal continental reconnaîtront un style largement utilisé pour les manoirs du nord du pays, à la même époque. L'ensemble, flanqué d'une tour-horloge, ne passe pas inaperçu. Il est situé au centre du quartier commerçant et abrite donc aujourd'hui la mairie de Praia da Vitória.

MIRADOURO DA SERRA DO CUME ★★

23 R. Padre Damião

Accès libre.

A une petite dizaine de kilomètres au sud-ouest de Praia da Vitória, on accède à ce miradouro en suivant une jolie route pavée. Depuis le haut du belvédère, un panorama époustouflant sur tout l'intérieur de l'île de Terceira. A perte de vue, les paysages verdoyants et le patchwork des champs quadrillés par les murets en pierre volcanique si singuliers s'offrent à vous. À contempler par beau temps uniquement, quand le ciel est dégagé. Vaut le détour.

KIOSQUE D'INFORMATION TOURISTIQUE

Zona da Marina da Praia
✆ +351 295 543 251
www.visitazores.com
Ouvert de 10h à 13h et de 14h à 17h. En non-stop en haute saison.

Le kiosque vous donne de nombreuses informations sur les événements à venir, vous fournit des brochures avec suggestions de circuits, des cartes... Vous pouvez aussi y faire des réservations pour des activités de loisirs (plongée, observation de baleines, randonnées...) ou pour le transport, le logement et même pour une table au restaurant. Les agents d'accueil sont très sympathiques et vous donneront de nombreux bons plans pour découvrir au mieux l'île de Terceira.

AGENCIA VIAGENS TELES

15 a 21 Av. Alvaro Martins Homem
✆ +351 295 512 044
www.telestravel.com
Ouvert du lundi au vendredi de 9h à 18h.

Teles Travel a été la première agence de voyages à s'installer aux Açores il y a environ un demi-siècle. C'est aujourd'hui un acteur majeur du tourisme aux Açores. L'équipe s'engage à fournir un excellent service aux touristes : proximité, compétence, esprit d'équipe, dynamisme, passion et intégrité. Vous pourrez effectuer diverses excursions et partir à la découverte de Terceira : visite d'Angra do Heroísmo, de la grotte d'Algar do Carvao, ascension du Monte Brasil... Les options sont sans fin ! Une agence sérieuse et sympathique.

ATLANTICOLINE

Port maritime de Praia da Vitória
✆ +351 292 242 000
atlanticoline.pt/
Uniquement en été. Trajet Praia da Vitória-Graciosa : 27,50 € (4h).

Atlanticoline, la principale compagnie maritime des Açores, propose une ligne reliant Praia da Vitória à Graciosa en ferry, uniquement de juin à septembre. Cette ligne (la blanche) passe aussi par São Jorge, Pico et Faial. Le reste de l'année, Terceira n'est pas reliée en bateau aux autres îles, il faudra donc obligatoirement prendre l'avion pour vos déplacements inter-îles. À noter qu'Atlanticoline opère une seconde ligne en été (la violette) de Angra do Heroísmo à Calheta, sur São Jorge. Pour les voyageurs qui ont le temps et l'envie de se déplacer autrement.

EMPRESA DE VIAÇÃO TERCEIRENSE (EVT)

15 Rua Padre Rocha Sousa ✆ +351 295 513 114
evt.pt/
Itinéraires, horaires et prix sur le site internet.

La compagnie de bus locale propose différents trajets quotidiens. L'office de tourisme vous délivrera une feuille mentionnant les horaires et les parcours.

- **Ligne 2 : Praia-Angra.** Un aller-retour par heure entre 6h et 19h en semaine.
- **Ligne 3 : Raminho-Biscoitos-Praia.** Six allers-retours par jour en semaine entre 6h45 et 20h.
- **Ligne 8 : Praia-Porto Martins.** Six allers-retours en semaine entre 6h50 et 19h.
- **Ligne 151 : Lajes (aéroport) -Praia.** Une douzaine d'allers-retours par jour en semaine.

CHAUFFEUR DE TAXI EDUARDO TOMÉ

Praça Francisco Ornelas da Câmara
✆ +351 968 647 898

Un chauffeur de taxi très sympathique, réactif et honnête, qui parle très bien anglais. Il sillonne toute l'île de Terceira et sera au rendez-vous pour vos transferts entre les différentes localités, l'aéroport et les sites touristiques. Petit plus : il connaît très bien son île et saura vous donner de nombreuses informations historiques et pratiques sur ses points d'intérêt. Conduite sécuritaire et véhicule propre ; en bref, un service impeccable.

HÔTEL TERESINHA €

45 Praceta Dr Machado Pires
✆ +351 295 540 060
www.hotel-teresinha.com
A partir de 65 € la chambre double et 90 € la suite. Petit déjeuner inclus.

Situé au cœur de Praia da Vitória, l'hôtel Teresinha a plus de 25 ans d'existence. Ici l'ambiance est familiale et l'établissement offre des expériences inoubliables à tous ses visiteurs. Il dispose d'une piscine entourée d'un beau jardin, d'un salon, d'une salle à manger et d'un bureau d'informations touristiques pour que vous puissiez profiter pleinement de votre visite sur la magnifique île de Terceira. À seulement 3 km de l'aéroport et à 500 m de la plage et de la marina, l'emplacement est idéal. Bon rapport qualité-prix.

HOSTEL DA PALMEIRA €€

7 Rua da Lapa
✆ +351 930 403 990
Dortoir à partir de 25 €, chambre double à partir de 45 €.

L'établissement est tout neuf, il a ouvert ses portes à l'été 2019. Il porte le nom d'hostel, mais on est loin d'une auberge de jeunesse ! Seules les chambres en dortoirs avec lits superposés nous rappellent ce type d'hébergement. Les infrastructures neuves et modernes en font un excellent point de chute. La literie est très confortable et le petit-déjeuner copieux. Situé face à la plage de Praia da Victoria, il bénéficie d'un super emplacement pour profiter de la ville et de ses activités. Central et pourtant au calme. Le personnel est aux petits soins.

CASA DE PASTO BELA VISTA - ELISEU €

30 Vale Farto
✆ +351 295 705 480
Ouvert tous les jours sauf le mercredi, de 12h à 15h et de 18h à 22h. Plats de 10 € à 15 €.

Un restaurant typique dans une maison rustique, à la sortie de Praia da Vitória, sur la petite route menant à Fontinhas. On y est reçu en portugais par le patron, dans une ambiance très chaleureuse et bon enfant. L'endroit est surtout fréquenté par les locaux, venus y déguster des spécialités de viande et de poisson. L'*alcatra regional*, ragoût typique de Terceira, y est succulent. Les portions sont copieuses et les prix tout petits. Une bonne adresse, simple et sans prétention.

PRAIA MARINA APARTHOTEL €€

Avenida Beira Mar ✆ +351 295 540 055
www.hotelpraiamarina.com
A partir de 45 € la chambre double et 85 € le studio. Petit déjeuner inclus.

Les 31 unités (chambres simples, doubles, suites, studios et appartements) disposent d'une kitchenette, d'une salle de bains, de l'air conditionné, de la TV câblée, d'un téléphone, d'une connexion Internet, et certaines d'un balcon. Les suites jouissent aussi d'une large terrasse panoramique. Belle vue sur la baie et architecture contemporaine et lumineuse pour cet établissement moderne. Un petit déjeuner sous forme de buffet est servi tous les matins. Sur place : parking, service de blanchisserie, location de voitures et de vélos...

RESTAURANTE LA BARCA €

Avenida Marginal, 1° Edificio
✆ +351 295 542 808
Ouvert du lundi au vendredi de 12h à 15h et de 18h à 22h, samedi et dimanche de 12h à 22h. Comptez environ 12 € le plat.

Vous êtes à Terceira mais le patron parle français, il a un nom italien et vous propose des spécialités de la botte. De quoi en perdre le nord ! À l'intérieur ou sur les trois terrasses extérieures, on peut aussi déguster de bonnes grillades cuites au feu de bois. Mais le plus intéressant reste quand même le menu du jour, comprenant soupe, plat, boisson et café pour un prix tout doux, le tout avec une belle vue sur la baie. Assiettes délicieuses et généreuses, service impeccable et emplacement idéal, ne manquez pas La Barca !

ACORES CENTRALES - TERCEIRA

Plage de Praia da Vitória.

RESTAURANTE LARICA €

10 Rua Mestre do Campo

✆ +351 926 058 016

Ouvert du jeudi au lundi de 12h à 15h et de 18h à 22h. Plats entre 12 € et 18 €.

Un excellent restaurant dans le centre de Praia da Vitória. En salle, le patron, suisse, est polyglotte et vous reçoit aussi bien en portugais qu'en anglais, allemand ou français. En cuisine, sa femme propose de délicieux plats élaborés avec des produits frais et locaux. Les viandes sont très tendres et absolument délicieuses, à des prix imbattables. Une attention particulière est aussi portée aux plats végétariens et aux accompagnements. A réserver si vous êtes de passage à Praia, car la salle est toute petite et le lieu est victime de son succès !

O PESCADOR €€

11 Rua Constantino José Cordoso

✆ +351 295 512 495

Ouvert tous les jours sauf le dimanche de 12h à 22h. Comptez 20 € pour un repas complet.

Sans aucun doute, la meilleure adresse de Praia da Vitória. On y déguste de bonnes spécialités de fruits de mer, de poissons et l'*alcatra* y est absolument sublime. Le cadre est local et agréable même si la décoration est un peu désuète. C'est aussi ce qui fait le charme des lieux. Pour parfaire le tout, le personnel est aux petits soins. Le restaurant est souvent complet, mais comme on fera tout pour vous satisfaire, on vous trouvera toujours une petite table ! Autre possibilité, pensez à réserver ! Bref, une adresse vivement recommandée !

BLUES BAR

Avenida Álvaro Marins Homem

Ouvert du mardi au dimanche de 12h à 2h, et jusqu'à 4h les vendredis et samedis. Fermé le lundi.

Situé juste en face de la marina, c'est l'un des bars les plus tendance de Praia. Concerts live et discothèque (à l'étage) tous les week-ends. Des DJ viennent enflammer les platines et vous pourrez de votre côté enflammer la piste de danse. Vous pourrez aussi y manger avec une jolie vue sur la mer. La nourriture est plutôt simple (sandwiches, snacks...) mais les prix sont raisonnables. L'endroit est idéal pour passer un bon moment entre amis, boire un verre, s'amuser et profiter du paysage. Si vous voulez faire la fête, le Blues Bar est fait pour vous.

DELMAN BAR & LOUNGE

Avenida marginal da Praia da vitoria

✆ +351 961 836 423

Cuisine ouverte du mardi au dimanche 12h-23h. Bar du mardi au dimanche 11h-1h (4h vendredi et samedi). Plats 12 € env.

Pour ceux qui préfèrent s'échapper de la (sur) activité de Beira Mar, ce bar *lounge* coloré en surplomb de la plage est une bonne option. On peut aussi y manger un bout, tapas ou hamburgers par exemple. La carte est sympa. On retiendra surtout les bons cocktails aux mille et une saveurs. Large choix de whiskys. L'ambiance et le personnel sont très sympas. Venez y prendre l'apéritif entre amis, en famille ou en amoureux, vous passerez un bon moment. Et pour couronner le tout, les prix sont vraiment très attractifs. Vous hésitez encore ?

OCTOPUS DIVING CENTER

27 Avenida Beira-Mar

✆ +351 912 513 906

www.octopusportugal.com

Baptême de plongée à partir de 110 €. Plongée simple 65 €. Plongée de nuit 75 €. Location de paddle (1h) 20 €.

Un centre de plongée très sérieux où vous pourrez allier de longues sorties en mer avec la découverte des merveilles qu'offrent les fonds marins de l'île de Terceira. De nombreuses options sont proposées, du simple snorkeling à la plongée. Vous pourrez également passer votre baptême en toute confiance. À noter : ce club organise des plongées de nuit. Une expérience originale et unique que l'on conseille vivement. Les prix pratiqués sont compétitifs et l'équipe, très professionnelle, vous promet une aventure en mer dont vous vous souviendrez.

PRAIACORES

106 Cruz do Marco

✆ +351 963 381 183

Location de canoës/kayaks (à partir de 10 €), de bateau à pédale (15 €/heure). Ski nautique 30 € les 15 minutes.

Ce centre de sports nautiques possède une antenne sur la plage de Praia da Vitoria. Ouverte uniquement pendant l'été (en juillet et en août), elle vous offre la possibilité de pratiquer de nombreuses activités. Pour les plus sportifs : kayak, canoë ou encore bateau à pédale. Pour ceux qui veulent tenter une nouvelle expérience : le ski nautique. Enfin, pour ceux qui veulent s'amuser entre amis, embarquez sur une banane tractée ! L'équipe est dynamique. Une belle occasion de passer un bon moment sur les eaux, en famille ou entre amis.

LAJES

Siège de la base aérienne qui, pendant la Seconde Guerre mondiale, joua un rôle capital dans la lutte anti-sous-marine, Lajes fait partie du système défensif de l'OTAN. Plus récemment, le 17 mars 2003, les dirigeants des États-Unis, George W. Bush, de la Grande-Bretagne, Tony Blair, et de l'Espagne, José María Aznar, ont participé à un sommet décisif sur la crise irakienne sur le site de Lajes. Le territoire de la base est évidemment interdit au public. C'est également à Lajes que se trouve l'aéroport de l'île de Terceira. Le coin ne mérite pas que l'on s'y attarde, il vaut mieux directement prendre sa voiture de location et se rendre à Angra.

ILHA VERDE

Aéroport de Lajes
✆ +351 295 513 722
www.ilhaverde.com

Comptez 60 € par jour (2 jours), 52 € par jour (3 à 6 jours) ou 45 € par jour (7 jours ou plus)...

Correspondant d'Avis et Europcar, Ilha Verde est une compagnie sérieuse implantée sur toutes les îles sauf Corvo et Graciosa. Pratique extrêmement rare, louer avec cette agence facilitera donc vos démarches si vous envisagez de vous rendre sur plusieurs îles aux Açores et de vous y déplacer en voiture. La catégorie A correspond généralement à une Renault Twingo. Quant aux autres catégories, vous aurez notamment le choix entre Nissan Qashqai, Ford Focus, Renault Capture... Des minibus ou des véhicules 4x4 peuvent également être loués. Le tout en kilométrage illimité.

AÉROGARE CIVILE DE LAJES

À Lajes, à 22 km d'Angra.
✆ +351 295 545 454
aerogarelajes.azores.gov.pt

Taxi depuis Angra : comptez environ 20 minutes et entre 20 € et 25 € le trajet.

Liaisons avec Lisbonne et Porto notamment, et avec la plupart des îles de l'archipel. Lajes est l'ancienne grande base des États-Unis, un peu mise à l'écart depuis quelques années, même si la « coalition » des Américains, des Britanniques et des Espagnols s'y est réunie les 16 et 17 mars 2003 pour discuter de « l'affaire irakienne », juste avant de se décider à bombarder Bagdad. Pour aller à l'aéroport depuis le centre-ville d'Angra, la meilleure option reste le taxi. Vous pourrez aussi y laisser votre voiture de location car s'y trouvent de nombreuses agences.

SATA AZORES AIRLINES

Aéroport de Lajes
✆ +351 295 540 047
https://www.azoresairlines.pt

Vols directs vers São Miguel, Graciosa, Pico, Faial, São Jorge et Flores. Vol AR Terceira-Ponta Delgada : environ 170 €.

Terceira est reliée aux États-Unis, au Canada, à Madère, au Portugal et à d'autres pays d'Europe par la compagnie SATA Azores Airlines, qui a aussi le monopole des liaisons inter-îles. Depuis la France en revanche, la liaison jusqu'aux Açores ne s'effectue qu'à destination de Ponta Delgada : il vous faudra ensuite prendre un autre vol jusqu'à Terceira. Celle-ci est reliée par des vols directs à toutes les autres îles de l'archipel, sauf Santa Maria et Corvo. Les vols inter-îles peuvent être perturbés par les conditions climatiques parfois capricieuses aux Açores.

AUTATLANTIS

Aéroport de Lajes
✆ +351 296 205 340
www.autatlantis.com

À partir de 25 € la journée pour une voiture de catégorie A et 30 € la catégorie C.

Autatlantis est une agence de location de voitures solide, présente sur sept îles : São Miguel, Santa Maria, Pico, Terceira, São Jorge, Faial et Flores. Pratique donc si vous envisagez un séjour itinérant sur ces sept îles, vous pouvez demander un devis global. La flotte est renouvelée chaque année pour vous offrir les derniers modèles de voitures ainsi qu'un haut niveau de sécurité et de confort. Deux types de packages assurances vous sont proposés. À noter que vous pouvez également louer chez eux des minibus ou encore un véhicule 4x4.

TAP AIR PORTUGAL

✆ +33 890 102 106
www.flytap.com

Comptez au moins 350 € l'aller Paris-Terceira en haute saison en tarif «Economy», et 640 € en tarif «Business».

TAP Air Portugal est l'une des compagnies qui pourra vous mener aux Açores depuis Paris, Lyon, Nantes, Bordeaux, Toulouse, Marseille ou encore Nice. Après une escale à Ponta Delgada (île de São Miguel), vous atterrirez à Lajes, sur l'île de Terceira. Vous pourrez ensuite rejoindre d'autres îles avec la compagnie SATA Azores Airlines, qui a le monopole des vols inter-îles dans l'archipel. Les liaisons inter-îles se font relativement bien, mais les vols peuvent être annulés ou retardés par les conditions climatiques parfois capricieuses aux Açores.

CASA DO CAMPO TI JOSÉ BORGES €€

8/12 Rua Tio José Borges
✆ +351 962 214 034
Séjour de 3 nuits minimum. Maison 2 chambres (capacité maximale 3 personnes). A partir de 95 € la nuit.

Maison traditionnelle parfaitement restaurée, à la campagne, sans pour autant être isolée (à 1 km de Lajes). Tout confort : cuisine équipée, machine à laver, barbecue, parking... Activités à la ferme (traite des vaches, soins des animaux, etc.) et petits tours à dos d'âne possibles. En cas de séjour prolongé, les maîtres des lieux – Filomena et Adriano Borges – vous inviteront à manger. Vous pourrez ainsi goûter le fameux *alcatra* que Filomena réussit à merveille.

VILA NOVA ★

Les paysages sont magnifiquement verdoyants, et ce hameau pittoresque se caractérise par un curieux ensemble de moulins à eau égrenés au fil de l'Agualva, jusqu'à une piscine naturelle taillée dans la roche. L'*império* du village est original : il est flanqué d'arcs doubles de style gothique et de deux balcons en fonte. À ses débuts, la région de Vila Nova était connue pour son abondance d'eau et, en 1891, 14 fontaines d'eau alimentaient la communauté en eau potable. Bien que principalement une communauté d'agriculture de subsistance, la région était également un refuge et une colonie pour de nombreuses familles nobles. Vila Nova mérite un passage rapide.

Vila Nova.

QUATRO RIBEIRAS ★★

Comme la plupart des *miradouros* qui ponctuent votre périple entre Lajes et Biscoitos, celui du hameau de Quatro Ribeiras mérite une halte. Après avoir apprécié l'*império* coloré de la localité, dirigez-vous à droite vers la zone balnéaire : un paysage quasiment lunaire vous attend. Les roches édentées de la baie ont été aménagées en un plaisant espace de baignade. Les piscines naturelles de Quatro Ribeiras incitent à la détente et à venir patauger pendant des heures ! Il y a également une piscine artificielle. En été, la zone est surveillée. Attention le reste du temps, car le vent, les vagues et la houle peuvent être très forts et la zone peut s'avérer dangereuse.

Balade

A environ 4 km à l'est du village, le miradouro de Alagoa vaut lui aussi le détour. Très impressionnant, il donne sur une petite crique constituée de colonnes de basalte qui se sont formées après le refroidissement de coulées de lave. Le spectacle des vagues qui viennent s'écraser sur ces formations est tout simplement saisissant. Depuis le parking du belvédère, possibilité de rejoindre le circuit de randonnée PRO2 TER (3,8 km - 2h - facile) qui descend au fond de la *fajã* et longe une partie de la côte et de la Ponta do Mistério. Le point de départ exact est situé sur la route EN1-1A, entre Agualva et Quatro Ribeiras.

BISCOITOS ★★

Une vaste piscine naturelle s'étend au milieu de couches de lave provenant d'anciennes éruptions volcaniques et présentant des formes extraordinaires qui suggèrent autant de paysages lunaires. On l'appelle la baie des Colombes. C'est la partie la plus sèche de l'île. De curieuses vignes, les *curraletas*, poussent sur ces terrains désolés grâce à des murets de pierres qui les protègent, créant un microclimat dans un microclimat. Elles produisent un vin qui ne titre pas moins de 14°, et qui donnera ensuite soit un apéritif doux à 17°, soit un digestif parfumé à 19°, la liqueur Angelica. Près du port, les piscines naturelles sont très agréables et il fait bon s'y prélasser.

MUSÉE DU VIN DE BISCOITOS ★

3 Canada do Caldeiro
✆ +351 965 667 324
Haute saison : du lundi au samedi de 10h à 12h et de 13h30 à 16h. Basse saison : du mardi au samedi de 13h30 à 16h.

Dans le petit village de Biscoitos, ce musée très intéressant évoque l'histoire séculaire de la production du *verdelho* et expose diverses antiquités relatives au travail de la vigne : cordes en nerf de baleine et en poil de queue de vache, pressoirs et tuiles de Marseille… On y explique aussi les différentes phases de production du vin tout en se promenant dans la vigne. La visite se termine par une dégustation. Une belle escapade instructive dans le monde du vin.

ALTARES ★

Altares est situé le long des flancs nord du massif de la Serra de Santa Bárbara, s'étendant des bords nord et ouest de la *caldeira* du volcan Santa Barbara jusqu'aux falaises de la côte nord de l'île. Situé sur un terrain relativement plat avec des sols fertiles, bien que situé loin des principaux centres de population, la région a été colonisée tôt, quelque temps avant l'année 1480. La fertilité des sols a soutenu la mise en place de l'agriculture et du commerce de pastel. L'occasion de s'arrêter dans un très bon restaurant, au cœur de ce hameau pittoresque, veillé par une petite colline où se dresse un ancien poste de vigie pour repérer les baleines.

PARQUE DE CAMPISMO DOS BISCOITOS €

Caminho de Santo António
✆ +351 295 989 655
Tarifs sur demande.

Une zone de camping située à côté des piscines naturelles. Pour quelques euros la nuit, vous disposerez des aménagements nécessaires : électricité, barbecue… Si vous êtes un peu aventurier, le camping est une excellente option aux Açores et donc à Terceira. Alors, plantez votre tente sur ce terrain bien situé, à quelques pas d'un site naturel. Un spot sympa au rapport qualité-prix imbattable pour passer des vacances simples proches d'une zone balnéaire.

MUSÉE AGRICOLE DE L'ÎLE DE TERCEIRA

Largo Monsenhor Inocêncio Enes
✆ +351 913 933 278
Ouvert du mardi au jeudi de 10h à 12h30 et de 13h à 17h, les samedis et dimanches de 13h à 17h.

Un tout petit musée, dont la visite vous prendra 15 minutes. Dans l'unique salle d'exposition, on admire de superbes instruments agricoles et outils en tout genre, d'hier et d'aujourd'hui. Altares figure en effet parmi les villages les plus agricoles de l'île, c'est là que l'on y compte le plus de vaches ! On y apprend également qu'elle est l'unique localité de Terceira à fabriquer des tuiles et qu'elle cultivait autrefois du tabac. Malheureusement, informations en portugais seulement.

CAPARICA AZORES ECOLODGE €€

68 Canada da Fonte ✆ +351 295 989 100
www.caparica-ecolodge.com
Lodge dans les arbres à partir de 150 € et gîte (6 pax) à partir de 400 €. Petit déjeuner inclus.

Cet écolodge est né du projet de 3 amis (Guillaume, Hugo et Mario), conçu pour être un endroit chaleureux, ouvert aux rencontres et aux échanges d'idées. C'est un point d'ancrage, une fenêtre sur l'île et ses traditions, sur la mer et sa force, sur la nature et sa beauté. L'établissement se trouve à moins de 4 km de l'emblématique zone balnéaire de Biscoitos. Soucieux de la préservation de l'environnement et des richesses naturelles, c'est un endroit particulièrement écologique qui respecte la nature et allie le vert de la campagne au bleu de la mer.

QUINTA DO ROSSIO €€

20 Lugar do Rossio
✆ +351 295 908 325
www.quintadorossio.com
Ouvert de février à novembre. Comptez 60 € la chambre simple et 80 € la chambre double. Petit déjeuner inclus.

Une adresse de tourisme rural dans la tradition açorienne. Une belle propriété composée d'une maison principale et de quatre chambres, chacune dotée de sa propre salle de bains. C'est Alberto et Isabel, les charmants propriétaires des lieux, qui feront de votre séjour à Terceira et à Quinta do Rossio un moment particulièrement agréable. Vous pourrez également vous joindre à eux pour les repas et découvrir une délicieuse cuisine traditionnelle. Possibilité d'élaborer une formule comprenant nuitées et repas. Une belle adresse que l'on vous recommande.

RESTAURANTE CANETA €€

13-15 Rua As Presas ✆ +351 295 989 162
www.restaurantecaneta.com
Ouvert du mardi au vendredi de 12h à 15h et les samedis et dimanches de 12h à 16h. Compter entre 20 € et 25 € par pers.

Tout a commencé en 1998 avec un petit snack, encore en service aujourd'hui et qui propose sûrement le meilleur hamburger de Terceira, composé avec de la viande et des fromages locaux. Un délice ! Puis, en 1999, les lieux s'agrandissent avec une belle terrasse dans un agréable patio ombragé. Avant l'arrivée de la première salle du restaurant au 1er étage, ouverte en l'an 2000. En 2002, le restaurant s'agrandit encore et l'ensemble est rénové. C'est aujourd'hui un grand et beau complexe à l'ambiance familiale et dont la (bonne) réputation a fait le tour des Açores.

MIRADOURO DO RAMINHO ★★

Depuis ce belvédère, on jouit d'une vue agréable sur la côte nord-ouest et même jusqu'à Biscoitos. Attention ! Il n'y a pas de garde-fous. Le bleu de l'océan, le vert des prairies, le blanc de l'écume et le noir des pierres de basalte composent un paysage délicieux pour l'œil. On peut emprunter pendant quelques centaines de mètres le chemin qui descend sur la gauche, pour atteindre une *vigia*, d'où l'on repérait autrefois les baleines, et qui, aujourd'hui, est un bon point de vue pour contempler les oiseaux et la mer tout autour. Les bus qui font le tour de l'île peuvent vous déposer au niveau du mirador. Il y a également une zone de camping.

Transports

Attention, depuis début 2024, la route EN1-1A qui mène au *miradouro* depuis Raminho est fermée pour une durée indéterminée jusqu'à Mata da Serreta. Le miradouro do Raminho est donc actuellement inaccessible en voiture car il n'existe aucune autre route pour s'y rendre. Pour aller à Serreta depuis Raminho, prévoyez un détour d'une bonne trentaine de minutes par les routes EN3-1A et EN5-2A qui contournent la Serra da Santa Bárbara, le volcan le plus élevé de l'île.

Vous pourrez tout de même pousser jusqu'aux miradouros Ponta da Serreta et da Ponta do Queimado, après le phare de Serreta, qui vous donneront de très belles vues sur la côte ouest de Terceira. Un point sublime d'où observer les déferlantes s'écraser contre les falaises abruptes et de beaux couchers de soleil.

PONTA DO QUEIMADO ★

Arrivé à Serreta, un détour s'impose vers la Ponta do Queimado. Engagez-vous à droite sur la route indiquant « Farol » (phare) ; en quelques kilomètres et autant de lacets, vous atteindrez un belvédère qui surplombe les falaises. Au loin, on aperçoit l'élégante silhouette de Graciosa (lorsque le temps est dégagé !). Poursuivez votre chemin jusqu'au bout de la route : la Ponta do Serrata vous réserve elle aussi un superbe panorama. Vous pourrez en profiter pour faire une belle balade le long des roches volcaniques et admirer les falaises. Si vous pouvez, venez lors du coucher de soleil, le panorama et la lumière à ce moment de la journée sont fabuleux.

SERRETA ★★

Si vous êtes d'humeur baladeuse, suivez les panneaux qui indiquent un sentier touristique (au niveau de Canada do Fonte). Une balade de 2h30, balisée PRC3 TER, mène alors au Picos Queimados (687 mètres d'altitude), puis au Pico da Lagoinha (786 mètres), d'où la vue est superbe, avant de se poursuivre vers le Pico do Negrão (540 mètres). Lorsque le temps est clair et dégagé, on peut apercevoir São Jorge. Plus de détails sur www.trails.visitazores.com - La route EN1-1A entre Raminho et Mata da Serra est fermée. Pour aller à Serreta depuis Raminho, prévoyez un détour de 30 minutes par les routes EN3-1A et EN5-2A en passant par l'intérieur de l'île.

RESTAURANTE TI CHOA €

1 Grota do Margarida
✆ +351 295 906 673
Fermé le dimanche. Ouvert les autres jours de 12h à 14h30 et de 19h à 21h30. Compter entre 10 et 15 € le plat.

Petit restaurant au superbe décor rustique, avec ses céramiques accrochées aux murs, et qui est une réplique de l'intérieur d'une maison typique des Açores. Côté carte, on sert ici une cuisine traditionnelle à prix accessibles. On y vient surtout pour déguster un bon *alcatra* de bœuf, la grande spécialité de Terceira. On vous suggère également le boudin frit. C'est simple, c'est l'un des meilleurs endroits de l'île et peut-être même de l'archipel tout entier pour manger de la viande. Vous l'aurez compris, voilà une belle adresse à Terceira.

SERRA DE SANTA BÁRBARA ★★★

Bien indiquée, une route asphaltée tout au long part sur la gauche vers le sommet de l'île, à 1 023 mètres d'altitude, d'où la vue est fantastique sur tout l'intérieur de l'île, les silhouettes de Pico et São Jorge narguant le regard en arrière-fond (lorsque le ciel est clair et dégagé). Effectivement, le panorama ne vaut le déplacement que par beau temps ; et malheureusement le coin est souvent prisonnier d'une brume capricieuse. On atteint ensuite le Lagoa de Falca, aussi surnommé « Lagoa das Patas » en raison de la colonie de canards qui y cancanent, au milieu des nénuphars. Le lieu est idéal pour un pique-nique au calme, en pleine nature !

FURNAS DO ENXOFRE ★★★

Les Furnas do Enxofre sont l'une de ces manifestations du volcanisme actif des Açores. Le site est bien indiqué depuis la route principale. On peut s'avancer en voiture sur une mauvaise piste en terre battue jusqu'à un parking. De là, un petit sentier soigneusement aménagé fait le tour des fumerolles. L'endroit est un peu fantastique, des volutes tourbillonnent dans un silence lunaire, au milieu de nulle part. L'herbe est jaunie, presque brune par endroits à cause des émanations de gaz. Un parcours d'une quinzaine de minutes tout autour des fumerolles, plus ou moins intenses selon les jours, vous permettra d'apprécier le site.

ALGAR DO CARVÃO ★★

Le centre de l'île compte une quarantaine de grottes, certaines d'environ 100 m de profondeur et de plus de 4 km de longueur. La plupart sont fermées au public pour des raisons de sécurité, à l'exception de la gruta Do Natal et Algar do Carvão. Ce sont des incontournables, à condition que vous soyez sur l'île aux périodes où elles sont ouvertes au public. L'existence de la caverne était connue depuis longtemps, mais la profondeur et le manque de lumière ambiante rendaient toute descente difficile. La première descente a eu lieu en 1893, en 1934 la première carte approximative de l'intérieur est produite et le site sera finalement ouvert au public à la fin du XXe siècle.

GROTTE D'ALGAR DO CARVÃO ★★

Porto Judeu ✆ +351 295 212 992
montanheiros.com/algarcarvao
Horaires variables selon la saison, voir site. Entrée 10 €, ticket combiné (Algar et do Natal) 15 €. Pas de réservation.

En plein centre de Terceira, l'Algar do Carvão est une cavité volcanique impressionnante de 80 mètres de hauteur. Son cône est recouvert de végétation et constitue un habitat naturel pour des espèces endémiques, raison pour laquelle il est protégé. C'est l'association des guides de randonnée Os Montanheiros, basée à Angra do Heroísmo, qui s'occupe de la préservation de ce site, en collaboration avec la Direction régionale de l'environnement des Açores. Un membre de l'association vous explique d'abord la formation de ce monument naturel, et vous pourrez ensuite descendre tout en bas de la grotte, où se trouve un petit lac (temporairement inaccessible en 2024). Attention : toutes les marches descendues devront être remontées, et c'est en général un peu plus rude. Sachez qu'il y a un total de 338 marches ; la visite n'est pas adaptée aux personnes à mobilité réduite.

Il n'est pas possible de réserver son billet à l'avance, l'entrée fonctionne sur le principe du « premier arrivé, premier servi ». L'accès à la grotte est limité à 150 personnes, pensez donc à venir dès l'ouverture pour assurer votre place ! Même si vous avez déjà en votre possession un billet combiné, vous ne serez pas prioritaire.

Nous vous conseillons de bien vérifier les horaires sur le site Internet, car des jours de visite peuvent être ajoutés en saison basse. En 2024, le site sera fermé pour la construction du nouveau centre des visiteurs. Les dates officielles n'ont pas encore été communiquées, renseignez-vous avant de faire le trajet.

GRUTA DO NATAL

✆ +351 295 212 992
montanheiros.com/gruta-do-natal
Horaires variables selon la saison, voir site internet. Entrée 9 €, ticket combiné 15 €. Pas de réservation en ligne.

Nommée littéralement « grotte de Noël » à cause de la messe qui y a été célébrée le 25 décembre 1969, la gruta do Natal n'est située qu'à 6 km de l'Algar do Carvão. Il s'agit d'un tube de lave de 697 mètres de longueur. Vous n'en parcourrez pas la totalité, une partie étant réservée aux spéléologues expérimentés, mais les deux parcours à l'intérieur vous permettront d'observer toutes sortes de formations volcaniques. Un casque vous est fourni, car certains passages sont étroits et demandent de se baisser pour avancer. Une chouette expédition souterraine !

Grotte Algar do Carvao.
© CHLOÉ OBARA

SÃO MATEUS DA CALHETA

Un village de pêcheurs tranquille. Essayez de venir en fin d'après-midi, à l'heure où les barques reviennent chargées de jolis poissons pour les vendre sur la jetée. L'ambiance est agréable. La structure de São Mateus est différente des autres paroisses du coin sud-ouest de Terceira, avec une économie spécifique associée à la pêche et aux services. Le village principal, centré sur Biscoitinho et le port, comprend une concentration urbaine dense avec de nombreuses routes et cul de sacs, caractérisée par des maisons modestes et de pêcheurs. Vers l'ouest, l'agglomération se termine brusquement à Terreiro, limitée par la zone d'Arrife, qui est presque sous-peuplée.

QUINTA DO ABACATE €

Canada Entre Picos
✆ +351 962 634 204
https://quintadoabacate.com
Bulles à partir de 65 € la nuit pour deux, dômes à partir de 80 € la nuit pour deux.

Attention, voilà un établissement original et unique à Terceira. La Quinta do Abacate est en fait un *glamping park* qui propose des hébergements insolites comme des tentes en forme de bulles ou de yourtes éparpillées dans le jardin arboré... ou suspendues au-dessus pour une magnifique vue sur la mer ! On trouve également deux options en dur, des maisons écologiques pouvant accueillir deux à trois personnes. Une piscine est également à la disposition des clients. Un endroit inédit et particulièrement charmant pour poser ses valises, parfait pour se ressourcer.

QUINTA DO MARTELO €€

24 Canada do Martelo
✆ +351 962 812 796
www.quintadomartelo.net
Entre 85 € et 230 € selon le type d'hébergement. Au restaurant (midi et soir sauf le mercredi), env 25 €/personne.

Jadis une ferme où l'on cultivait les oranges, c'est aujourd'hui un établissement de renom comportant un centre ethnographique, un hôtel et un restaurant. On peut y visiter la plupart des ateliers traditionnels. On peut aussi dormir dans l'une des dix chambres. A disposition pendant votre séjour : piscine, court de tennis, mini-golf, salle de sport, sauna, vélos, billard. Et lorsqu'un petit creux se manifeste, direction le restaurant ! Ici, le décor est celui d'une ancienne ferme restaurée : couverts en bois de vache, assiettes en grès, lampes à l'huile d'olive...

RESTAURANTE BEIRA MAR €

46 Canada do Porto
✆ +351 295 642 392
Ouvert du mardi au dimanche de 12h à 22h30. Comptez entre 10 € et 18,50 € le plat à la carte.

Dominant les quais du petit port, c'est sans conteste l'un des meilleurs restaurants de poissons et coquillages de l'île ; ne pas le confondre avec le restaurant du même nom, dans le centre-ville de Angra do Heroísmo. On y mange vraiment bien et à des prix tout à fait démocratiques. On vous conseille la soupe de poisson ou le poulpe grillé. La carte des vins est complète. Le service est quant à lui parfait, à la hauteur des assiettes. Pensez à réserver, car lorsque c'est fabuleux et que l'on est dans une petite ville, les places sont chères !

São Mateus da Calheta.

NEGRITO

On y trouve les vestiges de deux des tours érigées au XVIe siècle tout autour de l'île pour barrer la route aux Espagnols. Dans l'une d'elles, le fort do Negrito, une station baleinière était installée. C'est un fort rectangulaire peint en blanc et avec des coins en pierre. La maçonnerie recouvre les façades restantes, couronnées de parapets avec merlons et de canons dans le coin nord et nord-est, avec une garde tubulaire métallique, peinte en bleu. À l'intérieur, il y a deux petites dépendances, la plus petite pour le gardien et l'autre faisant office d'entrepôt. On peut se baigner sans crainte près du port, tout est bien aménagé.

FABRIQUE DE FROMAGE QUEIJO VAQUINHA ★

5 Canada do Pilar
✆ +351 295 907 138
queijovaquinha.pt
Ouvert tous les jours, même fériés, de 10h à 22h. Visite le matin uniquement. Entrée gratuite.

Une visite intéressante, lors de laquelle vous découvrez tout le processus de fabrication du fromage de Terceira. Ici, c'est une histoire de famille. Le processus de fabrication artisanale du fromage commence avec João Cota, responsable de la pasteurisation du lait, et se termine avec son épouse et sa belle-sœur qui fabriquent le fromage Vaquinha quotidiennement. Vous pourrez aussi boire un verre ou manger un morceau sur la grande terrasse du musée. Une visite gourmande !

CINCO RIBEIRAS

Les petites maisons blanches de Cinco Ribeira sont typiques des émigrés de l'Algarve. Le village offre deux sites intéressants : un écomusée à l'entrée du village (c'est en fait une maison pittoresque) et une fabrique de fromage. Cinco Ribeiras est une paroisse plutôt calme et rurale. Jusqu'en 1990, le nom officiel de la paroisse était Nossa Senhora do Pilar, nom qui provenait de la chapelle primitive érigée par les jésuites au XVIIe siècle. Le toponyme Cinco Ribeiras dérive de son noyau principal qui se situe autour de Ribeira das Cinco, c'est-à-dire cinq ruisseaux après la sortie ouest de la ville d'Angra. Tout simplement !

CASA ECO-MUSEU

Canada do Gracioso
✆ +351 968 599 525
Pour visiter, contacter la Junta de Freguesia (Mairie) au numéro indiqué.

À l'entrée du village, on peut visiter une maison pittoresque réhabilitée par le Dr Marcelino Moules : la Casa Eco-Museu. Ce complexe résidentiel du XVIe siècle est divisé en trois parties : le logis proprement dit, le moulin à bras (*atafona*, tiré par l'homme ou un cheval) et le pailler (*palheiro*, aujourd'hui une cuisine et un bar). La maison d'habitation est représentative des habitations traditionnelles, avec une cuisine et un four à pain par exemple. Elle possède de beaux meubles d'époque. À l'étage, une mezzanine utilisée comme pièce à dormir.

DOZE RIBEIRAS ET SANTA BARBARA

Outre la beauté de la route, dans un cadre bucolique à souhait, on remarquera les curieuses cheminées cylindriques des maisons, coiffées de cônes peints qui proviennent de la tradition de l'Alentejo portugais. Intéressant à observer… Doze Ribeiras mérite une halte pour son église et pour son *imperio* coloré. Santa Barbara de son côté peut faire l'objet d'une belle randonnée et offre un point de vue tout à fait exceptionnel sur la nature environnante. Pas étonnant puisque c'est le sommet le plus haut de l'île. Si le ciel est dégagé, il ne faut pas hésiter ! C'est l'un des meilleurs endroits pour observer à la fois Sao Jorge, Pico et Graciosa.

Doze Ribeiras et Santa Barbara.

PASSEPORT

Cette île de 8 km de long sur 4 de large est la plus septentrionale du groupe central des Açores. Avec sa superficie de 60,7 km^2, c'est aussi la plus petite. Peu montagneuse, de forme ovale, plate et basse au nord, elle atteint seulement 402 m au niveau du rebord sud-est de Caldeira (et non au Pico Timão, comme indiqué sur certaines brochures touristiques, qui culmine à 398 m d'altitude), si bien que le vent s'en donne à cœur joie, causant à l'occasion de graves dégâts sur les cultures. À l'intérieur, les vignes semblent découper le paysage en d'infinis rectangles le long du littoral. Les fonds marins et les grottes aux formes étranges enthousiasment les amateurs de faune sous-marine. Le poisson (mulets, bonites, rascasses, murènes, pagres, congres, dorades, perches, turbots, espadons, sans oublier poulpes et langoustes), très abondant, fait les délices de la cuisine de Graciosa, arrosée de son célèbre vin blanc, léger, sec et fruité.

Graciosa
PONTA DA BARCA
Graciosa Airport
EN 1
Dores
SANTA CRUZ DA GRACIOSA
Bom Jesus
Funchais
EN 4
Covas
EN 4
EN 1
Fontes
PORTO AFONSO
Guadalupe
Jorge Gomes
Caminho do Pontal
RIBEIRINHA
Barro Branco
Tanque
Feiteir
EN 1
EN 1
Fajã
EN 1
EN 1
Océan Atlantique
2 KM

AÇORES
CORVO
FLORES
SÃO JORGE
GRACIOSA
TERCEIRA
FAIAL
PICO
SÃO MIGUEL
SANTA MARIA
EN 1
SÃO MATEUS (PRAIA)
Fonte do Mato
Fenais
EN 2
EN 1
Pedras Brancas
UZ
RESERVA FLORESTAL DE RECREIO DA CALDEIRA
CALDEIRA
ÁREA PROTEGIDA PARA A GESTÃO DE HABITATS OU ESPÉCIES DA PONTA DA RESTINGA
CARAPACHO
Île de Baixo

Santa Cruz de Graciosa.

SANTA CRUZ DE GRACIOSA ★

Santa Cruz, sur la côte nord-est de l'île, est la petite capitale de Graciosa. C'est ici qu'est établi l'aéroport ; c'est ici aussi que se concentre la plupart des commerces de l'île. Au cours des siècles, Santa Cruz a été visitée par d'importants voyageurs. Le jésuite António Vieira ; plus tard, l'écrivain français Chateaubriand ; en 1814, le jeune Almeida Garrett y a écrit certains de ses premiers vers ; enfin, en 1879, le prince Albert de Monaco y a visité Furna do Enxofre. On pourra y rester pour sillonner le reste de Graciosa : vous atteindrez l'extrémité sud-est, Carapacho, en quelque vingt minutes de voiture. Juste à côté du centre, de superbes piscines naturelles où se baigner.

Balade

Prenez de la hauteur ! En surplomb de la ville, trois ermitages du XVIe siècle dominent le paysage. Typiques du style açorien, leurs façades sont blanches et bordées de pierres volcaniques. On peut facilement les visiter en voiture, mais la balade est très agréable à pied (attention toutefois au dénivelé). Comptez une heure pour faire l'aller-retour depuis le centre-ville de la capitale, ou une vingtaines de minutes en montant en voiture puis en marchant d'un ermitage à l'autre. Du haut de ce petit volcan, une vue sublime sur la côte et Santa Cruz s'étend sous vos pieds.

- **Ermida de Nossa Senhora da Ajuda**. Le premier temple édifié sur le site daterait du XVIe siècle, mais son architecture a été modifiée au fil des siècles. C'est un très bel exemple d'architecture religieuse fortifiée.
- **Ermida de São Salvador**. C'est le plus récent des trois ermitages. Construit entre 1709 et 1715, il abritait autrefois l'image de Notre-Dame de Fátima, avant qu'elle ne soit transportée dans l'église de Santa Cruz.
- **Ermida de São João**.
Si vous avez de la chance, l'un ou l'autre sera ouvert à la visite au moment de votre passage.
- **Praça de Touros da Graciosa**. Ceux qui le souhaitent pourront aussi pousser jusqu'au centre du petit cratère, où repose, dans un écrin de verdure, une arène avec ses gradins et ses tribunes. Quelque peu insolite, le lieu mériterait un petit rafraîchissement mais, contrairement à ce que l'on pourrait croire, il est toujours utilisé l'été. On peut notamment y voir des corridas, au cours desquelles le matador ne tue pas le taureau.

BARRO VERMELHO ★

Juste à côté de l'aérodrome.
✆ +351 295 712 148
Accès libre.

Constituée d'argile rouge, cette superbe plage est unique dans la région. Sa couleur est très impressionnante et contraste avec le bleu électrique de l'océan qui s'y échoue. Une pure merveille ! L'endroit est propice à la détente grâce à son aire de pique-nique et son espace de baignade ; une plateforme et une échelle conduisent directement dans les piscines naturelles. C'est aussi là qu'est installé l'un des campings de l'île, complètement gratuit. La plage vaut assurément le coup d'œil, même si l'on ne reste pas pour profiter des infrastructures.

ÉGLISE DE SANTA CRUZ ★

8 Rua Matriz
✆ +351 295 712 120
Entrée libre.

Bâtie au XVIe siècle, puis agrandie au XVIIIe, l'église paroissiale de l'île présente un extérieur austère dont la couleur sombre du basalte contraste avec l'intérieur qui est somptueux : un maître-autel et des autels latéraux en bois sculpté et doré, ainsi que de nombreux azulejos. Elle possède également un retable peint sur bois représentant le Chemin de Croix. Ce chef-d'œuvre de la peinture primitive du XVIe siècle est attribué à Cristavão de Figueiredo. Si vous passez par Santa Cruz de Graciosa, poussez la porte pour y jeter un coup d'œil.

ERMITAGE DE NOSSA SENHORA DA AJUDA

Entrée libre.

Édifiée au XVIe siècle sur le sommet d'une colline située juste à la sortie de Santa Cruz, cette chapelle a été restaurée de nombreuses fois depuis sa construction, suite aux dommages provoqués par les différents séismes. Avec son allure de petit château, elle est considérée comme l'un des meilleurs exemples d'architecture religieuse fortifiée de l'archipel. À l'intérieur, une intéressante collection d'azulejos du XVIIIe siècle. Remarquez la « maison des pèlerins » attenante.

MUSÉE DE GRACIOSA ★

17 Largo Conde de Simas ✆ +351 295 243 030
museu-graciosa.azores.gov.pt
D'avril à septembre, du mardi au dimanche 10h-17h30. D'octobre à mars, du mardi au dimanche 9h30-17h. Entrée 1 €.

Le musée était initialement une « maison ethnographique », installée dans une maison typique de Graciosa servant autrefois de grenier à céréales, de moulin et d'*adega*. Il s'est agrandi en 2009 avec un bâtiment contemporain abordant d'autres aspects de l'histoire de l'île, tels que sa géologie, son architecture ou encore l'importance de la conservation de l'eau douce. De beaux objets exposés, comme une impressionnante charrette à foin, et les nombreuses salles thématiques permettent de mieux comprendre l'île et la vie de ses habitants. Expositions temporaires.

POSTO DE TOURISMO

26-28 Rua Dom João IV
✆ +351 295 712 430
Ouvert du lundi au vendredi de 9h à 17h.

L'office de tourisme de Graciosa est la caverne d'Ali Baba pour vous concocter votre itinéraire sur l'île. À votre disposition, de nombreuses brochures et informations sur les activités à faire sur l'île. L'équipe vous renseignera avec précision sur les horaires d'ouverture des différents sites, sur les incontournables à voir et à faire... Elle pourra également vous donner des informations sur les possibilités d'hébergement et de restauration. Vous l'aurez compris, une mine d'or pour ne rien manquer lors de votre passage à Graciosa.

RESERVATORIO DE AGUA DO ATALHO

Rua Engenheiro Manuel Rodrigues Miranda
✆ +351 295 730 040
Ouvert du lundi au vendredi, de 10h à 12h.

L'eau était rare sur Graciosa, obligeant ses habitants à construire des ouvrages destinés à conserver l'eau. Ils sont uniques au sein de l'archipel, comme ce grand réservoir d'eau qui alimentait la ville de Santa Cruz. Remontez la Rua Miranda. Dans ce qui ressemble à un grand jardin bordé d'un muret blanc, vous trouverez la porte d'accès, et l'étroit escalier qui mène au réservoir, où l'eau arrivait autrefois jusqu'au plafond. L'endroit n'est pas grand mais vaut vraiment le détour.

PROMENADES EN CALÈCHE

✆ +351 963 655 255

Tous les jeudis, vendredis, samedis et dimanches d'été, Luís Faustino da Silva Câmara vous attend sur la place principale de Santa Cruz avec son élégante calèche, vêtu de l'habit traditionnel de l'île. Détendez-vous, prenez place confortablement, c'est parti pour une promenade de 15, 30 ou 60 minutes au choix dans les rues de la vieille ville et du port. Une façon hors du commun de découvrir Graciosa. Et la calèche peut contenir jusqu'à 9 personnes : parfait pour une activité en famille. Hors saison, il est possible de réserver une balade en téléphonant.

MUNICIPIO DE SANTA CRUZ DA GRACIOSA

Largo Vasco da Gama
✆ +351 295 730 040
www.cm-graciosa.pt

C'est la mairie de Graciosa. Sur le site Internet de la ville, vous trouverez de nombreuses informations touristiques, notamment à propos des activités à faire sur l'île, des boutiques où acheter vos souvenirs, des lieux où se restaurer, des hébergements où dormir... Vous y dénicherez également les contacts des agences de voyages et des loueurs de voitures. Sur place, même si ce n'est pas leur fonction première, les agents de l'accueil pourront vous donner quelques conseils.

AÉDROME DE GRACIOSA

A 2 km du centre.
Vols directs de et vers Terceira ou São Miguel uniquement. A partir de 89 €.

L'aéroport de Graciosa (ou plutôt aérodrome !) est tout petit, mais suffisant pour recevoir les vols réguliers de la compagnie locale açorienne SATA. N'ayez pas peur en apercevant la piste depuis le hublot, les pilotes sont habitués. Le hall des arrivées et des départs abrite tout de même deux ou trois stands de location de voiture. L'aéroport est situé à 2 km à peine de la ville principale de l'île, Santa Cruz de Graciosa. Vous rejoindrez donc facilement toutes les commodités et, le jour du départ, vous serez à l'aérodrome en un rien de temps !

ATLANTICOLINE

Gare maritime de Praia (São Mateus)
✆ +351 296 304 310
www.atlanticoline.pt
Trajet direct Graciosa-Terceira : environ 27,50 € ; Graciosa-São Jorge (Velas) : environ 29,50 €. En été uniquement.

De juin à septembre, la compagnie Atlanticoline ne propose qu'un seul itinéraire comprenant un arrêt à Graciosa. La ligne blanche relie directement la petite île à ses voisines São Jorge (Velas, en 3 heures) et Terceira (Praia da Vitória, en 4 heures). On peut aussi rejoindre les autres îles du groupe central avec Atlanticoline, mais une - voire plusieurs - correspondance sera alors inévitable. Les ferries pour et depuis Graciosa ne circulent pas le reste de l'année, l'avion est la seule option pour se déplacer sur d'autres îles.

RENT-A-CAR GRACIOSA

138 Largo de Santo António
✆ +351 295 712 274
www.rentacargraciosa.com
A partir de 40 € par jour pour un véhicule de type A, 47 € pour un véhicule de type B, 52 € pour un véhicule de type C.

Entreprise mettant un point d'honneur au service, votre accueil sera personnalisé et d'excellente qualité. Leur flotte de véhicules est moderne et en très bon état (véhicules disponibles à partir de la catégorie A et jusqu'à la catégorie I). L'agence est présente au centre-ville de Santa Cruz da Graciosa et également à l'aéroport. Les prix proposés sont corrects. Attention toutefois, pensez à y ajouter le tarif de la caution, de l'assurance et notez bien que le kilométrage est limité. Bien que l'île soit petite, c'est à prendre en considération.

RENT A CAR MEDINA & FILHOS

9 Rua da Misericórdia
✆ +351 295 712 094
www.medinarent.net
En kilométrage illimité, 42 € par jour pour 1 à 2 jours, 35 € pour 3 à 6 jours et 30 € au-delà de 7 jours.

Très bonne compagnie sur l'île de Graciosa. Les prix sont compétitifs. Différentes possibilités de locations s'offrent à vous : en kilométrage limité ou en kilométrage illimité. Les prix sont dégressifs selon la durée de votre location. L'agence propose également de la location de vélos, une formule sympathique pour découvrir Graciosa autrement et plus tranquillement. Enfin, vous pourrez partir à la découverte de l'île en deux-roues motorisés, en scooter ou en moto.

DES RANDONNÉES FACILES

De Serra Branca à Praia. Circuit PR1GRA – 7 km – 2h30 – facile. Sept kilomètres de marche seulement, et vous pourrez vous féliciter d'avoir traversé l'île d'ouest en est, en longeant la démarcation entre la « première partie » de Graciosa et la « nouvelle », résultant d'une éruption volcanique plus tardive. Au départ du parc d'éoliennes, vous atteignez rapidement le *Pico das Caldeirinhas*. Culminant à 360 m, il est le point le plus élevé de tous les cônes volcaniques de Serra Branca, mais curieusement, c'est un peu plus loin que vous attend le panorama le plus remarquable de la randonnée...

Caldeira et Furna do Enxofre. Circuit PRC2GRA – 10 km – 3h – facile. L'unique boucle du programme, particulièrement recommandée entre 11h et 14h, quand les rayons du soleil pénètrent la grotte. De l'intérieur puis de l'extérieur, cette curiosité volcanique n'aura bientôt plus de secrets pour vous, du moins apparents !

Baía da Folga. Circuit PR3GRA – 2,1 km – 1h – facile. Le parcours officiel le plus court de l'île débute tout près de l'*império* de Luz, au sud-est de Graciosa, et vous conduit au petit port de Folga. Par temps dégagé, l'itinéraire vous réserve de beaux points de vue sur São Jorge, Pico et Faial.

SATA AZORES AIRLINES

Aéroport de Graciosa
✆ +351 296 209 720
https://www.azoresairlines.pt
Comptez environ 100 € pour un aller-retour entre Terceira et Graciosa et 170 € entre Ponta Delgada et Graciosa.

Depuis la France, la liaison qu'opère la compagnie SATA Azores Airlines jusqu'aux Açores ne s'effectue qu'à destination de Ponta Delgada (souvent via Lisbonne ou Porto) : il vous faudra ensuite prendre un autre vol inter-île pour arriver jusqu'à Graciosa. La liaison est assurée plusieurs fois par semaine, la majorité du temps avec une escale ; les vols directs sont peu nombreux. À noter que les vols peuvent être perturbés par les conditions climatiques parfois capricieuses aux Açores. Vous ne serez pas toujours sûr de décoller !

BOA NOVA HOSTEL €

16 Largo da Calheta
✆ +351 295 712 027
https://boanovahostel.com
De 50 € à 60 € la chambre double et de 15 € à 20 € pour un lit en dortoir, selon la saison.

Face à l'ancien petit port de l'île de Graciosa et à 500 m du centre-ville, cette magnifique maison familiale du XVIIIe siècle a été entièrement restaurée et modernisée pour accueillir les visiteurs. Quatre belles chambres lumineuses, dont deux avec vue sur l'ancien port, et deux dortoirs, un féminin et un masculin. L'hôtel propose également une cuisine et un salon commun ainsi qu'une belle terrasse intérieure pour terminer la journée. Les prix sont abordables, la déco chaleureuse et l'accueil ultra sympathique. Une très bonne adresse.

INATEL GRACIOSA €€€

Porto da Barra
✆ +351 295 730 500
https://hoteis.inatel.pt
Selon la saison, de 85 € à 120 € la double. Petit déjeuner inclus.

Unique hôtel 4 étoiles de l'île inauguré en 2009. De style contemporain, il compte 44 chambres, 2 suites et 6 villas entièrement équipées. Il se distingue par son architecture originale relativement bien intégrée au paysage. Un confort irréprochable et des services de standing : piscine, salle de sport, sauna, etc. Certaines des chambres bénéficient d'une jolie vue sur la mer grâce à sa situation en surplomb de la baie de Porto da Barra. Un restaurant gastronomique est également installé au rez-de-chaussée. C'est l'option la plus haut de gamme de Graciosa.

PARQUES DE CAMPISMO €

✆ +351 295 712 148
Barro Vermelho est libre d'accès. De 1 € à 3 €/personne/jour selon la taille de la tente pour les 2 autres campings.

Pratique pour les petits budgets, Graciosa dispose de trois terrains de camping bien situés, ayant tous vue sur l'océan : un premier, libre d'accès, situé à Barro Vermelho, non loin de l'aéroport. C'est le plus basique et les sanitaires y sont sans eau chaude. Le deuxième est situé près de São Mateus (Praia) et le dernier au sud de l'île, à Carapacho. Ces deux derniers disposent de sanitaires avec eau chaude. Le camping de Praia dispose en outre du Wifi, de machines à laver et de barbecues. Chaque camping est géré par la mairie de sa commune.

GRAFIL COFFEE BAR €

Largo Conde Simas, 4
✆ +351 918 601 146
Ouvert tous les jours de 7h à 2h, et jusqu'à 4h le vendredi et le samedi.

Un snack-bar dynamique et central, où il fait bon se poser pour boire un verre ou grignoter sur le pouce. *Folhado* (chausson à la viande) et *Queijadas da Graciosa* (délicieuse pâtisserie) peuvent notamment faire partie du menu. Concerts et soirées à thème y sont régulièrement organisés et viennent mettre un peu de pep's. L'ambiance y est chaleureuse et vous pourrez aussi déguster de bons cocktails préparés avec amour par le barman en service. Personnel agréable et bon rapport qualité-prix. Si une pause s'impose, c'est ici qu'il faut la faire !

QUINTA DOS FRUTOS €€

10 Lugar da Vitória
✆ +351 916 950 199
Selon la saison, comptez de 55 € à 80 € pour le T1 et de 65 € à 90 € pour le T2. Séjour de 2 nuits minimum.

Située à 2 km de l'aéroport, cette adresse s'inscrit dans la tradition du tourisme rural açorien. Au cœur d'un domaine de 7 000 m², chaque petite maison possède une terrasse, une cuisine équipée, un salon avec TV câblée, une laverie commune et un barbecue sont également à disposition… Différentes tailles de logements sont proposées. Tout autour, des jardins et des arbres fruitiers. Services sur place : location de vélos, service de navette... Un bon moyen de se plonger dans la vie pastorale de l'île et de profiter du calme environnant.

RESTAURANTE JALE €

60 Rua 25 de Abril
✆ +351 295 712 398
Ouvert du mardi au dimanche de 9h à 23h. Plats entre 10 € et 20 €.

C'est l'un des seuls restaurants de Santa Cruz. On y mange des spécialités portugaises, préparées avec des produits locaux : les viandes, poissons et fruits de mer, mais aussi le fromage et le vin viennent des îles de l'archipel. Les assiettes, sans chichis, sont généreuses et bien servies. On y est reçu avec le sourire (et en français !) par la propriétaire. N'hésitez pas à lui poser des questions sur la carte, elle est de très bons conseils aussi bien sur les plats que sur le vin. Une bonne adresse en plein centre-ville, et un bon rapport qualité-prix.

RESTAURANTE COSTA DO SOL €€

Largo da Calheta Santa Cruz ✆ +351 295 712 694
restaurantecostadosol.blogspot.com
Ouvert tous les jours sauf le dimanche de 12h à 14h30 et de 19h à 21h30. Plats autour de 15 €.

Le restaurant Costa do Sol propose des spécialités de la mer. La cuisine est de bonne qualité, les assiettes sont généreuses et l'atmosphère est conviviale. Ambiance familiale, c'est de toute façon l'un des mots qui décrit le mieux cette petite île des Açores. Que demander de plus pour déguster un bon repas au milieu de l'Atlantique ! C'est l'un des meilleurs établissements de Santa Cruz de Graciosa. À noter que pendant la période estivale, le service est continu selon l'affluence. Ajoutez à cela des prix vraiment intéressants, tout y est pour ne pas s'en passer.

PANIFICAÇAO A TRADIÇÃO DE ULDEMIRA SANTOS

40 Caminho do Rebentao
✆ +351 295 712 908
Ouvert du lundi au samedi de 8h30 à 17h30.

Une bonne odeur de pain s'échappe de cette boulangerie, et pour cause : pain de blé ou de maïs, cakes, biscuits, et le traditionnel « massa sovada » des Açores, tout ici est cuit à l'ancienne, au four à bois. D'impressionnants fours, chauffés chaque matin avant d'y enfourner les pains. Un vrai délice ! À la sortie de Santa Cruz, prenez la route en direction du village de Rebentao. Au cœur du village, légèrement en hauteur, se trouve le bâtiment de cette excellente boulangerie.

DIVINGRACIOSA - CENTRE NAUTIQUE

11 Rua do Corpo Santo
✆ +351 962 513 411
www.divingraciosa.com
Baptême de plongée : 100 €.

L'un des deux clubs de plongée de l'île, il propose également des excursions en bateau et en voilier, des sorties d'observation de cétacés ou de pêche, de même que la location de canoës, de vélos, ou encore, des randonnées pédestres. Des excursions relaxantes, en contact direct avec la nature, pour parcourir les coins et recoins de l'île et de son littoral. Un service complet donc, et des activités sur terre et en mer pour rythmer votre séjour sur l'île de Graciosa.

PONTA DA BARCA ★★

Depuis Santa Cruz, on atteint Ponta da Barca par une route plate en bord de mer, qui sillonne des paysages façonnés par la lave. On retrouve comme à Pico les vignes bordées de leurs murets quadrillés. Au bout de Ponta da Barca, à 500 m au nord de Ponta Negra, où il devait initialement être construit, se dresse le Farol da Ponta da Barca. Si l'édifice en lui-même mérite le détour, son environnement est également de toute beauté. Dominant une petite baie de roches rouges aux eaux transparentes, il vous réserve un point de vue imprenable sur la « baleine », une surprenante formation de basalte.

Ponta da Barca.

RIBEIRINHA

Sur la côte ouest de Graciosa, Ribeirinha est une toute petite localité rurale qui prend pied au milieu d'un quadrillage de champs et de murs de pierre volcanique. L'endroit est très pittoresque et vous en aurez une belle vue d'ensemble depuis le Miradouro da Ribeirinha, à environ 1 km au sud du village. Le hameau ne présente que peu d'intérêt en lui-même, mais l'on y trouve une petite église restaurée, celle de Nossa Senhora da Esperança, construite en 1847, et surtout l'association des ânes de Graciosa. Pour atteindre cette dernière et rencontrer les derniers représentants de cette espèce, il faut suivre un chemin cahoteux de terre battue sur environ 1 km.

ASSOCIATION DES ÂNES DE GRACIOSA (ACABAIG)

✆ +351 911 001 936

Du lundi au samedi de 10h à 12h et de 14h à 17h. Visite guidée gratuite, à réserver au moins la veille.

Dès leur installation sur Graciosa au XVIe siècle, les colons portugais ont utilisé les ânes pour l'agriculture, les déplacements et le transport de marchandises. En raison de leur importance dans le développement de l'île, ces équidés y étaient nombreux, avant que leur population ne décroisse au fil des décennies. L'association fondée par Franco et Sandra en 2013, *Associação de Criadores do Burro Anão da Ilha da Graciosa* (ACABAIG), a pour but de protéger et conserver ces animaux, dont l'espèce a été reconnue comme indigène en 2015. A leurs débuts en 2013, il ne restait plus que 45 de ces équidés. Aujourd'hui, grâce à leur travail, on compte dorénavant une centaine d'ânes sur l'île, dont 28 répartis sur les parcelles de leur propriété.

Au cours de la visite, le couple vous expliquera le travail mené avec le professeur Arthur Machado, un expert en génétique, pour faire reconnaître l'espèce, ses caractéristiques et les raisons pour lesquelles il est important de la préserver. Vous en saurez plus aussi sur le rôle qu'ont joué ces animaux dans l'histoire des Açores, photos d'époque à l'appui ! Pour illustrer ces propos, vous aurez bien sûr le droit d'approcher les ânes et, si le cœur vous en dit, de leur donner à manger ou de poser avec eux pour repartir avec un chouette souvenir ; ils sont très gentils et adorent être caressés. Pensez à prévenir de votre passage pour ne pas trouver porte close.

Une activité qui plaira sans aucun doute aux petits comme aux grands !

PORTO AFONSO ★

Un peu plus au sud, une route en terre vous amène au petit port de pêche de Porto Afonso. Un port qui étonne par ses paysages lunaires. Les falaises d'origine volcanique s'effritent peu à peu avec l'érosion marine, offrant aux curieux un dégradé de couleurs. Lieu à la géologie étonnante, ses hautes falaises calcinées par la fureur des volcans font ressortir des tons gris, rouges et ocres, et se dressent au-dessus de l'océan. Quelques cabanes de pêcheurs ont été creusées çà et là à même la roche dans les coins les plus fragiles, sans doute pour se protéger du vent et des embruns. C'est l'un des endroits les plus extraordinaires de Graciosa.

LUZ

Situé le long de la vallée qui sépare le massif de la Caldeira du reste de l'île de Graciosa, le village de Luz ne s'est peuplé que tard. Son sol, très rocheux, semblait peu approprié à l'agriculture. Mais la pauvreté relative des sols a été en partie compensée par le développement de la pêche, Luz bénéficiant d'une orientation au sud et d'un littoral relativement abrité. Ainsi, son petit port de Folga s'est rapidement imposé comme l'un des principaux centres de pêche de l'île. C'est de là par ailleurs que partaient les barriques de vin de Graciosa produites dans cette partie ensoleillée de l'île. Le village abrite une jolie église baroque, Nossa Senhora da Luz, construite en 1738 sur l'emplacement d'un ermitage du XVIe siècle.

ESTRELA DO MAR €€

12 Porto da Folga

✆ +351 960 123 251

Ouvert du mardi au dimanche de 12h30 à 15h et de 19h30 à 21h30. Prix moyen : 15-20 €.

Au bout de la route qui mène à la baie de Folga, un sympathique restaurant donnant sur le petit port de pêche. Au menu, des spécialités locales : poissons, fruits de mer, calamars, ragoûts... et de nombreux plats régionaux. Une grande véranda permet de manger en profitant de la vue sur la baie et, lorsque le temps est dégagé, sur les îles voisines de São Jorge, Pico et Faial. Un établissement sans prétention, mais d'où vous ressortirez ravis. Le restaurant est tenu par deux sœurs et le service est adorable et souriant. Une adresse comme on les aime aux Açores.

CALDEIRA ★★★

Point culminant de l'île, la caldeira s'est formée il y a environ 12 000 ans et vous réserve un visage bien différent de celui que vous connaissez de Graciosa. Les douces collines laissent soudain place à un cratère de 270 mètres de profondeur, les pâturages quant à eux s'inclinent devant une dense forêt de sapins, et bientôt, vous descendrez dans le plus vaste dôme volcanique d'Europe.
D'un grand intérêt, la caldeira de Graciosa a été classée monument historique en 2008 et s'étend sur environ 120 hectares. On y trouve différents types de formations volcaniques telles que des grottes et des tunnels de lave, ainsi qu'une zone marécageuse et plusieurs espèces de faune et de flore endémiques. La chauve-souris des Açores, la seule espèce de mammifère endémique de l'archipel, y a par exemple élu domicile, aux côtés de plusieurs espèces d'oiseaux comme le pinson, la paruline, la bergeronnette des Açores, ou encore le milan noir, le merle et la bécasse. La végétation comprend des espèces comme le laurier, la bruyère endémique et l'acacia. À ce titre, la zone est protégée et fait partie des 121 géosites classés au sein du Géoparc mondial des Açores (Unesco).

Balade

N'hésitez pas à emprunter la route qui fait le tour complet de la caldeira pour vous arrêter aux différents miradouros donnant sur les paysages verdoyants de Graciosa, sa côte et l'océan. La balade se fait plutôt en voiture mais reste agréable car elle offre de magnifiques points de vue.

- **Le miradouro do Carapacho** donne sur la pointe sud-est de Graciosa. Par beau temps, les autres îles du groupe central de l'archipel sont aussi visibles.

- **Les miradouros da Praia Baloiço et da Praia** sont situés à seulement quelques dizaines de mètres l'un de l'autre et se distinguent par la balançoire en bois installée sur le premier. On y voit la localité de Praia et une bonne partie de la côte est de Graciosa devant l'océan.

- **Le miradouro da Luz**. Un très beau point de vue sur la côte ouest de l'île et, si vous avez de la chance, Faial, Pico et São Jorge.

Tourisme

Outre sa Furna do Enxofre, on trouve autour du cratère deux autres cavités volcaniques libres d'accès.

- **Furna do Abel**, aussi appelée Furna de Lavar ou Furna do Roque. Situé près de la localité de Luz, il s'agit d'un tunnel de lave de 96,3 m de long, avec une largeur maximale de 8 m et une hauteur maximale de 6,2 m. C'est l'un des plus grands tunnels de lave de Graciosa.

- **Furna da Maria Encantada**, un autre tunnel de lave qui s'est formé dans les pentes du volcan. Depuis les hauteurs, une vue complète sur l'intérieur du cratère vous attend. La grotte marque le départ d'une superbe spectaculaire. Le parcours fait le tour complet de la caldeira en quelques heures et offre par beau temps des panoramas superbes sur Terceira, São Jorge, Pico et Faial. Pour obtenir l'itinéraire exact du circuit PRC2GRA (10 kilomètres – 3h – facile), renseignez-vous auprès de l'office de tourisme.

FURNA DO ENXOFRE ★★

✆ +351 295 714 009

Haute saison : tous les jours 9h-17h. Basse saison : du mardi au samedi 9h-17h. Entrée : adulte 5 €.

En 1879, le célèbre et princier océanographe Albert de Monaco, qui réalisa plusieurs expéditions aux Açores, fut l'un des premiers à descendre dans cet antre magique à l'aide d'une longue échelle de corde, méthode qui perdura jusqu'à la construction de l'actuel escalier en pierre de 183 marches en 1953.
Il faut visiter l'endroit de préférence à l'heure du déjeuner, quand la lumière du soleil à son zénith s'engouffre dans la caverne et vient illuminer ses parois. Phénomène volcanique classique procédant du retrait de la lave après éruption, la Furna do Enxofre se situe dans le cratère d'un ancien volcan au fond duquel s'ouvre un tunnel de 100 m de profondeur débouchant sur une énorme grotte. Sa voûte domine de 51 m un lac souterrain d'eau froide et sulfureuse de près de 200 m de diamètre et de 180 m de profondeur. Le caractère exceptionnel du site tient à ce que la lave, après avoir envahi l'ensemble de la caldeira, a débordé par le point le plus bas de son rebord (au nord-ouest) et a envahi la vallée de Luz à Praia, puis s'est retirée (par subsidence de la colonne magmatique ou par effondrement dû au drainage de la lave à travers une fracture sous-marine), ne laissant qu'une mince pellicule de lave sur les bords de la caldeira (comme on peut s'en rendre compte depuis le Morro da Urze par exemple) et une étonnante cavité : notre fameuse Furna do Enxofre. Au début ou à la fin de votre visite, prenez le temps de découvrir le petit musée consacré à la grotte : il répondra sans doute à toutes vos questions.

Furna do Enxofre.

CARAPACHO ★

Petit bourg de l'extrême sud-est de Graciosa, Carapacho s'enorgueillit depuis 1750 de son eau thermale, dont les bienfaits sont connus depuis 1750. Ses thermes ont été érigés en 1860 en bord de mer. Si l'extérieur n'était pas très engageant, c'est beaucoup mieux depuis la rénovation qui a eu lieu entre 2016 et 2018. Aujourd'hui, une belle bâtisse propre et blanche vous tend les bras. Une fois à l'intérieur, vous serez probablement ravi de vous détendre dans un bain bien chaud, rempli d'une eau riche en minéraux, notamment le magnésium, le chlorure et le sodium. Si vous préférez une température plus tempérée, Carapacho est également connu pour ses belles piscines naturelles, situées juste en dessous des thermes. L'un des bassins est fermé, protégé des vagues et du courant ; on peut même en profiter l'hiver si l'on ne craint pas trop l'eau froide. Le second, ouvert sur la mer, est logé entre les roches de basalte. L'endroit est très populaire en été et il fait bon s'y détendre. Une zone est prévue pour se prélasser au soleil.

Venant surplomber l'océan, le phare de Carapacho offre une vue époustouflante sur la pointe de Graciosa et l'île de Baixo. Par temps dégagé, on y aperçoit São Jorge, Pico et Faial en arrière-plan. Il s'y trouve même une vigie pour observer les baleines ! Prudence toutefois, la route pour s'y rendre n'est pas bétonnée et elle est à double sens malgré sa voie unique. C'est le lieu idéal pour contempler un magnifique lever de soleil !

PARQUE DE CAMPISMO DO CARAPACHO €

Tarifs sur demande.

On peut camper à Carapacho dans un petit site très charmant, ombragé par les arbres. Douches, toilettes, barbecue et électricité, tout y est. Pour les fans de camping, vous adorerez l'expérience. L'espace est divisé en trois niveaux : troisième et deuxième niveaux pour les tentes et le premier niveau est aménagé avec des tables et des bancs dédiés pour prendre les repas. C'est au deuxième niveau que vous trouverez les sanitaires. L'un des meilleurs spots de l'île !

QUINTA DO FRAGOSO €€

2 Alto do Sul

✆ +351 913 040 257

quintadofragoso.wixsite.com/home

A partir de 70 € la nuit.

La Quinta do Fragoso surplombe le jardin, l'océan Atlantique et les îles du groupe central. L'établissement comprend deux logements : la Casa Panorâmica, idéale pour 2 voyageurs, et la Casa Rústica, pour 4 personnes. Chacune possède une cuisine entièrement équipée et un salon spacieux. Sur place : linge de lit, serviettes, parking privé gratuit et wifi. Entre modernité et authenticité, cet hébergement est une bonne option à Graciosa. Ici tout est calme et paisible et vous pourrez profiter d'une magnifique vue sur les îles voisines (Pico, Sao Jorge et Faial).

DOLPHIN SNACK-BAR €

✆ +351 295 712 014

Du mardi au dimanche de 10h à 22h. Plats entre 6 € et 12 €.

Dans ce petit snack aux allures modestes, la cuisine est régionale, les plats typiques, principalement à base de poisson et de fruits de mer. Le steak de thon et les brochettes de crevettes sont des incontournables. Les prix sont abordables et une formule buffet est proposée pour le déjeuner. Vous pourrez aussi venir pour simplement prendre un café ou une boisson fraîche. La liste des vins n'est pas exhaustive. On retiendra la vue panoramique et magnifique sur l'océan. Elle ne pourra que vous subjuguer, surtout s'il fait beau. Service efficace.

SÃO MATEUS (PRAIA) ★

Situé à mi-chemin entre Carapacho et Santa Cruz, São Mateus est plus communément appelé Praia (« plage »), et pour cause : c'est l'unique endroit de l'île où vous trouverez une véritable plage de sable fin. Toujours est-il que la localité saura combler les baigneurs en mal d'un sol moelleux pour poser la serviette ! Vestiaires, douches et bar-restaurant à proximité, ainsi que deux hébergements de tourisme rural particulièrement recommandés. Juste en face du village, l'îlot Praia est une importante réserve naturelle, classée « Zone de protection spéciale », en raison des nombreuses espèces d'oiseaux marins qui l'utilisent pour la nidification.

TERMAS DO CARAPACHO

Rua Dr. Manuel de Meneses

✆ +351 295 714 212

De 12h à 19h du mardi au vendredi et de 10h à 17h samedi et dimanche. Piscine en accès libre (30 min, 8 pers. max.).

Le centre thermal de Carapacho possède tout l'équipement nécessaire à un véritable moment de relaxation et de bien-être. L'accès à la piscine est gratuit, mais on y trouve aussi bains à bulles et salles de massage. De quoi simplement se baigner, se reposer, ou suivre des traitements plus poussés pour soigner les rhumatismes ou les problèmes de peau. Datant de 1860, ces thermes jouissent d'une excellente réputation ; leur emplacement en bord de mer et leur température naturelle entre 35 °C et 40 °C ont déjà séduit plusieurs générations de curistes...

MOINHO DE PEDRA €€

28 Rua dos Moinhos de Vento

✆ + 351 295 712 501

moinhodepedra.pt

D'octobre à mai, de 50 € le T1, à 80 € le T2. De juin à septembre, comptez respectivement de 60 € à 100 €.

Un superbe moulin en pierre de basalte chapeauté d'un toit rouge. L'édifice a été réhabilité en hébergement de tourisme rural, et c'est une réussite : un appartement T2, trois appartements T1, une capacité totale de 10 lits, et une jolie vue sur la mer. À l'intérieur, une décoration rustique faite de bois et de pierre. Un lieu où l'on se sent bien et d'où on ne voudra plus repartir ! L'accueil est particulièrement attentionné et l'expérience de dormir dans un moulin restera certainement gravée dans la tête de tout voyageur...

Carapacho.

LES MOULINS DE GRACIOSA

Avec leurs hauts murs de chaux blanche et leur toiture rouge vif en forme de meringue, impossible de ne pas les voir dans le paysage. Les moulins de Graciosa sont la carte postale de l'île. C'est au XIXe siècle qu'est construit le premier d'entre eux. Francisco Cordeiro, un artisan de São Miguel, décide de venir vivre sur Graciosa et emporte avec lui ce projet, qui s'est ensuite répandu sur l'île. Graciosa produit à l'époque énormément de céréales, qu'elle exporte jusque sur le continent. On la considère comme le « grenier à céréales des Açores ». De nos jours, il existe encore 28 moulins sur Graciosa. Si certains sont encore en activité, comme le Mohino do Rei au nord de Santa Cruz, qui a maintenu tous ses mécanismes intérieurs et moût encore des céréales, la plupart d'entre eux ont depuis été abandonnés au profit de techniques plus modernes. D'autres ont été transformés en logements. Un seul moulin est encore visitable, celui situé sur les hauteurs de Fontes. On y accède par un escalier situé sur la gauche. Rénové par le musée de la ville, vous pourrez y observer au deuxième étage le mécanisme qui permettait aux ailes d'actionner les meules et à la farine de descendre par des rigoles jusqu'au rez-de-chaussée où elle était contrôlée. A noter que l'office du tourisme de Santa Cruz propose un itinéraire « Route des moulins », qui vous emmène à l'aide d'une carte très complète à la découverte des différents moulins de l'île, de leurs mécanismes et de leur histoire.

MOINHO MÓ DA PRAIA €€

16 Rua dos Moinhos de Vento
✆ +351 967 198 622
www.modapraia-graciosa.pt

Séjour de 2 nuits min. A partir de 90 € la nuit pour 2 pers. et 100 € la nuit pour 3 pers.

Le Mó da Praia est un logement insolite (un moulin !) pouvant accueillir jusqu'à 6 personnes. Il est composé d'une chambre avec lits séparés, d'une chambre avec lit double, de 2 salles de séjour équipées de canapés-lits doubles, d'une kitchenette, d'une salle de bains avec colonne d'hydromassage et d'un wc. À l'extérieur, vous pourrez profiter d'une terrasse protégée du vent et d'un barbecue. L'établissement propose de la location de vélos et les propriétaires seront de très bons conseils pour vous aider à choisir vos visites.

PORTAS DO ILHEU €€

20 Beco das Covas
✆ +351 295 712 362
www.portasdoilheu.com

Séjour de 2 nuits minimum. Maison 1 chambre : à partir de 100 € la nuit, petit déjeuner inclus. L'été, 180 €/nuit env.

Dans une ruelle qui s'échappe face à l'océan, deux petites maisons traditionnelles rénovées de façon moderne, chaleureuse et confortable. Cuisine ultra-équipée, lit king size et serviettes de bain moelleuses, chaque maison peut accueillir deux personnes. À l'extérieur, légèrement en hauteur, un jardin avec des chaises longues et un espace barbecue avec vue sur l'océan. Le matin, un petit déjeuner est déposé devant votre porte. Les hôtes sont très attentionnés et sympathiques. Parfait mélange entre un gîte et un hôtel, c'est une merveilleuse adresse.

QUEIJADAS DA GRACIOSA

34-36 Rua Infante Dom Henrique
✆ +351 295 712 911
www.queijadasdagraciosa.pt

Lundi-vendredi 9h-18h, samedi 9h-16h. Fermé le dimanche. Visites en été (l'hiver, dégustation uniquement). Accès libre.

Une bonne odeur de biscuit dans les ruelles du vieux port de Praia, vous voici arrivé à la fabrique de Queijadas da Graciosa. Confectionnées avec des œufs de poules élevées en plein air, du beurre et du bon lait de Graciosa, elles sont LA spécialité gourmande de l'île. Vous pourrez ici visiter les ateliers de fabrication, de la confection de la pâte avec sa forme caractéristique d'étoile jusqu'à sa cuisson. Goûtez-les chauds, tout juste sortis du four, c'est un pur délice ! La visite se termine à la boutique, où vous découvrirez les autres produits de la fabrique.

CALYPSO AZORES

10 Rua Rodrigues Sampaio
✆ +351 919 103 414
www.calypsoazores.com

Tour en bateau 23-60 €, randonnée 20-27 €, location de vélo 5-40 €, tour à cheval 25 €, tour en calèche 15-25 €...

Calypso Azores est une entreprise jeune et dynamique née de la passion de la mer et du désir de montrer et de faire connaître les beautés et richesses de l'île de Graciosa, mais pas seulement... En effet, en plus des activités proposées directement sur l'île (location de vélos, randonnée, équitation, excursion en 4x4, tour en calèche tirée par des ânes ou des chevaux...), la compagnie vous propose également des sorties en mer à la découverte de São Jorge, Faial, Pico ou Terceira. Un panel varié et complet qui ravira tous les types de voyageurs.

Faial, dont la forme évoque un pentagone irrégulier, est dominée par un cône volcanique, une caldeira qui s'étale en pente douce et compose des cratères secondaires jusqu'à la mer. Son point culminant, le Cabeço Gordo, atteint 1 043 m. Surnommée l'île bleue, suite à l'introduction par les premiers colons au XVe XVe siècle de la culture du « pastel des teinturiers », une plante à l'origine d'une teinture bleue qui fera la richesse de l'île, Faial est connue des navigateurs du monde entier. L'escale des Açores se situe ici, dans le port de Horta qui a accueilli tout ce que la mer compte de voyageurs au long cours. Solitaires brouillés avec la terre, skippers des courses au large, équipiers épuisés bénissant le sol enfin retrouvé, tous ceux qui ont un jour traversé l'Atlantique à la voile ont connu l'escale mythique de Faial. Le port de Horta est le témoin quotidien de ces exploits petits et grands, et l'on y parle toutes les langues.

AÇORES
CORVO
FLORES
SÃO JORGE
GRACIOSA
TERCEIRA
FAIAL
PICO
SÃO MIGUEL
SANTA MARIA
RIBEIRA FUNDA
MONUMENTO NATURAL DO VULCÃO DOS CAPELINHOS
Norte Pequeno
FAJÃ
PRAIA DO NORTE
CAPELO
AREEIRO
VARADOURO
CR 6
CASTELO BRANCO
Océan Atlantique
Lombega
RESERVA NATURAL DO MORRO DE CASTELO BRANCO
Castelo Branc
3 KM

Faial

Océan Atlantique
CEDROS
SALÃO
05
ER 1
Espalhafatos
CR 97
RA
CR 96
RIBEIRINHA
NATUREL
FAIAL
Chã da Cruz
Miragaia
CM 1016
PEDRO MIGUEL
PRAIA DO ALMOXARIFE
Flamengos
MIRADOURO SENHORA DA CONCEIÇÃO
Facho
ER 2
HORTA
Courelas
Atalaia
FETEIRA (FAIAL)
Feteira
Lajinha
ÁREA DE PAISAGEM
PROTEGIDA DO
MONTE DA GUIA

PAGES

●● CÔTE NORD

Si le tour de l'île est potentiellement réalisable en une seule journée de voiture à partir de Horta, ce serait au risque de presser le pas, et de passer à côté de belles découvertes. Côte nord, côte sud et intérieur de l'île vous réservent chacun des visages bien différents, qu'il convient d'apprécier en deux ou trois jours au moins, surtout si l'on envisage de randonner un peu.

La route du nord entre Horta et Fãjã vous dévoilera de jolis points de vue ; plusieurs miradouros viendront d'ailleurs rythmer votre périple. Parmi les points d'intérêt majeurs, on retiendra particulièrement Praia do Almoxarife pour sa belle plage de sable noir, la superbe Baía da Ribeira das Cabras, en contrebas de Fãjã, et pour les marcheurs, deux parcours de randonnée : la boucle de Rocha da Fãjã (balisé PRC2FAI – 5,5 km – 2h30 – difficulté moyenne), et l'itinéraire Levadas-Praia do Norte (balisé PR3FAI – 6 km – 3h30 – facile). Pour plus d'informations, consultez le site officiel de la randonnée aux Açores : trilhos.visitazores.com.

●● CÔTE SUD

Dans le sens Capelinhos-Horta, le tour du littoral par la côte sud de Faial commence par le plus spectaculaire des sites naturels de l'île Bleue : le fameux volcan de Capelinhos qui a émergé de l'océan il y a un peu moins de 60 ans. Mais dans l'ombre de cet incontournable, d'autres espaces naturels protégés sont (trop) souvent oubliés. C'est notamment le cas de la zone côtière qui s'étend de la Ponta do Varadouro au Morro de Castelo Branco.

●● CENTRE DE L'ÎLE

La partie ouest du centre de l'île comprend une succession de cratères, se rapprochant decrescendo du niveau de l'océan. La chaîne débute à Caldeira, gigantesque cratère de 2 km de diamètre, 8 km de périmètre et 400 m de profondeur, et s'étend jusqu'au tout jeune volcan de Capelinhos, à l'extrémité ouest de l'île. Tout cet espace est absolument remarquable ; il fait partie du parc naturel de Faial, et fait à ce titre l'objet d'une protection particulière.

HORTA ★★

Horta, « la plus petite grande ville du monde », est un lieu de séjour presque obligé. Capitale de Faial, elle doit sa renommée à son port, mais également au câble sous-marin qui la relia à Lisbonne dès 1893, en faisant alors un centre mondial de télécommunications dont seule l'ère du satellite est venue obscurcir la réputation. Construite en terrasses et entourée d'une couronne de villas et de jardins, Horta doit son nom à Josse Van Huerter, premier colon de l'île. Elle a vu passer les plus grands marins du monde, de Tabarly à Lamazou en passant par Malinovski et le grand aviateur Lindbergh. La ville est célèbre pour les plaisanciers du monde entier.

Tourisme

Le centre historique avec ses maisons XIXe et son kiosque à musique est très agréable. Horta a été une ville très mondaine à une certaine époque, où se retrouvaient les gens fortunés du continent, les grands de ce monde. Il reste de ce passé glorieux de sublimes maisons bourgeoises, petits palais, un théâtre à balcon et des kiosques à musique de toute beauté. Ce fut également le lieu choisi par le prince Albert de Monaco (le premier du nom) pour nombre de ses observations. On peut d'ailleurs voir à Horta l'observatoire météorologique de cet hôte prestigieux. Aujourd'hui, la ville est célèbre pour les plaisanciers du monde entier. On serait bien avisé d'y venir la première semaine d'août, lors de la fête du port : c'est l'un des événements les plus festifs des Açores.

Pour prendre de la hauteur et découvrir une magnifique vue d'ensemble sur Horta, avec le Mont Pico en toile de fond, montez jusqu'au Miradouro do Monte Carneiro. Situé juste à la sortie de la ville, à l'ouest, il est facilement accessible en voiture et à pied pour les randonneurs. Par beau temps, São Jorge et Graciosa sont aussi visibles.

Transports

Pour rejoindre Horta, et plus généralement l'île de Faial, plusieurs options s'offrent à vous :

- **Par avion**. L'aéroport de Horta porte mal son nom ; il est en réalité situé à Castelo Branco, à une dizaine de kilomètres de Horta. Vous y trouverez quelques compagnies de location de voitures. Pour faire le trajet entre l'aéroport et la capitale, plusieurs solutions : en bus (tous les jours sauf le dimanche), en taxi (comptez une quinzaine de minutes et environ 10 € à 13 €) ou en voiture de location. Consultez le site Internet de l'aéroport (section Access & Parking), vous y trouverez les horaires des bus et les contacts de chauffeurs de taxi et des agences de location de voiture pour planifier votre trajet : www.hortaairport.pt/en/hor/home.

- **Par bateau**. Horta est reliée directement à Madalena et São Roque, sur Pico, toute l'année. Le trajet en ferry dure une quinzaine de minutes. Pour se rendre sur les autres îles du groupe central (São Jorge, Terceira et Graciosa), il faut compter au moins une escale. A noter que les ferries reliant Terceira et Graciosa aux autres îles du groupe central n'opèrent que de juin à septembre. Consultez le site d'Atlanticoline, la principale compagnie maritime des Açores, pour réserver votre billet.

CASA DOS DABNEY ★

Monte da Guia

✆ +351 292 240 685

De nov. à mars : du lundi au vendredi 9h-12h30/13h30-17h. D'avril à oct : tous les jours 9h-12h30/13h30-17h. Gratuit.

La maison des Dabney retrace l'histoire de cette famille américaine, qui s'est installée à Faial en 1806 lorsque John Bass Dabney a été nommé consul général des États-Unis aux Açores. Ils y resteront pendant trois générations, laissant un patrimoine architectural, culturel et scientifique toujours visible et reconnu sur l'île. Installé dans l'ancien cellier de leur maison d'été, le musée est vraiment intéressant. À noter : le parcours Dabney dans la ville vous mènera sur les traces des sublimes demeures construites par cette famille hors du commun.

CASA MANUEL DE ARRIAGA ★

2 Travessa de São Francisco ✆ +351 292 202 580

D'avril à sept., du mardi au dimanche de 10h à 17h30. D'oct. à mars, du mardi au dimanche de 9h30 à 17h. Entrée : 2 €.

Le 24 août 1911, Manuel de Arriaga, Açorien né à Horta, est élu premier Président de la République portugaise. Noble figure du régime, il repose aujourd'hui au Panthéon national, à Lisbonne. Son domicile, réhabilité en maison-musée, comprend une exposition permanente, une salle d'expositions temporaires et une bibliothèque ; si vous ignoriez jusque là cet illustre personnage, vous le connaîtrez bien davantage à l'issue de votre visite. La Casa Manuel de Arriaga, en plus de fixer sa mémoire, se projette dans la substance de ses valeurs républicaines.

Fort de Santa Cruz.

FÁBRICA DA BALEIA ★★

Monte da Guia

✆ +351 292 292 140

www.oma.pt/fabrica.php

Ouvert du lundi au vendredi de 10h à 17h. Ouvert le week-end sur réservation. Entrée : 5 €.

La chasse à la baleine débute à Porto Pim en 1943. L'usine que vous visitez est alors exploitée par l'entreprise SIMAL, qui fabrique et exporte de l'huile et de la farine de cachalots. Pendant une trentaine d'années, l'affaire prospère. Mais en 1974, la fabrique cesse toute activité. Acquise en 1980 par le gouvernement régional des Açores, elle sera 4 ans plus tard classée édifice d'intérêt public. Rénovée au début des années 2000, et dynamisée depuis par l'Observatoire maritime des Açores, elle abrite aujourd'hui un intéressant musée qui vient d'ailleurs d'être modernisé. La Fabrica da Baleia retrace donc l'histoire de la chasse à la baleine et l'industrie qui en découla. Tout d'abord, un petit rappel historique avant de vous rendre au premier étage et d'admirer l'immense squelette de cachalot exposé dans toute la pièce. Suivez ensuite les passerelles en bois à la découverte des machines utilisées pour extraire l'huile et fabriquer la farine. Il y a de belles photos, des portraits d'anciens chasseurs, des clichés des régates organisées de nos jours avec les embarcations qui servaient auparavant à la chasse... et une nouvelle partie sur la transition vers le présent et le passage de la chasse à l'observation des baleines (sensibilisation, lois...). Le tout est ponctué de vidéos explicatives. Âmes sensibles attention, abstenez-vous et passez la dernière qui est particulièrement explicite et précise sur le processus de chasse et la mise à mort de la baleine... Une visite somme toute très intéressante et parfaitement orchestrée.

FORT DE SANTA CRUZ ★★

✆ +351 920 208 936

Ne se visite pas.

Il abrite aujourd'hui (depuis 2004) une élégante *pousada* ; on ne peut donc pas le visiter, à moins d'y être pensionnaire ! Sa situation est exceptionnelle et en faisait un point stratégique de défense contre les attaques maritimes. De l'extérieur, vous ne verrez malheureusement pas grand-chose de ce bel édifice de la ville d'Horta, qui est inscrit au Patrimoine mondial de l'Unesco. L'histoire de ce fort est éloquente : construit en 1567 en forme de pentagone pour se défendre des pirates maures, les Espagnols l'occupèrent en 1583 après leur prise de possession de l'archipel. Lors de cette terrible bataille, 400 Français se joignirent aux maigres troupes portugaises, qui durent finalement capituler. Sir Walter Raleigh l'attaqua quatorze ans plus tard, sans l'accord de son commandant, le comte d'Essex ; la légende rapporte que les deux hommes faillirent s'affronter en duel sur la plage. Après le départ des Espagnols en 1640, le fort commença à dépérir lentement par manque de fonds. Enfin, dernière confrontation mettant en scène le fort de Santa Cruz, les forces loyales au roi libéral dom Pedro IV débarquèrent de nuit à Faial en novembre 1825, tandis que les absolutistes de dom Miguel s'étaient emparés de l'île ; après avoir pris le fort, ils en furent délogés au petit matin et furent faits prisonniers. Ce fait d'armes, rappelé par le roi en 1833 quand les constitutionnalistes renversèrent enfin l'usurpateur, traduit bien l'importance historique du fort. La porte d'entrée fut reconstruite en 1847.

JARDIN BOTANIQUE ★

23 Rua de São Lourenço
✆ +351 292 207 360
De novembre à mars : du mardi au samedi 9h-17h. D'avril à octobre : tous les jours 9h-18h. Entrée : 5 €.

Ce parc, créé en 1986, fait aujourd'hui partie du parc naturel de Faial. Il a pour objectif de faire connaître les différents types de végétation rencontrés sur l'île, mais il assure également une fonction de préservation des espèces endémiques. Le Jardin a ainsi créé en 2003 une banque de semences et a fait l'acquisition d'une parcelle de terre sur les hauteurs de Pedro Miguel. On découvre d'abord la végétation des bords du littoral et, pas à pas, on monte en altitude. Au bout du parc, des serres accueillent une impressionnante collection d'orchidées. Plusieurs zones ont été créées avec des conditions différentes : deux serres chaudes pour la culture d'orchidées tropicales et deux zones ombragées ainsi qu'une zone de rue pour la culture d'orchidées tempérées. Le jardin propose également une exposition permanente avec projection de documentaire, consacrée à l'histoire naturelle de la végétation des Açores. L'archipel est une importante zone de rencontre d'espèces végétales uniques, mais également le lieu de prolifération d'espèces particulièrement invasives dont il convient de surveiller et contenir l'expansion afin de préserver ce trésor biologique fragile. Possibilité de visites guidées en différentes langues (durée : entre 1h30 et 2h). Le parc comprend enfin une cafétéria et un petit jardin de plantes médicinales, dans lequel ont été disposées quelques tables et des chaises. Vous pourrez y terminer votre visite avec une tisane du cru, comme une infusion d'*erva doce*, l'anis vert cultivé sur l'île.

MARCHÉ MUNICIPAL

Rua Serpa Pinto
✆ +351 292 292 016
Ouvert du lundi au samedi de 6h30 à 19h.

Fermé pendant plus de 3 ans, le marché municipal a récemment rouvert ses portes. Vous le verrez par vous-même, il est beau et moderne et la ville souhaite en faire le cœur vivant de Horta. À l'intérieur, de jolies petites échoppes pour faire le plein de produits frais, mais aussi de belles et bonnes adresses pour grignoter, prendre un verre ou même acheter quelques souvenirs. Vous y trouverez aussi le « Loja do Triângulo », une coopérative proposant exclusivement des produits du triangle (Faial-Pico-São Jorge) : fromages, fruits, viandes, miel, vin…

LA MARINA ★★★

La marina de Horta est l'une des plus célèbres au monde ! De tous les marins, aventuriers, de ceux qui partent plusieurs années autour du monde, presque chaque voilier laisse, par tradition, une peinture sur le dock ou sur la digue entourant le port. Des milliers d'entre elles, graffitis, tags, ornent donc le port, et l'on se rend compte en les découvrant du nombre de Bretons qui sont passés par là… L'ambiance est souvent bonne sur ce petit port où l'on pourrait traîner des heures. On y croisera des marins (de plaisance) du monde entier.

MONTE DA GUIA ★★★

© EDUARDO JARNAC DE FREITAS - SHUTTERSTOCK.COM

Un promontoire qui domine Horta et Porto Pim, une montagne formée autour d'un double cratère éventré pénétré par la mer, invite le marcheur à découvrir de son sommet l'un des plus beaux panoramas de l'île grâce à ce belvédère naturel. En haut se dresse la chapelle de Nossa Senhora da Guia, dont la blancheur aidait les marins à se repérer au clair de lune. Édifiée au XVIIe siècle, elle fut reconstruite pour la défense de la ville pendant la Seconde Guerre mondiale. Le sommet culmine à 145 mètres d'altitude et sur les versants poussent les plantes endémiques.

MUSÉE D'ART SACRÉ

4 Largo do Carmo
✆ +351 963 369 090
Ouvert du lundi au vendredi, de 11h à 13h et de 14h à 18h. Visites guidées sur réservation de 14h à 18h. Entrée 3 €.

Ouvert en 2020 dans un ancien couvent des Carmes du XVIIe siècle, le musée propose une petite collection de pièces d'art sacré des îles des Açores, ainsi que des pièces du patrimoine religieux de l'île de Faial. Parmi celles-ci, une émouvante vierge en bois brûlée, rescapée d'une attaque de corsaires qui incendièrent l'entièreté de la ville. L'occasion d'admirer au passage l'intérieur entièrement rénové de l'impressionnante église du couvent. Situé sur les hauteurs de la ville, la petite place devant le musée offre par ailleurs une très jolie vue sur la baie.

MUSÉE DE HORTA ★

Largo Duque d´Avila e Bolama
✆ +351 292 202 581
www.museu-horta.azores.gov.pt
D'avril à sept : du mardi au dimanche de 10h à 17h30. D'oct. à mars : du mardi au dimanche de 9h30 à 17h. Entrée : 2 €.

Dans le cadre d'un ancien couvent jésuite du XVIIe siècle, le musée nous fait découvrir l'histoire de la ville à travers un ensemble hétéroclite de collections et objets : des photos, des cartes maritimes, des meubles anciens, un scaphandre, une chaise à porteurs ou encore les stations de câbles sous-marins qui ont servi entre le XIXe et le XXe siècle lorsque Horta était le centre des communications de l'Atlantique nord. Le musée présente également une collection unique au monde de maquettes de bâtiments et bateaux, réalisés par Euclides Rosa en moelle de figuier.

MUSÉE DU SCRIMSHAW ★

9 R. José Azevedo
✆ +351 292 292 327
petercafesport.com/museu
Ouvert du lundi au samedi de 10h à 13h et de 14h à 18h (le samedi jusqu'à 16h). Entrée 3,50 €.

Ne vous fiez pas à sa taille ! Situé au premier étage du Peter Café Sport, ce tout petit musée est sans doute l'un des plus beaux musées de *scrimshaw*, cet art de la gravure sur l'ivoire de cachalot. On y accède par le bar au rez-de-chaussée et c'est le patron lui-même qui vous fait la visite. Passionné, il vous expliquera cette technique si particulière de gravure, la création du musée, mais aussi l'histoire de l'île, quand on y chassait encore le cachalot. Activité parfaite pour un jour de pluie, terminez au rez-de-chaussée avec un chocolat chaud et une *fofa*.

OBSERVATOIRE MÉTÉOROLOGIQUE DU PRINCE A. DE MONACO ★

Cabeço das Moças
✆ +351 292 292 818

Les changements de pression atmosphérique observés dans la zone des Açores influencent le climat d'une vaste zone géographique. Conscient de ce phénomène, le Prince Albert Ier de Monaco impulsa au tout début du XXe siècle la construction de l'observatoire de Horta sur le haut du Monte das Moças qui surplombe le port. Achevé en 1915, il est alors relié à Lisbonne, Paris, Londres, Hambourg et Washington par les câbles télégraphiques sous-marins installés entre l'Amérique du Nord et l'Europe depuis 1893. L'observatoire est encore à l'heure actuelle l'une des quatre stations de référence du réseau mondial de climatologie et sans conteste la plus importante pour la détermination des prévisions sur l'ouest de l'Europe. Les Açores sont considérées comme la capitale météorologique du continent. Si l'observatoire détient encore tous les outils d'observation utilisés par nos ancêtres – pluviomètre, baromètre et autres longues vues – les prévisions sont à présent entièrement automatisées et informatisées.

Aujourd'hui, le bâtiment abrite également une station d'observation et de surveillance volcanologique et d'enregistrement sismographique. Une sismologue y travaille à plein temps pour collecter les données, analyser et surveiller les nombreux tremblements de terre qui ont lieu quotidiennement dans la région. La cave du bâtiment renferme ainsi plusieurs sismographes, dont le tout premier sismographe de l'île, installé lors de l'éruption du volcan de Capelinhos en 1957.

PLAGE DE PORTO PIM

C'est à seulement 5 minutes à pied du centre-ville que se cache la seule plage de sable clair de l'île. Protégée dans une baie peu profonde, elle ne connaît ni la houle ni les vagues et ses eaux deviennent turquoise dès les premiers rayons de soleil. Les locaux y viennent pour se relaxer après une journée de travail, nager même en hiver, ou juste prendre un verre au bar très animé situé au-dessus du rempart. L'endroit est par ailleurs parfait si vous voulez vous essayer au snorkeling, les eaux près des rochers foisonnent de poissons multicolores.

PORTE DE PORTO PIM ET CHÂTEAU DE SÃO SEBASTIÃO ★★★

Rua Conde d'Avila

Accès libre.

Attaquée par les pirates à de multiples reprises, Horta entreprit entre les XVIe et XVIIe siècles la construction d'une vaste structure défensive, composée d'une vingtaine de forteresses érigées çà et là dans la baie. Si la plupart ont aujourd'hui disparu, il demeure (heureusement) de cette époque quelques précieux vestiges, à l'image de la porte de Porto Pim et du château de São Sebastião. Près de la marina, le Fort de Santa Cruz date de la même période.

OFFICE DE TOURISME

Av. 25 de Abril

✆ +351 292 200 500

portal.azores.gov.pt/web/drturismo

Ouvert tous les jours de 8h45 à 12h30 et de 13h30 à 16h45.

Des informations touristiques claires et une documentation précise sur les hébergements, les chambres chez l'habitant, les restaurants, les activités terrestres et nautiques à pratiquer sur l'île, les horaires de bus... Bref, tout ce dont vous pouvez avoir besoin pour organiser votre séjour sur l'île de Faial. Idées de circuits, cartes pour vos randonnées, informations pratiques et techniques, c'est le passage obligé lors de votre arrivée. À noter : l'office de tourisme dispose également d'un guichet de renseignements à l'aéroport de Faial.

OFFICE DE TOURISME - CASA DA BAIA

Rua Vasco da Gama ✆ +351 292 292 237

www.visitazores.com/fr

Ouvert du lundi au vendredi de 9h à 12h30 et de 13h30 à 17h. Fermé les samedis, dimanches et jours fériés.

Informations sur les événements à venir, sur les lieux à voir, suggestions de circuits, carte de la ville... Vous pouvez aussi y faire des réservations pour des activités de loisirs (plongée, observation de baleines, randonnées), pour le transport et le logement, ainsi que pour une table au restaurant. À noter que l'office de tourisme propose également une très chouette petite exposition permanente sur l'histoire de la ville de Horta, ainsi qu'un espace vente de produits locaux.

CAPELINHOS OCEAN TOURS

Point de vente de billets près du Café « Marina bar Esplanada ».

✆ +351 966 104 402

http://capelinhosoceantours.com

Aller-retour en bateau Horta-Capelinhos : 45 € par adulte.

L'île de Faial vue de l'océan, c'est ce que vous propose cette excursion en bateau qui vous emmène à la pointe ouest de l'île, à la découverte de l'impressionnant volcan de Capelinhos sorti de l'eau dans les années 1950. Pour s'y rendre, le bateau longe la côte sud et vous fait découvrir ses plus beaux sites : les grottes de lave du Monte da Guia, les arcs rocheux de la Ponta Furada, la réserve naturelle de Castelo Branco. Une balade en bateau qui se fait exclusivement en fin de journée, afin de profiter au retour du coucher de soleil sur l'océan.

FAIAL EN FRANÇAIS

✆ +351 964 914 491

www.visiterfaial.com

Balade contée de 2h : 1 pers. 60 € ; 2 pers. 40 €/pp ; 3-8 pers. 30 €/pp.

L'Histoire de Faial racontée comme une histoire, et en français, c'est le pari de « Faial en français » et c'est plutôt réussi ! L'arrivée des premiers colons sur l'île, les attaques de pirates, la chasse aux cachalots... on se laisse prendre par tous ces récits racontés au fil d'une promenade, qui vous emmène dans les anciennes ruelles et les coins cachés de la ville. C'est amusant, passionnant, et les itinéraires empruntés sont accessibles aux moins sportifs. Une belle surprise si vous aimez découvrir une ville hors des sentiers battus.

VISITFAIAL

4 Rua e Sao Pedro

✆ +351 924 070 077

visitfaial.com

Visite privée à pied de Horta (demi-journée) : à partir de 75 €. Tours de Faial de 110 € à 190 €.

Des visites guidées en 5 langues, dont le français. Le site internet de Visitfaial propose plusieurs visites thématiques d'une journée ou d'une demi-journée, à la découverte des principaux points d'intérêt de l'île de Faial mais aussi de l'île de Pico. Pour chaque excursion en dehors de la ville, des sandwichs, snacks et boissons sont prévus, ainsi qu'un pique-nique dans un parc forestier. Visitfaial vous accompagne également sur différentes randonnées de l'île, telle que la très belle randonnée faisant le tour de la Caldeira ou la Levada.

ATLANTICOLINE

Gare maritime de Horta

✆ +351 292 242 000

www.atlanticoline.pt

Horta-Madalena : 3,80 €. Horta-São Roque : 12 €. Horta-Velas (São Jorge) : 15,50 €. Horta-Terceira : 29,50 €.

La compagnie Atlanticoline effectue toute l'année des liaisons entre Faial, Pico et São Jorge. Horta est reliée directement à Madalena et São Roque, sur Pico. Pour se rendre à São Jorge, une escale est nécessaire. De juin à septembre, un bateau plus important permet de rejoindre toutes les îles du groupe central, avec un itinéraire circulaire qui débute à Horta pour ensuite passer à Pico, São Jorge, Graciosa et Terceira (ligne blanche). La ligne violette, opérationnelle en été également, passe de Horta à Madalena (Pico), Calheta (São Jorge) et Angra (Terceira).

AUTO TURÍSTICA FAIALENSE

12 Rue Conselheiro Medeiros
✆ +351 229 292 308
www.autoturisticafaialense.com
Pour une catégorie A en kilométrage illimité, à partir de 30 € par jour.

Une société de location sérieuse, présente à différents endroits de l'île : aéroport, terminal du ferry, centre-ville... Elle dispose d'une flotte de plus de cent voitures de marques et modèles récents, et propose un service efficace à des prix raisonnables. Toutes les locations sont en kilométrage illimité et il est possible d'emporter votre voiture sur le ferry jusqu'à Pico et São Jorge si vous souhaitez visiter ces îles en voiture sans devoir faire une nouvelle location. À noter que cette compagnie est la partenaire d'Autatlantis à Faial.

EMPRESA DE TRANSPORTES COLECTIVES FARIAS

Rua Vasco da Gama, 42
✆ +351 292 292 482
www.farias.pt
Horaires et tarifs disponibles à l'Office de Tourisme de Horta ou sur le site web.

La compagnie de bus locale opère du lundi au samedi avec 8 lignes. Deux lignes relient Horta à Castelo Branco (l'une d'elles desservant au passage Pedregulho et Flamengos), une troisième rejoint Ribeira Funda par le nord, une quatrième effectue la même liaison mais par le sud, et une autre couvre les localités les plus proches de Horta (Pedro Miguel et Praia do Almoxarife). La fréquence des trajets est en revanche assez faible, ce qui rend le transport en bus très laborieux.

TAP AIR PORTUGAL

✆ +33 890 102 106
flytap.com

TAP Air Portugal est l'une des compagnies pouvant vous mener aux Açores depuis Paris, Lyon, Nantes, Bordeaux, Toulouse, Marseille ou encore Nice. Après une escale à Lisbonne ou à Porto, vous atterrirez au choix à Ponta Delgada (île de São Miguel), à Horta (île de Faial), à Madalena (île de Pico) ou à Lajes (île de Terceira). Vous pourrez ensuite rejoindre d'autres îles avec la compagnie SATA Azores Airlines. Les liaisons inter-îles se font relativement bien, mais les vols peuvent être perturbés par les conditions climatiques parfois capricieuses aux Açores.

JP SCOOTER RENT

17 Largo do Bispo
✆ +351 965 516 252
Ouvert tous les jours de 9h à 19h. Comptez environ 30 € par jour (selon le modèle de scooter).

Une manière différente et vraiment sympa de découvrir l'île de Faial. Pour profiter au mieux des splendides paysages, cheveux au vent, pourquoi ne pas penser à la location d'un scooter ? Situé à deux pas du Mercado municipal, ce loueur propose des véhicules récents et très bien entretenus. L'agence est sérieuse. On vous conseille vraiment cette option si vous êtes à l'aise en deux-roues. C'est absolument génial de partir fouler les routes de l'île en totale liberté et de pouvoir accéder facilement à des petits coins de paradis.

HOTEL HORTA €€

Rua Marcelino Lima
✆ +351 292 208 200
www.hotelhorta.pt
A partir de 100 € la nuit en chambre double ; 122 € la suite. Petit déjeuner : 10 €.

Un grand jardin, une piscine extérieure et des chambres dotées d'un balcon avec vue sur Pico. L'hôtel est très bien situé, au cœur de Horta, mais le bâtiment n'est pas vraiment joli et l'intérieur, très vieillot, aurait bien besoin d'un bon rafraîchissement pour réellement mériter ses 4 étoiles. Les chambres disposent toutes de la climatisation, de la télévision par câble et d'une salle de bain privative. Le restaurant avec vue sur la baie et sur Pico vous servira des spécialités régionales et internationales. Possibilité de louer des vélos sur place.

INTERNATIONAL AZORES BOUTIQUE €€

1 Rua Conselheiro Medeiros ✆ +351 292 292 216
www.internacionalazores.com
Dortoir de 25 € à 42 €, chambre double de 50 € à 97 €, chambre VIP de 95 € à 142 € selon la saison. Petit déj. inclus.

Depuis l'extérieur, l'immeuble est majestueux. Sa couleur verte pastel et son architecture vous en mettent plein la vue. L'établissement a été fermé pendant presque 20 ans et a rouvert ses portes tout récemment, en mai 2019. L'ancien se mélange parfaitement avec le moderne. On a par exemple conservé les anciennes fenêtres pour en faire des portes de placards. Dortoirs ou chambres doubles, certains offrent une très belle vue sur Pico et sur la célèbre marina de Horta.

VILA BELGICA €€

13 Caminho Velho da Caldeira
+351 292 392 614
www.azoresvilabelgica.com
Comptez de 79 € à 95 € la double avec salle de bains privée.

Installée en haut de la colline à côté de Horta, mais à 5 minutes en voiture de celle-ci, cette maison offre une magnifique vue panoramique sur la ville, la baie et les îles voisines de Pico et de São Jorge. Cinq belles grandes chambres y ont été aménagées, donnant toutes sur le très beau jardin et l'océan au loin. Un vrai havre de paix. Yvette, la propriétaire, une Belge d'Anvers, vous accueille en français. Elle fait aussi table d'hôtes. Le copieux petit déjeuner, composé en grande partie de produits faits maison, est sublime.

AZORIS FAIAL GARDEN - RESORT HOTEL €€€

Rua Cônsul Dabney
+351 292 207 400
www.azorishotels.com/faialgarden/hotel
A partir de 60 € la chambre double, petit déjeuner inclus.

Installé par les anciens résidents de la Western Union Telegraph Company, ce confortable hôtel 4 étoiles dispose de 131 chambres - certaines avec une vue exceptionnelle sur Pico (et la marina de Horta) -, mais aussi une piscine intérieure, une piscine extérieure, une salle de fitness, un sauna, un bain turc... Accès en voiture et à pied à 5 minutes du Peter's Bar. L'établissement abrite aussi un très bon restaurant avec vue panoramique sur la baie de Horta.

HÔTEL DO CANAL €€€

Largo Dr. Manuel Arriaga
+351 292 202 120
bensaudehotels.com/en/hoteldocanal
Selon la saison, comptez entre 60 € et 190 € la double classique, entre 140 € et 250 € la suite. Demi-pension possible.

L'hôtel do Canal est un excellent choix pour ceux qui veulent connaître l'île et la ville de Horta. Situé sur le port, il permet de sillonner sans effort la ville à pied et offre une vue très agréable sur la marina et sur Pico. Les 103 chambres sont confortables même si la décoration est un peu austère à notre goût. Vous y trouverez cependant tout le confort : air conditionné, téléphone, télévision, mini-bar... En réservant directement sur le site Internet, vous bénéficiez des meilleurs prix en ligne, du wifi gratuit et du stationnement.

POUSADA FORTE DA HORTA €€€

Rua Vasco da Gama +351 292 242 060
pousadas.pt/fr/hotel/pousada-horta
Selon la saison de 100 € à 200 € la double classique. Petit déjeuner compris. En été, séjour de 3 nuits minimum.

C'est la fameuse *pousada* qui occupe le fort de la ville. Les lieux sont donc originaux et chargés d'Histoire. Ici le luxe est apaisant et les chambres aux tons intimes épousent parfaitement l'architecture. L'hôtel met à votre disposition 28 chambres modernes et confortables, deux d'entre elles sont des suites. Jolie piscine au milieu des remparts et vues imprenables sur le port et Pico. L'établissement dispose également d'un restaurant régional de qualité avec vue sur la piscine (ouvert uniquement le soir). Un établissement de charme.

PORTO PIM BAY APARTAMENTOS €€€

7 Rua Nova
+351 292 391 308
www.portopimbay.com
Du T0 au T3. A partir de 105 € le T0, 130 € le T1, 155 € le T2 et 220 € le T3.

Des appartements chaleureux, tout en bois, situés juste en face de la plus belle plage de l'île et ses eaux turquoise. Décorés avec soin, ils disposent tous d'un petit espace salon avec télévision et d'une cuisine parfaitement équipée. Coup de cœur pour l'appartement du dernier étage, qui possède une petite véranda et une terrasse avec vue sur la plage. Parfait si vous aimez vous endormir au son des vagues. Pour les sportifs, la propriétaire met des kayaks de mer à disposition.

GELADO DO ATLÂNTICO €

2 Praça Infante Dom Henrique
+351 925 460 688
Le mercredi 12h-19h ; du jeudi au samedi 12h-19h et 19h-22h. Le dimanche 14h-19h. Comptez entre 2 € et 6 €.

Coup de cœur pour les gourmands avec ces délicieuses glaces locales faites maison. Au centre de Horta, une grande terrasse sur la place centrale où vous pouvez vous installer au soleil, mais aussi quelques petites tables à l'intérieur. Vous ne résisterez pas aux succulents parfums de fruits de la passion, d'ananas, de chocolat ou encore aux merveilleuses crêpes et gaufres. Le midi, l'endroit propose un excellent menu lunch. Viande sautée aux champignons de l'île, gratin de bacalhau, salade chèvre et figues, tout est bon et frais du jour. On adore !

SNACK BAR AZUL PASTEL €

12 Rua do Pasteleiro
✆ +351 292 700 833
loftsazulpastel.com/en/snack-bar
Ouvert tous les jours sauf le mardi de 11h à 15h et de 18h à 22h. Fermé le lundi soir. Plats de 8 € à 18 €.

Sur la route principale, vous ne pourrez pas rater ce grand bâtiment bleu et blanc qui fait face à la mer. L'intérieur est plutôt sympathique, mais c'est surtout la belle terrasse avec vue sur la mer qui est convoitée lorsque le temps le permet. Sur place : petite restauration et snacks. La carte est exhaustive avec omelettes, hamburgers, sandwiches... Le tout à des prix défiant toute concurrence (moins de 10 €). Au-dessus du restaurant, quelques hébergements refaits à neuf récemment. Les chambres sont propres et jolies, décorées tout en bleu.

AH ! BOCA SANTA €

Mercado Municipal
✆ +351 968 305 135
Ouvert du lundi au samedi de 11h30 à 14h (samedi à partir de 9h), et du jeudi au samedi de 18h à 21h. Environ 10 €.

Les meilleurs burgers du monde ? En tout cas, ils sont vraiment délicieux... Ah ! Boca Santa utilise du pain « bolo levado » (spécialité des Açores), de la viande de bœuf ou de porc locale, du fromage de São Jorge et de bons légumes croquants. Le tout est accompagné de frites pas comme les autres : un mélange de pommes de terre, patates douces et ignames. Les desserts et la limonade sont maison. Installé dans le marché municipal, c'est l'adresse jeune, locale et sans plastique où prendre une pause gourmande, ou un petit déjeuner le samedi matin.

MITOS €

Zona industrial de st^{a} Bárbara
✆ +351 292 293 932
Ouvert du lundi au vendredi de 12h à 15h et du mercredi au samedi de 19h à 23h. Comptez 15 €.

Un peu à l'extérieur de la ville, dans une zone industrielle au-dessus d'un magasin de pièces de voiture, l'extérieur ne laisse rien présager ! Mais à l'intérieur la décoration est superbe : moderne et tendance. Vous pourrez apprécier votre repas derrière une grande baie vitrée avec vue sur la mer. La formule est simple, tous les jours (sauf le mercredi !) un très bon buffet de spécialités portugaises vous est proposé. Beaucoup de locaux viennent se restaurer ici, c'est une valeur sûre à des prix plus que raisonnables. Personnel sympathique.

CASA DA RUA DE SANTANA €

11 Rua de Santana
✆ +351 924 242 866
www.casaruastana.com
De 20 € à 50 € suivant le type de chambre en haute saison (15 juin au 15 septembre).

Des chambres simples, mais confortables, idéalement situées à 5 minutes à pied du centre-ville de Horta. Toutes disposent de leur salle de bains privative, et certaines (les doubles) sont même dotées d'un réfrigérateur. On jouit d'une belle vue sur le jardin potager, la baie de Faial et le mont Pico depuis la cuisine et certaines des chambres. L'accueil est chaleureux et souriant. Réservation obligatoire par mail ou téléphone, car la réception n'est pas ouverte 24h/24. Hébergement simple avec un très bon rapport qualité-prix.

ATLETICO €€

Rua Filipe de Caravalho
✆ +351 292 292 492
Ouvert du mardi au dimanche de 12h à 14h30 et de 19h à 22h30. Fermé le dimanche soir et le lundi. Comptez 20-25 €.

Voilà un autre excellent restaurant à Horta. Après avoir monté quelques marches, vous arrivez sur une terrasse qui prend un air tropical en été avec ses plantes et ses tables en bois ! À l'intérieur, la décoration est à l'ancienne et c'est ce qui fait tout le charme. La spécialité : le poisson. On le choisit directement sur l'étal, on ne peut pas plus frais ! À noter que le choix est bien plus important en été. La viande est également délicieuse. Le petit plus : tout est grillé au feu de bois. Un excellent restaurant local aux prix tout à fait abordables.

CANTINA DA PRAÇA €€

Mercado Municipal
✆ +351 967 753 565
Ouvert du mardi au samedi de 18h30 à 0h, le dimanche de 12h à 15h et de 19h à 23h. Tapas 10-15 € ; plats 22 € environ.

Au coin du marché (il y a aussi un accès direct depuis celui-ci), ce nouveau restaurant propose une cuisine qui se veut innovante, un peu différente de ce que l'on peut trouver dans les établissements traditionnels de la ville. Ou disons que le Chef revisite des plats traditionnels de la cuisine portugaise, comme le cozido, de manière originale. Et c'est une réussite. À l'intérieur, la décoration est sobre et élégante et le bois est à l'honneur. L'accueil est sympathique. Les prix sont un peu élevés, mais l'expérience en vaut la peine.

CANTINHO DAS PROVAS €€

38 rua Conselheiro Medeiros
✆ +351 911 816 139
https://cantinhodasprovas.com
Ouvert du lundi au samedi de 18h30 à 22h30. Fermé le dimanche. Tapas 10-15 €.

Ouvert en 2020 par un jeune couple de l'île, vous trouverez dans ce bar à vin la quasi-totalité des vins des Açores. Laissez-vous tenter par leur formule dégustation. Verdelho, Arinto, terrantez… c'est Mariana, œnologue de formation, qui vous guidera dans les spécificités du terroir açorien. Côté cuisine, on retrouve son compagnon Franz et une carte de tapas élaborée avec les produits de l'île. Renouvelée chaque semaine, elle fait la part belle à la cuisine internationale. Coup de cœur pour leur ceviche de poisson. Une très bonne adresse.

CANTO DA DOCA €€

Rua Nova
✆ +351 292 292 444
Ouvert tous les jours de 12h à 14h30 et de 18h30 à 23h. Plats autour de 20 €/personne.

À côté du port, ce restaurant étonne par son architecture de cargo, mais pas que : les poissons (mais aussi crevettes, seiche…) et viandes sont servis crus, il ne reste plus qu'à les cuire sur les pierres brûlantes qui les accompagnent ! Et celles-ci ne sont rien d'autre que des pierres de lave ! Le tout est servi avec un assortiment de sauces. On joue ainsi aux apprentis cuisiniers, ce que les enfants adorent en général. Bon choix de vins régionaux. Une bonne adresse au concept original. On vous conseille le mix (viande, poissons, crustacés, coquillages).

GENUINO €€

9 Areinha velha
✆ +351 292 701 542
www.genuino.pt
Ouvert tous les jours de 12h à 23h. Plats de 13 € à 28 €.

On dit souvent que c'est le meilleur restaurant de l'île… L'établissement se trouve sur la baie de Porto do Pim et bénéficie d'une jolie vue sur la plage (depuis là, le coucher de soleil est splendide). Genuino, c'est le propriétaire. Navigateur, il a fait deux fois le tour du monde à la voile en solitaire. La décoration est justement faite des souvenirs rapportés de ses voyages. Les poissons sont ultra-frais, pêchés du jour et parfaitement cuits. Et que dire du poulpe à la ligareiro qui fait saliver rien que d'en parler…

KABEM TODOS €€

Avenida 25 de Abril
✆ +351 292 292 120
Ouvert de 12h à 15h et de 19h à 23h. Fermé le dimanche. 15 €-20 € par personne.

Avec son enseigne abîmée et ses allures de simple snack, rien ne laisse imaginer le restaurant qui se cache au premier étage. Secret bien gardé par les locaux qui se pressent là le midi pour goûter l'excellent buffet lunch de Renata. Le soir c'est à la carte, avec notamment le thon braisé, spécialité de la maison. L'ambiance est détendue et Renata ne manque jamais de venir s'assurer en fin de repas que vous avez apprécié sa cuisine. Une adresse authentique. Pensez à réserver votre table près de la fenêtre, le restaurant offre une vue incroyable sur le volcan Pico.

OCEANIC CAFÉ

46 Rua Vasco da Gama
✆ +351 966783101
www.azores-oceanic.com
Ouvert tous les jours sauf le dimanche, de 18h à 2h du matin (3h les vendredis et samedis).

Un magnifique bâtiment ancien sur le port et une grande terrasse à l'arrière pour vous permettre de profiter des derniers rayons du soleil. Du vin, des cocktails maison, quelques tapas et une bière artisanale, l'Océanic est l'endroit parfait pour prendre l'apéro, puis terminer la soirée à danser jusqu'aux petites heures du matin. Des concerts sont organisés tous les week-ends et c'est ici que la jeunesse branchée de l'île se rejoint pour faire la fête. À noter que les posters d'animaux marins sur les murs sont tous en vente dans la boutique à côté.

PETER CAFE SPORT

9 Rua José Azevedo
✆ +351 292 292 327
www.petercafesport.com
Ouvert tous les jours de 9h à 0h (cuisine de 12h à 23h). En moyenne 15-20 € le plat.

À ne pas rater. Certains vont aux Açores, d'autres vont au Peter's Bar, comme il est communément appelé. Le Peter's Bar est une véritable institution : on peut manger, visiter au 1er étage le musée du Scrimshaw, se perdre dans les souvenirs de tous les marins qui y sont passés, acheter des cartes postales, recevoir son courrier si l'on a un bateau dans le port, chercher un embarquement, écouter les potins de la mer, boire un gin tonic, arriver tôt le matin, repartir tard le soir, repasser souvent entre les deux... Vous l'aurez compris, c'est un incontournable.

MIMOS

Mercado Municipal
✆ +351 926 962 672
Ouvert du lundi au vendredi de 10h à 17h, le samedi de 10h à 13h. Fermé le dimanche.

Une autre adresse sympa qui s'est installée dans le marché municipal, juste à côté de Ah ! Boca Santa. Mimos, c'est à la fois un magasin d'artisanat et un petit comptoir pour prendre l'apéritif en fin de journée ou un thé l'après-midi. Il y a quelques pâtisseries ou des bières locales... Et aussi de quoi rapporter de jolis souvenirs : poteries, confections, du bois, de l'osier, du tissu... C'est coquet et super sympa. La propriétaire, Viviana, participe au charme des lieux ! Une adresse où il ne faut pas hésiter à s'arrêter si vous passez par le marché.

UBAR DO CLUBE NAVAL

Cais Velho ✆ +351 961 975 866
Lundi-mercredi 10h-22h et vendredi-dimanche 10h-0h. Fermé le jeudi. Cuisine 11h30-14h et 19h-22h. Plats : environ 10 €.

Face à la marina de Horta, au sein du club naval de la ville, ce bar sympathique donne sur le port. Grâce à sa terrasse, l'endroit est agréable pour l'apéritif : on y va pour siroter un cocktail ou une bière en profitant de la vue sur l'eau, et même pour manger un morceau ! Sur la carte se côtoient principalement burgers et pâtes, dont les sauces sont confectionnées à partir de produits locaux, comme le fromage de São Jorge. Quelques bons desserts aussi. Le service est amical et arrangeant, végétariens bienvenus ! Bon rapport qualité-prix.

AL BIKE

64 Rua das Angùstias
✆ +351 961 335 165
Ouvert de 9h30 à 18h30. Fermé le dimanche.

Si vous souhaitez découvrir l'île de Faial à deux-roues, ce magasin est fait pour vous ! Situé à deux pas de la marina, en face de l'église, il propose des locations de vélos électriques ou mécaniques pour la journée. Les vélos sont des modèles récents, confortables et en parfait état. Le magasin peut également vous donner des itinéraires de découverte de l'île à vélo et offre aussi la possibilité aux moins sportifs de se faire déposer en haut de la Caldeira pour un itinéraire tout en descente. Personnel très sympathique et compétent.

AZORES EXPERIENCES

22 Rua Vasco de Gama
✆ +351 965 650 452
www.azoresexperiences.com
Observation des cétacés 67 € par personne. Randonnée caldeira (1/2 journée) : 51 €-72 € ; journée entière : 72 €-103 €.

Un tout petit club au demeurant très sérieux. Véritable amoureux de la mer, Pedro (qui parle français) vous procure de précieux conseils et recommandations. Les excursions se font à bord de petites embarcations afin de perturber les animaux le moins possible, et de vous garantir une atmosphère intimiste. Outre ces activités marines, le gérant vous propose également des activités terrestres. À noter : les prix sont dégressifs selon le nombre de personnes. On vous conseille cette agence à 100 % pour vivre des moments simples et exceptionnels.

La baie de Porto Pim.

DIVE AZORES

Cais de Santa Cruz
✆ +351 967 882 214
www.diveazores.net
Plongée : 60 € par personne. Observation des cétacés : 70 € par personne, plus 15 € pour nager avec les dauphins.

Le centre de plongée est tenu par un couple de jeunes biologistes marins. L'exploration sous-marine se fait donc dans le respect de l'environnement et avec des spécialistes capables de vous renseigner sur les cétacés. Ils mettent un point d'honneur à fournir à leurs clients un service hautement personnalisé et professionnel. La responsabilité environnementale est une priorité absolue et ils sont fermement convaincus qu'ils doivent éduquer, impliquer et inspirer les gens sur les écosystèmes marins du monde et leurs incroyables habitants.

ENDEMIC

✆ +351 918 191 180
www.endemicazores.com
Snorkeling à partir de 45 €, randonnée à partir de 65 €, Horta city tour à partir de 30 €.

Créée par deux jeunes biologistes, l'agence propose des découvertes de l'île en voiture ou en trekking, mais aussi des découvertes des fonds marins en snorkeling, du surf, des sorties d'observation des oiseaux ou encore des journées d'immersion dans une ferme de permaculture. Des activités pour tous, y compris pour les plus jeunes, le snorkeling pouvant se faire en eaux calmes. Encore plus original, ils peuvent vous proposer des excursions pour aller nettoyer l'océan ! Enfin, Endemic vous emmène aussi à Pico pendant une journée si vous le souhaitez.

OUR ISLAND

32 Rua Serpa Pinto
✆ +351 967 172 754
www.ourisland-azores.com
Selon le nombre de pers : découverte de l'île (1 journée) : de 100 € à 160 €, rando dans la Caldeira de 65 € à 110 €.

Our Island est une agence de voyages qui s'efforce d'offrir des expériences responsables, authentiques et immersives avec des guides locaux. Leurs visites et retraites sont privées et se concentrent sur la culture, la nature et le sport. La vaste connaissance culturelle des guides touristiques enrichira votre séjour aux Açores et vous laissera des souvenirs uniques. Au programme : randonnée dans la Caldeira et un peu partout sur l'île, découverte de Faial en van en journée complète ou en demi-journée, mais aussi du canyoning ou des sorties à vélo.

PETER WHALE WATCHING

9 Rua José Azevedo
✆ +351 292 292 327
www.petercafesport.com
Selon le nombre de personnes, de 105 € à 120 € la journée complète et de 65 € à 70 € la demi-journée.

L'incontournable Peter's bar propose aussi des excursions de *whale watching*, à la journée ou à la demi-journée. Pour cela, direction la base Peter Zee. Les sorties se font à bord d'embarcations confortables (toilettes à bord), mais peu intimistes. L'organisme propose aussi des pique-niques avec observation des cétacés depuis la terre (dans les *viagas*), de la plongée, des randonnées, des parcours à vélo, de la location de VTT, etc. Pour plus d'infos, rendez-vous sur le site Internet ou directement sur place, à côté du mythique Peter Café Sport.

MIRADOURO SENHORA DA CONCEIÇÃO ★★

Première halte incontournable ! À peine à 5 kilomètres du centre-ville de Horta en direction de Praia do Almoxarife, ce belvédère vous réserve une vue absolument imprenable : au sud, la ville et le Monte da Guia, à l'est, Pico et son volcan (plus ou moins dégagé...), et au nord, Praia do Almoxarife et le littoral, et à l'ouest, le sommet du Cabeço Gordo, l'imposant volcan de l'île de Faial. Si le ciel est bleu et dégagé, vous pourrez également apercevoir au loin les îles de São Jorge et Graciosa. L'accès est très facile en voiture et des parkings de part et d'autre de la route vous permettront de vous arrêter sans risque pour profiter de ce panorama.

CASA DE HÓSPEDES PORTO PIM €

13 Rua Conte d'Avila - Angustias
✆ +351 966 578 379
Séjour de 4 nuits minimum. Appartement à partir de 50 € la nuit. Pas de petit déjeuner.

Maria Salomé Medeiros loue à proximité de Porto Pim trois appartements rénovés tout en couleurs. Très bien situés, ils sont également bien équipés : ils disposent chacun d'une cuisine équipée et de tout le confort nécessaire (frigo, lave-linge, four, machine à café, chauffage électrique et connexion wifi gratuite). À noter que la propriétaire des lieux peut vous organiser, sur demande, des activités comme l'observation des baleines, des randonnées jusqu'au mont Pico, du canyoning, etc.

PRAIA DO ALMOXARIFE ★

Petite station balnéaire, Praia do Almoxarife s'enorgueillit de sa belle plage de sable noir, sur laquelle débarquèrent au XVe siècle les tout premiers colons. On peut s'y baigner dans les impressionnantes vagues de l'océan Atlantique, plonger depuis la jetée ou simplement profiter de la magnifique vue sur l'île de Pico. Plusieurs restaurants de tous types, de la petite auberge locale à l'établissement plus moderne et huppé, sont installés le long de la rue qui longe la plage. La localité est également réputée pour son camping, animé en saison. Si vous avez le temps, l'église du XVIIIe siècle, une des plus anciennes de l'île, mérite le coup d'œil.

PEDRO MIGUEL

Il est parmi les plus anciens villages de l'île. Si beaucoup de ses maisons et l'église ont été détruites dans le tremblement de terre de 1998, il garde de jolies traces de son passé. Une promenade jusqu'aux Antigas Pias, les anciens lavoirs à linge du village installés dans le creux de la rivière, vous plongera ainsi dans la vie d'autrefois. Pedro Miguel vaut également le détour pour ses sites naturels. Le jardin botanique y a aménagé à 400 mètres d'altitude une zone de conservation, tandis qu'un peu plus bas, un étang avec une guérite sur pilotis permet d'observer les nombreux oiseaux endémiques et migrateurs faisant halte aux Açores.

PARQUE DE CAMPISMO DA PRAIA DO ALMOXARIFE €

Avenida Unanime Praiense
✆ +351 292 292 016

Ouvert de juin à septembre. Environ 5 € la nuit pour une tente et 2 personnes.

Le terrain est propre et l'herbe bien tondue. Les toilettes ne sont pas toujours d'une propreté absolue et les douches sont parfois froides, mais le cadre est attrayant : vous êtes juste devant la plage et vous entendrez les vagues pour vous endormir. Les lieux sont calmes et paisibles. Les emplacements sont naturellement ombragés par les arbres qui bordent le camping. Ce n'est pas un 5-étoiles, mais on appréciera la convivialité du site et sa localisation.

QUINTA DO TORCAZ €

14 Rua da Arrochela
✆ +351 963 544 784
https://quintadotorcaz.com

Selon la saison, de 70 € à 130 € le T1 et de 100 € à 160 € le T2.

C'est l'ancienne Quinta des grands-parents de Filipa. Transformée, elle propose à présent cinq appartements confortables et joliment décorés. Un havre de paix à 5 minutes de Horta, entouré de plusieurs jardins. Des palmiers, des fougères mais surtout des arbres fruitiers, sur lesquels votre hôte vous laisse cueillir tout ce que vous voulez ! Citrons, goyaves, papayes, bananes, ou herbes aromatiques. L'autre atout charme du lieu est sa magnifique terrasse faisant face à Pico, l'endroit parfait pour terminer la journée en profitant du calme et de la vue sur l'océan.

PRAYA €€

Largo Coronel Silva Leal
✆ +351 292 701 037

Ouvert mercredi-dimanche 11h30-15h30 et 18h30-22h (22h30 le vendredi et 23h le samedi). Fermé en hiver. Plats 15 € env.

Le restaurant Praya a fière allure sur la plage d'Almoxarife. Son architecture permet de manger avec une vue imprenable sur l'océan et sur le fameux Pico. On vous suggère le premier étage : derrière les immenses baies vitrées, le panorama est encore plus impressionnant. La décoration est plutôt moderne et originale. Les éléments naturels, tout particulièrement le bois, sont mis à l'honneur. À la carte, des plats classiques italiens : des pâtes, du poisson frais et des viandes tendres. Le service est irréprochable. Une belle adresse.

RIBEIRINHA

Ce qui marque avant tout à Ribeirinha, c'est son phare. Une tour de vingt mètres de haut en ruine, défiant l'océan sur la pointe de la falaise, il est l'imposant témoin du tremblement de terre qui a touché l'île en 1998. Vous pouvez vous y rendre en empruntant la randonnée PRC09 FAI qui débute dans le village de Ribeirinha. Tournez à droite après l'église, vous découvrirez l'ancienne citerne d'eau du village, installée près de la rivière à l'ombre d'un arbre centenaire. L'eau a été pendant longtemps une denrée rare sur Faial. La randonnée emprunte ensuite d'antiques chemins tracés dans la forêt par les premiers colons de l'île, pour déboucher sur la crête.

SALÃO

L'atout majeur de Salão, c'est peut-être bien son petit port de pêche. Depuis la route principale, suivez les indications « Porto do Salão » ou « Parque de Campismo » : sous le regard étonné de quelques vaches, vous empruntez un chemin un peu cabossé jusqu'à son extrémité. Quelques marches d'escalier, une piscine naturelle de toute beauté, un véritable coin de paradis. Mais Salão est aussi connue pour la qualité de son air, un rapport de l'OMS l'ayant désignée en 2019 comme l'un des trois endroits où l'air est le plus pur en Europe ! Pourquoi précisément Salão ? Nul ne le sait, mais cette anecdote a fait beaucoup sourire les habitants.

CEDROS ★

Cedros, la commune la plus au nord de Horta, est un petit hameau paisible d'à peine mille habitants. Ses pâturages et ses vallées verdoyantes, où poussent depuis toujours des cèdres (d'où le nom du village), raviront les amoureux de la nature. Les collines couvertes d'arbres et les terres agricoles s'étendent jusqu'aux falaises du littoral, un plateau naturel au-dessus de la mer. Le village compte encore de nombreuses maisons typiques açoriennes, les différents tremblements de terre qui ont secoué Faial n'ayant que peu touché cette partie-là de l'île. Prenez le temps de flâner dans ses rues et ne manquez pas de faire un tour au joli Porto da Eira.

PARQUE DE CAMPISMO DO SALÃO €

Porto do Salão
✆ +351 292 946 042
Accès libre. Gratuit.

Bien indiqué depuis la route, un terrain de camping gratuit et très bien entretenu fait face à la mer. On y parvient par un petit chemin bucolique. Les douches sont froides, mais présentables. Le terrain surplombe la mer et les falaises, à l'écart du village. Des escaliers conduisent à la piscine naturelle en contrebas. L'environnement est très agréable et vous pourrez profiter pleinement de la nature et de la beauté de ses sites à seulement quelques pas de votre tente !

RESTAURANTE PASQUINHA €

31 Canada do Mestre
✆ +351 966 962 322
Ouvert du mercredi au samedi 12h-14h30 et 19h-22h, le dimanche 12h-14h et 19h-21h30. Comptez 15 € par personne.

Surplombant le village et offrant par ailleurs une vue dégagée sur São Jorge, ce restaurant vous propose une cuisine traditionnelle portugaise, à l'image de cette soupe aux choux, carottes, haricots et viande. Un restaurant digne de ce nom ici aux Açores : des plats bien locaux, nourrissants, avec des produits du terroir et des assiettes bien remplies. Sachez que pour tous les plats, il existe des demies-portions et c'est amplement suffisant ! Normalement le patron vous le spécifiera (les plats sur la carte sont souvent pour 2 personnes). Une bonne adresse.

CASA DO CAPITÃO €€

5 Rua do Capitão
✆ +351 292 946 121
www.casadocapitao.pt
Comptez 75 € la chambre simple, 85 € la double, et 30 € le lit supplémentaire. Petit déjeuner : 10 €.

A 17 km de Horta, la Casa do Capitão est un lieu magique. La maison à l'architecture traditionnelle faialense, construite en pierre volcanique, est entourée de champs cultivés, d'aires de battage, d'arbres fruitiers, d'enclos pour animaux et de pâturages. Une oasis de paix et de tranquillité. Jorge, le propriétaire (qui parle parfaitement français), est intarissable quand il s'agit de vanter les délices de l'île Bleue. C'est aussi un merveilleux décorateur, comme le montrent les couleurs chatoyantes de cette propriété. À ne pas manquer !

ALDINA €

71 Estrada Regional
✆ +351 961 280 377
Ouvert tous les jours de 7h30 à 18h (le dimanche jusqu'à 15h). Plats : environ 15 €.

C'est sur un parking le long de la grande route, à côté de la supérette qui porte le même nom, que se cache ce restaurant. Pas vraiment accueillant de l'extérieur, on est surpris en y entrant : une décoration moderne, en bois clair, et de grandes fenêtres avec vue sur l'océan. L'endroit est chaleureux et lumineux. Côté cuisine, c'est également une très bonne surprise. Tout est fait maison et c'est délicieux. Mention spéciale pour les moules « à casa » et le poulpe, un délice ! En haute saison, pensez à réserver, le restaurant est vite complet.

O ESCONDERIJO €€

3 Rua Janalves
✆ +351 292 946 505
De mai à septembre, tous les jours sauf mardi 18h-21h. Fermé en hiver. Menu 4 ou 5 services à prix libre.

Près d'une rivière, au milieu de la forêt et dans un cadre véritablement enchanteur, ce restaurant propose une cuisine végétarienne et végane. Les plats et les boissons servis sont concoctés uniquement à base de fruits, de légumes et d'herbes aromatiques, cueillis en partie dans le jardin. Même si ce n'est pas votre type de cuisine favori, vous serez surpris par la délicatesse des assiettes et leurs saveurs hors du commun. Benjamin et Verena, les propriétaires, sont des hôtes particulièrement charmants. À noter : le menu est une surprise et change chaque jour !

PRAÍA DO NORTE

C'est l'une des paroisses les moins peuplées de l'île. Les catastrophes du volcan Cabeço do Fogo, en 1672, et du volcan de Capelinhos, en 1958, ont complètement détruit cet endroit. Point de départ et d'arrivée de 2 circuits de randonnée (PRC2 FAI-PR3 FAI), Praia do Norte ne présente guère d'autre intérêt touristique. On apprécie cependant le panorama que réserve la localité sur la succession de cratères du centre de l'île et le très beau Miradouro das Cabras juste avant d'arriver dans le village, qui offre une vue imprenable sur la faja située en contrebas, sa magnifique plage, et sur la Ribeira das Cabras qui se jette en cascade du haut de la falaise.

RIBEIRA FUNDA

Ribeira Funda est un bon point de chute pour tous ceux qui rêvent d'un séjour au vert. Si vous n'y êtes que de passage, ne manquez pas le Miradouro da Ribeira Funda. Parfaitement intégré dans le paysage, ce point de vue vous permet d'obtenir un panorama d'ensemble sur la *ribeira*. Quelques tables de pique-nique et un barbecue où préparer une grillade vous permettent de profiter de la vue le temps d'une pause déjeuner. En poursuivant votre route vers Capelo, vous bénéficierez d'une très belle vue d'ensemble sur la chaîne de cratères du centre de l'île. À noter enfin que depuis la localité, une route secondaire à droite vous mène à Caldeira.

RUMAR €

73 Estrada Regional
✆ +351 292 945 170
https://rumarsnackbar.com
Ouvert du lundi au mercredi 7h30-17h, le vendredi 7h30-21h, le samedi 8h-21h et le dimanche 8h30-17h. Fermé le jeudi.

L'endroit n'a pas un charme exceptionnel, mais il est votre seule option si vous cherchez un restaurant dans cette partie de l'île et il bénéficie d'une jolie vue sur l'océan. On y mange très copieusement pour pas cher et la carte fait la part belle aux viandes régionales. L'occasion de goûter par exemple à la « linguiça », une saucisse typique servie avec de l'igname ou encore à la salade de poulpe. Le restaurant fait aussi office de café, où les locaux viennent discuter politique et football, accoudés au comptoir. Ambiance locale garantie.

CASAS D'ARRAMADA €€

45 Canada da Arramada
✆ +351 292 946 200
www.ruralturazores.com
Selon la saison, de 70 € à 100 € le T1, de 100 € à 160 € le T2 et de 130 € à 210 € le T3.

Dans une propriété de 1 ha, Alderito et Aldina mettent à votre disposition 6 maisons pour 2 à 6 personnes alliant confort moderne et traditions. Pour agrémenter votre séjour, vous seront notamment proposées une piscine couverte, un espace barbecue, des vélos, un golf « rustique », des balades à dos d'âne et des activités de pêche. Le petit-déjeuner est fourni tous les matins sous la forme de paniers de produits locaux déposés devant votre hébergement. Une formule originale et délicieuse. Les propriétaires sont adorables et exauceront tous vos souhaits.

FAJÃ ★★

On atteint Fajã par une route à la sortie de Praia do Norte. Il s'agit d'un petit hameau tranquille au pied d'une imposante falaise. C'est ici que se cache la plus belle plage de l'île, et la plus sauvage aussi, un spot prisé des surfeurs ! La Fajã bénéficie d'un microclimat, en empruntant la Rua das Adegas à la sortie de la plage vous pourrez voir les nombreux petits vignobles et les anciennes *adegas* qui ont fait de Fajã un lieu connu pour son vin. Et lorsqu'il pleut, c'est dans cette même rue que vous pourrez admirer la rivière dévalant la falaise. Empruntez le chemin qui la longe, il vous mènera à un très beau point de vue sur la baie.

CAPELO

Nous sommes ici à la pointe de l'île, aux pieds de volcans au sommet desquels s'accrochent les nuages, y formant des sortes de petites capuches, *capelo* en portugais. C'est de là que le village tient son nom. Un village isolé, rempli de charme, encore formé d'authentiques maisons en basalte dont les fenêtres et les portes sont peintes en rouge ou vert. Ici la terre a souvent tremblé, les volcans se sont réveillés, obligeant les habitants à fuir à la recherche d'un lieu où la sécurité ne serait pas une incertitude constante. Mais le charme de l'endroit les a fait revenir, restaurer les maisons, pour redonner vie à cette très belle partie de l'île.

CAPELINHOS ★★★★

C'est le lieu emblématique de l'île. Capelinhos est un volcan qui a émergé il y a un peu plus de 60 ans à Faial, entre 1957 et 1958, dévoilant un paysage lunaire, grandiose. Au milieu de ce paysage, l'imposante silhouette de l'ancien phare, enterré à moitié dans la cendre, est magnifique. Il était auparavant au bord de l'eau, avant que ne surgisse devant lui un nouveau morceau d'île, sorti des profondeurs de l'océan. Pris au milieu de cette terre qui crache du feu et des cendres, il sera entièrement détruit. Les ruines de ce phare, l'ancien port à baleinières et quelques maisons également détruites par l'éruption accentuent le caractère dramatique d'un paysage véritablement unique aux Açores. C'est sous cet ancien phare qu'a été installé le Centre d'Interprétation des Volcans, arrêt immanquable si vous voulez connaître l'histoire du volcan, mais également véritable prouesse architecturale. En quittant le musée et en descendant la route qui mène vers l'océan, vous arrivez à l'ancien port, Porto do Comprido. Celui-ci a été utilisé dès le XIXe siècle pour la chasse à la baleine. À son âge d'or dans les années 1940, une vingtaine de baleinières et de vedettes rapides venaient ici de Faial, Pico et São Jorge, dirigées par les maîtres et harponneurs les plus célèbres des Açores. Ce port a été transformé en piscines naturelles aux eaux cristallines et douces, peut-être encore chauffées par la chaleur du volcan en sommeil. Certainement l'endroit le plus grandiose des Açores pour plonger dans l'océan.

CENTRE D'INTERPRÉTATION DU VOLCAN ★

Farol dos Capelinhos
✆ +351 292 200 470
De nov. à mars, mardi-samedi 9h-17h. D'avril à oct., tous les jours 9h-18h. Entrée 10 €. Visite guidée sur réservation.

Plusieurs expositions retracent l'histoire de Capelinhos, du phare et des différentes éruptions volcaniques qui ont façonné le paysage des Açores (et d'ailleurs) depuis leur création. Les répercussions sociales telles que l'émigration massive y sont également abordées. Projections de films tridimensionnels. Visites guidées en anglais possibles (pas de français). Un musée passionnant dans un environnement unique. C'est un incontournable de Capelinhos et de sa région.

RANDONNÉE DU CABEÇO DA FONTE

Accès libre.

Une très belle randonnée fait le tour du mont Cabeço da Fonte, le centre du massif volcanique dont le Capelinhos est l'extrémité. Il est recommandé de la jumeler avec un tour sur ce dernier. Le parc naturel do Cabeço do Fogo (un autre mont du même massif) offre également de belles opportunités. La balade fait environ 7 km et est relativement facile. Privilégiez la randonnée par beau temps, les panoramas y seront beaucoup plus époustouflants. Vivement conseillé.

CASAL DO VULCÃO €€

Lugar do Canto
✆ +351 292 945 057
casaldovulcao.pt
De 28,50 € à 190 € la nuit selon la maison, la capacité et la saison.

Un ensemble harmonieux de quatre charmantes maisons, situées à deux pas du volcan. Dotées d'une à trois chambres doubles, elles peuvent facilement accueillir des familles ou des groupes d'amis. On se réjouit de la piscine (idéale pour se détendre après une randonnée), de l'aire de jeux (parfaite pour les enfants), du jardin commun et de l'espace barbecue (pour apprécier les extérieurs et le calme de la nature açorienne). De nombreux sentiers de randonnée aux alentours. Les hôtes sont adorables et on aime aussi les petits pains qui sont livrés tous les matins.

CENTRO DE ARTESANATO DE CAPELO

Alto dos Cavacos

✆ +351 292 945 027

Du mardi au samedi de 9h30 à 17h30.

Une école d'artisanat installée dans un beau bâtiment typiquement açorien, au bord de la route principale. On y trouve des objets en broderie, vannerie, des poupées régionales mais également des bijoux en pierre de lave ou en écailles de poisson et des explications sur les techniques particulières d'artisanat. On peut également y consulter une série d'articles littéraires au sujet de Faial et de Capelinhos notamment. À noter qu'une aire de pique-nique a été aménagée juste à côté.

PARQUE DE CAMPISMO DO VARADOURO €

✆ +351 966 614 114

Ouvert du 1er juin au 31 septembre. Payant.

Pour une somme modique, vous pourrez séjourner dans ce camping de Faial. Ici, la nature est reine. Les espaces sont très bien entretenus et les emplacements sont délimités par de jolis petits murets en pierre. Sur place, de grands barbecues et des tables sont à disposition. Les sanitaires sont propres. Il y a même le wifi et un bar pour prendre un café le matin ! Le terrain est situé tout près des piscines naturelles de Varadouro. Un merveilleux endroit pour séjourner !

VARADOURO ★★

Un microclimat lui donnant des airs de sud du Portugal, des barbecues à l'ombre d'arbres centenaires, un camping au bord de l'océan, d'incroyables piscines naturelles... Si Varadouro est plutôt calme hors saison, le village est très prisé en été ! Il paraîtrait d'ailleurs que de nombreux habitants de Horta ont ici une maison de vacances. Il faut dire que l'endroit regorge de trésors et offre également depuis son port une vue imprenable sur les falaises protégées qui s'étendent au sud jusqu'au Morro do Castelo Branco. De très belles cascades naissent sur ces falaises les jours de pluie ; l'ensemble est inscrit au parc naturel de Faial.

AREEIRO

Le centre-village ne vous marquera peut-être pas outre mesure, mais Areeiro peut se présenter comme un bon lieu de villégiature pour profiter des piscines naturelles de Varadouro pas loin, ou pour rayonner aux alentours. En effet, la baie de Varadouro étant fort solicitée pendant la saison estivale, il peut être judicieux de poser ses valises à Areeiro. Des hébergements ruraux et de qualité y sont d'ailleurs implantés depuis quelques années. Maisons typiques, traditionnelles et rustiques, elles promettent un séjour local. Depuis le village, de nombreuses randonnées sont possibles à proximité et Capelinhos n'est qu'à 10 minutes de voiture.

Varadouro.

CASAS DO CAPELO €€

16-A Estrada Regional
✆ +351 912 803 359
www.casasdocapelo.pt
De 70 € à 120 € la nuit selon la saison et le nombre de personnes.

Les *Casas do Capelo* sont des maisons traditionnelles et typiques des Açores (Casa Tia Garcia, Casa da Eduardina, Casa do Chafariz, Casa do Nuno T1 et T2, Casa do André et Casa Garden Oasis) avec salle de bains, canapé convertible et cuisine. Elles sont à la fois modernes et authentiques. À l'extérieur, terrasse, parking et espace barbecue privatif rendront votre séjour plus plaisant. L'aéroport est seulement à 10 minutes et le parc naturel de Faial à moins de 15 minutes. Les piscines de Varadouro sont accessibles en 5 minutes en voiture. Une adresse recommandée.

CASTELO BRANCO ★

Si vous arrivez à Faial en avion, c'est à Castelo Branco que vous poserez pied à terre. C'est en effet ici qu'est implanté l'aéroport de l'île. Pour autant, la localité n'a rien d'une simple zone de transit. Elle profite d'un petit centre-village plutôt vivant, plusieurs maisons de tourisme rural y sont installées. On peut aussi y visiter une fabrique de fromage, passer l'après-midi dans ses piscines naturelles à plusieurs bassins et même se lancer dans une randonnée facile au Morro de Castelo Branco, un site inscrit au parc naturel de Faial. Située à moins de 10 km de Horta, elle se présente donc comme une bonne option pour séjourner au vert.

AÉROPORT

A 10 km de Horta environ.
✆ +351 292 943 511
www.aeroportohorta.pt

L'aéroport de Faial est suffisamment équipé pour recevoir des vols internationaux. Les compagnies aériennes SATA Azores Airlines (régionale) et TAP Air Portugal (nationale) y opèrent quotidiennement. C'est la structure aéroportuaire civile la plus importante du groupe central de l'archipel des Açores. Depuis Faial, vous pourrez rejoindre quasiment toutes les îles de l'archipel de manière directe. Il est situé à moins de 10 km du centre-ville d'Horta. Sur place : location de voiture, distributeur de billets, snack... Le wifi est disponible dans tout l'aéroport.

QUINTA DA MEIA EIRA €€

Rua dos Inocentes
✆ +351 965 435 925
www.meiaeira.com
Entre 75 € et 110 € la double selon la saison et entre 85 € et 115 € l'appartement T1 pour deux.

© DR

Un endroit à ne pas rater à Faial. Le calme absolu. Huit chambres impeccables et reposantes, dont deux appartements. La belle salle de séjour lumineuse possède un piano. Une longue-vue est à disposition pour repérer d'éventuelles baleines à l'horizon ! La salle du petit déjeuner se transforme en bar le reste de la journée. La piscine fermée surplombe l'océan. Le cadre est superbe. Susana et Francisco vous accueillent en français ! À noter que la Quinta cultive par ailleurs 6 ha de fruits et légumes bio qu'ils se feront un plaisir de vous faire goûter.

ILHA VERDE

Aéroport de Faial
✆ +351 296 304 891
www.ilhaverde.com
Véhicule de catégorie A à partir de 22 € par jour.

Correspondant d'Avis et Europcar, Ilha Verde est une compagnie sérieuse implantée sur toutes les îles sauf Corvo et Graciosa. Pratique extrêmement rare, louer avec cette agence facilitera donc vos démarches si vous envisagez de vous rendre sur plusieurs îles aux Açores et de vous y déplacer en voiture. La catégorie A correspond généralement à une Renault Twingo. Quant aux autres catégories, vous aurez notamment le choix entre Nissan Qashqai, Ford Focus, Renault Capture... Des minibus ou des véhicules 4x4 peuvent également être loués. Le tout en kilométrage illimité.

LE MORRO DE CASTELO BRANCO ★

Accès libre.

Le *morro* de Castelo Branco est un promontoire de trachyte résultant d'une éruption volcanique datant de 30 millions d'années. C'est sa forme (plus ou moins évidente) de château blanc qui aurait donné son nom à la localité de Castelo Branco. Abritant aujourd'hui une vaste communauté d'oiseaux rares (sterne commune, petit puffin et *calonectris diomedea borealis*, notamment), il est inscrit au parc naturel de Faial et fait l'objet d'une protection particulière. Vous y observerez aussi des plantes indigènes, uniques aux Açores. On peut accéder au *morro* de Castelo Branco en voiture par une petite route à droite à partir du village (attention, l'embranchement est mieux signalisé lorsque l'on vient de Horta), ou à pied grâce à une boucle de randonnée pédestre au départ de Lombega (circuit PRC5 FAI – 4 km – 1h30 – facile). Pour en connaître l'itinéraire précis, renseignez-vous sur le site officiel de la randonnée aux Açores (trails.visitazores.com), ou auprès de l'office de tourisme de Horta. Le déplacement est vraiment à faire, c'est un peu une merveille de la nature, un chef-d'œuvre géologique. La balade offre de fantastiques opportunités de prendre des photos du littoral et de la baie tranquille située juste à côté du Morro. C'est aussi un excellent spot pour pique-niquer, se détendre et profiter de l'horizon. Aucune hésitation à avoir, c'est l'activité à ne pas rater, même avec des enfants (la randonnée est vraiment facile) à Castelo Branco.

SATA AZORES AIRLINES

Aéroport de Faial
✆ +351 296 209 720
azoresairlines.pt/en

Comptez environ 175 € l'aller-retour Ponta Delgada-Horta (variable selon la saison).

Depuis la France, la liaison qu'opère la compagnie SATA Azores Airlines jusqu'aux Açores ne s'effectue qu'à destination de Ponta Delgada (par vol direct ou via Lisbonne ou Porto) : il vous faudra ensuite prendre un autre vol inter-îles pour arriver jusqu'à Faial (Horta). Depuis Ponta Delgada, vous êtes à environ 1h de vol de Faial. La ligne est opérée plusieurs fois par jour selon la saison, et il est même possible de faire l'aller-retour dans la journée. À noter que les vols peuvent être perturbés par les conditions climatiques parfois capricieuses aux Açores.

QUINTA DAS BUGANVILIAS €€

À 5 minutes à peine de l'aéroport, juste avant la pompe à essence.
✆ +351 918 197 755
www.quintadasbuganvilias.com

Séjour de 2 nuits minimum. La chambre simple à partir de 65 €, la double à partir de 70 €.

Une propriété magnifique où l'accueil est convivial. Ana, la maîtresse des lieux, est aux petits soins avec ses clients. Les 8 chambres ont été aménagées avec goût et disposent de tout le confort moderne. Mais le bijou de cet hébergement, c'est son immense et odorant jardin où vous pourrez vous promener à loisirs. Si vous avez l'âme aventurière, vous pourrez même emprunter un tunnel secret qui mène directement à la mer. Le soir, libre à vous de refaire le monde au bar de la résidence. Une adresse particulièrement recommandée.

Le Morro de Castelo Branco.

FABRIQUE DE FROMAGE MORRO QUEIJARIA

Estrada Regional
✆ +351 292 945 550
Ouvert tous les jours de 8h à 18h. Visite guidée sur rendez-vous uniquement.

Une vraie fromagerie artisanale, dont les vaches se prélassent dans les champs alentour. Un petit magasin à l'entrée, pour goûter et acheter les fromages, mais aussi une sympathique visite guidée pendant laquelle vous pourrez observer le savoir-faire local et boire les explications de Rui Caldeira qui gère les visites d'une main de maître, tellement passionnément ! Coup de cœur pour leur fromage nature, aux herbes et aux piments. Un vrai délice !

FETEIRA (FAIAL)

Feteira est un dérivé du mot portugais « fougère ». Le nom fait probablement référence à la découverte originale par les colons de cette zone couverte de plantes. Les terres agricoles dominent la plaine côtière entre les paroisses voisines d'Angústias et Castelo Branco, tandis que la côte est une zone rocheuse formée de pierres de lave accidentées et de falaises creusées par l'océan Atlantique. Le point culminant de la paroisse est le sommet de Cangueiro, à environ 706 mètres au-dessus du niveau de la mer, sous le bord du cratère de Cabeço Gordo. De petits ruisseaux et d'impressionnantes rivières traversent la paroisse dès les premières pluies.

CASA DA JAPONEIRA €€

67 Rua da Igreja
✆ +351 292 392 165
Séjour de 2 nuits min. A partir de 70 € la chambre double. Pas de petit déjeuner.

A 5 km de Horta, une jolie maison restaurée avec soin par Leonor et José. Elle reflète leur passion pour la tradition locale : chambres meublées de pièces anciennes, tissus à motifs açoriens et, aux murs, des photos de Faial du siècle dernier qui retracent son histoire. A disposition : une cuisine et un jardin pour se détendre, ainsi que des cannes à pêche pour profiter de la zone balnéaire toute proche. On est très bien accueilli et en français ; les hôtes se feront un plaisir de vous renseigner sur les points d'intérêt de l'île.

AZUL SINGULAR €€

61 Rua da Granja
✆ +351 960 069 890
www.azulsingular.pt
Tentes de 80 € à 155 € selon le type de tente et selon la saison. Yourte de 80 € à 135 €. Petit déjeuner inclus.

Énorme coup de cœur ! Azul Singular, c'est la définition même du glamping. Des tentes à la structure en bois qui s'ouvrent complètement pour donner l'impression de dormir en pleine nature, à la belle étoile. Les draps sont en coton bio, les matelas ultra-confortables, les couvertures en laine pour les soirées les plus fraîches et, en hiver, vous pourrez même allumer le poêle. Le petit-déjeuner (composé de produits locaux) est apporté devant votre logement dans un joli panier. Enfin, les propriétaires, Antonia et Pedro, sont absolument adorables.

CALDEIRA ★★★

Caldeira est un cône volcanique aux proportions parfaites et dominant toute l'île. Son cratère abrite la faune endémique de Faial et de l'archipel. Il est possible d'y descendre en étant accompagné d'un guide certifié, renseignez-vous à l'office de tourisme de Horta. Sinon, un beau circuit de randonnée (balisé PRC4 FAI – 6,8 km – 2h30 – facile) vous permet d'en faire le tour. Quand il fait beau, la vue est saisissante sur Pico et São Jorge. Un mirador offre une très belle vue de l'intérieur. Pour y parvenir, il suffit de traverser le court tunnel vers un belvédère surplombant le cratère. C'est un lieu magique et absolument magnifique.

Balade

Faial. Caldeira. Circuit PRC4 FAI – 6,8 km – 2h30 – Difficulté moyenne. Cette randonnée débute et s'achève au « Miradouro da Caldeira », que l'on atteint facilement en voiture depuis Horta. Après avoir profité du superbe point de vue sur ce gigantesque cratère de 2 kilomètres de diamètre, lancez-vous à l'assaut du sentier, qui le contourne en un peu moins de 7 km. Le parcours est peu – voire pas – signalisé, et pour cause : il vous suffit d'aller toujours tout droit ! Attention : vous êtes ici dans une zone classée Réserve naturelle abritant des espèces endémiques, et qui fait l'objet d'une protection particulière. Veillez donc à respecter votre environnement, et ne descendez pas dans l'antre du cratère. Perché sur la crête de ce dernier, vous profiterez de vues splendides tout au long du parcours, et croiserez deux autres chemins de randonnées : PR06 FAI et PR07 FAI, menant respectivement vers la côte nord et l'ouest de l'île.

Tourisme

Caldeira est accessible depuis plusieurs localités de l'île. Depuis Horta, la route bien indiquée passe par Flamengos. C'est l'option la plus simple et la plus rapide pour se rendre à destination. Mais les aventuriers pourront se lancer sur les chemins secondaires, souvent plus hasardeux, car pas (ou très mal) indiqués, mais garantissant toujours d'excellentes surprises. Autant vous prévenir, mieux vaut dans ce cas ne pas être pressé... A partir de Ribeira Funda par exemple, une route secondaire part vers l'intérieur, en direction de Flamengos et de Caldeira. C'est l'une des plus belles de l'île. Les points de vue sur la côte nord, quand on s'élève, sont splendides. Quebrada, à mi-parcours environ, est un lieu de pique-nique idéal dans un cadre sylvestre.

Caldeira.

PARC NATUREL DE FAIAL ★★★

Le Parc naturel de Faial se compose de plusieurs sites environnementaux répartis sur la côte nord, la côte sud et le centre de l'île, ainsi que de quelques centres d'interprétation, à Capelinhos ou Horta notamment. Pour faciliter votre navigation dans ce guide, nous avons choisi d'intégrer ces différents espaces dans les pages correspondant aux zones géographiques concernées. Seule la zone du centre de l'île n'a pas encore été entièrement abordée. S'étalant de Caldeira à Capelinhos, elle est composée d'une remarquable chaîne de cratères. Le Cabeço Gordo en constitue le point culminant.

Tourisme

Dominant à 1 043 m d'altitude, le Cabeço Gordo dévoile une vue grandiose sur la partie est de l'île. Pour la partie ouest, il faut s'engager dans la randonnée pédestre qui fait le tour du cratère, ou redescendre en voiture en direction de Horta, et prendre la piste en terre battue à droite au premier embranchement. Entre forêts et flancs de cratère, elle débouche sur d'impressionnants panoramas offrant une vue d'ensemble sur le Cabeço da Trinha, le Cabeço do Fogo, le Cabeço Verde, et au loin, le Cabeço do Canto. Le Cabeço da Fonte reste quant à lui timidement caché. Si la piste est carrossable dans son intégralité jusqu'à Capelinhos, nous recommandons aux marcheurs aguerris de la faire à pied en empruntant la « Route des dix volcans » (circuit PR6 FAI – 19,3 km – 5h – difficile). Elle vous plonge dans une dense végétation, particulièrement agréable en été.

Deuxième île de l'archipel des Açores de par sa superficie, Pico est pourtant très peu peuplée. À l'exception de ses trois gros bourgs (Madalena, Lajes do Pico et São Roque), l'île est suffisamment déserte pour que l'on puisse l'arpenter pendant des heures sans croiser grand monde. On aurait bien tort, cependant, de se fier à ce calme. L'île, qui doit son nom au volcan qui en constitue une large partie (2 531 m, le plus haut sommet des Açores et du Portugal), abrite quelques-uns des habitants les plus « singuliers » de l'archipel, mais aussi les plus accueillants. Madalena est le plus gros bourg de Pico et joue les capitales informelles de l'île, abritant les principales agences bancaires, un gros bureau de poste, des hôtels récents et quelques commerces. Rien pourtant qui puisse faire penser à une capitale au sens classique. Il s'agit plutôt d'un chef-lieu de canton – au rôle contesté par les deux autres petites villes.

Pico
AÇORES
CORVO
FLORES
SÃO JORGE
GRACIOSA
TERCEIRA
FAIAL
PICO
SÃO MIGUEL
SANTA MARIA
Océan Atlantique
LAJIDO
Arcos
Bandeiras
MADALENA
Santo António
SÃO ROQUE DO PICO
SANTO ANTÓNIO
PONTA DO MISTÉRIO
Baía de Canas
CRIAÇÃO VELHA
Monte
LAGOA DO CAPITÃO
MONT PICO
PRAINHA
Candelária
LAGOA DO CAIDO ET LAGOA SECA
SANTO AMARO
Relvas
SÃO JOÃO
Baixa
SÃO MATEUS
São Caetano
LAJES DO PICO
PIEDADE
Almagreira
Ribeira Seca
CALHETA DE NESQUIM
Lajes do Pico
Océan Atlantique
5 KM

PAGES

266 ●● CÔTE NORD

La côte Nord abonde en paysages superbes comme la route viticole d'Arcos do Cachorro à la noirceur volcanique intrigante. Sans oublier les villages pittoresques de Prainha, Santo Amaro et Piedade où il fait bon flâner et séjourner au cœur de la nature. São Roque, la seule « grande ville » de la région, ne manque pas de charme non plus et compte de très bons restaurants typiques ; elle ravira aussi les amateurs d'histoire grâce à son étonnant musée de l'Industrie baleinière.

266 **MADALENA ★★**

270 **LAJIDO ★★★**

La noirceur des lieux est étonnante et promet des paysages intrigants. Principale zone de culture de la vigne, c'est ici que se concentrent les anciens vignobles ainsi que le petit musée du vin. La zone est inscrite au Patrimoine mondial de l'Unesco.

271 **SANTO ANTONIO**

271 **SÃO ROQUE DO PICO ★★**

275 **PONTA DO MISTÉRIO ★**

276 **PRAINHA ★**

276 **SANTO AMARO ★**

278 **PIEDADE**

C'est le bout du monde ! Ou plutôt le bout de l'île, un coin de paradis facilement accessible. Un village calme et paisible offrant de belles possibilités de randonnées et des panoramas absolument imprenables sur l'île de São Jorge, juste en face.

279 ●● CENTRE

279 **MONT PICO**

280 **LAGOA DO CAPITÃO**

280 **LAGOA DO CAIDO ET LAGOA SECA**

281 ●● CÔTE SUD

A Pico, sur la côte Sud plus qu'ailleurs, les baleines sont reines ! Le whale watching (observation des baleines) est l'activité phare de la région, surtout à Lajes do Pico. Ne ratez pas non plus le passionnant musée des Baleiniers dans la même ville ! Si vous avez envie de renouer avec la terre ferme et authentique de Pico, allez vous promener au joli village de Calheta de Nesquim, qui n'est qu'à une vingtaine de minutes de Lajes.

281 **CALHETA DE NESQUIM ★**

281 **LAJES DO PICO ★★**

Ce fut le premier endroit habité sur l'île de Pico, et Lajes do Pico est vite devenu un port de pêche et de commerce important. C'est la chasse à la baleine qui fera sa renommée. Aujourd'hui, c'est le point de départ idéal pour aller observer les cétacés en mer.

285 **SÃO JOÃO**

285 **SÃO MATEUS**

286 **CRIAÇÃO VELHA ★**

MADALENA ★★

Madalena est la ville principale de Pico. Un ancien petit port, une très belle église défiant l'océan et une ville tranquille aux rues pittoresques, derrière laquelle se dresse l'imposante silhouette du Mont Pico. Des sols très fertiles ont permis dès le XVe siècle d'y cultiver la vigne et de produire un vin de grande qualité, minéral, unique au monde par ses cépages mais également par son mode de culture. Imposé par la mer, le vent et le climat de l'Atlantique, la vigne se cultive ici à même le sol entre des petits murets de pierres de lave, créant ainsi des paysages uniques, classés au patrimoine mondial de l'Unesco.

MUSÉE DU VIN ★

Rua do Carmo
✆ +351 292 679 348
En été, du mardi au dimanche de 10h à 17h30 et en hiver de 9h30 à 17h. Entrée : 2 €.

Un bâtiment datant du XVIIe siècle, autrefois installations agricoles du couvent des Carmes, consacré pendant des siècles à la production de vin. L'endroit est magnifique, et le musée à la fois intéressant et interactif. Toutes les explications sont traduites en anglais. Malheureusement, l'imposant dragonnier dans le jardin, qui avait entre 800 et 1 000 ans, est tombé ; on utilisait sa sève rouge pour teinter les vêtements et fabriquer des antidouleurs jusque dans les années 1960. À noter : le dimanche, l'entrée est gratuite. Une raison de plus pour y aller !

CASA DA MONTANHA

9 Caminho Florestal - Candelária
✆ +351 967 303 519
De mai à septembre, 24h/24. De nov. à mars, 8h-18h. D'avril à oct., lundi-jeudi 8h-20h, non stop du ven. 8h au dim. 20h.

Située à 1 230 mètres d'altitude, la Maison de la Montagne est le point de départ pour tous ceux qui souhaitent entamer l'ascension du mont Pico. Elle sert à la fois de support logistique et de point de contrôle pour limiter l'accès à cette zone protégée. Mais ce centre fournit également des informations sur la géologie, la biologie, l'histoire, le climat et le cadre juridique de la réserve naturelle du mont Pico. À noter : le centre dispose d'un bar offrant une incroyable vue panoramique sur la côte ouest de Pico et l'île de Faial. Idéal au coucher du soleil.

OFFICE DE TOURISME

2-4 Rua Dr. Freitas Pimentel
✆ +351 292 623 345
Du lundi au vendredi de 8h30 à 16h30.

On peut s'y procurer des brochures diverses sur les points d'intérêt de l'île, les restaurants, les horaires de bus, les compagnies de location de voiture... Vous pouvez également vous informer auprès du kiosque de tourisme de Madalena qui se trouve désormais sous les arcades, près du port. Un petit bureau fonctionne aussi à l'aéroport aux heures d'arrivée des avions. Dans ces différents points, les équipes seront d'excellents conseils pour vous aider à découvrir au mieux l'île de Pico, de Madalena au pic, en passant par Lajes do Pico.

COOPÉRATIVE DES VINS DE PICO

29 Avenida Padre Nunes da Rosa
✆ +351 912 533 243
www.picowines.com
Ouvert du lundi au vendredi de 8h à 17h.
Dégustation de 15 € à 30 €, réservation obligatoire.

Une visite intéressante pour en connaître davantage sur les étapes de fabrication du vin de Pico. On se régale des dégustations, et on est ravi de pouvoir passer (enfin) par la case magasin ! C'est au début des années 1950 qu'un groupe de vignerons décida de créer la coopérative de vin. Cette dernière compte actuellement environ 250 associés producteurs ; c'est d'ailleurs la plus grande des Açores. Les raisins sont récoltés à la main et les vignes classées à l'Unesco depuis 2004.

CAMINHANDO

15 Rua João Paulino ✆ +351 962 408 417
caminhandoazores.com
Comptez 75 €/personne pour l'ascension du Pico de nuit, pour voir le lever de soleil depuis le sommet.

Une agence locale à taille humaine qui propose de vous accompagner pour l'ascension du mont Pico, huit heures de marche vers le plus haut sommet du Portugal en compagnie d'un guide certifié, ou tout simplement pour vos randonnées pédestres, avec un guide francophone. João, le patron de l'agence, propose également des découvertes de l'île en voiture légère sur différents thèmes tels que le vin, la nature ou encore les musées. Une petite agence très professionnelle et qui connaît de très bons itinéraires pour explorer l'île, totalement hors des sentiers battus.

AÉROPORT DE PICO

Rua do Cachorro
+351 292 628 380

Taxi depuis ou vers Madalena : entre 10 € et 15 €. De ou vers São Roque : entre 15 € et 20 €. De ou vers Lajes 50 € env.

Les premières études ont été réalisées en 1946 et c'est seulement le 5 mai 1976 que la piste d'atterrissage et l'aérogare ont commencé à être bâties sur l'île de Pico, aux termes de l'initiative de l'armée portugaise, mais accomplies sous l'administration du Gouvernement régional des Açores. Aujourd'hui, les infrastructures récentes de l'aéroport de Pico lui permettent de rentrer de plain-pied dans l'ère touristique moderne. Sur place : loueurs de voitures, distributeur de billets, snack-bar, boutique de souvenirs... Un « vrai » petit aéroport !

ATLANTICOLINE

Terminal Marítimo João Quaresma
+351 292 242 000
atlanticoline.pt

Trajets directs : Madalena-Horta 3,80 € (30 min) ; Madalena-Velas 10,50 € (1h) ; Madalena-Calheta 10,50 € (2h).

Pico est reliée toute l'année par bateau à Faial et São Jorge. De juin à septembre, la ligne est étendue jusqu'à Graciosa et Terceira. Depuis Madalena, Atlanticoline opère environ 5 allers-retours par jour, au moins 5 jours par semaine, à Horta, sur Faial (ligne bleue). La ligne verte relie directement Madalena à Velas, sur São Jorge : comptez deux à trois allers-retours par jour, entre deux et quatre jours par semaine, selon la saison. En été, des ferries partent aussi de Madalena pour rallier Calheta, sur São Jorge, deux jours par semaine (ligne violette).

AUTATLANTIS

Aéroport de Pico
+351 292 629 900
www.autatlantis.com

A partir de 28 € pour un véhicule de catégorie A, 30 € de catégorie B et 33 € de catégorie C.

Autatlantis est une agence de location de voitures solide, présente sur sept îles : São Miguel, Santa Maria, Pico, Terceira, São Jorge, Faial et Flores. Pratique donc si vous envisagez un séjour itinérant sur ces sept îles, vous pouvez demander un devis global. La flotte est renouvelée chaque année pour vous offrir les derniers modèles de voitures ainsi qu'un haut niveau de sécurité et de confort. Deux types de packages d'assurance vous sont proposés. À noter que vous pouvez également louer chez eux des minibus ou encore un véhicule 4x4.

EMPRESA DE VIAÇÃO PICO CRISTIANO

25 Rua 8 de Março +351 292 622 612

Selon la distance parcourue, le prix du ticket varie entre 1 € et 4,50 €.

La compagnie de bus locale Pico Cristiano assure les deux seules lignes de l'île.

- **Côte nord : Madalena-São Roque-Piedade.** Du lundi au samedi, deux allers-retours par jour au départ de Piedade : le premier à 6h15 et le second à 13h30. Les dimanches et jours fériés, un seulement.
- **Côte sud : Madalena-Lajes-Ribeirinha.** Du lundi au samedi, deux allers-retours par jour au départ de Ribeirinha : le premier à 5h40 et le second à 12h45. Les dimanches et jours fériés, un seulement.

ILHA VERDE

Cais da Madalena
+351 292 622 601
www.ilhaverde.com

A partir de 40 € par jour le véhicule catégorie A, 43 € catégorie B, 48 € catégorie C...

Correspondant d'Avis et Europcar, Ilha Verde est une compagnie sérieuse implantée sur toutes les îles sauf Corvo et Graciosa. Pratique extrêmement rare, louer avec cette agence facilitera donc vos démarches si vous envisagez de vous rendre sur plusieurs îles aux Açores et de vous y déplacer en voiture. La catégorie A correspond généralement à une Renault Twingo. Quant aux autres catégories, vous aurez notamment le choix entre Nissan Qashqai, Ford Focus, Renault Capture... Des minibus ou des véhicules 4x4 peuvent également être loués. Le tout en kilométrage illimité.

OASIS RENT-A-CAR

Rua Dr. Freitas Pimentel
+351 292 623 770
www.rentacaroasis.com

Location à partir de 35 € par jour.

Agence de confiance avec plus de 15 ans d'expérience dans le domaine du tourisme et qui possède une flotte moderne et bien équipée. A disposition, des voitures de tous types, y compris des minibus à 9 places et des scooters. Oasis a des bureaux à São Roque, à Madalena et dans la gare maritime de Horta, sur l'île de Faial. Sa flotte couvre également les îles de São Jorge et Terceira. Louer une voiture à Pico est définitivement la meilleure option pour découvrir l'île dans ses moindres détails. Vous serez libres et indépendants !

SATA AZORES AIRLINES

Aéroport de Pico
✆ +351 296 209 720
www.azoresairlines.pt

Comptez 170 € l'aller-retour Ponta Delgada-Pico, prix variable suivant la saison.

Depuis la France, la liaison qu'opère la compagnie SATA jusqu'aux Açores ne s'effectue qu'à destination de Ponta Delgada (souvent via Lisbonne ou Porto) : il vous faudra ensuite prendre un autre vol inter-îles pour arriver jusqu'à Pico. Depuis Ponta Delgada, vous êtes à environ 50 minutes de vol de Pico (vol sans escale). La ligne est opérée plusieurs fois par semaine selon la saison, mais on ne peut pas faire l'aller-retour dans la journée. À noter que les vols peuvent être perturbés par les conditions climatiques parfois capricieuses aux Açores.

TROPICAL RENT-A-CAR

Largo Cardeal Costa Nunes
✆ +351 292 623 370
www.rentacartropical.com

En basse saison, la catégorie A en kilométrage illimité est à 30 €. En haute saison, à partir de 65 €.

Une agence sérieuse et familiale. Depuis 1997, l'entreprise possède un parc de véhicules variés, modernes et bien entretenus. Louer une voiture à Pico est définitivement la meilleure option pour découvrir l'île dans ses moindres détails. Vous serez libres et indépendants ! Pour encore plus de confort et de flexibilité, vous pourrez louer votre véhicule au centre-ville de Madalena ou à l'aéroport de Pico. L'équipe est professionnelle et exigeante et mettra tout son savoir-faire et sa gentillesse à votre service. Agence recommandée.

TAXIS PICO

Largo Cardeal Costa Nunes
✆ +351 917 573 910
taxispico.pt/en

Contacts de 23 chauffeurs sur le site internet. Mini tour (3h) : 80 €/4 pax. Tour complet (6h) : 130 €/4 pax.

Les taxis de Pico pourront vous emmener un peu partout sur l'île, pour de simples trajets ou pour des circuits plus touristiques. Ils stationnent ou font des rondes régulières près du port et Largo Cardeal Costa Nunes. Si vous ne vous sentez pas d'emprunter le peu de transports en commun existants ou de louer une voiture pour arpenter les routes et les chemins de l'île de Pico, les taxis restent une option. Cette dernière est évidemment plus chère que les deux autres, mais il peut aussi être agréable de se laisser véhiculer et de se laisser porter.

CALMA DO MAR €

Avenida Padre Nunes da Rosa, Lote 6
✆ +351 914 443 408
www.calmadomar.com

Selon la saison, chambre single de 42 € à 72 €, chambre double de 62 € à 88 €. Maison entière à louer sur demande.

Un peu à l'écart du centre-ville, cette maison d'hôtes simple mais confortable peut s'avérer être une bonne option pour passer quelques jours sur Pico. Les plus : la grande cuisine à disposition, le barbecue dans le jardin, la salle commune avec bibliothèque, les chambres spacieuses et le petit déjeuner préparé par Petra. L'hiver, de décembre à février compris, il n'y a pas de petit déjeuner ; et on peut s'y sentir un peu seul… Mais quelle que soit la saison, vous pourrez profiter de la jolie vue sur la mer et sur le volcan. Wifi gratuit.

JOE'S PLACE B&B €€

54 Rua Secretario Teles Bettencourt
✆ +351 910 033 357
www.joesplaceazores.com

Ouvert du 1er avril au 31 octobre. En basse saison, chambre double à partir de 75 € la nuit, petit déjeuner inclus.

Paulo et Hermance, passionnés de voyage, vous accueillent dans leur guesthouse idéalement située à 10 minutes à pied du centre de Madalena et du port, en hauteur de la ville. Installé dans une maison typique en pierre volcanique, cet établissement offre un cadre reposant et authentique. Les cinq chambres spacieuses ont été décorées avec goût et originalité par les propriétaires qui ont privilégié le recyclage de matériaux et d'objets locaux. Le petit déjeuner est délicieux. On parle français. Accueil chaleureux et cadre bucolique !

MY BED IN PICO €€

5 A Rua Carlos Dabney
✆ +351 964 311 325
www.mybedinpico.com

A partir de 75 € la nuit.

Coup de cœur à Madalena ! Les chambres y sont superbement aménagées. Chaque hébergement se distingue par un thème : la suite Soul Patters et ses azulejos, la Romantic Natura et ses tons pastel et fleuris, la Romantic Vintage et son rose poudré, la Wanderlust et ses souvenirs des quatre coins du monde, et enfin tout en haut, le studio turquoise où l'on se sent comme dans un cocon. Tous disposent d'une superbe salle de bains. Au rez-de-chaussée, le Caffe 5, où vous pourrez prendre votre petit déjeuner. L'accueil de Jess est absolument adorable.

HÔTEL CARAVELAS €€€

3 Rua Conselheiro Terra Pinheiro
✆ +351 292 628 550
oceanohoteis.com
A partir de 75 € la chambre double. Petit déjeuner inclus. En été, environ 145 € la chambre double.

Immédiatement visible, le Caravelas se dresse fièrement sur le port, à l'endroit de l'arrivée de la vedette. Son architecture représente des voiles et évoque la mer. Les 137 chambres disposent de tout le confort nécessaire. Certaines offrent une vue sur le port et la piscine de l'hôtel. Vous pourrez prendre votre petit déjeuner sous forme de buffet dans l'espace restaurant. Un peu vide en hiver, un peu cher en été... Classé 4 étoiles (peut-être un peu surclassé...) : convient à ceux qui fuient l'originalité et préfèrent les bonnes commodités standard.

POCINHOBAY €€€

A 5 minutes de Madalena.
✆ +351 292 629 135
www.pocinhobay.com
Séjour de 2 nuits min. Chambre double dès 225 € la nuit. Villa 1 chambre dès 525 € la nuit. Petit déjeuner inclus.

Voilà un hébergement comme vous en trouverez très peu aux Açores. Les propriétaires ont énormément voyagé, notamment en Asie, et ont rapporté des souvenirs qui servent aujourd'hui à décorer les différentes chambres et les deux villas. L'établissement a quelque chose d'exceptionnel et de luxueux. Maison traditionnelle à l'extérieur et modernité à l'intérieur. La propriété est au milieu des vignes, dispose d'une grande piscine privée et une piscine naturelle se trouve juste au pied de la porte. La vue sur Faial est extraordinaire. Une adresse haut de gamme.

FAMILY HOUSES CACHORRO €€

Lugar do Cachorro ✆ +351 292 094 034
familyhouses-cachorro.weebly.com
De 100 € à 300 € la nuit selon la saison et la maison.

Il s'agit d'un complexe touristique dans la zone naturelle protégée de Cachorro. Il est constitué de deux maisons de vacances aux noms ayant une signification bien particulière. La « Maison de grand-mère Jerónima » est une maison de 2 chambres avec salon, cuisine et salle de bains. Chaleureuse et accueillante, idéale pour des vacances détendues. La « Maison du grand-père Cristiano » est un peu plus grande et abrite même une piscine. Vous l'aurez compris, ici tout est histoire de famille ! On vous promet de bons moments et de belles vacances.

ANCORADOURO €€

7 Rua Rodrigo Guerra
✆ +351 292 623 490
Ouvert tous les jours sauf le lundi, de 12h à 15h et de 19h à 22h. Environ 20 € le plat.

À notre avis, parmi les meilleures tables de l'île. En appréciant un magnifique point de vue sur Faial et le canal, on déguste par exemple des brochettes de poisson et de gambas superbement cuisinées, à moins que l'on préfère la grosse soupe de poisson pour deux personnes, la spécialité de Pico. La carte des vins est elle aussi intéressante : on a le choix entre vins portugais et vins de Pico ! Ambiance locale. Idéal pour terminer sa journée après avoir fait une randonnée sur la côte ou une journée de baignade dans les nombreuses piscines naturelles alentour.

MERCADO BIO €€

6 Rua Carlos Dabney
✆ +351 292 623 778
Ouvert tous les jours sauf le mercredi, 12h-15h et 18h30-22h. Plats : environ 15 €.

C'est en fait une épicerie bio, mais si vous vous enfoncez un peu dans le magasin, vous découvrirez un comptoir et quelques tables au fond. Dans une ambiance un peu cantine, vous dégusterez de bons plats préparés à partir de produits frais et bio évidemment. On vous suggère le thon s'il est à la carte (ou plutôt à l'ardoise !), la salade du jour ou encore le hamburger maison. La cuisine est totalement ouverte, vous pourrez donc assister à l'élaboration de votre plat. L'équipe est sympa, tout comme les lieux et les assiettes, alors pourquoi s'en priver ?

CELLA BAR

Lugar da Barca
✆ +351 292 623 654
Ouvert du jeudi au lundi de 15h à 00h. Environ 15 € le plat.

Situé au bord de l'eau, le Cellar Bar offre une architecture et un design insolites. C'est en fait une bulle en bois au bord de l'eau ! La terrasse sur le toit promet des instants de détente absolue face à la mer et aux lumières de la ville qui brillent lorsque le soleil se couche. Quelques plats savoureux – au menu du restaurant – et de délicieuses tapas sont proposés pour accompagner son verre de vin. Les tarifs sont un peu élevés, mais l'atmosphère et la singularité du lieu en valent la peine. Une adresse vraiment sympathique à Pico.

LAJIDO ★★★

Nous vous conseillons d'emprunter la route secondaire qui longe le littoral. Asphaltée dans son intégralité, elle est tout à fait praticable. Anciens vignobles, caves en basalte et murets de pierres vous accompagnent dans votre périple. À Cachorro, hameau typique qui semble abandonné, les concrétions rocheuses nées de différentes éruptions volcaniques ont créé un réseau de surplombs, juste au-dessus des vagues, qui viennent s'engouffrer dans les cavernes ainsi creusées. Un sentier aménagé et des rambardes en bois permettent de circuler au-dessus des flots. Plus loin, vous rejoignez Lajido, son centre d'interprétation et ses paysages viticoles protégés.

Balade

- **Trail PR10 PIC.** Une randonnée part du village pour rejoindre Santana (8,7 km - 2h30 - facile). Elle longe la côte, conduit dans les vignobles et fait traverser les hameaux d'Arcos et de Cabrito. Sur le chemin, ne manquez pas l'ermitage de São Mateus da Costa dont la construction, tout en pierres volcaniques, remonte aux XVIIe et XVIIIe siècles.
- **Trail PR01 PIC.** Lajido est une étape sur ce sentier de randonnée (10,5 km - 3h - difficulté moyenne) aussi appelé « Chemin de Santa Luzia ». Depuis Santa Luzia, le parcours traverse les vignobles classés au patrimoine mondial de l'Unesco, avant de mener aux paysages de lave de Lajido. En marchant, prêtez attention aux marques sur le sol de basalte. Vous verrez les traces laissées par les chariots tirés par les bœufs pour transporter le vin.

CENTRE D'INTERPRÉTATION DES PAYSAGES DE LA VIGNE ★

Lajido de Santa Luzia
✆ +351 965 896 313
Nov.-mars : mardi-dimanche 9h-12h30 et 13h30-17h. Avril-oct : tous les jours 19h-12h30 et 13h30-18h. Entrée libre.

Nous vous conseillons d'entamer votre visite par la salle d'exposition, où une vidéo et plusieurs panneaux (disponibles en anglais) vous introduiront à l'histoire de la vigne de Pico. Puis, promenez-vous au gré de vos envies dans les vignes, la salle du pressoir, ou encore la distillerie : toutes les étapes de la fabrication du fameux *verdelho* n'auront bientôt plus de secret pour vous. Pour les plus curieux, possibilité de réserver une visite guidée de 30 à 45 minutes.

MAISON DES VOLCANS

Rua do Lajido, Santa Luzia
✆ +351 292 644 328
Ouvert tous les jours de 9h à 12h30 et de 13h30 à 18h. Du 1er novembre au 31 mars, fermé les lundis et dimanches. 5 €.

Un musée tout moderne pour vous faire connaître le patrimoine géologique des Açores et toute sa géodiversité. L'espace comprend une exposition permanente racontant l'histoire des volcans des Açores et du monde entier, ainsi qu'une capsule sensorielle et un simulateur de tremblement de terre. La capsule sensorielle vous emmène en voyage imaginaire au centre de la Terre, tandis que le simulateur de tremblement de terre reproduit, avec mouvements, images et sons, des séismes qui se sont déjà produits. Un musée à la fois passionnant et très amusant !

Lajido.

SANTO ANTONIO

Une petite localité de bord de mer à côté de São Roque. Elle est connue pour ses piscines naturelles où il est agréable de se prélasser, mais aussi pour son église et son petit musée, l'Adega A Buraca. La paroisse remonte à la fin du XVIIe siècle, lorsqu'elle était paroisse ecclésiastique de Santo António, en l'honneur d'Antoine de Padoue. Son principal centre de culte était dédié à l'invocation du saint, l'église de beffroi unique de Santo António. L'église était parsemée d'un précieux retable situé dans le presbytère, élaboré en mince guilde et ses grandes images stoïques dédiées à Saint-Antoine et au Sacré-Cœur de Jésus.

SÃO ROQUE DO PICO ★★

Siège de la principale usine à baleines de Pico, la ville s'enorgueillit de son église du XVIIIe siècle dédiée à São Roque, qui contient notamment un chandelier en argent offert par le roi D. João V. Le couvent São Pedro de Alcântara, de la même période, présente de beaux bas-reliefs en or. Au XIXe siècle, la maladie infecta les vignobles et dévasta la culture viticole, les habitants se sont donc tournés vers d'autres sources de croissance économique, plus précisément sur la chasse à la baleine afin de compléter la pêche. Cette culture était une partie importante de la municipalité, entraînant la création de cinq usines distinctes le long de la côte.

PARQUE DE CAMPISMO DA FURNA €

Environ 2 km avant São Roque, tout près des piscines.

✆ +351 926 449 655

Ouvert de mai à septembre. 6 € pour l'emplacement (uniquement la première nuit) et 8 € par nuit/adulte.

Au milieu d'une végétation préservée, dans une zone écologique, ce camping a une capacité de 90 places. À moins de 200 mètres : restauration, court de tennis, piscines naturelles... Un endroit sympa où l'on pourra même profiter du barbecue. Les installations et le confort y sont simples, mais cela rime bien avec l'atmosphère qui règne sur l'île. Si vous êtes un adepte du camping au sens propre du terme, ce lieu est fait pour vous ! Tarifs très attractifs.

ADEGA « A BURACA » €€

35 Estrada Regional Santo António

✆ +351 292 642 119

www.adegaaburaca.com

Tous les jours en été, 8h-18h. En hiver, du lundi au vendredi 9h-17h. Si vous n'y trouvez personne, sonnez la cloche !

A Buraca est un concept ! Une initiative de Leonardo Ávila Silva, inaugurée le 11 novembre 2007 et faisant partie de la Route des vins depuis 2013. C'est à la fois un musée, une cave où vous pourrez déguster d'excellents vins et une délicieuse table. Le restaurant traditionnel propose une cuisine typique que vous pourrez parfaitement accorder avec les vins açoriens. En plus du restaurant, il y a un magasin d'artisanat et de tonnellerie, une tente de forgeron, des ateliers liés à la paille, à la laine et à l'osier... Attention, sur réservation uniquement.

CAZAS DO PICO €€

À Arcos, Sant'Ana, S.Vicente, Santo António, S.Miguel Arcanjo et Prainha ✆ +351 962 476 447

www.cazasdopico.com

Selon la maison, 3 à 6 nuits min., entre 70 € et 100 € la nuit. Pour certaines, entre 480 € et 1200 € la semaine.

Il est des lieux où souffle l'esprit. Casas do Pico regroupe d'anciennes maisons de ferme aux murs en pierre sèche, sur la côte nord de l'île. Idéalement situées près de piscines naturelles et de sentiers de trekking, avec des vues splendides sur la mer et sur l'île de São Jorge, elles ont été restaurées dans le respect de l'ancienne architecture rurale du pays, offrant tout le confort moderne. Parfaitement adaptées au tourisme, elles constituent un hébergement de qualité, les prix n'étant pas plus chers que dans un hôtel, bien au contraire. Une très belle option sur Pico.

MUSEU DA INDUSTRIA BALEEIRA

Rua do Poço
✆ +351 292 679 349
D'avril à septembre, du mardi au dimanche 10h-17h30. D'octobre à mars, du mardi au dimanche 9h30-17h. Entrée : 2 €.

Fermée depuis la fin de la chasse à la baleine, en 1989, l'usine abrite un musée retraçant le traitement de ces géants des mers. Rien n'était perdu, pas même les os que l'on transformait en farine. Les énormes chaudières, les couteaux à découper ou encore le plan incliné où étaient dépecés les cétacés sont restés en l'état. C'est le premier musée industriel public des Açores. Beaucoup d'explications en anglais. Un film et des photos montrent aussi les étapes de la découpe du cachalot.

GUIDE DE MONTAGNE NOËL RENÉ HOLZER

16 rua de Cima
✆ +351 918 148 464
Pour un groupe de quatre, comptez 25 € par personne. Comptez 100 € pour une personne seule.

René est un guide professionnel français d'origine lyonnaise, installé aux Açores, sur Pico. Il organise des randonnées jusqu'au mont Pico, à la journée ou même le soir avec nuit dans le cratère pour admirer le coucher, puis le lever du soleil. Il vous donnera plein d'informations sur la géologie et la botanique de cette superbe montagne. Attention, on regarde avec les yeux : ne pas déplacer une pierre, au risque de le fâcher. Une valeur sûre, cependant.

ATLANTICOLINE

Gare maritime de São Roque
✆ +351 292 242 000
www.atlanticoline.pt
Trajet São Roque-Velas : 10,50 € par adulte (1h). Trajet São Roque-Horta : 12 € par adulte (1h10).

Depuis São Roque, vous pouvez rejoindre Velas, sur São Jorge, toute l'année avec les ferries d'Atlanticoline (lignes verte et orange). De juin à septembre, la compagnie effectue aussi des liaisons directes entre São Roque et Horta, sur Faial (ligne blanche). Pour rejoindre les autres îles au départ de São Roque, vous aurez au moins une escale. Les départs sont plus nombreux depuis Madalena, l'autre terminal maritime de Pico. Par mauvais temps, les ferries peuvent être annulés. Une option à envisager pour ceux qui ont le temps et l'envie de voyager autrement...

PICO HOLIDAY RENTALS / CASA DO AVÔ FAIDOCA €

3A Rua Professor Dias De Melo
✆ +351 965 450 816
www.picoholidayrentals.com
Comptez entre 50 € et 90 € la nuit pour 2 personnes.

Près d'une piscine naturelle, cet établissement est une excellente option pour un séjour en famille ou entre amis, car il peut accueillir jusqu'à 7 personnes. La maison jouit d'une superbe vue sur l'océan, d'un beau jardin, et dispose d'une terrasse et d'un barbecue. Adelina, francophone, vous reçoit comme si vous étiez de sa famille et vous fait profiter de ses confitures et de son vin fait maison.

PICO HOLIDAY RENTALS / CASA DO CANTO €

2 Rua do Canto
✆ +351 965 450 816
3 nuits min. Appart. rdc : 45-80 € (2-4 pers.). Appart. 1er étage : 50-100 € (2-8 pers.). Long séjour : prix négociable.

Située à seulement 600 m de l'océan et des piscines naturelles, une grande maison blanche avec deux appartements totalement indépendants. Celui du rez-de-chaussée peut loger de 2 à 4 personnes et celui de l'étage de 2 à 8 personnes. Chacun possède une terrasse offrant d'un côté une impressionnante vue sur la montagne de PICO, et de l'autre une magnifique vue sur l'océan et l'île de São Jorge. Adelina, la propriétaire, vous reçoit en français avec beaucoup d'attention et de gentillesse.

PICO HOLIDAY RENTALS / CASA DO MAR €

2 Rua Do Moinho
✆ +351 965 450 816
Pour 2/4 personnes : entre 50 € et 90 €. Prix négociables pour les longs séjours.

Une maison située au calme, tout près de São Roque, à 1,5 km de la gare maritime, à 250 m de la piscine naturelle du Cais et à 600 m de celle des Poças. La jolie maison dispose de deux chambres doubles, d'une salle de bains, d'une cuisine, d'une salle à manger et d'un living avec télévision. À l'extérieur, une terrasse avec vue sur l'océan et l'île de São Jorge et un patio avec un four à bois pour vos grillades. Accueil attentionné et francophone d'Adelina.

RENT A CAR - OASIS

91 Estrada Regional
✆ +351 292 642 372
www.rentacaroasis.com

Location de voiture à partir de 35 €/jour pour un véhicule de catégorie A.

Agence de confiance avec plus de 15 ans d'expérience dans le domaine du tourisme et qui possède une flotte moderne et bien équipée. À disposition, des voitures de tous types, y compris des minibus à 9 places et des scooters. Oasis a des bureaux à São Roque, à Madalena et dans la gare maritime de Horta, sur l'île de Faial. Sa flotte couvre également les îles de São Jorge et Terceira. Louer une voiture à Pico est définitivement la meilleure option pour découvrir l'île dans ses moindres détails. Vous serez libres et indépendants !

LE BASALTE

L'île de Pico est quelquefois surnommée « l'île noire », et pour cause : son sol est presque entièrement recouvert de lave noire issue des diverses explosions volcaniques. Impressionnante pour les uns, terrible pour les autres, cette couleur ne manquera pas de frapper l'esprit. Le basalte a rendu le labeur des hommes encore plus difficile. Les *maroicos*, sortes de gros monticules sortis tout droit du néolithique, témoignent de cette entreprise ardue. Les murets, coniques autour des figuiers et carrés pour les vignes, sont entièrement solidaires et ne contiennent pas un gramme de ciment. Pas étonnant que l'on dise qu'il y a du sang noir dans les veines des Picarotos.

AZORES YOUTH HOSTELS €

Rua João Bento de Lima
✆ +351 296 629 431
azoresyouthhostels.com

A partir de 19 € la nuit en dortoir, à partir de 38 € la double sans WC, à partir de 47,50 € la double avec WC.

Une auberge de jeunesse très agréable dans un superbe ancien couvent qui surplombe tout São Roque. Certaines chambres ont vue sur mer. Si vous êtes un amoureux de la nature, c'est l'endroit idéal pour la marche ou le vélo, la natation, la pêche... toutes les attractions sont à proximité. C'est également là que se trouvent l'une des merveilles naturelles du Portugal et le point culminant du pays : l'imposante montagne du Pico. Une chouette auberge, idéale pour partir à la découverte de l'île et pour faire de jolies rencontres du monde entier.

ALDEIA DAS ADEGAS €€

3A Rua das Adegas
✆ +351 292 642 000
www.aldeiadasadegas.com

Séjour de 2 nuits min. A partir de 90 € la nuit dans la maison 1 chambre, et de 115 € la nuit dans la maison 2 chambres.

Situé à São Roque do Pico, à 28 km de Horta, l'Aldeia das Adegas propose deux maisons (1 et 2 chambres) ainsi qu'un bungalow à la location. Tous les logements sont propres et modernes, possèdent un parking privé et donnent sur la mer ou la montagne. Chacun dispose aussi d'une salle de bains privative et d'une petite cuisine. Entourée d'un joli jardin, la propriété met à disposition une aire de jeux pour les enfants et un bar. Un service de navette gratuit depuis l'aéroport est assuré sur place. Bref, un bon logement rural où passer un séjour agréable.

REVES D'AILLEURS €€

16 Rua do Cima - Santana
✆ + 351 918 148 464

Charmante maisonnette traditionnelle en pierres basaltiques. Rêves d'Ailleurs est tournée vers l'océan avec une superbe vue sur l'île de São Jorge. L'extérieur a gardé son style rustique égayé par des couleurs chaudes, terre de Sienne et terracotta. L'escalier nous mène vers le porche très agréable pour un bon petit déjeuner en plein air. Une grande terrasse et un coin barbecue pour vos grillades. L'extérieur rustique contraste avec la sobriété zen de l'intérieur. Christine et Noël vous y accueillent très chaleureusement. On y revient...

CASA DE SANT'ANA €€

6A Rua de Cima-Santana
✆ +351 919 561 371
www.airbnb.pt

4 nuits min. A partir de 125 € la nuit sur Airbnb.

Très bien située au centre de Santana, la Casa de Sant'ana est l'endroit idéal pour ceux qui recherchent le confort en pleine nature avec vue imprenable depuis l'île de São Jorge. Ce T1 accueille jusqu'à 6 personnes (dans la chambre : 1 lit double et 1 lit superposé et dans le séjour, un canapé convertible pour 2 adultes). De la salle de bain à la cuisine, en passant par le salon, la Casa de Sant'ana est équipée de tout ce dont vous avez besoin pour passer des vacances pratiques et confortables. Margarida vous réservera le plus bel accueil.

RELAX IN PICO €€

24 Rua João Bento Lima
✆ +351 292 642 091
www.relaxinpico.com
Comptez de 75 € à 200 € selon la maison et selon la saison.

Quatre maisons indépendantes, construites en pierre basaltique et bois massif, qui offrent des vues splendides sur l'océan et sur la montagne de Pico. Sensation d'espace et de grand confort, avec des livings à la décoration épurée et des terrasses privées qui invitent au farniente. A disposition aussi la Summer House, qui est un endroit de détente où l'on peut prendre son petit déjeuner ou profiter d'une après-midi en admirant la mer au loin et en savourant un verre du fameux vin de Pico. Solange, la maîtresse des lieux, vous recevra tout sourire.

CALONECTRIS

5 Rua Dr Tibério Avila Brasil
✆ +351 915 604 772
Ouvert du vendredi au mardi de 17h à 0h (jusqu'à 2h le vendredi et le samedi).

Ouvert pendant l'été 2023, ce bar est déjà un incontournable de São Roque ! Il faut dire que l'endroit ne manque pas d'atouts : un service accueillant et sympathique, des cocktails délicieux (laissez-vous guider par le barman !), des tapas succulents et généreux, une salle petite et intimiste, et une très grande terrasse illuminée avec des hamacs… L'établissement est un peu caché mais mérite absolument le détour pour sa cuisine et son ambiance détendue. Le gérant est jeune et parle un anglais parfait, il saura vous expliquer la carte dans ses moindres détails.

ADEGA DE SANTANA

Rua de Cima de Sant'ana
✆ +351 910 792 069
adegadesantana.com
Ouvert tous les jours sauf le dimanche de 8h à 18h. Visite guidée sur réservation.

Une visite guidée dans cette grande distillerie familiale vous permettra de tout connaître sur le processus de fabrication des liqueurs. Renseignez-vous en amont pour pouvoir venir le jour de la distillation réalisée de manière traditionnelle et voir de vos yeux l'alambic en fonctionnement. Les explications sont détaillées et suivies d'une dégustation des liqueurs et eaux-de-vie. Les produits sont de très bonne qualité et certains ont d'ailleurs reçu des prix, comme les liqueurs de mûres et de citron. Vous pourrez bien sûr repartir lesté d'une ou deux bouteilles !

ARTES EM BASALTO-LAVA ARTS & CRAFTS GIFT SHOP

9 Rua da Igreja
✆ +351 924 349 526
Ouvert tous les jours sauf le dimanche de 10h à 18h.

Ce petit magasin tenu par Nidia est situé juste à côté de la place de l'église Santo Antonio et de son belvédère donnant sur l'océan et l'île de São Jorge. Y sont exposés de jolis souvenirs fabriqués dans la pierre de lave noire typique de Pico. Statuettes, bijoux, tout est fait à la main. Les horaires d'ouverture ne sont pas forcément respectés ; si vous trouvez porte close, n'hésitez pas à appeler Nidia et elle viendra vous ouvrir ! Une belle boutique d'artisanat local.

CZAR WINERY

✆ +351 914 253 646
www.czarwine.pt
Dégustation de vins sur réservation.

Le vin local liquoreux « Czar » de José Duarte Garcia fait partie de la réputation des vignes de Pico ; fort goûté, entre autres, par le Tsar de toutes les Russies. D'où son nom. La particularité de ce vin est liée à la morphologie du sol volcanique, au climat et à la rigueur du traitement des vignes. En 2009, un des tonneaux s'est transformé en sucre et a donné un vin unique au monde à 20,1°. Seules 75 bouteilles en cristal gravées en or ont été fabriquées. Le vin compte plusieurs médailles dont la médaille d'or de la Foire internationale de Moscou en 2011.

PONTA DO MISTÉRIO ★

Depuis la côte nord, de nombreux *miradouros* offrent de belles échappées sur São Jorge. Mais s'il en est un à ne pas manquer, c'est peut-être celui de la Ponta do Mistério, un géosite formé d'une coulée de lave datant de 1562, une *fajã* comme on les appelle ici. Si vous avez déjà sillonné d'autres îles de l'archipel, cette appellation ne vous est sans doute pas étrangère. Et pour cause : elle désigne le résultat de phénomènes volcaniques, qui, à chaque fois, offrent des paysages singuliers. Un peu plus loin, le parc forestier, son aire de pique-nique, ses barbecues et ses jeux pour enfants constituent un excellent lieu pour faire une pause.

PRAINHA ★

La route qui longe la côte depuis São Roque est très belle jusqu'à Piedade. Elle est bordée de cryptomerias, de massifs d'azalées ici et là, de vaches indolentes derrière leurs murets, tandis qu'une lutte végétale assez sauvage oppose les hêtres et les pittosporums, qui gagnent du terrain jour après jour, composant un nouveau paysage aux couleurs plus claires. Prainha marque une escale sympathique dans cet environnement bucolique. La plupart des parcelles de terrain sont utilisées pour l'élevage et la culture. Au-dessus de ces zones, le paysage plus montagneux est couvert d'une végétation dense et de forêts de broussailles. On pourra admirer les anciennes maisons seigneuriales.

ADEGAS DO PICO €€

14 Rua do Ramal
✆ +351 933 256 277
www.adegasdopico.com
Comptez, selon la saison et le type d'hébergement, entre 100 € et 198 € la nuit.

Adegas do Pico, ce sont 12 maisons traditionnelles en pierre de lave, situées à différents endroits dans la localité de Prainha. Une sympathique façon de se mêler à la vie locale, en logeant au cœur d'un village. Chaque maison dispose d'un espace extérieur avec barbecue. Simplement mais joliment restaurées, elles offrent en outre d'incroyables vues sur l'océan. À noter, la proximité des petits commerces, de la boulangerie et de l'épicerie, mais également des sentiers de randonnée, des piscines naturelles et de la seule plage de sable de Pico.

CASA DA ADEGA €€

Rua do Poço do Diogo Vieira
✆ +351 296 584 354
Séjour de 2 nuits min. A partir de 45 € par nuit.

Superbe cave à vin traditionnelle réhabilitée, en pleine campagne avec une superbe vue sur la mer. Maison tout équipée. Adresse recommandée pour les couples ou les amis. À éviter si vous êtes seul et que vous avez envie de faire des connaissances, surtout hors saison, car vous risquez de vous sentir coupé du monde ! C'est l'authenticité dans toute sa splendeur. Vous serez perdu au milieu des vignes de Pico et bercé par le chant des oiseaux et le clapotis des vagues. Depuis la maison, lieux de baignade (piscines naturelles et jetée).

ADEGA ACORIANA €

43 Rua da Poca Branca
✆ +351 292 655 211
https://adegaacoriana.com
Ouvert du mercredi au lundi, de 11h30 à 23h30. Fermé le mardi.

Tout en bas du village de Prainha, faisant face à l'océan, une maison en pierre de lave et une grande terrasse accueillent ce sympathique bar à vins et tapas. Au menu, des tapas évidemment, pour goûter avec bonheur à la gastronomie de l'île : salade de poulpe, lapas grillés, gambas à l'ail, *rissois* de viande, sélection de fromages et charcuteries variées, le tout accompagné d'une sélection de vins de Pico. Le bar dispose d'une salle à l'étage, mais l'on vous conseille vivement de savourer vos tapas au son des vagues, sur la terrasse extérieure. Un vrai bonheur !

SANTO AMARO ★

Un petit village qui a été au fil des siècles le principal chantier naval des Açores, comme en témoigne son ancien musée de la Construction navale. C'est ici qu'à partir de bois difformes et tordus, en utilisant des techniques de construction anciennes, des artisans de la mer ont fabriqué d'élégants bateaux, des vedettes rapides, des navires pour la pêche ou encore le transport de passagers. C'est ici également qu'ont été construites la plupart des baleinières des Açores. Témoins de ce passé glorieux, ces bateaux multicolores prennent encore la mer dès le printemps, ici et sur les îles voisines, pour s'affronter lors d'impressionnantes régates.

ÉCOLE D'ARTISANAT

4 Rua da Igreja
✆ +351 292 655 418
Ouvert du lundi au vendredi, de 9h à 18h (17h en hiver).

Juste à côté du tout dernier chantier de construction maritime traditionnel, une maison traditionnelle du village accueille cette école d'artisanat. Le lieu est multiple et réunit à la fois un petit musée de l'habitat traditionnel, un espace de rencontre et de création et enfin une boutique. Vous trouverez ici des produits artisanaux uniques, comme les très beaux chapeaux en paille typiques des Açores, des broderies, ou encore des bijoux en paille ou en écailles de poisson, un savoir-faire spécifique à ces îles de l'Atlantique.

ADEGA DO CANTO €€

23 Rua Manuel Inácio Nunes
✆ +351 968 803 179
www.casasgoulart.com

Maisons 4 à 6 personnes. A partir de 60 € par nuit pour les T0, 80 € le T1 et 110 € le T4.

Une superbe maison en pierre réaménagée par la fille de la propriétaire, architecte. À l'écart du centre-village et à deux pas de la Baía do Canto, elle vous assure un séjour au calme. Elle propose également une seconde maison en location (pour 8 à 10 personnes) ; pour plus de renseignements, consulter le site Internet. Adega do Canto est classée comme maison de campagne par la Direction régionale du Tourisme des Açores et possède la certification de qualité « Qualité + 5 trèfles ». Un hébergement magnifique entre océan et vignobles.

LAVA HOMES €€

2 A Travessa do Outeiro das Eiras
✆ +351 292 241 200
lavahomes.com/

Selon la saison, entre 170 € et 200 € le T1, 270 € et 310 € le T2 et entre 360 € et 410 € le T3. Petit déjeuner inclus.

Un petit village de 6 maisons, planté sur la pente raide d'une colline ; l'endroit est spectaculaire. Faites de pierres et de bois, les maisons se fondent dans le paysage, tout comme la grande piscine à débordement donnant une vue grandiose sur São Jorge. Les intérieurs en béton et bois sont à la fois design et chaleureux, la literie est impeccable et chaque maison est pourvue d'une grande baie vitrée pour déjeuner face à l'océan. Le lieu est calme, isolé et magique. À noter que le village dispose d'un spa et d'un excellent restaurant, le Magma.

ADEGA DO CAISINHO €

17 Rua do Canto
✆ +351 910 808 434

Du jeudi au dimanche, de 19h à 22h. Burgers entre 10 € et 14 €.

Perdues sur une route forestière longeant la côte, une petite maison blanche et une grande cabane en bois, séparées par une terrasse rustique et conviviale donnant sur l'océan. Un lieu atypique pour un concept qui l'est tout autant : d'un côté, un « restaurant gastronomique de repas légers » vous propose des tacos, burgers et pitas élevés au rang de mets étoilés ; de l'autre, un bar à cocktails, où il fait bon savourer un gin des Açores dans une ambiance musicale douce, en admirant les vagues. C'est branché, c'est original, mais c'est surtout très bon !

QUINTA DA RIBEIRA DA URZE €

Rua da Ribeira da Urze
✆ +351 966 578 379
www.qurze.com

Selon la saison, T1 entre 40 € et 75 €, T2 entre 70 € et 95 € et T3 entre 80 € et 100 €. Parking et barbecue.

© DS

On passe un petit pont sur la Ribera da Urze pour accéder aux trois belles maisons en pierre de lave et aux volets bleus, entourées d'un magnifique jardin rempli d'hortensias. Salomé a restauré et décoré ses maisons avec beaucoup de goût et les fenêtres du premier étage offrent une vue superbe sur l'Atlantique. L'accueil sympathique et chaleureux de Salomé, qui parle français, est un gage que l'on passera un agréable séjour. Elle est aussi de bons conseils pour la découverte de l'île.

MAGMA €€€

2 A Travessa do Outeiro das Eiras
✆ +351 292 241 200
lavahomes.com

Ouvert tous les jours de 12h30 à 18h et de 19h à 22h. Plats autour de 20 €.

Tout ici est incroyable. Le bâtiment, tout en bois et en pierre de lave, accroché à flanc de colline. La décoration intérieure, à la fois classe et chaleureuse, faite de béton lissé et de meubles en bois. La vue, une grande baie vitrée et terrasse panoramique, plongeant sur toute la côte nord de Pico jusqu'à São Roque, l'océan et São Jorge au loin. Puis enfin les plats, des viandes régionales parfaitement cuites, un poisson juste relevé aux piments des Açores ou encore des classiques de la cuisine portugaise légèrement revisités. C'est un sans-faute.

PIEDADE

Une impression de bout du monde, pas étonnant puisque vous êtes à la pointe de l'île ! Ici, tout est calme, mais les activités ne manquent pas et les panoramas sur les autres îles du triangle sont imprenables. La commune est très facilement accessible et présente un plaisant lieu de villégiature au milieu des murets en basalte. On admire depuis la localité São Jorge juste en face. Piedade est également le point de départ de la belle randonnée de Ponta da Ilha (circuit PR3 PIC – 6 km – 3h – difficile). Pour en connaître l'itinéraire exact, renseignez-vous auprès de l'office de tourisme le plus proche ou sur le site officiel de la randonnée aux Açores – trails.visitazores.com.

O ZIMBREIRO €€

83 Caminho do Cruzeiro ✆ +351 292 666 709
www.zimbreiro.com
2 nuits min. Chambre double standard de 85 € à 95 € la nuit, chambre double supérieure de 100 € à 110 € la nuit.

Une adresse merveilleuse, au milieu de la verdure et des arbres fruitiers, avec vue sur la mer et São Jorge. C'est à la pointe de l'île, mais facilement accessible. Un petit coin de paradis appartenant à un couple franco-belge, Anne-lise et Jérémy, qui sont présents 24h/24. Les cinq chambres sont décorées avec goût aux tons de la mer et de l'évasion. Du bleu, du blanc et du bois pour se laisser aller au son lointain des vagues. Vous disposerez aussi d'une piscine privée. La table d'hôte (sur réservation) mettra vos papilles en émois ! Dépaysement et calme assurés.

PONTA DA ILHA €€

Caminho de Baixo
✆ +351 292 666 708
Ouvert tous les jours sauf le mercredi de 12h à 14h30 et de 19h30 à 21h30. Comptez 15 € par personne.

Une impression de bout du monde nous prend lorsque l'on arrive dans ce sympathique restaurant situé comme son nom l'indique sur la pointe de l'île. La décoration est chaleureuse, la salle lumineuse et une grande terrasse en bois offre une vue imprenable sur le phare et l'océan. Quelques entrées à savourer avec un verre de vin blanc, des plats régionaux et un poisson grillé frais du jour, selon les arrivages de la pêche. La carte est simple mais savoureuse et le service est attentionné. Une très bonne adresse dans cette partie de l'île.

AZULEJOS DA PONTA DA ILHA

Canada da Cruz 1 Ponta da Ilha
✆ +351 925 896 708
www.azulejosdapontadailha.com
Tous les jours sauf le dimanche. Appeler avant pour être sûr que l'atelier sera ouvert.

C'est à la pointe de l'île qu'Isabelle a installé son atelier. Elle y pratique la peinture sur *azulejos* selon la technique traditionnelle utilisée au Portugal depuis 500 ans. Dessins figuratifs, magnets, petits jeux, dessous-de-plat ou grands panneaux plus ambitieux, il y en a pour tous les goûts et tout est peint à la main. Isabelle organise également des *workshops* en français pour apprendre à peindre son propre *azulejo* dans les règles de l'art. Une très sympathique adresse !

POTERIE O OLEIRO

83 Caminho du cruzeiro
✆ +351 292 666 020
Ouvert tous les jours de 9h à 19h.

L'atelier se trouve juste à côté de l'hébergement O Zimbreiro, et pour cause c'est la même famille ! Le couple est installé à Pico depuis plus de 30 ans et la petite boutique est au même endroit que leur maison. C'est donc ouvert tous les jours, il suffit de s'annoncer ! Et si vous avez de la chance, vous verrez peut-être même le potier tourner… Tout est fait sur place et tout est fait à la main. Chaque pièce est unique : décoration, vaisselle, pièces traditionnelles, autres plus modernes… Belle découverte. En plus on vous offrira un petit verre de bienvenue !

TURISPICO

17 Caminho de Cima
✆ +351 919 890 485
www.turispico.pt
Randonnées pédestres guidées et balade à cheval : 40 € par personne.

Nélia Xavier (qui parle un peu français) et son époux proposent des randonnées pédestres guidées et des balades à cheval. Services de guide de montagne. La balade à cheval (accessible à tous les niveaux, débutants compris) autour de Piedade dure 2 heures et mène à un joli belvédère sur l'océan et São Jorge (et Terceira, quand il fait très beau). La promenade peut s'achever sur une sympathique collation incluant pain, fromages et vins typiques. Une agence très sérieuse qui offre des activités natures, dans le respect de l'environnement.

MONT PICO

Avec ses 2 351 mètres d'altitude, ce strato-volcan forme le plus haut sommet du Portugal. Il est par ailleurs deux fois plus grand que toutes les autres montagnes des Açores. Sa taille imposante domine toute l'île, à qui il a donné son nom, et l'on peut d'ailleurs le voir depuis n'importe quel endroit de Pico, et même depuis ses voisines São Jorge et Faial. Plutôt jeune, il s'est formé il y a 750 000 ans et sa dernière éruption remonte à 1720.

Le mont Pico a été classé comme réserve naturelle pour la première fois en 1972. Celle-ci couvre une superficie d'environ 1 500 hectares et abrite une flore d'une grande diversité incluant des espèces endémiques de l'archipel.

Balade

Informations générales. L'ascension du mont Pico est réservée aux amoureux de la nature qui n'ont pas peur des défis sportifs. Elle n'est pas à prendre à la légère ! La randonnée est exigeante en raison de son fort dénivelé, des variations météorologiques qui peuvent surprendre et du terrain accidenté. Comptez 3,8 km avec un dénivelé de 1150 mètres, 3 à 4h pour monter et le même temps pour redescendre (entre 6 et 8h au total). La descente est tout aussi difficile que la montée à cause du sentier raide et glissant et ne peut se faire que de jour.

Monter seul ou avec un guide. Il est conseillé d'entreprendre l'ascension avec un guide. Des agences sur l'île se feront un plaisir de vous renseigner et de vous offrir leurs services. Les plus aventureux pourront néanmoins se lancer seuls. Le départ se fait à la Casa da Montanha. Vous devrez y récupérer une balise GPS au prix de 25 € par personne. Attention car la randonnée est limitée à 160 personnes en simultané, pensez donc à réserver en avance sur le site internet pour ne pas vous retrouver à attendre : https://montanhapico.azores.gov.pt. Grâce à la balise, les employés de la Casa pourront suivre votre progression en temps réel. Néanmoins, pensez à télécharger le trajet sur votre téléphone avant de partir car les 47 balises qui jalonnent le sentier ne sont pas bien visibles et qu'il est possible de se perdre facilement, surtout par temps de brouillard.

Quand monter. La randonnée est ouverte toute l'année, selon les conditions météorologiques. On peut monter de jour, mais aussi de nuit pour arriver au sommet au lever du soleil. A noter : il est possible de bivouaquer dans le cratère du volcan. La nuitée est limitée à 32 personnes par jour, n'oubliez donc pas de réserver.

Au sommet. Même si elle est difficile, la montée au sommet du Pico sera récompensée par une vue magistrale à 360° sur toutes les îles du groupe central : São Jorge, Faial, Terceira et Graciosa.

Climat

À cette altitude, les températures sur le volcan peuvent être très basses, et elles varient rapidement ! En hiver, le sommet est d'ailleurs souvent enneigé. Dans ce cas, la montée n'est autorisée que pour les randonneurs munis de crampons. Pour avoir une idée de ce à quoi vous attendre, sachez qu'il existe en moyenne une différence de 10°C entre la température au niveau de la mer et celle du sommet. En hiver, on peut facilement atteindre les 5°C sur le volcan...

L'ascension est souvent rendue difficile par les conditions météorologiques : le vent et les bourrasques sont forts, le brouillard se lève vite... Soyez prudent et équipez-vous bien pour vous protéger du froid et des intempéries : polaire, veste, imperméable et chaussures de randonnées sont indispensables. Si vous passez la nuit dans le cratère, des vêtements bien chauds seront de mise, ainsi que du matériel de camping.

De la même manière, s'il fait très chaud la journée, notez que le chemin n'est pas ombragé et que vous serez exposé au soleil sans interruption... Prévoyez donc un chapeau, des lunettes et de la crème solaire.

Plusieurs sites internet peuvent vous aider à vous organiser comme picomountain.com, onglet «Conditions & Weather», qui indique la météo sur le volcan en temps réel et les prévisions.

LAGOA DO CAPITÃO

Perdue en plein milieu de l'île, cette étendue d'eau calme est habitée par des canards sauvages et d'autres oiseaux marins, mais aussi quelques vaches qui viennent s'y abreuver. S'il n'y a pas vraiment d'infrastructures sur place pour profiter du lieu, on ne manquera pas de suivre le petit chemin sur la droite après le parking pour grimper sur le talus et jouir d'une vue imprenable sur la côte et São Jorge d'un côté, le lac et le mont Pico de l'autre. C'est l'endroit idéal pour photographier le volcan et son reflet dans les eaux bleues, surtout au coucher du soleil, lorsque le temps est dégagé.

Équipez-vous de bonnes chaussures parce que le petit chemin peut être très boueux. Comptez une centaine de mètres pour arriver au sommet du talus.

Transports

On y accède facilement par une route asphaltée, l'EN3, aussi appelée route « longitudinale », qui contient la plus longue ligne droite des Açores, et l'une des plus longues du Portugal. Ses 9 km de route en parfaite ligne droite sont supérieurs à la longueur de Corvo, la plus petite île de l'archipel ! Emprunter cette voie est un émerveillement constant : elle traverse une végétation dense et laisse découvrir de sublimes vues du mont Pico. N'étant pas très fréquentée, on peut s'y arrêter pour prendre des photos pittoresques de la route se perdant dans le lointain, quand ce n'est pas dans le brouillard, qui recouvre souvent la région.

LAGOA DO CAIDO ET LAGOA SECA

Ils reposent l'un à côté de l'autre, en plein centre de l'île. Le Lagoa do Caiado, inclus dans une aire protégée, est le plus grand lac de Pico. Il est entouré de collines recouvertes d'une végétation basse et donne l'impression d'étirer ses eaux jusque dans l'océan, étant séparé de celui-ci par une petite bande de terre. Au loin, la forme effilée de São Jorge se dessine par temps clair. Quant au Lagoa Seca, c'est un lac volcanique qui occupe le cratère d'un petit volcan bordé d'une forêt dense et épaisse, devant l'océan qui se déploie derrière lui.

Balade

Les lacs se trouvent sur la randonnée PR19 PIC - Chemin des Lacs (22,2 km - 7h - facile), qui traverse toute la partie centrale de Pico jusqu'à Ribeirinha. Souvent plongée dans le brouillard, cette région est à découvrir par temps dégagé. C'est la partie qui vous offrira l'aperçu le plus pur de Pico, un voyage au coeur même de l'île pour en découvrir l'essence : des vues sur le mont Pico, une végétation clairsemée, des pâturages verdoyants parsemés de lacs et de près de deux cents petits cônes basaltiques.

Transports

On accède aux lacs par une piste quelque peu chaotique et accidentée, la « route des lacs », qui progresse au cœur de Pico et laisse découvrir toute la puissance de sa nature brute et sauvage. Elle donne une impression de bout du monde et d'isolement, sans doute parce qu'on ne croise que peu de voyageurs sur cette partie délaissée de l'île. Prudence avec la voiture de location !

Lagoa do Capitão.

CALHETA DE NESQUIM ★

Très beau petit village où le capitaine Anselmo arma le premier bateau açorien en vue de la chasse au cachalot. On y répare encore, sur le port, des baleinières pour faire des régates. C'est devenu une activité très populaire sur l'île de Pico, principalement de juin à septembre où les foules se déplacent pour y assister. Calheta de Nesquim est également le point de départ du circuit de randonnée balisé PRC11 PIC (9 km – 3h – difficulté moyenne). Pour en obtenir l'itinéraire exact, renseignez-vous auprès de l'office de tourisme le plus proche (Lajes) ou sur le site officiel de la randonnée aux Açores – trails.visitazores.com –, mis à jour quotidiennement.

Calheta de Nesquim.

CASA DAS PEREIRAS €€

Rua Professor Dias de Melo
✆ +351 912 984 638
www.casadaspereirasazores.com
Séjour de 2 nuits minimum. Appartement T1 à partir de 150 € la nuit. Petit déjeuner inclus. T2 : prix sur demande.

Les différents hébergements s'articulent autour de la piscine et du jardin. Un T2 et trois T1, modernes, totalement équipés et joliment décorés composent cet ensemble. Tranquillité et confort sont les maîtres mots. La maison est typique des Açores, bâtie en pierres de basalte. L'océan n'est jamais très loin et de belles balades sont possibles aux alentours. Sur demande : repas, massage, service de transfert... Et à votre disposition : wifi, parking, bibliothèque... Le petit déjeuner est copieux et préparé à partir de produits locaux.

FAIA €

Rua Feteira de Baixo
✆ +351 292 701 066
faia.jimdofree.com
Ouvert du jeudi au dimanche de 18h à 22h et de 12h à 14h les samedis et dimanches. Comptez environ 12 € le plat.

Le restaurant est tenu par un couple allemand et la cuisine est en parfaite symbiose avec les Açores. Il faut quitter la route principale pour rejoindre l'établissement, mais ce petit détour vaut le coup. La vue sur l'océan est magnifique, surtout si vous avez la chance de pouvoir manger sur la terrasse. Les plats sont élaborés à partir de produits frais. Les assiettes sont plutôt simples, mais particulièrement goûteuses et savoureuses. Poissons et fruits de mer du jour, röstis, cordons bleus et burgers se côtoient sur le menu, avec quelques options végétariennes.

LAJES DO PICO ★★

Premier site habité de l'île de Pico, Lajes, découvert sans doute en 1460, devint très vite port de pêche et de commerce, bien que ce dernier rôle lui fût bientôt contesté par Madalena et, plus récemment, par São Roque. Mais ce qui fera vite la renommée de Lajes, c'est la chasse à la baleine. La petite ville est aujourd'hui un point de chute à la fois calme et plein de souvenirs de l'ancien temps de la chasse. L'influence américaine s'y ressent d'ailleurs encore avec insistance, plus même qu'à Terceira. La magnifique Festa dos Baleeiros, la dernière semaine d'août, est l'occasion d'admirer les *botes* dans une action fort pacifique : la course.

Balade

En sortant du musée des Baleiniers, tourner à gauche, suivre la jetée, puis la route. En haut de la côte, dans le virage à gauche, une piste part à droite. Elle mène à la Vigia de Queimada. On frappe, la porte s'ouvre et l'on peut apercevoir les cétacés... Suivre ensuite le sentier, traverser la route principale. Le sentier débouche sur une piste. Prendre à gauche et la suivre jusqu'à croiser le troisième chemin, qui monte sur la droite. Au bout de ce chemin, on traverse un petit pont et on prend le sentier, toujours dans le sens de la descente. Une fois la route goudronnée traversée, on rejoint le bord de mer en passant devant l'usine baleinière. A l'entrée de Lajes, juste après la Casa dos Botes, l'escalier mène au musée.

LE VOLCAN DE PICO, UNE SILHOUETTE QUI JOUE SOUVENT À CACHE-CACHE !

Même au milieu de l'Atlantique, une montagne reste une montagne. Ne vous laissez pas séduire par le soleil du bord de mer. Là-haut, à 2 351 m d'altitude, ça peut être l'hiver, même en été. La montagne a ses caprices et, au mois de juillet, le brouillard peut tomber très rapidement. Et dès qu'il tombe, il est prudent de redescendre au plus vite. Il est donc fortement conseillé de s'assurer les services d'un guide local. Les habitués de la randonnée peuvent tenter l'expérience. Dans ce cas, comptez consciencieusement le nombre de marques en béton croisées en montant, afin de les retrouver à la descente si le temps venait à se couvrir. Munissez-vous de vêtements chauds, d'un litre d'eau par personne et de bonnes chaussures. Évitez de quitter le sentier (en mauvais état) et n'oubliez pas que plus on se rapproche du sommet, plus la végétation devient fragile. Pendant votre balade, vous croiserez peut-être quelques lapins qui surgiront d'un talus, quelques canards qui cancanent au loin ou quelques troupeaux de vaches qui broutent paisiblement. Ce volcan vous pourrez le gravir, mais vous pouvez également l'admirer… C'est en fait de Faial, de São Jorge ou de la mer que l'on a la meilleure vue sur le Pico. Néanmoins, la masse noire du monstre des terres est particulièrement belle depuis les quais de Lajes do Pico, le panorama depuis Madalena étant souvent masqué par l'éclat du soleil (quand il y en a). De superbes perspectives se dégagent depuis la route transversale, notamment au niveau du Lagoa do Capitão. Avec quelques kilomètres de distance et le recul nécessaire, on peut vraiment apprécier ce volcan assoupi qui joue bien souvent les Fuji Yama de l'Atlantique, la tête un peu pelée au soleil, une petite couronne de nuages en guise d'écharpe, son socle massif et solide riche de toute la verdure des Açores.

CENTRE DES ARTS ET DES SCIENCES DE LA MER

Rua do Castelo

✆ +351 292 679 330

En haute saison, ouvert tous les jours 9h-18h. En basse saison, lundi-vendredi 9h-18h, fermé le week-end. Entrée 2,50 €.

Cette ancienne fabrique qui a commencé son activité en 1955 sous le nom de Société de l'industrie baleinière insulaire a été récupérée et transformée en musée. Ouvert en 2008, on peut y voir une exposition permanente, « Géants de la mer », ainsi que des projections sur la fabrique et ses activités. La mer et la chasse à la baleine occupent une place importante sur l'île de Pico, il est donc intéressant de visiter ce centre pour mieux comprendre ses traditions.

MUSÉE DES BALEINIERS ★★

13 Rua dos Baleeiros ✆ +351 292 679 340

www.museu-pico.azores.gov.pt

D'avril à sept., du mardi au dimanche de 10h à 17h30. D'oct. à mars, du mardi au dimanche de 9h30 à 17h. Entrée : 2 €.

Dédié aux baleiniers, ce musée installé dans l'ancienne Casa dos Botes n'est pas qu'un mausolée nostalgique d'une époque révolue : il permet de comprendre comment vivaient et travaillaient les baleiniers, et à quoi servaient leurs outils, du harpon à la baleinière, des jumelles au cordage. On découvre un mode de vie autant qu'un métier, sans mythologie ni sentimentalisme. Un film documentaire sur les baleiniers est diffusé toutes les 30 minutes, alternativement en portugais et en anglais. Sanglant pour la baleine, mais édifiant (âmes sensibles, accrochez-vous !).

KIOSQUE D'INFORMATION TOURISTIQUE

Rua do Castelo

✆ +351 292 672 486

www.visitazores.com

De 9h à 12h et de 14h à 17h. Non-stop en haute saison.

Informations sur les événements à venir, des brochures avec des suggestions de circuits, des cartes, produits d'artisanat. Vous pouvez y faire des réservations pour des activités de loisirs ou pour le transport, le logement et même pour une table au restaurant. Avec un peu de chance, vous tomberez sur Catia, qui maîtrise parfaitement le français. Un point d'information complet et un passage indispensable pour obtenir tous les renseignements nécessaires à votre visite de Lajes do Pico.

PARQUE DE CAMPISMO €

Rua Engenheiro Arantes de Oliveira
✆ +351 963 000 491
https://cm-lajesdopico.pt
Ouvert d'avril à octobre. Environ 6,50 € la tente.

Le terrain de camping se situe derrière l'église de la ville. D'une capacité de 150 tentes, il est aménagé plutôt sommairement : quelques tables pour manger, un barbecue, un éclairage et des prises électriques, des sanitaires (8 douches), de l'eau chaude, une zone de loisirs avec un terrain de beach-volley... À proximité, vous trouverez des restaurants et une zone de baignade à 150 mètres avec des piscines naturelles. L'accueil y est très sympathique, le gérant étant soucieux du bien-être de chacun. Une option d'hébergement simple, mais pas chère du tout.

ALDEIA DA FONTE €€€

Caminho de Baixo
✆ +351 292 679 500
www.aldeiadafonte.com
Chambre double standard dès 55 €, deluxe dès 65 €, suite dès 105 € et studio à partir de 75 €. Petit déjeuner inclus.

Un hôtel charmant dans un cadre magnifique. L'établissement est composé de maisons en basalte qui abritent 8 suites, 16 studios et 16 chambres. Le concept est celui d'un hôtel vert, construit en harmonie avec le milieu environnant et surtout au cœur d'un superbe jardin luxuriant et d'une forêt endémique qui surplombent l'océan. De merveilleuses randonnées sont possibles sur la propriété, mais la paix et la pureté de la nature invitent aussi à la relaxation et à la méditation. Piscine, piscine naturelle à proximité, restaurant, sauna, salle de fitness...

HÔTEL WHALE'COME €€

Rua dos Baleeiros
✆ +351 292 672 010
De 48 € à 87 € la double, de 58 € à 102 € la triple et de 66 € à 103 € la familiale. Petit déjeuner inclus.

Chambres récentes, confortables, avec ou sans vue sur l'océan. La résidence appartient à l'équipe d'Espaço Talassa ; pratique donc si vous planifiez une sortie en mer. L'accueil y est jovial et on vous dispensera des conseils et informations en français. L'hôtel dispose aussi d'un « slow-food restaurant », un concept insolite pensé par l'équipe : on y mange des produits locaux, voire bio, on prend le temps de vous servir (vous voilà prévenus). Wifi gratuit. Une sorte d'auberge où l'on se sent bien et d'où la vue est vraiment agréable. Une belle option.

FUTURISMO

Portas do Mar - Loja 26
✆ +351 296 628 522
www.futurismo.pt
Ouvert tous les jours de 8h à 19h. Comptez 65 € pour l'observation des baleines (demi-journée).

Futurismo est une agence spécialisée dans les sorties en mer (observation des baleines et des dauphins). Elle opère toute l'année à Ponta Delgada, même si l'hiver il s'avère un peu plus difficile de sortir étant donné les conditions climatiques un peu capricieuses. Les sorties sont réalisées à bord de zodiaques, de catamarans ou de bateaux plus gros (en haute saison). L'agence propose de nombreuses autres activités : nage avec les dauphins, canyoning, kayak, randonnées, sorties en vélo, observation des oiseaux, excursions en jeep ou en van...

AROMAS E SABORES €

Rua Capitão Mor Garcia Gonçalves Madruga Gonçalves Madruga
+351 292 672 877
Ouvert du lundi au vendredi, de 8h à 19h. De 8h30 à 18h, le samedi pour le petit déjeuner seulement. Fermé le dimanche.

Pour une pause gourmande dans un cadre agréable. Une boulangerie avec une petite salle où l'on peut déjeuner sur place. Grandes salades, plats du jour, soupes et délicieux gâteaux pour quelques euros. Vous viendrez probablement pour y prendre un café, mais vous ne pourrez pas résister aux pâtisseries qui mettent l'eau à la bouche (les cheesecakes sont par exemple excellents). Il y a aussi de bonnes confitures maison et locales que vous pourrez acheter sur place. Une bonne adresse à prix doux. Dommage qu'elle ne soit pas ouverte pour le dîner !

RESTAURANTE RITINHA €

149 Avenida Marginal
+351 292 672 271
En haute saison, ouvert tous les jours de 10h à minuit. Compter aux alentours de 15 € le plat. Fermé l'hiver.

Une cuisine familiale sincère et à prix doux. La salade de poisson ne paie pas de mine, mais est absolument délicieuse. À tester ! Le menu n'est pas très diversifié, mais cela est gage de produits frais. La cuisine locale et familiale est à l'honneur. L'accueil y est fort sympathique (et avec quelques mots de français du patron !) et la terrasse très agréable. Le restaurant se situe sur le petit port de Lajes do Pico. Bon point de rendez-vous, et l'un des meilleurs spots pour boire un verre en soirée. Service lent, on vous prévient !

FONTE CUISINE €€

Caminho Baixo
+351 292 679 500
En été de 12h à 15h et de 19h à 22h. En hiver de 12h à 15h et de 18h30 à 21h30. Environ 20 € le repas avec vin inclus.

C'est le restaurant de l'hôtel Aldeia da Fonte. Il offre une cuisine fusion, plus sophistiquée et autant prisée par les locaux que par les touristes. On vous propose un menu varié et un bon choix de plats açoriens et méditerranéens concoctés avec une touche gourmet, à base de produits du terroir (légumes de saison bio, viande açorienne bio) agrémentés de plantes aromatiques et d'épices surprenantes. Le restaurant dispose aussi d'une grande terrasse donnant sur le jardin où il fait bon prendre son repas. Personnel courtois et cadre paisible. Très bonne adresse.

MAR SUSHI TERRACE €€

3 Estrada Regional, Terras
+351 912 513 308
Ouvert du jeudi au lundi 18h30-21h30. Les samedis et dimanches midi de 12h30 à 15h. Sélection de sushis de 18 € à 28 €.

Déco épurée, murs blancs et meubles en bois clair pour ce restaurant japonais installé à flanc de falaise dans une ancienne maison açorienne. On y accède par la terrasse, qui offre une vue à couper le souffle sur la Faja de Ribeiras en contrebas. Au menu, des sushis bien entendu, préparés avec la pêche locale. Mais également une carte de plats traditionnels japonais élaborés avec les produits de l'île et de l'Archipel. Tout est fin, délicieux, l'un des meilleurs restaurants japonais qu'il nous ait été donné de goûter ! Une excellente adresse.

CASA DE EXPOSIÇÕES CAPITÃO ALVES

Rua Engenheiro Falcão
+351 292 672 264
Pas d'horaire d'ouverture précis : sonnez simplement à la porte !

Exposition et vente d'objets artisanaux faits par le propriétaire lui-même ! On y trouve des porte-clefs en os de vache ou de baleines, des bijoux en ivoire végétal, des napperons, et toutes sortes de choses. Vous pouvez y faire une petite halte si vous souhaitez acheter quelques souvenirs. Au moins vous êtes sûr que c'est local et fabriqué dans l'archipel. Vous pourrez aussi apprendre de nombreuses choses sur les arts et les savoir-faire de l'île.

Dans les rues de Lajes do Pico.

ESPAÇO TALASSA

Rua dos Baleeiros
✆ +351 292 672 010
www.espacotalassa.com
A partir de 48 € pour l'observation des cétacés. Activités terrestres : 59 € pour l'ascension du mont Pico.

Un Français, Serge Viallelle (malheureusement décédé en 2019), tombé amoureux des Açores, s'est installé sur place en 1987. Ce fut le premier à organiser des sorties pour observer les cétacés. C'est aussi le tout premier auteur du guide *Petit Futé* sur les Açores ! Après une présentation de 20 min, vous pourrez sortir en mer sur un bateau de 10 m semi-rigide et aller à la rencontre du mammifère. S'armer pour tout harpon d'un appareil photo et s'attendre à quelques sensations fortes. Il faut savoir nager et aborder cette aventure dans un esprit sportif.

MIRADOURO DA PAPALVA GUEST HOUSE €€

13 Ramal Salazar
✆ +351 965 392 280
miradourodapapalva.com
Séjour de 2 nuits min. A partir de 81 € la nuit en chambre double. Petit déjeuner inclus. Cuisine ext. avec bbq.

Depuis les hauteurs de São João, cette jolie *guesthouse* domine le paysage : d'un côté, une vue plongeante sur l'océan, de l'autre, le Pico. On est chaleureusement reçu par Helena et Vera, qui se feront un plaisir de vous renseigner sur les points d'intérêt de l'île et de vous servir un délicieux petit déjeuner sur la terrasse couverte. De très belles suites confortables avec bain à remous pour certaines, climatisation, TV et literie moelleuse pour toutes. Un vrai petit paradis.

SÃO JOÃO

La petite bourgade de São João se situe entre deux *mistérios*, ces champs de lave solidifiée survenus après l'éruption de 1718. Le parc floral aménagé autour des coulées de lave du *mistério* de São João offre un espace de pique-nique agréable où l'on pourra observer des espèces endémiques. C'est également l'endroit idéal pour faire de magnifiques randonnées. L'église du village, près du port, a été entièrement rénovée après le tremblement de terre qui détruisit l'église primitive. C'est également ici que l'on produit le fromage de São João do Pico. Depuis la côte, il n'est pas rare d'observer, même à l'œil nu, le ballet des cétacés au milieu de l'océan.

SÃO MATEUS

Les premiers colons sont arrivés ici en 1482, c'est l'un des plus anciens villages de l'île et son église est l'une des plus riches et des plus majestueuses de Pico. Des terres très fertiles et avec différents microclimats ont permis aux hommes d'y cultiver la vigne, mais également de nombreux vergers. Son petit port n'est plus dédié aujourd'hui qu'à la pêche, mais il a été autrefois très lié à la chasse à la baleine. On peut encore y voir d'anciennes baleinières et la Casa dos botes où étaient entreposés ces magnifiques bateaux en attendant qu'ils prennent la mer, lorsque retentissait le signal de la vigie annonçant un cachalot.

THE BLUE EDEN €

12 A Estrada Regional
✆ +351 918 946 431
www.blueedenazores.com
De 55 € à 75 € la chambre double selon la saison, sans petit déjeuner.

Théa et Adrien, deux Français, ont décidé de poser leurs valises aux Açores en 2018. Théa est guide spécialisée en faune et flore de Pico, qui n'a aucun secret pour elle. Quant à Adrien, il est skipper et vous emmènera observer les baleines. Quoique, même pas besoin de prendre un bateau puisque le balcon du 1er étage est un spot idéal pour voir passer les cétacés. Les 2 chambres sont à l'étage, dans leur maison. Au rez-de-chaussée, galerie de sculptures et photos. Piscine naturelle à 5 min à pied et super randos aux alentours.

ALDEIA DA GINGEIRA €

Rua da Gingeira
✆ +351 910 525 367
A partir de 60 € la villa 1 chambre et 95 € la villa 2 chambres. Petit déjeuner : 10 €/pers.

Perdues sur les hauteurs de Relvas, dix authentiques maisons de Pico en pierre de lave, rénovées avec les matériaux de l'île, le bois et la pierre. L'ensemble est rempli de charme. L'aménagement est basique mais chaleureux et la literie extrêmement confortable. Chaque maisonnette est un logement indépendant, disposant d'une terrasse et donnant sur l'autre atout charme du lieu : l'espace extérieur partagé. On y trouve des chaises longues, des barbecues, mais aussi une petite piscine et un bain à bulles d'où vous pourrez admirer le coucher de soleil sur l'océan.

ADEGA VITIVINÍCOLA LUCAS LOPES AMARAL

11 Canada das Adegas
✆ +351 961 664 837
Ouvert tous les jours sauf le dimanche de 14h à 17h. Le lundi dès 9h.

Cet établissement familial est parfait pour une dégustation de vins hors des sentiers battus, loin des foules. Avec sa belle terrasse qui domine les vignobles et la mer, on profite d'une vue saisissante en goûtant les vins produits sur place. La dégustation s'accompagne d'explications instructives sur le domaine et la production de l'île, et de tapas et fromages si vous le souhaitez. On vous réserve un bel accueil, et une expérience immersive et authentique.

CRIAÇÃO VELHA ★

Crição Velha marque la dernière étape de votre tour de l'île. Deux curiosités sont en effet à ne pas manquer. La première est évidente : vous la longez pour partie depuis la route principale. Il s'agit des paysages de la culture de la vigne de Pico, un véritable champ de murets quadrillés, montés sur un sol de terre rouge, et encerclant chacun quelques précieux ceps. Un moulin au loin, l'océan en toile de fond : l'endroit a d'ailleurs été classé au Patrimoine mondial de l'Unesco en 2004. S'il est tentant de s'y engager en voiture, nous vous le déconseillons : pensez au demi-tour ! La seconde curiosité quant à elle se cache dans les hauteurs de la localité : la Gruta das Torres.

GRUTA DAS TORRES ★★

Caminho da Gruta das Torres
✆ +351 924 403 921
Nov.-mars : mardi-samedi 9h-12h30 et 13h30-17h. Avril-oct : tlj 9h-12h30 et 13h30-17h. Visite 10 €, réserver en avance.

Située à 285 mètres d'altitude dans la zone de Cabeço do Bravo, au sud de Madalena, la Gruta das Torres est classée « monument naturel régional » et est inscrite dans le parc naturel de Pico. Découverte en 1990, il s'agit du plus grand tunnel de lave connu des Açores et du Portugal (environ 5 150 mètres de longueur), et de l'un des dix plus grands au monde. Équipés d'un casque et d'une lampe torche, on part à sa découverte sur environ 500 mètres – le reste étant réservé aux scientifiques. Guidés par les précieuses explications de notre accompagnateur, on observe de jolies stalagmites et stalactites de lave, des murs striés, des structures laviques bien différentes les unes des autres, le tout dans un noir profond et dans un silence apaisant : pour ne pas dénaturer les lieux, aucun artifice humain n'y a été apporté. Parmi les quelque 80 cavités volcaniques de Pico, celle-ci vaut assurément le coup d'œil. Gruta das Torres est un exemple d'utilisation durable d'une ressource naturelle à des fins touristiques, mais surtout de sensibilisation pour la protection de l'environnement. La visite est réalisée dans le plus grand respect. La cavité est absolument fabuleuse et le temps de la visite (1h à 1h30), vous vous sentirez un peu comme un explorateur ! Un moment un peu magique, comme suspendu dans le temps. L'activité est idéale en famille. Pensez à réserver au moins la veille, car les places sont limitées. Et à vous munir de l'équipement adéquat : bonnes chaussures de marche, gilet, veste de pluie...

Gruta das Torres.

Toute en longueur, la silhouette de São Jorge est facilement identifiable. L'île est une longue falaise parcourue sur toute son étendue par une route située à près de 800 m d'altitude. Vue d'avion, São Jorge évoque un grand navire immobile qui aurait choisi son coin d'océan pour goûter les joies du repos. Le marcheur invétéré tout comme le promeneur du dimanche y trouveront des chemins pour flâner : les plus belles randonnées des Açores s'y trouvent peut-être concentrées. Des pâturages riches et verdoyants couvrent la quasi-totalité de l'île ; hortensias, bruyères et belladones pour les fleurs, châtaigniers, pins, eucalyptus, hêtres pour les arbres, le cadre exubérant de São Jorge permet de découvrir des panoramas fantastiques, du sommet des falaises dont les flancs plongent vertigineusement dans la mer, ou sur les fajãs, surfaces planes qui s'étendent jusque dans l'océan et trouvent leur origine dans l'effondrement des falaises.

São Jorge
ROSAIS
FAJÃ DE JOÃO DIAS
Beira
VELAS
Toledo
FAJÃ DO OUVIDOR
NORTE GRANDE
FAJÃ DA RIBEIRA DA AREIA
FAJÃ MERO
FAJÃ PENEDIA
URZELINA
NORTE PEQUENO
Urzelina (São Mateus)
MANADAS
FAJÃ DOS CUBRES
FAJÃ DA CALDEIRA DE SANTO CRISTO
CALHETA
RIBEIRA SECA
Portal
FAJÃ DOS VIMES
Loural
TOPO
FAJÃ DE SÃO JOÃO
Santo Antão
CRUZAL
SANTO ANTÓNIO
SÃO ROQUE DO PICO
5 KM
AÇORES
CORVO
FLORES
SÃO JORGE
GRACIOSA
TERCEIRA
FAIAL
PICO
SÃO MIGUEL
SANTA MARIA

Velas
Capital do Queijo
Cheese Capital
500
ANOS DE HISTÓRIA
Years of History
NATUREZA, CULTURA E GASTRONOMIA
Nature, Culture and Gastronomy
SÃO JORGE AÇORES PORTUGAL
QUEIJO SÃO JORGE
36 meses

"Velas, em São Jorge, nos Açores, é um destino turístico de excelência com as suas emblemáticas fajãs, reserva da biosfera, não descurando a sua história, cultura e tradições, a hospitalidade das suas gentes, a inigualável beleza natural da Ilha e a sua rica gastronomia. O Queijo é um dos ex-libris do nosso Concelho, reconhecido e premiado internacionalmente, com um sabor que o distingue de todos os outros queijos do mundo, feito a partir de leite cru, proveniente das vacas que repastam nas nossas verdejantes pastagens."

Velas, in São Jorge Island, in the Azores, is a tourist destination of excellence with its emblematic fajãs, a biosphere reserve, bearing in mind its history, culture and traditions, the hospitality of its people, the unique natural beauty of the Island and its rich gastronomy. Cheese is the ex-libris of our Municipality, internationally recognized and awarded, produced in a unique way, with a flavour that distinguishes it from any other cheese in the world, it is made from raw milk, from cows that eat in our green pastures.

PAGES

●● CÔTE SUD

291

Faire le tour de l'île en une seule journée nous paraît bien ambitieux. L'intérêt majeur de São Jorge étant ses fameuses fajãs, nous vous recommandons de prendre le temps d'en découvrir plusieurs. Le simple fait de quitter la route principale pour rejoindre ces paradis perdus vous prendra en moyenne 20 minutes de descente en voiture, et au moins autant de remontée ; ajoutez à cela une quinzaine de minutes sur place (ou bien plus si vous vous laissez envoûter par la magie du lieu), et vous aurez vite fait le compte ! Sur la côte sud, la plus remarquable des fajãs est à notre avis la Fajã dos Vimes. Elle est accessible en voiture, et peut par ailleurs faire l'objet d'une belle randonnée. A l'extrémité est de l'île, la Pontinha do Topo mérite également le coup d'œil. Comptez environ 30 minutes de voiture pour relier Velas à Calheta, et 1h15 pour relier Velas à Topo.

VELAS ★★

291 La capitale de São Jorge est relativement petite, mais charmante. La découverte sera rapide, mais elle n'en reste pas moins la plus grande ville de l'île où se concentrent commerces, administrations et restaurants. N'oubliez pas de passer par la fabrique de fromage !

299 **URZELINA ★**

299 **ROSAIS**

301 **MANADAS ★**

301 **CALHETA**

302 **RIBEIRA SECA**

FAJÃ DOS VIMES ★

303 Les *fajãs* sont un relief typique des Açores et c'est à São Jorge que vous observerez les plus belles. Fajã do Vimes est un excellent exemple de ces affaissements de terrain. Plusieurs belvédères avant d'y parvenir offrent un panorama explicite.

303 **FAJÃ DE SÃO JOÃO**

303 **CRUZAL ★**

305 **TOPO ★★**

Velas.

●● CÔTE NORD

306

Paysage typique de São Jorge, les fajãs sont plus nombreuses et plus spectaculaires encore sur la côte nord de l'île que sur la côte sud. Si la plupart d'entre elles sont aujourd'hui accessibles en voiture – par des chemins asphaltés ou en terre battue –, d'autres, plus reculées et plus sauvages, ne se dévoileront qu'aux courageux qui s'engageront dans l'une des nombreuses randonnées balisées. C'est notamment le cas de la Fajã da Caldeira de Santo Cristo, incontestablement l'une des plus remarquables de l'île, que vous atteindrez au choix depuis la Serra do Topo via le circuit de randonnée PR1SJO (10 km – 2h30 – difficulté moyenne), ou depuis la Fajã dos Cubres. Plus accessible, mais de fait plus populaire, la Fajã do Ouvidor est également de toute beauté.

FAJÃ DA CALDEIRA DE SANTO CRISTO ★★★

306

Éloignée, excentrée, la fajã da Caldeira de Santo Cristo vous donnera une impression de bout du monde. D'ailleurs seule une petite communauté vit ici, une sorte de village hippie au milieu de l'océan Atlantique ! Un havre de paix à découvrir.

© TRABANTOS - SHUTTERSTOCK.COM

Fajã dos Cubres.

VELAS ★★

C'est la ville principale de l'île. Une légende raconte qu'un jour, un navire pirate sombra dans les parages avec toute une cargaison de bougies, retrouvées flottant sur la mer : le bourg en aurait tiré son nom, « la ville des bougies ». Ce village compte parmi les plus anciennes colonies de l'île : il figure dans le témoignage de l'Infante D. Henrique daté de 1460, mais le statut administratif de la municipalité a été créé vers 1500. En 1570, Velas comptait environ 1 000 habitants, puis 2 000 habitants à la fin du XVIIe siècle ; un nombre qui passera à 4 200 en 1822 et qui diminuera plus tard en raison de l'émigration. En 2023, la commune compte moins de 5 300 habitants.

Balade

S'il fait beau, une petite balade en bord de la mer, tout près du centre, vous mènera à l'arche naturelle de Velas, une formation de roche basaltique qui enjambe l'océan. Au loin, le sommet de Pico se dresse au-dessus de la surface de l'eau.

Tourisme

Sur la route entre Velas et Urzelina, plusieurs belvédères valent le détour pour les superbes points de vue sur Velas et sa baie. En toile de fond, Faial et Pico. Prenez donc le temps de vous arrêter, ne passez pas votre chemin trop vite…

- **Miradouro da Ponta da Queimada ;**
- **Miradouro das Velas ;**
- **Miradouro do Canavial.**

ÉGLISE DE NOSSA SENHORA DA CONCEIÇÃO ✞ ★

Rua do corpo santo

Édifiée au XVIIIe siècle, elle faisait partie de l'ancien couvent des franciscains. À l'intérieur, il y a une nef ornée de sculptures en bois sculpté et doré. Les corniches sont faites en lave noire. L'église a subi un processus d'importants travaux de restauration au début du XXe siècle et est actuellement sous la tutelle de l'Irmandade da Santa Casa da Misericórdia de Velas. L'accès au bâtiment est libre, alors s'il est ouvert, prenez quelques minutes.

ÉGLISE DE SÃO JORGE ✞ ★

Rua da capela

Ouvert le dimanche, de 9h à 12h.

Érigée en 1460 d'après les ordres testamentaires de l'infant Dom Henrique, elle fut reconstruite au XVIIe et modifiée à nouveau au XVIIIe siècle. Ainsi, la façade actuelle n'est plus la même qu'à l'époque. À l'intérieur, un magnifique retable, offert à la ville par le roi Dom Sebastião au XVIe siècle, vaut le détour, tout comme l'autel latéral, ses belles voûtes à caissons et ses statues sculptées dans la pierre de lave. Dans le chœur supérieur, on trouve un orgue à tuyaux fabriqué en 1865 par Tomé Gregório de Lacerda, l'oncle du compositeur Francisco Lacerda.

CASA MUSEU CUNHA DA SILVEIRA 🏛

36 Rua Guilherme Da Silveira

✆ +351 295 432 568

En été, ouvert de 10h30 à 17h30. En hiver, de 10h à 17h. Fermé le lundi.

Dans l'ancienne demeure de la famille Cunha da Silveira, un très beau musée moderne présentant, autour de nombreux objets mis en scène, l'importance de la terre et de la mer pour la survie des anciens habitants de São Jorge, mais également les techniques de ses artisans. Une charrette à bœufs, un bateau en bois, des métiers à tisser, le musée consacre également une salle à l'histoire de la famille Cunha da Silveira. Pour les plus petits, une plaine de jeux est prévue au premier étage.

HÔTEL DE VILLE 📷

16 R. Dr. Manuel de Arriaga

✆ +351 295 412 214

cmvelas.pt

Il donne un bon aperçu de l'architecture civile baroque du XVIIe siècle aux Açores. Le portique principal, en pierre de taille sculptée, est flanqué de colonnes torses salomonniennes exhibant les armes royales du Portugal. À l'intérieur, le plafond est sculpté en bois de cèdre de São Jorge. Un établissement remarquable à Velas et qui fait totalement partie du patrimoine de la ville. Il se trouve juste en face du jardin public qui lui aussi mérite que l'on s'y attarde, surtout si le soleil brille... Il nous incite à flâner dans ses allées fleuries.

LE MORRO GRANDE ★

Accès libre.

A une demi-heure de marche du centre de Velas, le Morro Grande est la colline qui surplombe la ville. C'est un endroit idéal pour admirer la baie et le panorama sur la ville, surtout si le temps est dégagé. Depuis là-haut, on peut aussi contempler le cratère de l'ancien volcan du Morro Queimado ou le coucher du soleil (probablement l'un des meilleurs moments pour se rendre sur le Morro Grande), tandis que le Pico dresse sa majestueuse silhouette juste en face. Si vous avez 30 minutes devant vous, lancez-vous dans cette petite randonnée qui a tant à offrir.

MUNICIPIO DE VELAS

Rua de São João
✆ +351 295 412 214
www.cmvelas.pt

La municipalité continue de promouvoir Nossa Terra à travers la marque « Velas, Capital do Queijo », déposée et brevetée depuis 2018. C'est l'un des promoteurs de cet excellent produit, Queijo de São Jorge - DOP, avec plus de 500 ans d'expérience. Très active dans la promotion de la commune sur le plan national et international, la municipalité valorise fortement son histoire et ses traditions, mais aussi la gastronomie et les sites naturels de l'île de São Jorge, dont font partie les emblématiques *Fajãs*, Réserves de Biosphère.

MUSÉE D'ART SACRÉ

Igreja Matriz de São Jorge
✆ +351 295 412 214

Du lundi au jeudi 10h-12h et 14h-18h, le vendredi 10h-12h et 14h-17h, et le samedi 10h-12h.
Entrée : 1 €.

Dans une bâtisse attenante à l'église principale de Velas, l'Igreja de São Jorge, un petit musée développé grâce aux acquisitions d'art sacré du père Manuel Garcia Silveira, ancien prêtre de Velas. Le lieu expose de précieux meubles liturgiques, des images sacrées, des objets de culte en argent (notamment des encensoirs et des ostensoirs), des sculptures et des photographies datant du XVIe au XXe siècle. Si vous êtes un passionné de ce genre de pièces d'art, on vous suggère de visiter les lieux, vous ne serez sûrement pas déçu.

PORTÃO DO MAR

Sur le port, les « portes de la mer » sont remarquables. La structure a été construite dans le cadre du système de défense du village, entre 1797 et 1799, par Matias de Avelar, appartenant à la célèbre famille des « Arquitectos Avelares » ou « Arquitetos Velenses » qui, pendant plus de 150 ans, ont exercé leur art dans l'île, produisant certaines de ses œuvres architecturales les plus emblématiques. Comme c'était le cas à l'époque, les murs du port de Velas étaient fermés par des portes donnant accès à la terre ferme. C'est tout ce qui reste du système de défense.

KIOSQUE D'INFORMATION TOURISTIQUE

Largo Dr. João Pereira
✆ +351 295 432 395
www.artazores.com

En été, du lundi au vend. 9h-12h et 13h30-17h30 ; samedi 9h-13h. En hiver, du lundi au vendredi 9h-12h et 13h30-17h30.

Informations sur les événements à venir, brochures, cartes, produits locaux. Vous pouvez y faire des réservations pour des activités de loisirs (plongée, observation de baleines, randonnées...) ou pour le transport, le logement et même pour une table au restaurant. On apprécie les bons conseils et les bons plans de l'équipe jeune et dynamique qui opère ici en été comme en hiver. C'est un peu la caverne d'Ali Baba des informations de l'île de São Jorge.

POSTO DE TURISMO

1 Rua Conselheiro João Pereira
✆ +351 292 412 440

Ouvert du lundi au vendredi de 9h à 17h.
Le samedi de 9h à 15h. Fermé le dimanche.

On vous fournira des informations objectives sur les activités à faire, les lieux où séjourner, ou les moyens de transport de l'île. On vous donnera également des brochures, des cartes et des flyers sur tout ce que vous pourrez voir, admirer, déguster et découvrir à São Jorge. C'est un passage conseillé si vous ne voulez rien louper sur l'île. L'équipe est professionnelle et donnera vraiment de son temps pour vous fournir des informations personnalisées. Le poste de tourisme est bien situé, à l'entrée du petit port de la ville de Velas.

Velas
Capital do Queijo
Cheese Capital
500
ANOS DE HISTÓRIA
Years of History
NATUREZA, CULTURA E GASTRONOMIA
Nature, Culture and Gastronomy
SÃO JORGE AÇORES PORTUGAL
QUEIJO SÃO JORGE
36 meses

LES VACHES

Elles sont omniprésentes ! Elles représentent la ressource principale de l'île. L'élevage s'est développé depuis le début du XXe siècle et n'a cessé de s'accroître avec la faillite progressive des paysans qui cultivaient le blé. La culture du blé était l'une des principales bases de l'économie açorienne jusqu'à la fin du XXe siècle, mais le blé açorien a perdu toute sa compétitivité avec le développement de l'agriculture intensive dans le monde. Les pâturages ont donc remplacé les champs de blé et occupent désormais 80 % du sol. On raconte qu'il y a au moins deux vaches par habitant ; il y en aurait donc plus de 20 000. On les bénit pendant les fêtes et on les respecte.

AQUÁRIUS

21 Rua Infante D. Henrique
✆ +351 295 432 006
Tarifs sur demande.

Cette agence a été fondée par António Pedroso qui gérait auparavant l'hôtel São Jorge. On peut y réserver ses billets d'avion ou de bateau. On peut aussi faire des randonnées pédestres guidées et une excursion à la journée pour faire le tour de l'île. António a par ailleurs aménagé sa maison, la Casa do António, pour y recevoir des voyageurs. En passant par cette agence, vous êtes sûrs de percer les secrets de l'île de São Jorge. Antonio et son équipe vous feront découvrir ces terres comme vous ne l'auriez pas imaginé. Sérieux et professionnel.

AÉROPORT DE SÃO JORGE

Fajã da Queimada

Un petit aéroport, comme presque sur toutes les îles de l'archipel, mais un aéroport quand même ! En hiver (et même parfois en été), il n'est pas rare que les avions ne puissent pas atterrir ou décoller à cause du vent. On peut ainsi rester bloqué sur l'île quelques jours : le record est de cinq jours, mais en général deux jours d'attente ne sont pas impossibles. Surtout, ne pas se lamenter, ces petits tracas feront de bons souvenirs plus tard. Les quelques commerçants dans le hall vivent au rythme des arrivées et des départs et ouvrent en fonction de cela.

ATLANTICOLINE

Gare maritime de Velas
✆ +351 292 242 000
www.atlanticoline.pt
Velas-Madalena : 10,50 € (1h). Velas-São Roque : 10,50 € (1h). Velas-Graciosa : 29,50 € (3h).

Depuis Velas, liaisons directes toute l'année avec Pico (Madalena et São Roque). De juin à septembre, Atlanticoline opère une ligne supplémentaire (la blanche), qui relie Velas à Graciosa. Pour rejoindre les autres îles du groupe central (Faial toute l'année et Terceira en été), il faudra compter au moins une escale depuis São Jorge. Les trajets en ferry sont moins rapides que l'avion mais permettent d'observer de magnifiques paysages, et même d'embarquer sa voiture ! Une option à envisager si vous avez le temps et l'envie de voyager autrement.

AUTATLANTIS

Fajã da Queimada
✆ +351 296 205 340
www.autatlantis.com
A partir de 30 € pour une voiture catégorie A et de 37 € pour une catégorie C.

Autatlantis est une agence de location de voitures solide, présente sur sept îles : São Miguel, Santa Maria, Pico, Terceira, São Jorge, Faial et Flores. Pratique donc si vous envisagez un séjour itinérant sur ces sept îles, vous pouvez demander un devis global. La flotte est renouvelée chaque année pour vous offrir les derniers modèles de voitures ainsi qu'un haut niveau de sécurité et de confort. Deux types de packages d'assurance vous sont proposés. À noter que vous pouvez également louer chez eux des minibus ou encore un véhicule 4x4.

BUS

Selon la distance parcourue, comptez grossièrement de 1 € à 5 €.

Même s'il n'est pas bien difficile de s'y retrouver avec les bus à São Jorge, nous vous invitons à vous procurer les horaires de quatre lignes auprès de l'office de tourisme de Velas ou des kiosques d'information touristique de Velas et de Calheta. Pour vous donner une idée, le nord est couvert par les lignes 1 (Calheta-Velas) et 2 (Velas-Calheta). Au sud, la ligne Topo-Calheta-Velas opère du lundi au samedi avec un aller-retour par jour ; idem pour la ligne Velas-Rosais Igreja-Rosais Ponta. Vous pourrez entre autres relier Santo Amaro, Biscoitos ou Queimada.

ILHA VERDE

Fajã da Queimada
✆ +351 296 304 891
www.ilhaverde.com
A partir de 40 € par jour pour un véhicule de catégorie A.

Correspondant d'Avis et Europcar, Ilha Verde est une compagnie sérieuse implantée sur toutes les îles sauf Corvo et Graciosa. Pratique extrêmement rare, louer avec cette agence facilitera donc vos démarches si vous envisagez de vous rendre sur plusieurs îles aux Açores et de vous y déplacer en voiture. La catégorie A correspond généralement à une Renault Twingo. Quant aux autres catégories, vous aurez notamment le choix entre Nissan Qashqai, Ford Focus, Renault Capture… Des minibus ou des véhicules 4x4 peuvent également être loués. Le tout en kilométrage illimité.

SATA AZORES AIRLINES

Aéroport de São Jorge
✆ +351 296 209 720
www.sata.pt
Comptez environ 170 € l'aller-retour Ponta Delgada - São Jorge.

Depuis la France, la liaison qu'opère la compagnie SATA Azores Airlines jusqu'aux Açores ne s'effectue qu'à destination de Ponta Delgada (en vol direct ou via Lisbonne ou Porto). Il faudra ensuite prendre un autre vol inter-îles pour arriver jusqu'à São Jorge. Depuis Ponta Delgada, vous êtes à environ 1h de vol de São Jorge (vol direct). La ligne est opérée plusieurs fois par jour selon la saison, et il est désormais possible de faire l'aller-retour dans la journée. Les vols peuvent être perturbés par les conditions climatiques parfois capricieuses aux Açores.

PARQUE DE CAMPISMO DAS VELAS €

Rua Dr. Leonel Nazário Nunes
✆ +351 295 412 721
Ouvert du 1er mai au 5 octobre (sur réservation le reste de l'année). Comptez 4 € par personne.

Ce terrain de camping est bien tenu, il appartient à la municipalité. Face à la mer, il possède de nombreuses installations : douches chaudes, machine à laver, cuisine, nombreux espaces barbecue, et il est même doté d'un bar ! Dans un espace préservé, il vous permet de profiter de toute la nature environnante. À proximité, vous pourrez faire de nombreuses activités : randonnées, surf, plongée... Une option à considérer si vous aimez camper et si vous appréciez la simplicité.

CASA DO ANTONIO €€

21 Rua Infante D. Henrique
✆ +351 295 432 006
www.casadoantonio.com
Entre 55 € et 170 € selon la saison et le type de chambre. Petit déjeuner inclus

En plein centre, une maison particulière confortable, aux couleurs chaleureuses et à l'atmosphère plaisante. Les chambres, sobres et bien aménagées, disposent de sanitaires privés, d'air conditionné, d'une TV câblée, d'un téléphone et d'un coffre-fort. A l'étage, l'une des chambres jouit d'une terrasse panoramique impressionnante, dotée d'un lit matrimonial, les autres proposant deux lits simples. Excellent petit déjeuner avec une grande variété de produits locaux. Thé, café, fruits et autres douceurs à disposition en libre-service toute la journée. Wifi gratuit.

LE FROMAGE

Il pèse environ 10 kg, et il faut 100 litres de lait de vache pour en fabriquer un (10 l/kg). On le laisse sécher 3 mois (30 jours dans des caves naturelles et 60 jours dans des caves climatisées), puis on le déguste pour le classifier. Le fromage certifié a une étiquette dorée ; s'il ne l'est pas, on l'appelle « fromage de l'île ». Ce dernier peut être aussi bon, c'est seulement qu'il ne possède pas les caractéristiques requises. Il existe aussi un fromage spécial plus âgé, de 4 ou 5 mois, au goût plus prononcé. La production de l'île s'élève à environ 2 400 tonnes par an. Les fabriques traditionnelles se sont regroupées en coopératives pour des raisons de rentabilité.

BLUE PLANET €€

3 Rua Doutor Joao Soares de Albergaria
✆ +351 919 599 533
blueplanet.pt

Appartement pour 2 pers. à partir de 120 € la nuit, pour 3 pers. à partir de 135 € la nuit.

Maisons et appartements à louer. La localisation est agréable, avec vue sur l'océan et sur Pico lorsque le temps est dégagé. Les logements sont parfaitement équipés avec un coin salon et/ou repas, un four, un micro-ondes, un grille-pain et une machine à café. La cuisine est équipée d'un réfrigérateur et de plaques de cuisson. Le linge de lit et les serviettes sont fournis. Et une connexion Internet gratuite est à votre disposition. L'accueil est attentionné. On regrettera peut-être quelques petites nuisances sonores, mais rien de bien grave.

HÔTEL SÃO JORGE GARDEN €€

Avenida dos Baleeiros ✆ +351 295 430 100
www.oceanohoteis.com

Selon la saison, de 70 € à 110 € la chambre double. Petit déjeuner inclus.

L'allure extérieure est plutôt moderne, avec un long bâtiment blanc qui longe la côte. Mais l'hôtel et ses chambres, à la déco un peu datée, auraient besoin d'un petit rafraîchissement. En revanche, toutes les chambres ont une splendide vue sur l'océan et les îles voisines de Pico et Faial. Excellent petit déjeuner servi sous forme de buffet, air conditionné, TV câblée, wifi gratuit, piscine d'eau de mer et un jardin avec une très belle terrasse panoramique. L'hôtel est par ailleurs à 20 m d'une piscine naturelle aménagée dans la roche.

QUINTA DE SÃO PEDRO €€

Lugar de São Pedro
✆ +351 918 394 506

A partir de 95 € la nuit.

Un vrai coup de cœur pour cette belle propriété du XVIIIe siècle qui a été rénovée, entre tradition et modernité, avec beaucoup de goût. Quatre appartements, une maisonnette (casa dos caseiros), quatre chambres doubles dans la maison ancienne (casa-mãe) laissent l'embarras du choix quant au type d'hébergement. Billard, jeux de société, piano dans le salon commun et piscine avec une magnifique vue sur la mer sont à disposition. Joana Ambar, la jeune et attentionnée maîtresse des lieux, sera aux petits soins avec vous car elle habite sur place.

QUINTA DOS MISTÉRIOS €€

Largo da Boa Hora ✆ +351 967 692 054
quintadosmisterios.pt

Séjour de 2 nuits minimum. A partir de 120 € la nuit pour 1 pers et 140 € la nuit pour 2 pers. Petit déjeuner inclus.

Une demeure historique du XVIIe siècle, avec vue sur la mer et Pico. Grace vous reçoit avec le sourire, en français, dans le manoir de sa famille composé de 3 salons et 10 chambres de charme au mobilier d'époque. Chacune dispose d'une salle de bains privative et de tout le confort moderne. Le petit déjeuner, copieux et garni de produits frais, se prend dans la salle à manger avec son mobilier ancien. Au rez-de-chaussée, un petit musée et un vieux moulin, mais aussi un jardin du XVIIIe siècle avec de belles pierres apparentes, des arbres centenaires et une piscine.

SNACK BAR O 30 €

44 Avenida do Livramento
✆ +351 295 432 409

Ouvert du lundi au jeudi de 8h à 15h, et le vendredi de 8h à 23h. Menu du jour (soupe et plat) 8,50 €.

Un peu à l'écart du centre de Velas, une adresse jeune et sympathique offrant de très bons plats du jour à prix démocratique, cuisinés exclusivement à partir de produits frais et locaux. La carte propose également d'excellents burgers servis dans le petit pain traditionnel des Açores, le *bolo levedo*, qui est ici fait maison, tout comme les frites qui accompagnent. Ouvert dès le matin, vous pouvez aussi y prendre votre petit déjeuner, entouré par les discussions animées des habitants de Velas qui apprécient beaucoup cette excellente petite adresse.

FORNOS DE LAVA €€

Travessa de São Tiago ✆ +351 917 394 977
fornosdelava.pt
Ouvert tous les jours de 19h à 22h (minuit en été ; cuisine ouverte jusqu'à 21h30). Plats autour de 20 €.

C'est le restaurant de l'hôtel Os Moinhos et un véritable coup de cœur culinaire à São Jorge ! L'établissement vous propose des plats traditionnels superbement cuisinés. Les produits proviennent majoritairement du jardin et ça se goûte vraiment dans l'assiette ! Le veau en croûte de fromage de São Jorge est à tomber, le cadre (une ancienne ferme réhabilitée) est merveilleux ; bref, sans conteste la meilleure table de l'île. Le service est attentionné et efficace. Ajoutez à cela la vue sur Pico et Faial, tout y est pour passer un bon moment culinaire, au calme…

CAFÉ FLOR DO JARDIM

A côté du Jardim da República.
✆ +351 295 412 561
Ouvert tous les jours de 8h à 2h (à partir de 9h30 le dimanche).

Petit restaurant sans prétention en plein cœur de la ville. Très populaire en journée, pour manger un sandwich ou un plat simple (les plâtrées de pâtes sont copieuses et plutôt bonnes), ou en soirée, pour trinquer joyeusement. Le week-end, la salle est envahie par les jeunes de la ville. Si vous désirez prendre votre repas ou votre verre en terrasse, pensez à réserver, elle est souvent prise d'assaut. Les habitués savent à quel point la vue sur le jardin est agréable. Gardez dans un coin de votre tête que le service peut être un peu lent…

HÔTEL OS MOINHOS - RESTAURANTE FORNOS DE LAVA €€

46 Travessa de São Tiago
✆ +351 917 394 977
www.hotelosmoinhos.pt
Séjour de 2 nuits min. A partir de 85 € la suite pour deux, petit déjeuner inclus.

Cet hôtel ouvert en 2013 est composé de 12 maisons avec une vue superbe sur l'océan. Il appartient aux propriétaires du restaurant Fornos de Lava qui l'ont construit dans un esprit écologique, tout comme le restaurant à base de produits issus de l'agriculture biologique. Son architecture respecte le style traditionnel açorien : murs en pierre basaltique, plafonds et décorations en bois. Les appartements sont tout confort. A la réception, vous découvrirez aussi un musée du Fromage !

FABRIQUE DE FROMAGE UNIQUEIJO

Canadinha nova, Beira
✆ +351 295 438 274
uniqueijo.pt
Magasin : lundi-vendredi 9h-17h30. Visite guidée (7 €) : lundi-vendredi 9h30-11h30 et 13h-16h. Sur réservation.

L'une des trois fabriques de l'île. Les jours de semaine, on peut la visiter et découvrir le procédé de fabrication du fameux fromage São Jorge. Très intéressant ! On y passe aussi simplement pour remplir la valise : c'est le seul endroit où vous pourrez acheter du fromage sous vide ! On vous rappelle que le fromage de São Jorge est l'une des spécialités les plus connues de l'archipel des Açores et qu'il détient l'Appellation d'Origine Protégée (AOP).

MARCHÉ MUNICIPAL

7 Rua Cunha da Silveira
Ouvert un samedi sur deux, en alternance avec le marché de Calheta, de 9h à 12h.

Ouvert un samedi sur deux, en alternance avec le marché de Calheta, ce petit Mercado Municipal accueille les producteurs locaux qui viennent y vendre leurs produits. Légumes, poissons, fromages, vous pourrez également y trouver quelques objets d'artisanat et vous mêler aux habitants de Velas, très attachés aux produits de leur terre. Pour les plus gourmands, c'est l'occasion de goûter aux « Espèces de São Jorge », des biscuits typiques de l'île en forme de petites couronnes ajourées sur le dessus, parfumés à la cannelle, au poivre et aux graines de fenouil.

Rosais.

ROSAIS

Figurant parmi les plus anciennes communes de l'île, Rosais fut longtemps considérée comme son grenier à céréales tant la terre y est fertile. C'est ici que se termine le GR02 SJO, qui traverse São Jorge depuis l'est, par une longue route de terre rouge aux faux airs de piste africaine. Elle mène jusqu'à la pointe la plus à l'ouest de l'île, la Ponta dos Rosais. L'ancien phare s'y dresse encore comme un fantôme. Empruntez le petit chemin à gauche jusqu'à l'ancienne vigie baleinière. Située à 200 mètres au-dessus du niveau de la mer, vous y bénéficiez d'une vue extraordinaire sur toute la pointe de São Jorge et les îles voisines de Pico et Faial.

URZELINA ★

Urzelina jouit d'une vue magnifique sur Pico. Bien que située à plusieurs kilomètres de Velas, elle en dépend administrativement. Son nom dérive de *urzela*, « l'orseille », une plante utilisée à l'époque en teinturerie ; il traduit bien l'importance économique de la cueillette au XVIIe siècle. Sa situation sur un terrain privilégié lui a assuré une prospérité rapide, mais une éruption volcanique en 1808 la détruisit presque complètement. Aujourd'hui, on peut voir, près du port, une maison qui servit d'entrepôt pour les oranges et de grands manoirs défraîchis évoquant la richesse passée des producteurs. De belles options de logements ruraux et typiques sont possibles.

CENTRO DE EXPOSICAO RURAL - ARMAZEM DA LARANJA

Caminho do Porto
✆ +351 295 414 388
Ouvert tous les jours. Entrée gratuite.

C'est dans cet ancien entrepôt situé sur le port qu'étaient stockées les oranges, l'une des principales sources de revenus de l'île entre le XVIIe et le XIXe siècle, avant qu'elles ne soient expédiées vers le continent. L'endroit a été transformé en un lieu d'exposition des traditions. À l'intérieur, un joyeux pêle-mêle d'outils venus d'un autre âge : alambics, charrettes, lit, moulin à fruits et autres pièges à rats. Un centre intéressant pour comprendre l'île et ses traditions.

CLOCHER DE URZELINA

Canada de Africa
Accès libre.

Le clocher d'Urzelina est le seul rescapé, par la grâce du Saint-Esprit, de la terrible éruption de 1808. En effet, l'église a été totalement engloutie par cette éruption. Sa façade blanche ornée de pierres grises locales trône au milieu du village. Tout autour poussent des poiriers, des hibiscus, des aloès, des rosiers, des bananiers, des dragonniers ou d'autres avocatiers. À noter, il se trouve sur une propriété privée, mais celle-ci est ouverte au public. Vous pourrez l'observer de l'extérieur, mais il n'est pas possible de pénétrer à l'intérieur du clocher.

PARQUE DE CAMPISMO DA URZELINA €

Canada de Africa
✆ +351 295 414 401
Ouvert de juin à septembre. Comptez 5 € par nuit par adulte.

Le camping d'Urzelina est un bel espace vert qui vous permet de profiter de la nature environnante. Au bord de l'océan, à proximité de piscines naturelles, les emplacements y sont agréablement ombragés. La commune d'Urzelina qui gère l'endroit met à votre disposition des barbecues et du bois. Vous y trouverez également des espaces pour laver votre vaisselle et votre linge. Calme, verdoyant et avec une vue magnifique sur Pico. Parfois, le soir, passent au loin des colonies de dauphins.

CABANAS DA VISCONDESSA €€

9 Caminho de Cima – Ribeira do Nabo
✆ +351 295 249 862
https://cabanasdaviscondessa.com
2 à 3 nuits min. Studio dès 80 € la nuit, T1 dès 90 € la nuit. En été, comptez respectivement 190 € et 230 € la nuit.

À 10 minutes à peine de l'aéroport et de la capitale Vélas, sur la côte sud de l'île, six magnifiques « cabanes » en bois perdues au milieu de la nature. Déco soignée, literie très confortable, un vrai havre de paix. Pour chacune, une belle terrasse, une cuisine équipée et de grandes baies vitrées donnant l'impression de dormir à la belle étoile. Le petit déjeuner, composé de produits de l'île, est tout simplement exceptionnel. À noter que le propriétaire est francophone et qu'il se fera un plaisir de vous renseigner sur les nombreuses choses à voir sur São Jorge.

Urzelina.

CASA DA ERMIDA €€

13 Rua do Desterro
✆ +351 965 422 539

2 nuits min. A partir de 90 € la nuit en chambre double. Petit déjeuner inclus. En été, comptez environ 150 € la nuit.

Mélange réussi de modernité et de vieux murs en pierre, dans une bâtisse ancienne réhabilitée en résidence de tourisme. L'endroit accueille trois suites confortables pour deux personnes, ainsi qu'une cuisine et une salle de petit-déjeuner commune. La terrasse est très plaisante et offre un beau panorama. La literie est confortable et les salles de bains ont été parfaitement réhabilitées. Entre bois et pierre, ces hébergements sont une excellente option dans le nord-ouest de l'île de São Jorge. Parking à votre disposition et connexion internet.

QUINTA DA MAGNOLIA €€

São Mateus
✆ +351 295 414 211
www.quintadamagnolia.com

A partir de 85 € la double. Petit déjeuner inclus. En été, 2 nuits min ; comptez 175 € la nuit en chambre double.

La bâtisse est assez majestueuse. Reconstruite en conservant les caractéristiques de l'île, avec de la pierre de basalte, la Quinta da Magnolia a fière allure. Les 8 suites ont vue sur l'océan et sur la nature environnante. Elles sont décorées avec soin et délicatesse et chacune se distingue par de petits détails. La grande piscine extérieure est très agréable à la belle saison et le petit déjeuner continental est très complet. Sur place : possibilité de se garer, on pourra vous aider à organiser vos excursions et venir vous chercher à l'aéroport.

RESTAURANTE URZELINA €

34 Estrada Regional
✆ +351 295 414 016

Ouvert tous les jours sauf le mercredi, 9h-23h (cuisine 12h-14h et 18h-21h30). 10-15 € par personne. Buffet à volonté.

Sorte de cantine portugaise. Au bord de la route, le restaurant ne semble pas très attrayant. Il sert pourtant une cuisine simple intégralement maison, de la soupe traditionnelle à la *morcela*. Les patates douces et les pommes de terre viennent directement du jardin. Pour le déjeuner, une formule sous forme de buffet à volonté est proposée tous les jours. Le reste du temps, plats à la carte. Une belle et bonne adresse locale. Ne vous attendez pas à de la grande gastronomie, mais le rapport qualité-prix est très bon et vous serez plongé dans l'authenticité.

COOPERATIVA ARTESANATO SRA DA ENCARNAÇÃO

Ribeira do Nabo
✆ +351 295 414 296

Ouvert du lundi au vendredi de 9h à 17h30.

Dentelles de São Jorge, couvre-lits typiques (la couleur marron est obtenue en faisant bouillir des oignons), vestes en laine, sacs, couvertures multicolores, sets de table en coton, etc., c'est joli et authentique. Dans une autre salle, on peut visiter les ateliers, les grands métiers à tisser et les techniques encore utilisées pour réaliser couvertures et tapis. Il est possible de passer commande, payable en deux temps : 50 % lors de la commande, 50 % lors de la remise des travaux.

MANADAS ★

Le port de Manadas était marqué par une hutte de guet, construite en 1647, pour surveiller la navigation sur le canal de São Jorge. Pendant l'ère de la piraterie, les habitants suspendaient de prétendus pirates à ce point de vue, pour avertir les pirates ou les corsaires des conséquences d'une attaque contre le village. Pendant le cycle orange (période économique où les agriculteurs locaux produisaient des agrumes pour l'exportation), la vigie a été utilisée pour avertir de l'arrivée des cargos. Plus tard, le port a également été le port de transit pour les exportations de vins de Castelete vers le continent européen et l'Angleterre.

CALHETA

C'est le second bourg de l'île, il concentre à ce titre quelques adresses d'hébergement et de restauration bien achalandées. Il n'y a pas grand-chose à voir, mais l'ambiance n'est pas déplaisante pour autant. On pourra toujours jeter un coup d'œil à l'église paroissiale de Santa Catarina érigée au XVIIe siècle, ou au musée Francisco de Lacerda, pour en apprendre davantage sur ce fameux musicien local, ou sur l'histoire de l'émigration açorienne. Le petit port (Largo do Cais), où flotte un air du siècle passé, est charmant. Les quatre journées musicales, sportives et ethnographiques du festival de juillet (la deuxième quinzaine du mois) méritent enfin d'être citées.

JARDIM DO TRIANGULO €

91 Terreiros
✆ +351 295 414 055
ecotriangulo.com
Entre 45 € et 70 € la simple, 65-85 € la double, 60-80 € le studio 1 pers., 75-95 € le studio 2 pers. Pdj inclus.

C'est Elfi et Christian qui vous accueillent et qui vous aideront à organiser votre séjour en vous proposant des activités de randonnée, de plongée et d'observation de baleines. Le gîte peut recevoir jusqu'à 11 personnes dans 4 chambres doubles, chacune équipée d'une salle de bains privée et 1 appartement comprenant salle de séjour avec cuisine américaine, chambre à coucher et salle de bains. L'ensemble est réparti sur trois petites maisons avec terrasses. La vue sur la mer est merveilleuse et le tout est à seulement 3 minutes à pied du petit port.

MUSEU FRANCISCO DE LACERDA

Rua das Alcaçarias
✆ +351 295 416 323
D'avril à sept., 10h-17h30 sauf le lundi. D'oct. à mars, 9h30-17h du mardi au vendredi, 9h30-12h30/14h-17h le w-e. 1 €.

Francisco de Lacerda (1869-1934), musicien et compositeur originaire de Ribeira Seca, a donné en 2008 son nom au musée de Calheta. Au rez-de-chaussée, on trouvera d'abord une librairie, ainsi que des expositions temporaires. À l'étage, on découvrira ensuite deux expositions succinctes : l'une dédiée à l'émigration des Açoriens en Amérique aux XIXe et XXe siècles, et l'autre à Francisco de Lacerda, illustrée de quelques-uns de ses effets personnels. Prévoir 30 à 45 min pour la visite.

KIOSQUE D'INFORMATION TOURISTIQUE

Rue Mariano Goulart
✆ +351 295 416 252
pt.artazores.com/quem/contactos.php
En hiver, ouvert du lundi au vendredi de 9h à 12h et de 13h30 à 17h30. Ouvert tous les jours en été.

Des renseignements sur les événements à venir, des brochures avec des suggestions de circuits, des cartes, des produits d'artisanat. On peut y faire des réservations pour des activités de loisirs (plongée, observation de baleines, randonnées…) ou pour le transport, le logement et même pour une table au restaurant. Accueil sympathique et passage obligé pour organiser au mieux son séjour sur l'île de São Jorge. Personnel jeune et dynamique qui vous communiquera de nombreux bons plans.

AZORES YOUTH HOSTELS €

Canada da Vinha Nova

✆ +351 296 629 431

azoresyouthhostels.com

A partir de 40 € la chambre double, et de 55 € la chambre triple. Petit déjeuner inclus.

Une bonne option pour les petits budgets en quête d'un peu plus de confort que la simple toile de tente. Ouverte en 2011, cette auberge de jeunesse offre un confort basique pour un prix avantageux. Cuisine, laverie, bar (fermé en basse saison), parking et accès Internet gratuit. Vaste salon avec vue magnifique sur le mont Pico et sur l'océan. Les installations de l'établissement sont accessibles aux personnes à mobilité réduite. Une auberge de jeunesse sympathique à São Jorge, malgré un manque d'entretien et d'implication du personnel.

PARQUE DE CAMPISMO DA CALHETA ET SNACK-BAR €

Rua Cabo Vicente Dias

✆ +351 913 736 767

Ouvert de juin à septembre. Payant. Eau potable, bar, piscine extérieure, sports nautiques.

Le site, en bord de mer, est superbe, comme souvent dans l'archipel. Le camping Calheta bénéficie d'un excellent emplacement et d'un paysage unique avec une jolie vue sur Pico et Faial. L'océan se trouve à 30 mètres, tout comme une piscine naturelle, idéale si vous désirez faire de la plongée. Sur place : sanitaires, location de matériel de camping. On regrettera tout de fois qu'il n'y ait pas de barbecue. Un très bon choix petit budget et plein air !

AVENTOUR

Cais da Calheta ✆ +351 963 831 986

www.aventour.pt

Canyoning dès 70 € la demi-journée, 160 € 1 jour et 400 € 2 jours. Coasteering (1 jour) dès 80 €. Escalade dès 75 €.

Aventour est une valeur sûre du tourisme d'aventure. L'agence propose des excursions terre et mer en compagnie de guides sur São Jorge, mais aussi à Graciosa. Les programmes varient selon votre goût, avec des niveaux de difficulté plus ou moins ambitieux pour les amateurs de montée d'adrénaline ! Les prestations sont très variées : escalade, canyoning, spéléologie, balades à vélo, en 4x4 ou en barque, kayak, plongée, observation d'espèces marines, surf, coasteering... On peut choisir parmi différents packs, tout compris, sur une durée de 1 à 3 jours d'activités.

RIBEIRA SECA

Ribeira Seca est une paroisse principalement dédiée à l'agriculture. Elle possède la plus grande richesse dans l'agro-industrie et ses pâturages. L'industrie laitière est incluse dans la Coopérative Agricole et Laitière de Lourais, qui produit des fromages de São Jorge avec une appellation d'origine protégée. Le nom de cette ville vient du fait qu'elle est traversée par un ruisseau qui pendant des siècles a été utilisé pour alimenter des moulins à eau. Cependant, compte tenu de l'irrégularité de son débit, il était nécessaire de procéder à la construction de plusieurs moulins à vent dont certains spécimens, souvent en ruine, sont encore dispersés dans le paysage.

SOLAR DOS NORONHAS

Caminho de baixo

Il est l'un des meilleurs exemples d'architecture baroque de l'île de São Jorge. Construit au XVIIIe siècle, en 1781 plus précisément, ce manoir, « solar » en portugais, porte le nom de la famille Noronha, l'une des familles les plus riches et les plus influentes de l'île de São Jorge à cette époque. À côté, une chapelle aux ornementations naturalistes (sur le linteau notamment), l'Ermida de Nossa Senhora dos Milagres. L'ensemble est unique en son genre et témoigne de la vie privilégiée de la noblesse rurale de São Jorge aux siècles passés.

FABRIQUE DE FROMAGE DE LOURAIS

rua Da Silveira

✆ +351 295 416 358

Ouvert de 8h à 20h du lundi au vendredi. Mieux vaut téléphoner avant de se présenter.

L'une des trois fabriques de fromage de l'île. Avant d'y pénétrer, on enfile une tenue stérile, et c'est parti pour une visite guidée à la découverte du procédé de fabrication du délicieux fromage de São Jorge. À la sortie, une petite dégustation est prévue, avant de passer, pourquoi pas, par la case boutique. Le personnel est sympathique et le fromage étant la spécialité de l'île, on vous conseille vivement de vous y arrêter pour découvrir le savoir-faire des fromagers de São Jorge.

FAJÃ DOS VIMES ★

Des belvédères ont été aménagés pour goûter au charme des côtes escarpées et des cascades qui dégringolent le flanc des falaises. Arrivé à Fajã do Vimes, un arrêt au café Nunes sera incontournable, et l'on pourra en profiter pour visiter la petite boutique d'artisanat, où sont fabriqués des tapis et couvre-lits exclusivement par des femmes sur des métiers à tisser traditionnels. Les moins pressés pourront gagner Fajã dos Bodes pour son moulin à eau. C'est aussi le point de départ de la randonnée PR03 SJO (9,7 km - 3h30 - difficile) allant jusqu'à la fajã de São João, au sud. Une partie de ce circuit est fermée à cause d'un glissement de terrain, consulter trails.visitazores.com.

FAJÃ DE SÃO JOÃO

Cette fajã est habitée sans interruption depuis au moins 1550 ou 1560, dates à laquelle on retrouve des mentions de ses habitants. Son ermitage aurait été construit vers 1550. Son microclimat et ses sources d'eau abondantes ont permis d'y cultiver des vignes et des fruits, mais aussi d'y faire pousser une production limitée de grains de café. Si la fajã était le lieu de villégiature estivale préféré des familles nobles et aisées de Calheta, aujourd'hui, cet endroit préservé et tranquille produit encore du vin et des spiritueux. Prenez le temps de vous promener dans ses ruelles pavées, entre jardins, vignes et potagers.

CASA DE ARTESANATO

Au-dessus du café Nunes.
✆ +351 295 416 717
Ouvert tous les jours de 8h à 22h.

Une maison artisanale familiale, qui produit notamment des tapis et des couvre-lits. Si vous souhaitez ne rien acheter, vous pourrez vous contenter d'admirer le savoir-faire ancestral de ces femmes, très sympathiques. C'est l'occasion de découvrir l'utilisation d'un métier à tisser et de réaliser à quel point l'artisanat est important aux Açores. La visite est captivante et les pièces en tissu absolument magnifiques. La technique, les couleurs, les matières, rien ne laisse indifférent. Il faut passer par ici si vous êtes à Fajã do Vimes.

CRUZAL ★

Sur la route principale, peu avant Santo Antão, une pancarte indique la direction de ce petit hameau paisible (elle se trouve en fait un peu cachée par les taillis, juste après la bifurcation). On arrive à une fourche, prendre à gauche. Se garer juste avant le pont de pierre qui surplombe un moulin à eau. Un petit sentier part sur la droite : en l'empruntant, on pourra contempler une belle cascade, juste en dessous du moulin. On peut s'y baigner. Pour rejoindre la route principale vers Topo, il suffit de continuer tout droit après le pont. L'une des trois fabriques de fromage de l'île se trouve à Cruzal, raison de plus pour y faire une halte.

CAFÉ NUNES

138 Fajã dos Vimes
✆ +351 295 416 717
Ouvert tous les jours de 7h à 0h. La Casa de Artesanato – au-dessus du café – est ouverte tous les jours de 8h à 22h.

On y sert un arabica aussi étonnant que délicieux, longtemps connu pour être le seul café produit en Europe. Le propriétaire des lieux a en effet une petite plantation à l'arrière de sa maison, où tout est géré et préparé en famille. Si personne n'est là, prenez l'escalier et allez frapper à la porte de la Casa de artesanato située juste au-dessus, on descendra vous servir avec grand plaisir et, si vous le souhaitez, vous faire visiter la plantation. Un endroit très sympathique, idéal pour faire une petite pause gourmande après une belle randonnée.

FABRIQUE DE FROMAGE FINISTERRA

Ribeira das lixívias - Santo Antao
✆ +351 295 415 216
finisterratopo.com
Visite guidée 5 € par personne. Réservation préalable.

C'est l'une des trois fabriques de fromage de São Jorge : l'occasion d'une pause instructive et gourmande. On vous rappelle que le fromage des Açores a une réputation internationale et qu'il est la spécialité la plus connue de l'archipel. Il s'agit d'un fromage à pâte semi-molle ou dure, légèrement piquant. Entier, il a une forme circulaire et pèse de 7 à 12 kilos ; il est généralement coupé en forme de coins. Il détient l'appellation d'origine protégée (AOP).

Fajã dos Vimes.

TOPO ★★

À l'extrême pointe de São Jorge, c'est le premier lieu de peuplement et la zone la plus primitive et la plus traditionnelle de l'île. La vieille ville, avec ses maisons colorées et son couvent surplombant l'océan, vaut le détour. Quelques vaches paissent en saison sur l'îlot en face. Les esprits curieux se demanderont comment il est possible d'amener ou de ramener ces paisibles bovidés en un tel lieu… Eh bien, l'affaire est fort simple : les vaches… nagent, tout simplement ! L'éleveur les suit en bateau, afin de les guider, pendant que celles-ci prennent le frais des vagues. Si vous êtes dans le coin à l'occasion, la scène vaut assurément le coup d'œil.

Tourisme

Depuis le phare (farol da Ponta do Topo), une vue splendide sur le littoral, la petite île de Topo et la ville en contrebas se dégage. Mis en service en 1929, il est toujours en fonctionnement. On y parvient par une route de terre praticable en roulant doucement. Un peu plus loin, à la pointe de São Jorge, une belle piscine naturelle protégée du courant et des vagues offre une zone de baignade toute l'année. Juste à côté, une toute petite aire de camping où poser sa tente gratuitement, avec tables, eau courante et barbecue (sanitaires et douches en travaux).

ÉGLISE NOSSA SENHORA DO ROSARIO

Rua Joaquim Homem Silveira Noronha
✆ +351 295 415 251
Du lundi au vendredi de 8h30 à 17h30.

Bâtie au XVIe siècle, l'église sera reconstruite au XVIIIe siècle suite aux dommages provoqués par le tremblement de terre de 1757. L'intérieur renferme de précieux éléments d'art religieux, mais également une belle chaire de vérité de type baroque. L'orgue, daté du début du XXe siècle, a été construit par l'atelier de l'artiste Marcelino Lima qui se situait à Horta, sur l'île de Faial. Admirez enfin à l'extérieur le clocher bas, il est unique dans l'architecture religieuse de l'île.

O CASEIRO €

Rua Joaquim Homem Silveira Noronha
✆ +351 964 740 504
Ouvert du mardi au dimanche de 9h à minuit.
Comptez 15 € par personne.

Dans la rue principale de Topo, un petit snack-bar aux allures de restaurant est installé dans une vieille maison du village aux épais murs en pierre de lave. La carte propose des pizzas, des burgers, mais également d'excellents plats régionaux et portugais. Le midi, un buffet est proposé à prix démocratique. L'ambiance est chaleureuse et l'accueil très sympathique, une petite terrasse a même été installée devant l'établissement pour les beaux jours. L'une des seules adresses pour manger dans ce coin isolé de l'île de São Jorge.

COUVENT DE SAO DIOGO

Tv. Bpo. Enes

Couvent franciscain fondé en 1661, il fut reconstruit à deux reprises, après le grand tremblement de terre de 1757, et celui de 1980. Fidèle à la vocation des franciscains aux Açores, il fut très tôt un établissement d'enseignement. Il est aujourd'hui inclus dans un complexe moderne et fait partie de l'école fondamentale du village de Topo. Prenez le temps de vous arrêter sur la petite place devant le couvent, à l'ombre du cèdre centenaire. Le couvent surplombe un vallon qui descend jusqu'à l'océan. L'endroit est rempli de quiétude et la vue y est magnifique.

PASTELERIA DÔCILHA

São Pedro, Topo
✆ + 351 295 415 298
Ouvert du lundi au vendredi de 7h à 17h
et le samedi de 8h à 13h.

Un peu à la sortie de la ville, l'endroit n'est pas des plus simple à trouver. Mais votre patience sera récompensée ! Une bonne odeur de pâtisserie s'échappe de l'atelier de Maria de Fatima Brasil. Gaufrettes, meringues, cigares, caramels, biscuits en tous genres, massa sovada, sans parler des fameuses Espèces de São Jorge, ici tout est fait à l'ancienne et cuit au feu de bois. Un vrai régal ! À noter que la boulangerie dispose également d'un point de vente dans la rue principale de Topo, environ 50 mètres plus bas que l'Império.

FAJÃ DA CALDEIRA DE SANTO CRISTO ★★★

Un lac, une jetée, des barques colorées, des rues en terre battue, des petites maisons en pierre de lave et une église défiant l'océan, vous voici à la Fajã da Caldeira de Santo Cristo. Avouez que vos quelques heures de randonnée sont plutôt bien récompensées ! Le temps semble s'être ici arrêté. Une communauté s'est appropriée les lieux : des Açoriens, ermites, écrivains en mal d'inspiration ou surfeurs (l'un des plus beaux spots d'Europe) y vivent à l'année et se ravitaillent par bateaux ou motos. On y trouve également quelques logements. À noter enfin que cette lagune constitue l'unique endroit de l'archipel où sont pêchées les palourdes.

Se restaurer

Il y a peu d'options pour se restaurer dans la *fajã*. En basse saison, les deux restaurants de l'île sont fermés. En haute saison, pensez à réserver car les places sont limitées ! Vous trouverez aussi une petite aire de pique-nique sur le chemin allant vers la fajã dos Cubres, en surplomb de la mer. Parfait pour observer les surfeurs prendre les vagues !

Transports

Pour vous rendre dans cet endroit merveilleux, il n'y a pas beaucoup d'options. La *fajã* est isolée, et accessible uniquement par trois moyens.

- **Le bateau.** Des agences peuvent organiser des tours en bateau, se rendant de *fajã* en *fajã* pour vous faire découvrir la côte de São Jorge.
- **Le quad.** Si vous avez réservé un logement dans la fajã da Caldeira de Santo Cristo, vos hôtes pourront organiser votre transfert en quad pour faciliter vos déplacements avec les bagages.
- **La marche à pied.** C'est finalement l'option la plus économique, et qui vous permettra de profiter de la nature environnante et de magnifiques points de vue sur le site. Le chemin de randonnée (PR01 SJO - 9,5 km - 2h30 - difficulté moyenne) démarre au parc éolien de Serra do Topo et fait descendre jusqu'à la fajã da Caldeira do Santo Cristo avant de finir à la fajã dos Cubres. Si vous n'avez pas envie de faire toute la randonnée, vous pouvez tout aussi bien faire l'aller-retour à la fajã de Santo Cristo depuis la fajã dos Cubres (comptez environ 45 minutes l'aller sur un chemin de terre bien balisé, partiellement ombragé).

CENTRO DE INTERPRETAÇÃO DA FAJÃ DA CALDEIRA ★

✆ +351 295 403 860

D'oct. à mai, ouvert vend. et sam. 9h30-12h30 et 13h30-16h30. De juin à sept., tlj 9h30-12h30 et 13h30-16h30. Gratuit.

C'est un des deux centres environnementaux qui dépendent du parc naturel de São Jorge. Construit à partir des ruines d'une ancienne bâtisse rénovée, ce centre d'interprétation répondra aux curieux qui s'interrogent sur l'origine géologique des *fajãs* (et en particulier de celle de Santo Cristo), ainsi que sur le mode de vie ancestral des habitants qui y résidaient autrefois. L'aspect biologique y est lui aussi abordé ; bref, un espace complet qui mérite amplement d'être visité.

CALDEIRA GUESTHOUSE & SURFCAMP €

Fajã da Caldeira

✆ +351 912 517 001

caldeirasurfcamp.com/en

Chambre double à partir de 55 €, suite à partir de 60 €. Dortoir (3 lits) à partir de 30 €.

Au cœur de la *fajã*, cette *guesthouse* a tout pour vous faire vivre un véritable moment d'évasion. Des chambres propres et confortables, un accueil chaleureux, des repas conviviaux avec le personnel et les voyageurs, de belles vues sur l'océan et la lagune, la tranquillité de la nature... L'équipe organise aussi des activités : randonnées, cours de surf, pêche, visite des cascades et des grottes, location de planches de surf, de kayaks... Un lieu hors du temps, idéal pour se ressourcer.

PARQUE DE CAMPISMO DE FAJA DA CALDEIRA

Juste à côté du centre d'interprétation.

Gratuit. WC, douches froides et barbecue. Pas d'électricité ni d'eau chaude.

Ce camping, installé juste à côté du centre d'interprétation, a été inauguré en 2023. Il est donc tout neuf et propre, même s'il n'y a ni électricité ni eau chaude sur place. Pour ceux qui aiment l'aventure, la sensation d'être seuls dans leur petit coin de paradis au bout du monde, c'est l'endroit qu'il vous faut ! Avec son emplacement privilégié qui donne sur l'océan et son espace barbecue, c'est l'assurance de profiter de la *fajã* d'une autre façon, au calme.

Fajã da Caldeira de Santo Cristo.

KUANZA NATURE EXPERIENCE €€

Fajã do belo ✆ +351 919 934 115
kuanza.pt/en
Maisons tradi en pierre 3 pers. 120 €, 5 pers. 180 €. Tente de safari 130 €. Maison rurale (8 pers.) 270 €.

Au creux de la fajã do Belo, cet établissement hors du commun vous propose de séjourner dans de jolies maisons en pierre de lave, au bord de l'océan. Il offre un cadre naturel unique et reculé, en pleine nature ; c'est l'endroit parfait pour se ressourcer. Même s'il n'est accessible qu'à pied ou en quad, sur le chemin menant à la fajã da Caldeira, vous y trouverez tout ce dont vous avez besoin : un personnel aux petits soins, piscine et terrasse, et des barbecues pour des soirées mémorables sous le soleil couchant. Un petit paradis pour une déconnexion complète.

REFUGIO DOS CUBRES €€

✆ +351 917 592 556
Selon la saison, de 70 € à 100 € la nuit.

Surplombant légèrement la fajã et offrant une vue magnifique sur la baie, une petite maison typique remplie de charme avec tout le confort élémentaire. Deux chambres, une douche, une cuisine équipée, un coin salon avec un poêle à bois pour les soirées fraîches. À l'extérieur, un jardin verdoyant avec une terrasse couverte, des hamacs, un barbecue. Douceur de vivre au rythme des vagues. S'endormir ici, c'est vivre l'expérience unique d'être coupé du monde, face à l'océan et aux étoiles, au creux d'une des plus belles *fajãs* de l'île.

NORTE PEQUENO ★

Norte Pequeno ne présente pas d'intérêt particulier, si ce n'est que la localité est le point de départ du très beau sentier PRC06 SJO (10,8 km - 3h - difficulté moyenne), qui vous permet de visiter les Fajãs do Mero, Penedia et Pontas. Ces *fajãs*, particulièrement bien préservées, ne sont accessibles qu'à pied. Sur votre chemin, vous pourrez observer de la bruyère des Açores, l'arbre de feu, ou encore des lys jaunes. Il est également possible de voir des ignames, des saules et du lin de Nouvelle-Zélande, avec lesquels la population d'autrefois construisait les outils qu'ils utilisaient au quotidien. Pour les itinéraires, rendez-vous sur https://trails.visitazores.com.

FAJÃ PENEDIA

On atteint Fajã Penedia par un chemin en terre battue accessible à pied, ou pourquoi pas en voiture pour les plus téméraires – attention dans ce cas aux conditions météo : la voie peut s'avérer glissante (renseignez-vous). Quelques maisons joliment rénovées, des jardins en terrasse, tout ici respire le calme et la douceur de vivre. Pourtant, chaque année, la fête du 25 août attire les habitants de tous les villages alentour. Des centaines de personnes y partagent la soupe traditionnelle, préparée dans une cuisine attenante à l'église ! Cette dernière, reconstruite au début des années 2000 à la suite d'un terrible tremblement de terre, date à l'origine de 1889.

FAJÃ DOS CUBRES ★★★

Depuis Norte Pequeno, la route est bordée de fleurs exotiques et de petits ponts de bois. Plusieurs miradors livrent de superbes panoramas sur cet autre bout du monde ; le premier, au sommet, donne une bonne perspective sur la *fajã* et les hautes falaises qui plongent presque à la verticale dans l'océan. Comme beaucoup d'autres, Fajã dos Cubres jouit d'un microclimat. Le site figure parmi les plus photogéniques de l'île. De là, on peut emprunter à pied un chemin (PR01 SJO) parcouru par les ânes, les motos et les lézards ; il descend, monte, sous les bois avec Terceira en arrière-plan, pour arriver à un endroit égaré : Fajã da Caldeira de Santo Cristo.

FAJÃ MERO

Située entre la Fajã da Penedia et la Fajã das Funduras, on y accède par la randonnée PRC06 SJO qui, au départ de la Fajã da Penedia, traverse plusieurs *fajãs* abandonnées ou difficiles d'accès, dans un paysage naturel absolument sublime. Composée de quelques ruines et d'un grenier à foin, la Fajã Mero est connue pour son microclimat et l'abondance de l'eau douce qui y coule en permanence. Des habitants de Norte Pequeno y cultivent encore des petits potagers. Un peu plus loin sur votre chemin, le canto da Abelheira, *fajã* abandonnée où niche aujourd'hui une vaste communauté d'oiseaux, mais aussi des lapins venus chercher refuge dans ce petit paradis naturel.

Fajã dos Cubres.

FAJÃ DA RIBEIRA D'AREIA

À hauteur du bourg de Ribeira d'Areia, un embranchement à droite vous indique la Fajã du même nom. Après quelques kilomètres parcourus sur une route sinueuse (très) pentue, vous atteignez l'église du hameau. Poursuivez votre découverte à pied : si la chaussée asphaltée n'a pas été prolongée, c'est sans doute pour préserver la tranquillité qui y règne. L'endroit, paisible, invite à la méditation. Comme dans les autres *fajãs*, on y cultive des patates douces, des pommes de terre, des vignes et des ignames. Côté mer, on pêche le mérou, l'anchois ou encore l'anguille à l'hameçon. Quant aux oiseaux, les plus fréquents sont la colombe, le merle, le cory et le moineau.

FAJÃ DO OUVIDOR ★★★

C'est la plus grande et la plus peuplée des *fajãs* de l'île. C'est aussi la plus moderne. Si elle n'a pas le charme de ses voisines, elle est néanmoins très prisée en été en raison de son microclimat et de ses piscines naturelles : l'une, pour enfants, près du quai ; la deuxième, près du petit phare ; la dernière, spectaculaire, sur la gauche du village en regardant la mer. Un *miradouro* situé sur la route qui mène à la *fajã* vous permet d'en apprécier la beauté et l'étonnante situation géographique, entre les à-pics vertigineux de la côte Nord et la silhouette de Graciosa alanguie sur l'horizon lorsque le ciel est parfaitement dégagé.

NORTE GRANDE

On pourra s'arrêter à l'église de Nossa Senhora das Neves, datant de 1762, pour ses très beaux *azulejos*. Depuis 2012, Norte Grande abrite également le dernier-né des centres environnementaux du parc naturel de l'île : la Maison du Parc et l'Écomusée de São Jorge. Sa visite rapide promet de vous en apprendre davantage sur les coutumes et traditions de l'île marron. Il y a également un point de vue de Norte Grande qui offre une vue splendide sur une grande partie de la côte nord de l'île de São Jorge. Plusieurs *fajãs* appartiennent à cette localité : Fajã do Ouvidor et Fajã da Ribeira da Areia par exemple. Un passage incontournable si vous êtes sur l'île.

O AMILCAR €

Près du port
✆ +351 295 417 448
Ouvert de 10h à 19h tous les jours sauf le mardi. Environ 20 € le repas.

Un restaurant plutôt simple perdu sur São Jorge. Il faut dire que cette partie de l'île est immaculée et que les restaurants ne courent pas les rues (ou plutôt les *fajãs* !). Ce sera peut-être la seule option sur votre parcours et elle n'est pas si mal. Ici on sert principalement du poisson, du bon poisson frais pêché du matin. La spécialité, ce sont les *ameijoas* (palourdes locales). Ce qui vous laissera bouche bée, c'est surtout le décor dans lequel vous allez manger. Le point de vue en bord de mer est tout simplement magnifique depuis la grande salle vitrée.

MAISON DU PARC ET ECOMUSÉE DE SÃO JORGE

Estrada Regional
✆ +351 295 417 018
Du lundi au vendredi de 9h à 12h30 et de 13h30 à 17h. Gratuit.

Installée dans le bâtiment de l'ancienne école primaire de Norte Grande, la Maison du Parc aborde les différents aspects du Parc naturel de São Jorge, avec une petite exposition permanente présentant les zones protégées de l'île, son origine géologique et sa biodiversité. L'un des objectifs du lieu étant également de sensibiliser à la protection de l'environnement, un espace dédié aux enfants est prévu, équipé de jeux éducatifs sur le thème de la nature et des Açores.

FAJÃ DE JOÃO DIAS

On voit très bien cette petite *fajã* depuis la balançoire João Dias, située juste au-dessus de la piste de motocross de São Jorge. Le point de vue donne sur l'océan et les falaises ; s'y détachent les impressionnants virages en épingle de la piste. Si observer le village de loin ne vous satisfait pas, sachez qu'il existe un chemin qui y descend ! Comptez une heure de marche pour atteindre la *fajã*, le double pour la remontée. Le départ se fait un peu plus à l'ouest de la balançoire. Randonnée réservée aux sportifs. En bas, vous trouverez quelques maisons à l'architecture ancienne, d'autres plus modernes, et l'ermitage de São João Evangelista construit en 1990.

AÇORES OCCIDENTALES - FLORES

De forme grossièrement patatoïde, la petite île de Flores se situe tout au bout de l'archipel des Açores, ce qui en fait le point le plus occidental de l'Europe. C'est l'île qui, sans doute, offre les paysages les plus beaux et les plus fériques. Flores, l'île jaune, se caractérise avant tout par la présence d'une nature encore vierge et exubérante : vallées profondes, rivières, pics et buttes (le Morro Alto, qui culmine à 914 m, est le plus haut sommet de la plate-forme centrale), champs marqués par des haies d'hortensias, cascades, grottes, et la merveille de sept lacs gracieusement lovés au creux de cratères endormis… De petite taille, Flores peut se visiter rapidement ; deux jours suffisent pour les plus pressés. À moins que, voyageur des mois d'hiver, le mauvais temps ne soit de la partie : il arrive alors que les avions ne puissent approcher le petit aéroport de Santa Cruz et que l'on soit immobilisé quelques jours sur place.

Océan Atlantique
FAROL DE ALBARNAZ ★★
PONTA DELGADA ★
CF 285
ER 1
CF 285
ILÔT DE MONCHIQUE ★
ÁREA PROTEGIDA PARA A GESTÃO DE HABITATS OU ESPÉCIES DA COSTA NORDESTE
Ponta da Fajã
CF 280
FAJÃ GRANDE ★★
Cuada
FAJÃZINHA ★★
ER 2
Mosteiro
CF 278
ROCHA DOS BORDÕES ★★★
LAJES DAS FLORES ★
LAJEDO ★
Costa
Lajes das Flores
FAJÃ DE LOPO VAZ ★
3 KM

AÇORES
CORVO
FLORES
SÃO JORGE
GRACIOSA
TERCEIRA
FAIAL
PICO
SÃO MIGUEL
SANTA MARIA
PONTA RUIVA
Cedros
FAZENDA DE SANTA CRUZ ★
SANTA CRUZ ★★
Ribeira dos Barqueiros
FAJÃ DO CONDE
Caveira
1
Lomba
zenda das Lajes
Océan Atlantique
Flores

PAGES

● ● CÔTE NORD

315

Superbe route à flanc de falaise, nichée dans un écrin d'hortensias éclatants au printemps et de mousses scintillantes, qui serpente dans un paysage tellurique de toute beauté. Corvo nous accompagne tout au long, attirant inévitablement le regard… Prudence ! Les virages sont nombreux. Plusieurs belvédères délivrent des panoramas incomparables sur l'océan.

● ● CÔTE OUEST

322

C'est la côte la plus populaire de l'île, la plus ensoleillée aussi. Depuis Santa Cruz, la route grimpe sur les hauteurs, puis plonge au niveau d'une fourche et d'un belvédère d'où la vue est saisissante sur les deux villages de Fajã Grande et Fajãzinha. On domine également deux caldeiras, le Caldeira Comprida et le Caldeira Funda, des lacs de cratère, séparés l'un de l'autre par une crête et entourés d'hortensias. Le paysage est tout simplement éblouissant. Un belvédère, le Miradouro das Lagoas, marque non loin de là le départ d'une randonnée magique jusqu'au Poça do Bacalhau (circuit balisé PR3FLO), 7 km et 3h de marche plus loin.

En route, ne manquez pas non plus le superbe Poço da Alagoinha, incontournable cliché de carte postale dont l'entrée se situe entre deux ponts, ni le détour vers le Morro Alto, point culminant de l'île à 914 m d'altitude. Une piste en terre y conduit, carrossable avec une voiture ordinaire. Au sommet, vue à 360 degrés sur l'océan. On ne distingue qu'un seul lac, mais la vue est puissante. Une antenne de télécommunication relie Flores au monde médiatique moderne depuis 1986.

● ● CÔTE SUD

325

Une côte qui respire la tranquillité et regorge de sites naturels préservés comme la Fajã de Lopo Vaz. Pour un peu plus de vie, allez faire un tour à Lajes das Flores, un charmant village de pêcheurs au port animé (surtout l'été).

SANTA CRUZ ★★

C'est la capitale de l'île, qui concentre l'essentiel des services administratifs, quelques commerces, l'aéroport et les anciens bâtiments français. Son harmonie architecturale témoigne de sa prospérité passée, pour beaucoup liée à la chasse à la baleine. Le premier enregistrement de la municipalité en 1548 faisait référence à un village. La zone est décrite comme une « ville bien divisée et plane » couverte de toits de chaume. Les quelques bâtiments remarquables seront vite repérés, mais c'est un passage obligé si vous faites une halte sur la charmante île de Flores. Les Miradouros do Monte et do Monte das Cruzes donnent de beaux points de vue sur la ville.

CENTRE D'INTERPRÉTATION ENVIRONNEMENTAL BOQUEIRÃO ★

Rua do Boqueirão ✆ +351 292 542 447
D'avril à oct., 9h-12h30 et 13h30-17h. De nov. à mars, du lundi au vendredi 9h-12h30 et 13h30-17h. Entrée : 3 €.
Cet ancien réservoir d'huile de baleine a été rénové et réhabilité en un passionnant centre d'interprétation qui dépend du parc naturel de Flores. Le lieu est consacré à la promotion des espaces naturels remarquables et protégés de l'île, avec plusieurs salles ayant chacune leur thème ; les oiseaux, les cétacés, les océans, en passant par les espèces végétales endémiques. Une visite qui vous permettra également d'entendre les fameux « clic » de communication des cachalots.

ÉGLISE DE SÃO BOAVENTURA ✝ ★★

Elle fut bâtie à la suite d'un vœu d'une famille très pieuse. Entreprise en 1640, sa construction définitive aura pris 114 ans. Changeant plusieurs fois de mains au gré des ventes du couvent, elle a pendant près d'un siècle abrité un hôpital. L'édifice, qui présente une belle façade baroque, est surtout remarquable pour son ornementation en bois sculpté et ses deux coupoles blanches. Le plafond voûté de cèdre peint est décoré de motifs végétaux et allégoriques. A noter enfin, un remarquable panneau, datant du XVIe siècle, représentant l'Annonciation à la Vierge.

ÉGLISE PAROISSIALE DE NOSSA SENHORA DA CONCEIÇÃO ✝ ★

Entrée libre.
De style baroque, c'est l'une des églises les plus imposantes de l'archipel. Initiée en 1781, sa construction s'est achevée en 1859. Ce retard se reflète dans l'aspect de la façade. La partie centrale de celle-ci est en effet plus ouvragée que les deux tours situées de part et d'autre, dont les fenêtres ne sont pas assorties au reste de l'édifice. À l'intérieur, on verra un magnifique autel, un plafond peint et une très belle collection de statues de saints.

© KAROL KOZLOWSKI - SHUTTERSTOCK.COM

Église de São Boaventura.

FÁBRICA DA BALEIA DO BOQUEIRÃO ★★

2 Rua do Boqueirão ✆ +351 292 542 932
museu-flores.azores.gov.pt
D'octobre à mars, du mardi au samedi de 9h30 à 17h. D'avril à septembre, du mardi au samedi de 10h à 17h30. 2,50 €.

Il s'agit de l'ancienne usine de collecte et de traitement d'huile de baleine construite dans les années 1940, aujourd'hui rénovée et réhabilitée en un passionnant musée très didactique. Des statues en mouvement, placées à différents endroits de l'ancienne usine, vous permettent de comprendre comment se passait concrètement le travail. Chasse, traitement des différentes parties du cachalot, tout vous est expliqué. Une belle occasion aussi d'admirer de près une véritable baleinière.

MUSÉE DE FLORES ★

Largo da Misericórdia
✆ +351 292 592 159
www.museu-flores.azores.gov.pt
D'avril à sept : du mardi au dimanche de 10h à 17h30. D'oct. à mars : du mardi au dimanche de 9h30 à 17h. Entrée : 2 €.

Installé dans un ancien couvent franciscain, ce musée moderne aborde l'histoire de ce couvent au fil des siècles, mais aussi plusieurs aspects très intéressants de l'histoire plus et moins récente de Flores : l'agriculture, l'industrie laitière, la production de beurre et de fromage, les instruments de navigation en mer ou encore la chasse à la baleine. Le musée consacre également tout un espace à l'histoire de la piraterie et des corsaires, ainsi qu'aux nombreux naufrages qui ont eu lieu devant les côtes de l'île. Une visite passionnante.

OFFICE DE TOURISME

Rua Dr Armas da Silveira
✆ +351 292 592 369
Ouvert tous les jours de 9h à 17h.

Pas mal d'informations sur Flores et même sur les autres îles des Açores. On n'y parle pas toujours français en revanche. Il y a une annexe de l'Office de tourisme dans l'aéroport qui ouvre chaque fois qu'un avion arrive, y compris le week-end. N'hésitez pas à passer par là pour dégoter la documentation nécessaire à votre séjour : à voir, à faire, à visiter, bons plans, bonnes adresses. On pourra même éventuellement vous aider pour vos réservations d'hébergements et de restaurants. Il y a aussi des cartes de l'île et de nombreux bons conseils à glaner.

EXPERIENCE OC

Rua da Esperança
✆ +351 965 444 505
https://experienceoc.pt
Tour de Flores en bateau : 75 €. Baptême canyoning : 55 €. Randonnées : 55-90 €. Excursion sur Corvo avec guide : 125 €.

Située juste en face de l'aéroport de Santa Cruz, une sympathique agence locale proposant différentes excursions touristiques sur l'île, mais également des excursions jusqu'à Corvo. Celles-ci débutent par une visite des grottes autour de l'île de Flores et sont accompagnées par un guide. À noter que l'agence propose également toute une autre série d'activités, allant du canyoning à la séance de yoga et du massage au service de navette qui vous emmène à votre hôtel, à l'aéroport ou sur le site naturel de votre choix, idéal si vous n'avez pas de voiture.

AÉROPORT

Rua da Esperança ✆ +351 800 201 201

Sauf peut-être à Lisbonne, on n'aura sans doute jamais vu un aéroport aussi près de la ville qu'il dessert ! Il s'étend en fait sur tout le haut de Santa Cruz. De la ville, on voit les avions se poser si près que c'en est presque effrayant… À pied, l'entrée de l'aéroport est à moins d'1 km du centre, donc si on est peu chargé, on pourra s'épargner un taxi ! L'aéroport vit au rythme des atterrissages d'avions. L'office de tourisme ouvre en fonction des arrivées, les loueurs de voitures se calent eux aussi sur la chorégraphie aérienne.

ATLANTICOLINE

Gare maritime de Santa Cruz das Flores
✆ +351 292 242 000
www.atlanticoline.pt
Comptez 20 € l'aller-retour Flores/Corvo.

La compagnie maritime Atlanticoline opère à l'année des liaisons entre Flores et Corvo. Leur fréquence minimale, en hiver, est de deux allers-retours par jour, deux jours par semaine (en principe, le mardi et le samedi), sauf en cas de très gros mauvais temps. Le trajet dure environ 40 minutes. Il s'agit de la ligne rose (horaires disponibles sur le site). Depuis plusieurs années, Atlanticoline ne relie plus le groupe occidental au groupe central par ferry. Pour rejoindre une île autre que Corvo, il n'y a donc pas d'autre choix que de prendre l'avion.

AUTATLANTIS

Aéroport de Flores
✆ +351 296 205 340
www.autatlantis.com
A partir de 30 € pour une voiture de catégorie A et de 37 € catégorie C.

Autatlantis est une agence de location de voitures solide, présente sur sept îles : São Miguel, Santa Maria, Pico, Terceira, São Jorge, Faial et Flores. Pratique donc si vous envisagez un séjour itinérant sur ces îles, vous pouvez demander un devis global. La flotte est renouvelée chaque année pour vous offrir les derniers modèles de voitures ainsi qu'un haut niveau de sécurité et de confort. Deux types de packages assurances vous sont proposés. À noter que vous pouvez également louer chez eux des minibus ou encore un véhicule 4x4.

ILHA VERDE

Aéroport de Flores
✆ +351 296 304 891
www.ilhaverde.com
Comptez 55 € par jour (1 jour), 38 € par jour (2 jours) ou 30 € par jour (7 jours ou plus)...

Correspondant d'Avis et Europcar, Ilha Verde est une compagnie sérieuse implantée sur toutes les îles sauf Corvo et Graciosa. Pratique extrêmement rare, louer avec cette agence facilitera donc vos démarches si vous envisagez de vous rendre sur plusieurs îles aux Açores et de vous y déplacer en voiture. La catégorie A correspond généralement à une Renault Twingo. Quant aux autres catégories, vous aurez notamment le choix entre Nissan Qashqai, Ford Focus, Renault Capture... Des minibus ou des véhicules 4x4 peuvent également être loués. Le tout en kilométrage illimité.

SATA AZORES AIRLINES

Aéroport de Flores
✆ +351 296 209 720
https://www.azoresairlines.pt
Comptez environ 175 € l'aller-retour Ponta Delgada-Flores.

Depuis la France, la compagnie SATA Azores Airlines n'effectue de vol direct jusqu'aux Açores qu'à destination de Ponta Delgada. Pour vous rendre sur les autres îles, vous devrez soit prendre un vol inter-îles au départ de Ponta Delgada, soit prendre un vol via Lisbonne ou Porto jusqu'aux autres îles. Possibilité d'un pass inter-îles à tarif réduit. Pour vos trajets vers et dans l'archipel, consultez le site Internet de la compagnie. Attention, les vols aux Açores sont toujours très dépendants des conditions climatiques. Il est parfois impossible de décoller !

LES FRANÇAIS À FLORES

Le 7 avril 1960, nous sommes en pleine période de guerre froide, un accord est signé entre le Portugal et la France autorisant ces derniers à installer sur l'île de Flores une base militaire. A la même époque, Flores est un bout du monde que l'on cherche à quitter. Pauvre, sans électricité, on y cultive la terre pour ne pas mourir de faim. Plus de la moitié des habitants sont déjà partis en quête d'une vie meilleure. L'arrivée des Français va donc être vécue comme un événement exceptionnel. Les Français vont apporter des emplois, mais aussi l'électricité et une route jusqu'à Ponta Delgada. Ils vont aménager le port de Santa Cruz et créer un hôpital. La présence d'un médecin-anesthésiste va permettre, durant trois décennies, l'accouchement sur l'île des femmes enceintes. Les Français font enfin sortir de terre un aéroport qui va faire rentrer Flores dans la modernité. Sur Flores, le français devient une langue populaire et la mode vestimentaire un sujet de discussion. Dès le milieu des années 1980, l'activité de la base de Flores faiblit. Elle est en passe de devenir obsolète. Les Français partiront le 3 juin 1993 en laissant un grand vide, beaucoup de nostalgie et de nombreuses familles soudainement sans emploi. L'île continue à se dépeupler et les femmes vont maintenant accoucher sur l'île de Faial à 250 km de là. Sur les hauteurs de Ponta Delgada, des bâtiments et quelques terre-pleins signalent encore l'emplacement des antennes et des coupoles. Les hortensias ont repris possession des lieux.

UTC - UNIÃO DE TRANSPORTES DOS CARVALHOS

Zona Industrial do Boqueirão
✆ +351 227 860 780
www.utc.pt
Comptez grosso modo entre 0,87 € et 3 € le ticket selon le trajet.

Cinq lignes de bus couvrent l'île de Flores : la ligne 1 entre Santa Cruz et Ponta Delgada, la ligne 2 entre Santa Cruz et Lajes, la ligne 3 entre Lajes et Fajã Grande, la ligne 4 entre Fajã Grande et Santa Cruz (via Mato), et la ligne 5 entre Santa Cruz et Fajã Grande. Horaires disponibles à l'office de tourisme de Santa Cruz et sur le site Internet. Si vous ne voulez pas louer de voiture, ce sera l'alternative la plus intéressante pour vous déplacer sur l'île de Flores.

PARQUE DE CAMPISMO E LAZER DE SANTA CRUZ

✆ +351 292 590 700
cmscflores.pt
Gratuit, avec douches chaudes et sanitaires.

Cette aire de camping est assurément un très bon plan pour passer un séjour en plein air à Flores. En plus d'être bien situé, à deux pas des piscines naturelles de Santa Cruz et de l'aéroport, ses installations sont propres et tout est gratuit. C'est Ismael qui gère les lieux ; il se fera un plaisir de vous recevoir et de vous prodiguer ses conseils. Sur place, eau chaude, douches et WC, prises électriques, tables abritées et barbecue… L'assurance de confort et de convivialité.

CASAS DA QUINTA €€

Rua de Sao Pedro
✆ +351 919 120 179
hoteisfind.com/casas-da-quinta
Séjour de 2 nuits minimum. Appartement pour 2 personnes à partir de 150 € la nuitée.

Les hébergements de Casas da Quinta sont à la fois ruraux et urbains. Vous y trouverez tout le confort nécessaire pour passer un séjour au vert ! En contact direct avec la nature et à seulement quelques minutes de Santa Cruz das Flores, c'est l'endroit idéal pour être au calme avec vue sur la mer. Les maisons sont décorées avec soin et avec les matériaux de l'île. Sur votre terrasse, vous pourrez vous détendre dans un hamac et apprécier la sérénité des lieux. C'est Maria qui vous accueille et en plus elle parle un petit peu français.

SANTA CRUZ VILLAS €€

4 R. de Santa Catarina
✆ +351 965 292 921
santacruzvillas.pt/
Villa 1 chambre (2 pers.) à partir de 110 € la nuit ; pour 3 pers. à partir de 120 € la nuit.

Comme son nom l'indique, cet établissement propose des villas à la location. En plein cœur de Santa Cruz, à quelques encablures de l'aéroport, des restaurants et de l'océan, on peut difficilement être mieux situé. Les logements sont bien équipés et confortables, comme à la maison ! Pedro accueille les voyageurs avec le sourire et sait se montrer flexible et arrangeant. Aux petits soins, il veille à ce que chacun passe un agréable séjour et peut vous aider à planifier vos activités sur l'île, ainsi que la traversée jusqu'à Corvo.

MONICA'S AUTHENTIC FOOD €

Rua da Conceiçao
✆ +351 926 625 932
Horaires variables. Consultez la page Facebook. Fermé en hiver.

Un petit camion vintage turquoise stationné sur une place du centre-ville, impossible de rater le sympathique foodtruck de Monica. Ici, on ne sert que des plats qui font du bien : burgers et frites maison au fromage de Flores, des sandwichs crispy de poulet ou encore un délicieux chili. Le tout peut être accompagné de gâteaux et douceurs tout simplement à tomber, ou encore d'une limonade aux fruits de saison. En été, une table permet de manger au soleil. Le foodtruck est ouvert de façon aléatoire, pensez à regarder la page Facebook de Monica.

INATEL FLORES HOTEL €€€

Zona do Boqueirão
✆ +351 292 590 420
https://hoteis.inatel.pt
A partir de 110 € la chambre double. Petit déjeuner inclus.

L'unique hôtel de luxe de l'île aux Fleurs, à deux pas de l'aéroport (que l'on ne voit ni n'entend). Fort de ses 4 étoiles, il offre 26 chambres confortables et des prestations de qualité : restaurant, piscine, salle de jeux, salle de sport… Son architecture est moderne mais s'intègre plutôt bien aux paysages environnants ; chaque chambre possède une petite terrasse avec vue exceptionnelle : on surplombe l'océan d'où émerge à l'horizon la silhouette de Corvo. On mange assez bien au restaurant : la carte est simple mais authentique.

HÔTEL CAFÉ

Avenida dos Baleeiros
✆ +351 292 542 083
Ouvert de 12h à 3h tous les jours sauf le dimanche. Jusqu'à 5h le samedi.

L'Hôtel Café fait partie de l'hôtel Ocidental, d'où son nom… Un bar où l'on fait la fête à Flores : on ferme tard, à 3h du matin en semaine et c'est *open end* le week-end. Live musique le vendredi soir en été et des soirées à thème régulièrement tout au long de l'année. On peut aussi manger ou grignoter sur place. Le menu est sympa et les assiettes plutôt coquettes et raffinées. Plats végétariens à la carte. L'ambiance est un peu feutrée, tables en bois, couleurs plutôt foncées. A l'extérieur la vue sur la mer est jolie. Wifi gratuit.

EXTREMEOCIDENTE

Avenida dos Baleeiros
✆ +351 292 590 100
www.extremocidente.pt
Tarifs sur demande.

Dépendant de l'Hôtel Ocidental, cet organisme d'excursions touristiques propose différentes activités nautiques ou terrestres, et notamment des excursions inter-îles avec Corvo. Vous pourrez partir à la découverte des îles lors de belles randonnées accompagnées par des guides expérimentés, ou embarquer à bord d'un minibus pour une excursion d'une journée ou d'une demi-journée, ou encore apercevoir les fonds marins açoriens lors de sorties plongée. Une équipe dynamique et toujours à votre service pour vous accompagner et vous conseiller.

PASSEIOS TURÍSTICOS

13 Rua do Hospital
✆ +351 917 918 964
http://viagemailhadocorvo.blogspot.com
Comptez 40 € par personne pour un tour inter-îles en bateau. Les itinéraires et activités dépendent de la météo.

Basé à Santa Cruz das Flores, cet organisme propose des tours de l'île de Flores, mais également des excursions jusqu'à l'île de Corvo. Vous pourrez ainsi partir à la découverte des cascades et grottes de ces deux îles lors de sorties à la journée ou à la demi-journée, et en profiter lors du trajet pour observer dauphins et cétacés. En plus de ses excursions en bateau, Passeios propose également des sorties de snorkeling et parfois d'observation des oiseaux. Les trajets se font sur de petites embarcations qui rendent les voyages plus confidentiels.

FAZENDA DE SANTA CRUZ ★

Niché dans une superbe vallée, le verdoyant hameau de Fazenda de Santa Cruz vaut le détour pour sa magnifique église, mais également pour son parc floral. Du haut de celuici, vous pourrez apercevoir le petit lac de ce qui est pourtant le plus grand barrage des Açores. Inauguré en 1966, ce barrage a été financé par la France afin de fournir de l'électricité à Santa Cruz et Ponta Delgada, villes où se trouvaient la base militaire française et ses centres de télémesure. La fourniture sera ensuite étendue au reste de l'île. Le barrage a été complété aujourd'hui par un parc éolien, tous deux fournissant ensemble environ 52 % de l'énergie sur Flores.

ÉGLISE DE FAZENDA DE SANTA CRUZ ✝ ★

Rua Monsenhor Henrique Augusto Ribeiro

Un petit « miracle » est lié à la construction de cette église. En creusant pour établir les fondations de l'édifice, on a découvert la seule source de l'île. Son eau, très fraîche, recueillie sous l'autel, aurait des vertus miraculeuses, d'où son appellation « Notre-Dame-de-Lourdes » ! Aussi bien l'extérieur, avec ses deux tours latérales, que l'intérieur sont très simples et ne présentent pas d'éléments architectoniques de référence. Les lieux sont surtout connus pour la source.

Fazenda de Santa Cruz.

PARC FORESTIER DE FAZENDA

Ouvert tous les jours de 9h à 18h, voire jusqu'à 20h en été.

Idéal pour fuir la chaleur de la ville et pique-niquer à l'ombre d'arbres centenaires, ce parc propose des aires de barbecues, des jeux pour les enfants, un bassin de truites d'élevage prêtes à être réintégrées dans les rivières de l'île, des oiseaux exotiques, une cascade ou encore un jardin botanique comptant notamment des pins de l'Himalaya, des hibiscus, des azalées, ou encore des fougères (importées d'Australie au XIXe siècle). Un petit havre de paix à 10 minutes de Santa Cruz.

CASA DO MACHADO

A l'entrée du chemin qui mène au miradouro de Fajã da Ponta Ruiva, suivre les panneaux en bois taillé indiquant « musée ».

Ouvert tous les jours. Si la porte est fermée, la clé est dessus. Tournez la clé et entrez !

Le temps s'est ici arrêté. Dans ce qui fut la maison des parents de José, rien n'a bougé. Une table, un vaisselier, des chaudrons, un matelas en feuilles de maïs, les outils pour travailler dans les champs. José y a ajouté des objets chinés ou reçus, comme le fauteuil de ce qui fut, pendant des années, le seul barbier de l'île. Autant de témoins d'une époque où la vie au milieu de l'Atlantique était un labeur. L'entrée est gratuite, la porte de la maison toujours ouverte et à droite de celle-ci, un pot pour laisser une pièce si vous avez apprécié la visite.

WEST CANYON

52 Rua do Areeiro
✆ +351 968 266 206
www.westcanyon.pt
Tarifs sur demande.

Fondée en 2009 par Marco, instructeur de canyoning, West Canyon vous propose de découvrir Flores sous un autre angle, en empruntant le lit de ses rivières. Descente de cascades en rappel, slide au-dessus des torrents ou grand plongeon, on vous promet un moment de réelle aventure et de fabuleuse découverte. Marco propose quatre niveaux, du débutant au plus expérimenté, et vous fournit tout le matériel nécessaire, du casque aux chaussures. A noter qu'il vous accompagne également en trekking ou en jeep pour une découverte de Flores ou de Corvo.

PONTA DELGADA ★

C'est un ancien village de pêcheurs tout au nord de l'île. Les Français y avaient établi leur camp de base et amené la route avec eux. On peut aujourd'hui voir le tracé de l'ancien chemin. Ponta Delgada fut longtemps réputée pour ses algues exportées partout dans le monde. Ce travail exigeait que l'on plonge, que l'on arrache les algues, et que l'on remonte à flanc de falaise plus d'une centaine de marches, le dos courbé par le poids de son butin. L'église de São Pedro (1766) présente une architecture baroque suffisamment étrange pour mériter d'être vue et d'en faire une visite, avant de poursuivre sa route vers l'un des plus remarquables phares de l'île...

PONTA RUIVA

Ponta Ruiva, c'est à la fois le nom d'un village et d'une *fajã*. La *fajã* possède son propre microclimat (comme c'est souvent le cas) et donc une végétation très particulière. Une légende raconte qu'au XVIe siècle, un pêcheur fut charmé par le chant de ce qu'il pensait être une sirène. Ce n'était pas une sirène, mais une belle femme aux yeux bleus et aux cheveux roux. Elle était irlandaise et s'était échappée d'un bateau pirate, se jetant dans la mer lorsqu'elle avait repéré la terre à proximité. Le pêcheur l'épousa et de nombreux enfants naquirent, tous aux yeux bleus et aux cheveux roux (« ruiva » en portugais). De là viendrait le nom du village.

FAROL DO ALBARNAZ ★★

La route ne va pas plus loin. Le phare, construit en 1922, a été érigé sur une haute falaise. Véritable prouesse de construction, il n'y avait pas à cette époque d'accès routier à Ponta do Albarnaz, il marque l'ouest de l'archipel des Açores ainsi que l'arrivée vers l'Europe pour la majeure partie du trafic maritime qui arrive dans cette zone. Fonctionnant depuis 1956 avec des groupes électrogènes, il est depuis 2005 le seul phare dans le pays qui n'a pas été connecté au réseau électrique. Au large, vous pouvez apercevoir l'îlot de Maria Vaz (aussi appelé « da Gadelha ») et, plus loin encore, l'îlot de Monchique, le point le plus occidental d'Europe.

Ponta Delgada.

ILÔT DE MONCHIQUE ★

Ce rocher de 22 mètres de hauteur, visible du phare do Albarnaz ou de Fajã Grande, n'a rien d'extraordinaire en apparence. Et pourtant… c'est tout simplement le point le plus occidental d'Europe. On ne peut pas être plus à l'ouest ! Il a servi de référence, à l'époque de la navigation astronomique, pour la détermination des routes et le calibrage des instruments de navigation. Énorme rocher de basalte massif, il accueille sur ses parois une grande diversité biologique, avec une centaine d'espèces identifiées. À noter que l'îlot doit son nom au mensuel *O Monchique*, le dernier journal publié sur l'île de Flores, qui a aujourd'hui disparu.

CASCADE DE POCO DO BACALHAU ★★

Tout en bas de Fajã Grande, au début du chemin qui mène à Ponta da Faja.

D'une hauteur de plus de 90 m, c'est la Ribeira das Casas qui termine ici sa route, dévalant la montagne en une impressionnante chute d'eau. Très abondante pendant la saison des pluies, elle se réduit en été à un brouillard épais et abondant. Ses eaux tombent dans une lagune entourée de végétation endémique qui sert de zone de baignade. On y accède par un charmant sentier qui borde d'anciens moulins autrefois alimentés par la chute. Le plus imposant de ceux-ci a été transformé en gîte.

FAJÃ GRANDE ★★

Un bout du monde d'une incroyable beauté. Le panorama est grandiose : des falaises de plus de 400 mètres de haut d'où dévalent des cascades dont la blancheur tranche sur le vert profond de la végétation. Les couchers de soleil y sont fantastiques. Pour s'y rendre, la route traverse un paysage à la végétation tropicale exubérante débordant des murets plantés d'hortensias. Peu après la plage, de très belles piscines naturelles, puis l'impressionnante cascade de la Ribeira das Casas et un peu plus loin le village de Ponta da Fajã, qui est, si cela est encore possible, le bout du bout du monde : la route se termine là, au pied d'une ravissante église.

POCO DA RIBEIRA DO FERREIRO ★★★

Le sentier d'accès débute sur la route qui va de Fajazinha à Fajã Grande, entre les deux ponts qui enjambent la Ribeira Grande. Attention, le sentier fait de pierres peut être très glissant après la pluie.

On y accède par un sentier qui monte en pente douce dans la forêt, une promenade de 600 mètres, bucolique à souhait, qui suit et enjambe des ruisseaux, pour déboucher sur une clairière. Et là apparaît une impressionnante falaise verte, du haut de laquelle dévalent une multitude de cascades, qui terminent leur descente dans un lagon. C'est tout simplement sublime, d'une beauté à couper le souffle. Certainement le plus bel endroit de l'île, mais peut-être aussi des Açores.

Fajã Grande.

LES SEPT LAGUNES ★★

L'île de Flores compte sept lagunes. La Caldeira de Lomba, les Caldeira Rasa et Funda, qui doivent leurs noms à leurs niveaux différents malgré leur proximité (360 m et 530 m), et enfin, les Caldeira Seca, Branca, Funda et Compridades. À Caldeira Negra, la profondeur de la masse d'eau atteint 108 m, c'est la plus profonde des Açores, donnant au lac une couleur presque noire qui tranche à côté de la couleur turquoise de sa voisine. Empruntez les routes qui partent en altitude, plusieurs points de vue permettent d'admirer ces différentes formations géologiques.

ÁERA DE CAMPISMO DA FAJÃ GRANDE €

Gratuit.

Situé dans la zone balnéaire de Fajã Grande, ce terrain de camping vous offre une belle opportunité de dormir sous une tente, totalement gratuitement ! Merveilleux endroit avec une vue magnifique sur la mer, les montagnes et le coucher du soleil ! Rien ne manque ici. Petit café sur le camping lui-même, douches chaudes, électricité, laverie, barbecues... L'emplacement est parfait, les piscines naturelles se trouvent à 1 minute à pied. Qu'attendez-vous ?

ALDEIA DA CUADA €€

Fajã Grande

✆ +351 292 552 127

www.aldeiadacuada.com

Selon la saison, comptez entre 95 € et 200 € la maison T1.

Cuada est un ancien village de colons, abandonné par les habitants dans les années 1960 ; il faut imaginer qu'il comptait 120 habitants en 1800, réputés pour être de bons tisserands. Aujourd'hui, 14 habitations rurales ont été reconstituées et aménagées. Le confort est assez basique et les salles de bains très datées, surtout au regard du prix de la nuitée, mais l'ensemble est rempli de charme et le personnel attentionné. Les maisons en pierre de lave ont chacune un vrai jardin et le village dispose d'un restaurant avec terrasse. Excellent petit-déjeuner.

ARGONAUTA €€

5 Rua Senador André de Freitas

✆ +351 292 552 219

www.argonauta-flores.com

Pour une occupation 2 personnes, de 120 € à 180 € selon le type d'hébergement. Petit déjeuner inclus.

Tenu par Pierluigi Bragaglia, photographe italien ayant bourlingué dans le monde entier avant de trouver son port d'attache sur Flores. Deux suites pour 6 personnes au dernier étage avec charpente en bois magnifique et petite terrasse qui donne derrière. Une chambre pour 2 personnes construite avec une cabine du Bateau *Brilliant* qui s'est échoué en 1899 sur l'île. Deux chambres pour 3 personnes, dont une avec une cuisine très ancienne. Toutes les chambres et la salle de séjour sont décorées avec des photos et des objets rapportés des voyages, notamment de l'Inde.

CASAS DA CASCATA €€

Via da Ribeira das Casas ✆ +351 926 582 177

https://casasdacascata.com

Selon la saison et l'hébergement, 60-100 € la nuit pour 2, 90-170 € la nuit pour 4 et 110-290 € la nuit pour 6.

Idéalement situées à Fajã Grande, plusieurs maisons meublées simplement, pouvant contenir de 2 à 6 personnes. Chaque maison dispose d'une vue sur la mer, d'un grand jardin, d'un espace barbecue et, pour certaines d'entre elles, d'une lagune de baignade privative. Gros coup de cœur pour le Moinho da Cascata, l'ancien moulin à eau situé au bas de la cascade du Poço de Bacalhau. Ce bâtiment magnifiquement rénové a conservé ses mécanismes d'antan. Situé légèrement en hauteur, il offre par ailleurs une vue imprenable sur la fajã, l'océan et ses couchers de soleil.

MARESIA €

Rua do Porto

✆ +351 965 665 649

Ouvert tous les jours à partir de 20h. Fermé les 3 mois d'hiver. Plat unique selon marché 17 €.

Un bar et un restaurant comme il ne peut y avoir que sur Flores ; et il n'y en a qu'un. Discret, c'est un lieu pour esthètes, on ne peut plus simple : une salle (attenante à une terrasse de plain-pied sur l'océan) très prisée pour sa cuisine de qualité ; l'ambiance décontractée et la musique (disques vinyle !) à la fois recherchée et éclectique. Mais c'est avant tout l'endroit d'où voir le coucher de soleil au bout du monde : plus à l'ouest, il n'y a pas en Europe ! Réservation obligatoire si vous voulez pouvoir profiter du spectacle.

Fajazinha.

FAJÃZINHA ★★

Un joli petit village dont l'église de Nossa Senhora dos Remédios, au plafond magnifiquement peint, date de 1778. On appréciera se promener près de la rivière pour découvrir les mécanismes encore intacts d'antiques moulins. Une rivière dont le débit en continu a toujours constitué un immense avantage mais aussi une menace, tant il a été difficile de créer des ponts capables de résister aux torrents qui la traversent. C'est à Fajãzinha que vous observerez parmi les plus beaux couchers de soleil sur l'île. À noter que le miradouro do Portal offre une très belle vue sur le village, tout comme celui de Craveiro Lopes situé un peu plus haut.

RESTAURANTE PÔR-DO-SOL €€

En bord de mer. ✆ +351 292 552 075

De 12h à 14h et de 19h à 21h du mardi au samedi et seulement de 12h à 14h le dimanche. Fermé le lundi. Plats : 12-18 €.

Bon petit restaurant en bord de mer. Une cuisine délicieuse pour des prix abordables. C'est une sorte d'auberge en pierre qui propose des plats simples, mais très bons. Le service est rapide et souriant. Vous pouvez manger à l'intérieur ou à l'extérieur sur la jolie terrasse avec vue sur l'Atlantique. Si possible, préférez vous y rendre pour le dîner : le coucher du soleil vous réservera alors un superbe spectacle. On vous suggère aussi de prendre votre apéritif sur l'un des bancs dans le jardin. Pendant la haute saison, pensez à réserver.

FAJAZINHA COTTAGE €

3 Rua da Falca

✆ +351 962 767 947

Séjour de 3 nuits min. A partir de 75 € la nuit pour 2.

Une petite maison açorienne au milieu des champs dans la très belle vallée de Fajazinha, l'endroit idéal pour goûter à la douceur de vivre des Açores. La maison, joliment aménagée, dispose d'une chambre pour deux personnes et de tout le confort nécessaire : un salon, une cuisine équipée, une salle de bain avec lave-linge ou encore une TV à écran plat. À l'extérieur, un bel espace barbecue et une terrasse avec une incroyable vue sur l'océan. C'est de ce côté-ci de l'île que le soleil se couche, préparez-vous à voir de magnifiques couchers de soleil.

QUEIJARIA PICO REDONDO

6 Rua do Pico Redondo

✆ +351 292 552 231

Ouvert du lundi au vendredi, de 9h à 12h et de 14h30 à 16h30.

C'est d'abord une bonne odeur de lait cru qui vous accueille et puis Ilda, tout sourire. Pâtissière de formation, elle n'a commencé à faire des fromages que sur le tard, pour utiliser le lait de ses vaches. Son fromage s'exporte à présent jusqu'aux États-Unis. Vous pouvez visiter cette petite fromagerie artisanale. Ilda y produit du fromage frais, mais également un extraordinaire fromage affiné. Son secret, c'est un affinage court, entre 15 jours et trois mois, qui lui donne une saveur toute particulière et très différente des autres fromages des Açores.

LAJEDO ★

Le village est situé dans un site pittoresque. La route tortueuse qui y mène est pavée sur la fin. À la pointe du village, tout près des falaises ocres, un chemin mène à la seule source d'eau thermale de l'île de Flores. Très bien cachée et difficile d'accès, cette source d'eau très chaude permettrait de soigner les rhumatismes mais également... de faire cuire les crustacés. C'est par ailleurs au large de Lajedo que s'est échoué le 10 juin 1909 le *Slavonia*, l'un des plus grands et des plus luxueux paquebots de son époque. Heureuse boutique d'antiquités pour les habitants de l'île, qui en profitèrent pour meubler leur maison un peu plus luxueusement.

LUTHIER JOSE AGOSTINHO SERPA

Costa do Lajedo
✆ +351 292 542 336

José est l'un des trois constructeurs de Viola da terra des Açores, une sorte de guitare à 12 cordes typique de ces îles. Il est né en 1963 à Lajedo, à une époque où il n'y avait pas d'eau, pas de route, pas d'électricité. À 11 ans, voulant apprendre à jouer de la guitare, il décide de construire sa propre guitare électrique à 12 cordes. Il apprendra tout seul comment en jouer. Son atelier est un lieu qui se visite, plein de poésie et de notes de *saudade*.

FAJÃ DE LOPO VAZ ★

Encore un microclimat… Y poussent des bananes, des figues, du raisin, des *araçás*. C'est ici que les premiers colons débarquèrent. On y accède par un sentier qui descend le long de la falaise et qui mène à une plage de sable noir, de galets de basalte, mais aussi à une source d'eau douce, parfaite pour se rincer après la baignade. Il est possible d'y camper. Actuellement inhabitée, la *fajã* est très utilisée pour l'observation des oiseaux. Au Morro dos Frades, d'où l'on jouit d'une magnifique vue sur la *fajã*, des formations de pierres ont été façonnées par l'érosion : l'une évoque la silhouette d'un coq, deux autres celles d'un moine et d'une religieuse…

Balade

A moins de 3,5 km à l'ouest de Lajes das Flores, le miradouro da Fajã do Lopo Vaz donne un magnifique point de vue sur la côte et la *fajã* dont il porte le nom. Avec son parking et sa petite aire de pique-nique, c'est un bel endroit où faire une petite pause et contempler le paysage. C'est aussi le point de départ de la randonnée qui descend à la *fajã* (PRC04 FLO - 3,4 km - 2h - difficulté moyenne). Attention car il s'agit d'un aller-retour par le même chemin, donc il faudra remonter tout ce que vous descendez. Plus d'infos sur le site trails.visitazores.com.

Lajedo.

Lajes das Flores.

LAJES DAS FLORES ★

Initialement, Lajes das Flores s'étendait de Ribeira da Silva à Fajã Grande, mais la plupart des localités qui la composaient alors lui ont été désannexées. C'est la première zone à avoir été peuplée dans la partie sud de l'île au cours du XVIe siècle, et elle a acquis son « indépendance » en 1898. La ville avait en effet été fusionnée un temps à celle de Santa Cruz pour des raisons économiques, avant de retrouver son statut de municipalité trois ans plus tard.
Aujourd'hui, Lajes rassemble à peine 1 400 âmes. Son port de pêche s'anime du 15 au 19 juillet, tous les ans, pendant la fête des Emigrants. L'église Notre-Dame-des-Angoisses, bel édifice du XVIIIe siècle, a été érigée en accomplissement d'un vœu fait par les rescapés espagnols d'un naufrage. L'église Notre-Dame-du-Rosaire abrite quant à elle des bois sculptés et un encensoir offert par le pape Pie X pour remercier les habitants de leur dévouement lors du naufrage du *Slavonia*, en juillet 1909.

Tourisme

A ne pas manquer lors de votre passage :

- **Le phare de Lajes**, haut perché sur une falaise. Son bâtiment, constitué d'une galerie surmontée d'une tour carrée, est ouvert aux visites le mercredi après-midi.
- **La plage Da Calheta**, la seule plage de sable de l'île. Située près du port, celle-ci est parfaite pour se baigner lors des beaux jours ; elle présente une eau limpide et est agrémentée d'un espace de pique-nique avec barbecue.

PARQUE DE LAZER DAS LAJES DAS FLORES

Une nouvelle aire de camping inaugurée à Lajes das Flores en 2022. Le parque de Lazer possède toutes les commodités pour accueillir les campeurs : emplacements pour poser sa tente, eau chaude, prises électriques, sanitaires et douches. Vous y trouverez aussi un parking et des barbecues, ainsi qu'un espace couvert où prendre les repas et des équipements sportifs. Les infrastructures sont toutes neuves et très propres. Une option de logement simple, avec une jolie vue sur la ville.

RESTAURANTE CASA DO REI €

33 Rua Peixoto Pimentel ✆ +351 292 593 262
www.restaurantcasadorei.com

Ouvert du mardi au dimanche de 18h à 21h. Fermé le lundi. Comptez autour de 15 € le plat.

Sylke et Uwe, les maîtres des lieux, vous proposent une cuisine locale délicieuse, préparée majoritairement avec les produits du jardin. Les plats proposés à la carte sont originaux. On citera le curry de poisson, le poisson en croûte de sésame ou d'amande ou encore les brochettes poisson/ananas. La viande, quant à elle, fond dans la bouche. L'ambiance y est conviviale, et la musique açorienne est appréciable, d'autant qu'il est rare d'avoir l'occasion d'en écouter. Une adresse recommandée. À noter : le menu est dans toutes les langues.

PASTELARIA ROSA

ER1-2, Lomba
✆ +351 912 056 415
Ouvert tous les jours sauf le mardi, de 13h à 18h.

Située au nord de Lajes, dans le village de Lomba, une pâtisserie remplie de douceurs gourmandes : biscuits, *pasteis de nata*, tartelettes ananas, mais aussi et surtout... des Florentinas ! C'est le nom donné par Maria, la pâtissière, à sa création : les premières *queijadas* de l'île de Flores. Une *queijada*, c'est ce petit gâteau traditionnel des Açores, une croûte croquante farcie d'une pâte sucrée au fromage frais. Maria n'utilise que celui des deux fromageries artisanales de l'île. Le résultat est un vrai délice, que l'on vous conseille vivement d'aller tester !

FLORESAIL

Porto recreativo
✆ +351 927 916 990
floresail.com/
Excursion en voilier : de 80 € à 130 € par personne.

Pour ceux qui aiment la mer et qui ont l'esprit aventurier, FloreSail organise des excursions en voilier autour du groupe occidental. Une superbe opportunité d'explorer Flores et Corvo autrement, au rythme du clapotis des vagues. Partez à la découverte des fonds marins, d'incroyables petites baies et de la vie aquatique des îles à bord d'un petit voilier pouvant accueillir 4 personnes maximum. Les tours sont personnalisables : traversée vers Corvo (1 à 2 jours), coucher du soleil, journée complète... Ils peuvent inclure du snorkeling et des repas. Inoubliable.

LONGITUDE 31

10 Rua dos Baleeiros
✆ +351 918 838 414
Tarifs par mail ou par téléphone. Fermé en hiver.

Officier de la marine marchande, ultra professionnel, Filipe vous propose à la fois des sorties en snorkeling et en plongée bouteille. Ce qu'il préfère, c'est vous emmener découvrir des zones plus isolées pour vous permettre d'observer des bancs de chinchards, des mérous, des poissons balistes... mais également les épaves des bateaux ayant fait naufrage au large de Flores. Des cours de tous niveaux sont proposés, du simple baptême de plongée jusqu'aux cours certificatifs. Les plongées se font généralement à Fajã Grande, véritable paradis de la faune marine.

FAJÃ DO CONDE

Juste au sud de Santa Cruz, au bout du village de Ribeira dos Barqueiros, un sentier mène à la Fajã do Conde. C'est là que se cache la célèbre Pierre du pirate, gravée par l'équipage du navire *Modena*. Le 22 avril 1873, une semaine après avoir largué les amarres de Boston, son capitaine et son équipage ont été contraints d'abandonner le navire. Ils seront secourus le 5 mai par un bateau qui les déposera sur la première terre visible : l'île de Flores. Les membres de l'équipage seront maintenus en quarantaine dans la Fajã do Conde par la population, par crainte d'une éventuelle contagion de maladie. La pierre du pirate est un témoin de leur histoire.

ROCHA DOS BORDÕES ★★★

Un bien curieux phénomène géologique, que nous pouvons admirer dans le massif du Cantal par exemple. Le « rocher des bâtons » provient de la solidification du basalte en hautes stries verticales en forme de prismes. C'est une colline imposante, très photogénique et unique aux Açores. Créé il y a environ 570 000 ans, date approximative de la coulée de lave, ses colonnes font 20 mètres de haut. Vous pourrez l'observer depuis la route qui va de Mosteiro à Lajedo, un *miradouro* ayant été aménagé à cet effet. Il n'y a malheureusement pas de randonnée qui permette de l'approcher. Ce monument naturel est inclus depuis 2011 dans le Parc naturel de Flores.

Rocha dos Bordões.

PASSPORT

Séjourner plusieurs jours à Corvo, petit caillou de l'Atlantique, est une expérience rare. L'île a les dimensions humaines d'un village, et l'insularité en fait véritablement un petit monde à part, avec ses rêves d'extension, son histoire et ses histoires. Corvo vit au rythme d'une véritable petite communauté, et c'est l'occasion de (re)découvrir des liens étroits aujourd'hui éclatés dans nos civilisations boursouflées et angoissées. Impossible de capter la fascinante atmosphère de ce bout de terre suspendu sur l'océan en deux heures. La rencontre et le partage se méritent. Les plus patients, les plus curieux, ou les plus effarouchés par le monde moderne puiseront dans les ruelles lumineuses ou détrempées de la petite ville des raisons de ne plus vouloir partir. Quant aux plus pressés, ils pourront toujours s'autoriser une excursion d'une journée depuis Flores, et admirer également depuis l'océan les falaises de ce volcan.

Corvo
AÇORES
CORVO
FLORES
SÃO JORGE
GRACIOSA
TERCEIRA
FAIAL
PICO
SÃO MIGUEL
SANTA MARIA
CALDEIRÃO DO CORVO
Estrada do Caldeirão
VILA DO CORVO
1 KM

VILA DO CORVO ★

Il s'agit tout simplement de l'unique localité de l'île ! Celle-ci étant occupée par un gros volcan en son centre, Vila do Corvo s'est établie sur la *fajã* la plus douce de l'îlot. Ce village est l'âme de l'île. Des ruelles pavées, une vieille église, des moulins à vent sur la colline... C'est l'un de ces endroits où l'on vit sans se presser, où les conversations fusent entre un poisson grillé et deux bières fraîches, où les voisins se connaissent. Malgré son isolement, on y trouve presque tout : un hôtel, un musée, un restaurant ou encore un distributeur de billets. Et l'on y découvre la gentillesse des habitants auxquels l'isolement a appris l'importance de l'accueil et du partage.

Transports

Pour arriver à Corvo, trois options s'offrent à vous.

- **L'avion :** en prenant un vol inter-îles, opéré uniquement par SATA Azores Airlines, au départ de Flores ou de Ponta Delgada via Horta.
- **La navette bateau :** par Atlanticoline. La traversée depuis Flores dure environ 40 minutes et s'effectue à bord du petit bateau Ariel, qui ne peut accueillir que 12 passagers. Le billet coûte environ 10 € par adulte et 5 € pour les enfants jusqu'à 12 ans.
- **Le bateau privé au départ de Flores :** plusieurs prestataires organisent des excursions à Corvo au départ de Flores. Le trajet vous emmène d'abord à la découverte des côtes de Corvo, de ses falaises et de ses nombreuses grottes. L'occasion de joindre l'utile à l'agréable.

CENTRE D'INTERPRETATION DES OISEAUX SAUVAGES

Canada do Graciosa

+351 292 596 051

Ouvert du lundi au vendredi, de 9h à 12h30 et de 13h30 à 17h. Entrée : 3 €. Visites guidées (30-45 min) sur réservation.

Ce centre est dédié aux oiseaux sauvages présents dans l'archipel et la façon de les observer. De nombreux panneaux explicatifs ponctuent la visite, mais également des outils multimédias tels qu'un hologramme ou une expérience de réalité virtuelle qui vous fera voyager autour de l'île, pour mieux vous faire comprendre l'interaction entre l'homme et l'environnement. Le centre abrite aussi le dernier moulin de Corvo. À la fois distrayant et très intéressant.

PRAIA DA AREIA

A l'ouest de Vila do Corvo, au bout de la piste de l'aéroport.

Accès libre.

C'est la seule plage digne de ce nom sur l'île. Ici, pas de longues étendues de sable, mais une petite plage de sable noir, peu fréquentée, avec une grande falaise à l'ouest qui vous offre un cadre naturel exceptionnel. La plage est tout près de la piste de l'aéroport, mais vous ne serez que peu inquiété par les rares avions qui y atterrissent. En été, l'eau aux Açores atteint facilement les 24 °C et elle est incroyablement transparente, idéale si vous voulez tenter le snorkeling, ou juste vous rafraîchir après une journée de randonnée.

CASA DO TEMPO

Rua do Porto da Casa S/N

+351 292 596 063

D'avril à sept., du mardi au samedi 10h-12h30 et 13h30-17h30. D'oct. à mars, du mardi au samedi 9h30-12h30 et 13h30-17h.

La Casa do Tempo est l'écomusée de Corvo, créé pour sauvegarder les traditions et l'histoire de l'île de Corvo. À l'aide de centaines de photographies anciennes de la vie quotidienne de l'île, ainsi que de courts récits vidéo réalisés par les habitants de Corvo sur des aspects culturels, tels que l'habitat traditionnel ou la production du fromage de Corvo, ce musée nous fait aussi connaître la réalité d'une vie sur ce morceau de terre isolé au milieu de l'Atlantique et les liens entre les traditions et cet environnement si particulier. C'est simple et bien fait.

CARLOS REIS - UNIPESSOAL

Rua Joaquim Pedro Coelho

+351 964 577 765

Tarifs sur demande.

Vous pouvez compter sur Carlos Reis pour organiser une jolie visite guidée de Corvo, ou tout simplement vos trajets entre Vila do Corvo et la caldeira si vous avez peur de ne pas trouver de taxi au dernier moment ou que vous vouliez tout simplement planifier votre voyage. Ponctuel, agréable et professionnel, c'est un guide très sympathique qui saura tout vous expliquer sur son île, vous en montrer les curiosités et vous créer des souvenirs mémorables. Une fois votre réservation faite, il n'y a plus qu'à se laisser faire ! Une valeur sûre sur l'île.

ATLANTICOLINE

Gare maritime de Vila do Corvo
+351 292 242 000
www.atlanticoline.pt
Toute l'année entre Flores et Corvo. Comptez 20 € l'aller-retour. En été, traversées des voitures possible en ferry.

Atlanticoline est la principale compagnie assurant les liaisons entre les îles. Entre Flores et Corvo, ces liaisons sont assurées à une fréquence minimale de deux allers-retours par jour, deux jours par semaine en hiver (ligne rose). À partir de juin, il devient possible d'embarquer sa voiture sur le bateau. Attention car le groupe occidental n'est pas relié aux autres îles par ferry. Pour vous rendre sur une autre île au départ de Corvo ou de Flores, l'avion est indispensable. Pensez à vous munir de votre carte d'identité pour les traversées.

SATA AZORES AIRLINES

Aéroport de Corvo
+351 296 209 720
https://www.azoresairlines.pt
Comptez environ 170 € l'aller-retour Ponta Delgada-Corvo. Prix sont variables selon la saison. Vols avec 1 à 2 escales.

Depuis la France, la liaison qu'opère la compagnie SATA Azores Airlines jusqu'aux Açores ne s'effectue qu'à destination de Ponta Delgada (vol direct ou via Lisbonne ou Porto) : il vous faudra ensuite prendre un autre vol inter-îles pour arriver jusqu'à Corvo. La liaison est assurée quasiment tous les jours en été, avec au moins une escale. En hiver, il n'y a que quelques vols par semaine, avec deux escales. Le trajet est long ! Les vols peuvent être perturbés par les conditions climatiques : vous ne serez pas toujours sûr de décoller !

HÔTEL COMODORO €

Caminho da Varzea
+351 292 596 128
www.comodoroazores.com
A partir de 65 € la chambre simple et de 75 € la double. Petit déjeuner inclus.

C'est l'une des seules options si vous souhaitez dormir sur l'île de Corvo ! L'adresse est très convenable et offre tout le confort nécessaire : air conditionné, TV câblée, wifi gratuit dans toutes les chambres... Les chambres sont simples, mais la literie est de très bonne qualité. Depuis certaines chambres avec terrasse, vous aurez une magnifique vue sur le volcan et sur la petite ville de Vila do Corvo. Le petit déjeuner est de bonne qualité et le personnel vraiment très agréable. Vous l'aurez compris, c'est le meilleur point de chute ici !

JOE & VERA'S VINTAGE PLACE €

Rua da Matriz
+351 914 112 097
A partir de 80 € la chambre double. Petit déjeuner inclus.

Au centre de Vila do Corvo, la souriante Vera vous accueille dans ce charmant petit hôtel de 4 chambres. Une hôtesse attentionnée, qui prend le temps de conseiller des excursions ou de venir vous chercher à l'aéroport. Les chambres, toutes décorées dans les tons blanc et bleu marine, disposent chacune de leur propre salle de bain et du wifi. Le petit déjeuner est ici en libre-service, permettant à chacun de se lever à son rythme, merveilleux pour se sentir en vacances.

PARQUE DE CAMPISMO DA VILA DO CORVO €

Caminho da Areia
Espace de camping gratuit à disposition des visiteurs. Sanitaires et barbecue à votre disposition sur place.

Un endroit sympa où l'on pourra même profiter du barbecue, en regardant passer de temps à autre les avions en provenance de Flores ou du groupe central. Pas d'inquiétude, les vols sont peu nombreux. Les installations et le confort y sont simples, mais cela rime tellement bien avec l'atmosphère qui règne sur l'île. Si vous êtes un adepte du camping, ce lieu est fait pour vous et rien que pour vous ! À noter que cette aire de camping dépend de la mairie de Corvo.

CALDEIRÃO €€

Caminho dos Moinhos
+351 967 548 383
Ouvert tous les jours de 9h30 à 21h. Formule buffet à 16 € pour le déjeuner. Comptez environ 25 € le repas à la carte.

Pour une cuisine un rien plus formelle, et surtout pour jouir de sa belle terrasse qui donne sur les moulins à vent, rendez-vous au Caldeirão, le seul restaurant de l'île ! Une déco moderne et une carte qui propose des viandes, des poissons grillés, d'excellents desserts maison ou encore une merveilleuse sangria à siroter au soleil. Vous trouverez sans doute les plats un peu chers, aléas d'une île coupée du monde où les denrées de bases sont rares, mais le personnel sympathique et souriant vous le fera vite oublier. Formule buffet le midi.

Vila do Corvo.

BBC CAFFÉ & LOUNGE

Avenida Nova

✆ +351 292 596 030

Ouvert du lundi au jeudi de 8h à 0h, le vendredi de 8h à 1h, le samedi de 19h à 1h et le dimanche de 9h à 23h.

Si vous voulez aller boire un dernier verre dans une ambiance locale, c'est le lieu idéal. BBC, c'est le snack qui appartient à l'Association des pompiers volontaires de Corvo. Son objectif est donc avant tout de fournir des en-cas aux pompiers, mais également aux visiteurs de l'île. Ne vous attendez donc pas à de la grande gastronomie, mais à de très acceptables frites, soupes fraîches ou hamburgers. Les serveurs sont sympas et attentionnés. Des concerts et des soirées à thèmes sont organisés régulièrement pour mettre un peu d'ambiance sur cette île si calme.

BARRETAS DO CORVO

Rua Joaquim Pedro Coelho

✆ +315 917 763 019

http://barreta1452.com/index.php/pt

Recrutés sur des baleinières américaines au XIXe siècle, les hommes de Corvo y ont rencontré pour la première fois des marins écossais qui leur ont appris à fabriquer leur fameux bonnet traditionnel, orné de son pompon. Il fut peu à peu porté par tous les hommes de l'île. Tombé ensuite en désuétude, une femme décida de lui redonner vie. C'est Rosa qui tricote à nouveau ces sympathiques « barretas » en pure laine de mouton, traditionnellement bleu indigo avec des motifs de couleur blanche. Un souvenir authentique à rapporter de votre séjour à Corvo.

© JOALACERDA- SHUTTERSTOC.COM

Vila do Corvo.

CALDEIRÃO DO CORVO ★★★

C'est l'image la plus connue de Corvo, cette immense caldeira qui occupe près de la moitié de l'île, de 305 mètres de profondeur pour environ 2,3 kilomètres de diamètre. Ses parois, orientées au sud et abritées des vents, ont permis d'y cultiver la terre, divisant les falaises en d'immenses rectangles qui ne font qu'ajouter à la magie de l'endroit. Le centre est occupé par des lagunes d'une vingtaine de mètres de profondeur, dans lesquelles vivent des oiseaux marins comme le puffin cendré et l'hirondelle de mer.

Balade

- **PR02 COR** (4,8 km - 2h30 - difficulté moyenne). Depuis le Miradouro Caldeirão commence cette randonnée qui descend à l'intérieur du cratère et en fait le tour avant de remonter vers le point de vue : de magnifiques vues sur les lacs et les cônes volcaniques, et vous croiserez certainement la route de vaches, de chèvres et de chevaux. Restez à l'écart des vaches si celles-ci ont des veaux, elles peuvent se montrer agressives ! Certains points de repère peuvent être difficiles à trouver, mais la randonnée en vaut la peine car le paysage est à couper le souffle.
- **PR01 COR** (10,3 km - 3h - difficulté moyenne). Depuis Caldeirão do Corvo, vous pouvez rejoindre Vila do Corvo à pied par la randonnée PR01 COR - Cara do Índio. Une fois que vous aurez quitté la route goudronnée, vous suivrez un chemin de terre entre les champs et les hortensias avec la mer en toile de fond et de jolies vues sur la ville. Ne manquez pas de faire un arrêt au Miradouro do Portão sur le trajet. La quasi totalité de la randonnée est en descente depuis le volcan.
- **Miradouro do Morro dos Homens**. Il s'agit du point culminant de Corvo, juste au sud du volcan, à 720 m de hauteur. On y accède depuis l'intérieur de la caldeira mais il n'y a pas de sentier, il faudra se frayer un chemin à travers la végétation ! La montée peut être laborieuse, mais si vous êtes sportif et un poil aventurier, elle vaut le coup pour la vue sur cette incroyable formation naturelle.

Transports

Pour vous rendre au Miradouro Caldeirão, plusieurs options s'offrent à vous.

- **À pied depuis Vila do Corvo**, via le sentier PR01 COR (attention au dénivelé !).
- **En taxi**. Comptez environ 10 € depuis le port de Vila do Corvo. C'est là que vous trouverez quelqu'un susceptible de vous emmener.

ORGANISER SON SÉJOUR

Les Açores sont une destination simple à visiter, ou presque ! S'il n'y a aucun problème de sécurité et si vos découvertes vous en mettront toujours plein la vue sans aucune difficulté, c'est peut-être dans l'organisation de votre aventure que vous vous arracherez un peu les cheveux ! En effet, le plus complexe lors d'un voyage aux Açores est de coordonner vos déplacements. Pensez à réserver vos vols inter-îles à l'avance, même s'ils sont réguliers, en pleine saison ils sont rapidement complets. Il en va de même pour les bateaux, surtout si vous comptez faire traverser votre véhicule ; les places réservées aux voitures sont limitées ! D'autre part, les trajets aériens et maritimes peuvent être perturbés par les conditions climatiques et vous obliger à modifier votre parcours. Enfin, on ne le répétera jamais assez, mais réservez absolument votre voiture de location à l'avance, elles sont en nombre limité sur l'archipel.

ORGANISER SON SÉJOUR

ARGENT

La monnaie utilisée est l'euro, comme au Portugal continental. La vie est relativement bon marché par rapport à la France, mais les tarifs pratiqués dans les établissements hôteliers des Açores ne sont pas toujours si attractifs, surtout quand on les compare avec les mêmes services à Madère. Les cartes bancaires les plus classiques sont généralement très bien acceptées dans les établissements touristiques, mais vous n'êtes pas à l'abri d'une exception : mieux vaut donc être prévoyant et toujours conserver un peu de liquide !

BUDGET / BONS PLANS

La saisonnalité du marché touristique, cantonnée aux mois de mai à septembre, est assez marquée et influe considérablement sur les prix : hors saison, ils diminuent nettement. Contrairement à Madère, il n'existe pas vraiment de tourisme d'hiver sur les îles, et les hôtels sont tous pratiquement vides d'octobre à avril, quand ils ne sont pas d'ailleurs fermés !

- **Petit budget.** De 35 € à 60 € la chambre double ou quelques euros à peine pour camper. Autre bonne option à petits prix : les auberges de jeunesse, entre 10 € et 17 € la nuit en dortoir. Entre 5 € et 10 € pour un repas.
- **Budget intermédiaire.** De 60 € à 100 € la chambre double. De 10 € à 25 € par repas (avec boissons).

© SERGEY CAUSELOVE - ISTOCKPHOTO.COM

- **Gros budget.** Au-delà de 100 € la chambre double. Entre 25 € et 35 € par repas (boissons et vins compris).
- **Transports.** De 20 € à 40 € par jour la location de voiture de catégorie A en kilométrage illimité, en fonction de la saison et de la compagnie. Le ticket de bus varie entre 1 € et 5 € selon les îles et la distance parcourue.

PASSEPORT ET VISAS

Région autonome du Portugal, les Açores font partie de l'Union européenne et de l'espace Schengen. Par conséquent, tout citoyen européen peut y pénétrer et y rester sans limitation de temps avec une carte d'identité.

PERMIS DE CONDUIRE

Votre permis de conduire suffira pour louer une voiture sur place.

SANTÉ

L'eau du robinet est de l'eau de source, provenant de stations de captage sur les sommets des volcans. Vous pouvez donc la boire sans crainte, elle est délicieuse ! Au restaurant, on ne vous servira jamais de carafe : prévoyez donc l'eau dans la note finale. Vous trouverez de bonnes eaux minérales, notamment dans la vallée de Lombadas sur São Miguel où coule une eau naturellement gazeuse, ainsi que des eaux sulfureuses qui jaillissent chaudes du volcan, par exemple à Furnas ou encore à Carapacho sur l'île de Graciosa, et dans lesquelles vous pourrez vous baigner pour faire disparaître tous vos petits maux.

VACCINS OBLIGATOIRES

Aucun vaccin n'est obligatoire pour se rendre aux Açores.

SÉCURITÉ

La criminalité n'existe pratiquement pas aux Açores, à part quelques phénomènes marginaux, très éparpillés, liés à l'alcool ou à la drogue. Rien à craindre donc. Pour connaître les dernières informations sur la sécurité sur place, consultez la rubrique « Conseils aux voyageurs » du site du ministère des Affaires étrangères (www.diplomatie.gouv.fr/voyageurs). Sachez cependant que le site dresse une liste exhaustive des dangers potentiels et que cela donne parfois une image un peu alarmiste de la situation réelle du pays.

INTERVIEW

L'ASSURANCE VOYAGE, LE BON RÉFLEXE POUR PARTIR L'ESPRIT TRANQUILLE

avec CATHERINE DIBOUES, responsable du marché voyage, loisir et mobilités chez Allianz Travel

En cas d'annulation de voyage, peut-on bénéficier d'un remboursement des frais engagés ?

L'assurance voyage propose une indemnisation lorsque l'on doit abandonner son projet de séjour pour une raison indépendante de sa volonté. Contrairement aux idées reçues, les assurances liées aux cartes bancaires ne proposent pas toutes une assurance annulation.

Que se passe-t-il en cas de retard de vol ?

Avec l'assurance voyage Allianz Travel, les frais supplémentaires liés à l'attente sont pris en charge, à partir de 2h de retard. Il peut s'agir des frais de restauration, de transport lors d'un changement d'aéroport ou d'une éventuelle nuit d'hôtel.

L'assurance voyage couvre-t-elle la perte ou le dommage des bagages ?

Allianz Travel indemnise les voyageurs en cas de bagages endommagés ou perdus par la compagnie aérienne. Cela comprend l'indemnisation du bagage et son contenu.

Quelles sont les destinations couvertes par votre zoning Europe svp ? Est-ce uniquement l'UE ou l'ensemble du continent européen ?

Les pays européens ont des accords avec l'administration française. Avant de partir, il faut demander la carte européenne d'assurance maladie. La sécurité sociale et la mutuelle prennent alors en charge les frais médicaux, selon leurs barèmes. Les frais médicaux étant majoritairement plus élevés qu'en France, l'assurance voyage permet de se voir remboursé du reste à charge.

En cas de souci de santé sur place, que faut-il faire ?

En cas de doute ou pour des symptômes légers, nous proposons un service de téléconsultation médicale, par téléphone et en visio, qui permet d'être conseillé et orienté par un professionnel ainsi que d'obtenir une ordonnance si besoin. Pour une situation plus grave, il est nécessaire d'appeler les urgences locales, dont les numéros sont disponibles sur notre application mobile. Une fois à l'hôpital et dans un état stable, on appelle Allianz Travel pour déclencher les procédures de prises en charge. Notre centre d'assistance fonctionne 24h/24, 7j/7.

DÉCALAGE HORAIRE

Les Açores sont dans le fuseau horaire GMT -1. Toute l'année, quand il est midi à Paris, il est 10h aux Açores ; quand il est 20h à Ponta Delgada, il est 21h à Lisbonne et 22h en France. Comme dans toute l'Union européenne, au moment du passage à l'heure d'été, on avance d'une heure le dernier dimanche de mars, et on recule d'une heure le dernier dimanche d'octobre pour passer à l'heure d'hiver.

LANGUES PARLÉES

Le portugais bien sûr, avec des prononciations différentes selon les îles (surtout à São Miguel) et l'anglais, avec un fort accent américain, tradition d'émigration oblige. Il est parlé couramment quasiment partout. Le français et l'allemand sont plus rares. Le français, obligatoire au lycée jusqu'en 1980, est parlé par la génération au-dessus de 40 ans de la classe moyenne.

COMMUNIQUER

Le réseau 4G (et à défaut 3G) est très bien développé sur toutes les îles et pratiquement partout, malgré les reliefs parfois vertigineux, il est possible de se connecter. Plus souvent qu'en France, le wifi est accessible gratuitement dans nombre d'espaces publics. Les marinas détiennent la palme de la connectivité, et ce ne sont ni celle de Ponta Delgada (Portas do Mar), ni celle de Horta, qui viendront nous contredire. Dans les hôtels, Internet est en général disponible gratuitement depuis les chambres (le code vous est fourni à votre arrivée), ou au pire près de la réception.

ELECTRICITÉ ET MESURES

220 volts comme en France. Les prises sont au format européen, donc inutile d'emporter des adaptateurs sauf si vous venez du Canada.

BAGAGES

S'il ne fait jamais très froid aux Açores, un bon pull ou une polaire seront tout de même de rigueur, même en été, surtout si vous envisagez de randonner en altitude. Sur les côtes, une petite laine suffira. Le coupe-vent devra lui aussi être de la partie, tout comme un vêtement de pluie léger. Ne pas oublier un bonnet, un chapeau ou une casquette ni les lunettes de soleil. Bonnes chaussures et sac à dos sont également conseillés : les Açores sont une invitation permanente à la marche. Évidemment, le maillot de bain est un indispensable, et ce tout au long de l'année ! Même en hiver, on pourra profiter des sources d'eau chaude et éventuellement se baigner dans les piscines naturelles formées sur les littoraux, dans les rochers, si la mer est calme et que l'on n'est pas trop frileux.

Cela étant, s'il vous manque quelque chose, vous le trouverez sûrement sur place.

LES PHRASES CLÉS

Bonjour, je voudrais réserver un billet aller/retour pour…
Bom dia, queria reservar um bilhete de ida e volta para…

J'ai raté mon avion. Je voudrais échanger mon billet s'il vous plaît.
Perdi o meu avião. Queria trocar o meu bilhete, se faz favor.

Mon vol est très en retard. Ma correspondance sera bien assurée ?
O meu voo está com muito atraso. A minha correspondência está garantida?

Mes bagages ont été égarés, à qui dois-je m'adresser ?
Perderam as minhas bagagens, com quem posso falar?

Louez-vous des voitures avec chauffeur ?
Alugam carros com motorista?

Je n'ai presque plus d'essence. Où se trouve la station-service la plus proche ?
Não tenho muita gasolina. Onde está o posto de gasolina mais próximo?

S'Y RENDRE

Les Açores sont une destination simple et sans risque, alors on répond un grand OUI lorsque vous nous demandez si vous pouvez y aller seul. On vous le conseille même fortement. Organisez votre voyage, planchez sur votre itinéraire, réservez vos hébergements et votre voiture de location. Concoctez-vous un périple à la carte et revenez avec de merveilleux souvenirs. L'aventure commence depuis la France, plusieurs compagnies aériennes pourront vous mener aux Açores – TAP Portugal ou SATA Azores Airlines notamment. En mai ou septembre, un aller-retour Paris-Ponta Delgada revient, selon la compagnie et le délai de réservation, entre 150 € et 500 €. Saisonnalité oblige, les prix peuvent parfois flamber au mois d'août. En fonction de la durée de votre séjour, choisissez le nombre d'îles à visiter. N'en faites pas trop, ne vous imposez pas un rythme fou. Au contraire, la destination incite à prendre son temps et à profiter de la nature.

BSP AUTO

✆ 01 86 26 90 80

www.bsp-auto.com

Site comparatif accessible 24h/24.

Il s'agit là d'un prestataire qui vous assure les meilleurs tarifs de location aux conditions les plus avantageuses auprès des grands loueurs de véhicules dans les gares, aéroports et les centres-villes du monde entier. Le kilométrage illimité et les assurances sont souvent compris dans le prix. Avec BSP Auto, vous pouvez réserver dès maintenant et payer seulement cinq jours avant la prise de votre véhicule. Autre bonus du courtier BSP : pas de frais de dossier ni d'annulation (jusqu'à la veille). La moins chère des options zéro franchise.

SATA AZORES AIRLINES

PARIS (8e)

www.azoresairlines.pt/fr

Aller-retour Paris-Ponta Delgada : entre 200 € et 700 € selon la saison.

Depuis la France, la liaison qu'opère la compagnie SATA Azores Airlines jusqu'aux Açores ne s'effectue qu'à destination de Ponta Delgada (en vol direct ou via Lisbonne). Il faut ensuite prendre un autre vol pour rejoindre les autres îles de l'archipel. Les liaisons sont opérées plusieurs fois par semaine, voire plusieurs fois par jour entre certaines îles. Les vols peuvent être perturbés par les conditions climatiques parfois capricieuses aux Açores. Pour vos trajets vers et dans l'archipel, consultez le site Internet, vous pourrez y réserver vos vols en ligne.

AIR FRANCE

✆ +33 9 69 39 36 54

wwws.airfrance.fr

Réservez en ligne ou par téléphone.

Air France ne propose pas de vols directs pour les Açores. En revanche, la compagnie propose plusieurs vols par jour au départ de Paris Roissy-Charles-de-Gaulle pour Lisbonne. Le trajet entre Lisbonne et Ponta Delgada est pris en charge par la compagnie Sata. Plusieurs vols aller-retour quotidiens. Toute l'année, la compagnie nationale propose de nombreux vols tous les jours au départ des aéroports de Paris : plusieurs destinations en France, en Europe et à l'international. La compagnie, qui existe depuis 1933, est synonyme de qualité, de service et de confort.

TAP AIR PORTUGAL

✆ +33 890 102 106

www.flytap.com/fr-fr

TAP Air Portugal est l'une des compagnies qui pourra vous mener aux Açores depuis Paris et plusieurs villes de province. Après une escale à Lisbonne ou Porto, vous atterrirez au choix à Ponta Delgada (île de São Miguel), à Horta (île de Faial), à Madalena (île de Pico) ou à Lajes (île de Terceira). C'est l'une des meilleures options si vous souhaitez voyager à destination des Açores depuis l'Europe. C'est aussi l'un des moyens les plus simples. Plusieurs vols par semaine au départ de l'aéroport de Paris Orly. Une compagnie fiable et sérieuse.

bsp-auto.com
+33 1 86 26 90 80
DES PRIX FOUS NÉGOCIÉS POUR VOTRE
LOCATION DE VOITURE AUX AÇORES !
SIXT
Hertz
dollar
Thrifty
Budget
enterprise
AVIS
Europcar
KM illimités
Annulation offerte
Payez 5 jours avant le départ
0€
Assurances incluses
'Zéro franchise' à petit prix
J-5
7j / 7
BSP AUTO
Agence de voyages française

SÉJOURS ET CIRCUITS

De nombreux tour-opérateurs proposent des circuits et séjours dans l'archipel. Akaoka (www.compagnie-du-trek.com) par exemple, suggère des randonnées à travers 5 circuits. Parmi eux, « Escales Atlantiques » : 12 jours entre trekking et observation des cétacés. Une autre option, « Randonnée en liberté » : 8 jours à sillonner les trois îles du triangle. Réceptifs spécialisés et professionnels du tourisme sont largement présents aux Açores. N'hésitez pas à faire appel à eux pour réserver vos activités. Turangra (www.turangra.com) organise des excursions nature ou à la découverte de la mer, et des circuits autour de Graciosa ; Melo Travel (www.melotravel.com) vous accueille en français et vous emmène à la découverte des secrets les mieux gardés de l'archipel ; Cresacor (www.azoresforall.com) propose une assistance à toutes les étapes de votre voyage, des transferts aéroport aux activités accessibles aux personnes à mobilité réduite.

LA ROUTE DES VOYAGES

42, rue Maubeuge - **PARIS** (9e)
✆ 01 55 31 98 80
www.laroutedesvoyages.com
Ouvert du lundi au vendredi de 10h à 18h, et le samedi sur rendez-vous.

La Route des Voyages, c'est une équipe dynamique et enthousiaste dotée d'une vraie connaissance du terrain avec près de 30 ans de voyage à travers le monde. Tous ces derniers sont composés sur mesure, selon votre inspiration et les connaissances acquises au fur et à mesure des multiples expériences réalisées, mais aussi en fonction du nombre de participants et de leurs centres d'intérêt. Sous la férule d'un coordinateur de projet, l'agence vous fera découvrir de nombreuses destinations insolites ou plus classiques avec de merveilleux « chefs de destination ».

CLUB FAUNE VOYAGES

50, rue de Passy
PARIS (16e)
✆ +33 1 42 88 06 21
www.club-faune.com
Ouvert du lundi au vendredi de 9h à 19h.

Club Faune Voyages, spécialiste du voyage sur mesure depuis 1985, vous invite à découvrir les Açores au cours d'expériences inédites : sortie en mer avec un biologiste pour observer les cétacés ; randonnée avec un guide naturaliste pour découvrir caldeiras et lacs de montagne ; visite des plantations de thé de São Miguel ; dégustation de vin au cœur des vignobles de l'île de Pico ; découverte de la ville portuaire d'Angra do Heroísmo ; remise en forme dans de magnifiques piscines naturelles et bains thermaux... Des circuits personnalisables selon vos envies.

NOMADE AVENTURE

40, rue de la Montagne-Sainte-Geneviève
PARIS (5e)
✆ 01 46 33 71 71
www.nomade-aventure.com
Lundi-samedi 10h-18h30.

Nomade Aventure, comme son nom l'indique doublement, est une agence qui vous change de vos habitudes sédentaires. Avec ses voyages placés sous le thème de la nature, de la culture et de la rencontre, elle vous propulse vers de nouvelles aventures. Loin des meutes de touristes, vous mettrez à profit les bonnes connaissances des agents sur la région en profitant à la fois de circuits originaux et de spots incontournables. Nomade Aventure fait de votre voyage de véritables vacances en vous permettant de vous détendre, ils prévoient tout !

SECRETS DU MONDE

✆ 01 45 42 64 44
www.secretsdumonde.com
Ouvert du lundi au vendredi de 9h à 19h.

Secrets du Monde, spécialiste des Açores depuis plus de 20 ans, propose séjours thématiques, excursions et circuits individuels (de 2 à 5 îles) pour découvrir l'archipel : plongée à São Miguel (qui compte une dizaine de spots), observation des baleines (notamment le séjour « Ecotourisme et observation des cétacés en 8 jours sur l'île de São Miguel), golf sur l'île de São Miguel. Enfin, Secrets du Monde offre la possibilité d'opter pour une formule à la carte à partir des voyages proposés ou simplement entièrement cousue main.

PROMOVACANCES

✆ 01 55 33 44 44

www.promovacances.com

Promovacances est une agence de voyage en ligne qui propose de nombreux séjours touristiques, des week-ends, ainsi qu'un très large choix de billets d'avion à tarifs négociés sur vols charters et réguliers, des locations, des hôtels à prix réduits. En plus de cette importante offre, n'hésitez pas à guetter en ligne des promotions de dernière minute et les bons plans du jour. Enfin, des informations pratiques sont à consulter en ligne pour préparer votre voyage : santé, formalités, aéroports, voyagistes, compagnies aériennes.

AQUÁRIUS

21 Rua Infante D. Henrique

VELAS

✆ +351 295 432 006

Tarifs sur demande.

Cette agence a été fondée par António Pedroso qui gérait auparavant l'hôtel São Jorge. On peut y réserver ses billets d'avion ou de bateau. On peut aussi faire des randonnées pédestres guidées et une excursion à la journée pour faire le tour de l'île. António a par ailleurs aménagé sa maison, la Casa do António, pour y recevoir des voyageurs. En passant par cette agence, vous êtes sûrs de percer les secrets de l'île de São Jorge. Antonio et son équipe vous feront découvrir ces terres comme vous ne l'auriez pas imaginé. Sérieux et professionnel.

ABREU

55 Avenida Infante D. Henrique - **PONTA DELGADA**

✆ +351 296 304 450

www.abreu.pt

Agence ouverte du lundi au vendredi de 9h à 18h, et le samedi de 9h30 à 13h.

Agence de voyage portugaise qui connaît particulièrement bien la région. Elle propose plusieurs excursions aux Açores, et à São Miguel notamment. Parmi elles : le programme *A descoberta da Ilha Verde* propose une découverte des incontournables de São Miguel, des sublimes lagons de Sete Cidades à la bouillonnante vallée de Furnas. L'agence propose aussi des séjours qui combinent la visite de São Miguel et d'autres îles, ainsi que des séjours à thèmes, par exemple à l'occasion du nouvel an. Se renseigner et réserver en arrivant sur place ou sur Internet.

CAMINHANDO

15 Rua João Paulino - **MADALENA**

✆ +351 962 408 417

caminhandoazores.com

Comptez 75 €/personne pour l'ascension du Pico de nuit, pour voir le lever de soleil depuis le sommet.

Une agence locale à taille humaine qui propose de vous accompagner pour l'ascension du mont Pico, huit heures de marche vers le plus haut sommet du Portugal en compagnie d'un guide certifié, ou tout simplement pour vos randonnées pédestres, avec un guide francophone. João, le patron de l'agence, propose également des découvertes de l'île en voiture légère sur différents thèmes tels que le vin, la nature ou encore les musées. Une petite agence très professionnelle et qui connaît de très bons itinéraires pour explorer l'île, totalement hors des sentiers battus.

AGENCIA VIAGENS TELES

15 a 21 Av. Alvaro Martins Homem

PRAIA DA VITÓRIA

✆ +351 295 512 044

www.telestravel.com

Ouvert du lundi au vendredi de 9h à 18h.

Teles Travel a été la première agence de voyages à s'installer aux Açores il y a environ un demi-siècle. C'est aujourd'hui un acteur majeur du tourisme aux Açores. L'équipe s'engage à fournir un excellent service aux touristes : proximité, compétence, esprit d'équipe, dynamisme, passion et intégrité. Vous pourrez effectuer diverses excursions et partir à la découverte de Terceira : visite d'Angra do Heroísmo, de la grotte d'Algar do Carvao, ascension du Monte Brasil... Les options sont sans fin ! Une agence sérieuse et sympathique.

CRESACOR

18 Rua Santa Bárbara - **FAJÃ DE BAIXO**

✆ +351 296 295 177

www.azoresforall.com

A partir de 10 € la location de vélo (une journée), 20 € le canoë (1h), 42 € le tour en van (1 journée)...

Cresaçor est une société d'animation touristique active depuis 2005 qui, à travers la marque Azores for All, promeut un tourisme social, accessible et culturel aux Açores. Azores for All propose une assistance à toutes les étapes de votre voyage. Ils assurent le transfert depuis et vers l'aéroport avec un van adapté, procèdent aux réservations dans des hôtels adaptés à vos besoins personnels et organisent surtout des activités et des excursions adaptées (y compris pour les personnes à mobilité réduite ou déficientes). Sérieux garanti.

INTERVIEW

LE VOYAGE-SUR-MESURE

AVEC STEVEN LE CHEVALIER ET MATHIEU VALLY DE QUOTATRIP

Quel est le concept de l'agence QuotaTrip ?

Quotatrip est la première plateforme de mise en relation entre voyageurs et agences locales. Grâce à elle, les voyageurs peuvent enfin échanger en direct avec des agences qui sont sur place et concevoir un voyage unique, au meilleur prix et 100% personnalisé.

Pourquoi voyager avec des agences locales ?

À l'inverse des agences traditionnelles, les agences locales sont des expertes de la destination choisie. Ce sont aussi les mieux placées pour concevoir des séjours qui sortent des sentiers battus. Elles sont ainsi en mesure de répondre à l'ensemble des envies, le voyageur rentre dans l'univers de l'equi-tourisme = le tourisme sans intermédiaire.

Quels sont les autres avantages pour les voyageurs ?

Il y a une multitude d'avantages. Cela permet notamment de ne pas voyager comme tout le monde, d'organiser de manière simple et rapide un séjour sur mesure et au meilleur prix. Fini les mauvaises surprises, les voyageurs posent toutes les questions qu'ils souhaitent et bénéficient d'un accompagnement sur mesure, de la conception du projet jusqu'à sa réalisation en toute sécurité car les agences référencées sont sélectionnées et recommandées par les journalistes des guides du Petitfute en toute impartialité.

Les démarches sont-elle simples à effectuer ?

Les sites de voyage en ligne font perdre beaucoup de temps aux internautes sans pour autant répondre entièrement à leurs désirs. QuotaTrip propose un formulaire simple et rapide qui permet de décrire les souhaits, les envies et les besoins. L'internaute reçoit aussitôt gratuitement et sans engagement les offres de trois ou quatre agences locales avec qui il peut ensuite échanger afin de personnaliser son projet grâce à la messagerie mise en place.

Quelles sont les destinations proposées ?

Notre plateforme propose plus de 21 000 projets de voyage sur plus de 100 destinations à travers le monde. De l'Amérique latine en passant par l'Asie et l'Afrique, nos mille agences partenaires sont là pour répondre à vos projets de voyage.

© D.R

© D.R

© D.R

MELO TRAVEL

7/11 Rua de Santa Luzia
PONTA DELGADA
✆ +351 296 205 385
www.melotravel.com
Agence ouverte du lundi au vendredi de 9h à 17h30.

Il s'agit d'une équipe jeune et dynamique qui connaît parfaitement les Açores et vous accueille en français. À vous les secrets les mieux gardés de l'archipel : randonnées au cœur de paysages d'un vert exubérant pour les amoureux de la nature, sorties en mer pour observer les baleines ou nager avec les sympathiques dauphins, découverte des phénomènes volcaniques des Açores pour les spécialistes en géologie et, pour les plongeurs, voyages dans le monde sous-marin de l'archipel aux admirables faune et flore. Une agence sérieuse.

TERRA LUSITANIA AÇORES

PONTA DELGADA ✆ +351 210 101 397
www.voyage-acores.com
Du lundi au vendredi de 10h à 19h, heure française. Découvrez neuf îles uniques pour une immersion totale dans la nature.

Terra Lusitania Açores s'occupe de tout. L'équipe est spécialiste du voyage à la carte aux Açores et conçoit des programmes sur mesure selon vos goûts, vos envies et votre budget, dans la bonne humeur et en français ! Leur connaissance renouvelée du terrain permet de répondre au mieux à vos attentes. Les conseillers proposent des programmes au meilleur rapport qualité-prix. Lacs, cascades, volcans, plongée, kayak, observation des cétacés, monuments, réserves naturelles etc. Contactez l'agence par e-mail ou via le questionnaire détaillé accessible sur le site dans la rubrique contact.

TURANGRA

47-A Carreira dos cavalos
ANGRA DO HEROÍSMO
✆ +351 295 204 040
www.turangra.com
Ouvert du lundi au vendredi de 8h30 à 18h.

Turangra est une agence de voyages spécialisée dans les circuits locaux. Elle organise des excursions nature ou découverte de la mer, et des circuits autour de chacune des îles de l'archipel avec des activités variées (randonnées, canyoning, canoë-kayak, circuits en vélo ou en jeep...). Une agence sérieuse et très recommandable pour vos sorties aux Açores. Pratique, le site Internet permet aussi de réserver des hôtels sur toutes les îles (ou de faire des combinaisons) et de louer des véhicules. Possibilité de faire vos demandes et devis en ligne.

EASYVOYAGE

✆ 01 84 20 09 84
www.easyvoyage.com

Le concept peut se résumer en trois mots : s'informer, comparer et réserver. Des infos pratiques sur plusieurs destinations en ligne (saisonnalité, visa, agenda...) vous permettent de penser plus efficacement votre voyage. Après avoir choisi votre destination selon votre profil (famille, budget...), le site vous offre la possibilité d'interroger plusieurs sites à la fois concernant les vols, les séjours ou les circuits. Grâce à ce moteur performant, vous pouvez réserver directement sur plusieurs bases de réservation (Lastminute, Go Voyages et bien d'autres).

JETCOST

www.jetcost.com

Jetcost compare les prix des billets d'avion et trouve le vol le moins cher parmi les offres et les promotions des compagnies aériennes régulières et *low cost*. Le site est également un comparateur d'hébergements, de loueurs d'automobiles et de séjours, circuits et croisières. L'interface du site Internet est très simple d'utilisation. Après avoir lancé la recherche, on peut affiner les résultats en fonction de ses choix afin de trouver le vol le plus intéressant, la durée du trajet, les éventuelles escales ou encore l'aéroport d'arrivée.

QUOTATRIP

www.quotatrip.com
Tarifs : devis sur demande en ligne.

QuotaTrip est une nouvelle plateforme de réservation de voyage en ligne qui met en relation des voyageurs à la recherche d'expériences authentiques et uniques, et des agences de voyages locales sélectionnées pour leurs compétences et leur sérieux. Le réseau de QuotaTrip couvre près de 200 destinations dans le monde entier. Le but de ce rapprochement est simple : proposer un séjour entièrement personnalisé aux utilisateurs. QuotaTrip promet ainsi l'assurance d'un voyage serein, sur mesure, sans intermédiaires et sans frais supplémentaires.

SE LOGER

Tout est possible pour se loger aux Açores, du plus simple au plus luxueux. Les campings sont nombreux et souvent situés dans des environnements superbes : Urzelina ou Calheta à São Jorge, Lajes ou São Roque à Pico, Praia do Almoxarife à Faial, Baia da Salga à Terceira ou Furnas à São Miguel par exemple. Pour seulement quelques euros, vous pourrez louer un emplacement. Les auberges de jeunesse sont relativement récentes aux Açores. La plupart sont regroupées au sein de l'organisme Azores Youth Hostels. On peut séjourner en dortoir pour une dizaine d'euros, et parfois en chambre double pour 30 € à 40 €. Les pensions familiales, chambres d'hôtes et hôtels sont nombreux. Le tourisme rural, enfin, est de loin le type d'hébergement le plus implanté. Dans des maisons rurales confortables, vous découvrirez la vie açorienne authentique, et pourrez parfois même participer aux activités de la ferme. Les prix sont généralement très corrects.

HOME EXCHANGE €€

www.homeexchange.fr

Abonnement annuel 160 €.

Et si vous échangiez votre maison avec d'autres pour partir en vacances ? HomeExchange est une plateforme d'échange de maisons et d'appartements entre particuliers. L'idée : un site Internet pour échanger son logement (studio, appartement, villa…) moyennant un abonnement annuel à l'agence en ligne, qui se charge de la présentation du bien et de la mise en contact des intéressés. Un excellent moyen de faire des économies pour partir en vacances et réduire ainsi les frais d'hébergement sur place. Le choix est large, avec plus de 450 000 offres dans 159 pays.

HOSTELWORLD €

www.hostelworld.com

Depuis 2005, cette centrale de réservation en ligne permet de planifier son séjour à prix corrects dans le monde entier. Afrique, Asie, Europe, Amérique… Hostelworld est spécialisé dans les logements peu onéreux (auberges de jeunesse ou hostels…) mais proposant des services et un cadre plutôt soignés. Pour chaque grande ville, le site propose une sélection pointue d'enseignes partenaires et vous n'aurez plus qu'à choisir l'adresse la plus pratique, la mieux située, ou tout simplement la moins chère. Une plateforme bien pratique pour les baroudeurs.

A CASA AMARELA €€

45 Rua Infante D. Henrique

CAPELAS

✆ +351 962 136 041

3 nuits min. A partir de 67 € la nuit dans la maison 1 chambre et de 160 € la nuit dans la maison entière (4 pers.).

Situé à Capelas, dans la région de São Miguel, à moins de 15 kilomètres de Pico do Carvao. Lagoa Verde et le lagon de Sete Cidades sont à 21 kilomètres. A Casa Amarela propose un hébergement avec un jardin et un parking privé gratuit. Les logements entièrement équipés offrent une vue sur le jardin et disposent d'un coin salon. Certains logements comprennent une terrasse et/ou un balcon avec vue sur la mer. La maison de vacances dispose également d'une terrasse. La propriétaire est francophone. Un établissement à recommander, très recherché !

CASA DE SANT'ANA €€

6A Rua de Cima-Santana

SÃO ROQUE DO PICO

✆ +351 919 561 371

www.airbnb.pt

4 nuits min. A partir de 125 € la nuit sur Airbnb.

Très bien située au centre de Santana, la Casa de Sant'ana est l'endroit idéal pour ceux qui recherchent le confort en pleine nature avec vue imprenable depuis l'île de São Jorge. Ce T1 accueille jusqu'à 6 personnes (dans la chambre : 1 lit double et 1 lit superposé et dans le séjour, un canapé convertible pour 2 adultes). De la salle de bain à la cuisine, en passant par le salon, la Casa de Sant'ana est équipée de tout ce dont vous avez besoin pour passer des vacances pratiques et confortables. Margarida vous réservera le plus bel accueil.

SE DÉPLACER

Aux Açores, il n'y a pas de secret, pour se déplacer et pouvoir profiter pleinement des joyaux de la destination, il faut louer une voiture. Au niveau de la conduite, pas de problème majeur, hormis les excès de vitesse de certains locaux, et les vaches en liberté sur la route. Les axes principaux sont en bon état, mais la plupart des itinéraires sont du type route de montagne ou corniche surplombant la mer ; il y a donc de très nombreux virages. Les routes secondaires quant à elles ne sont pas toujours asphaltées, mais demeurent généralement carrossables avec une voiture classique. Les transports en commun ne sont pas adaptés aux besoins du voyageur, qui risque d'être surpris par les horaires ou les itinéraires, plutôt prévus pour les insulaires. Les taxis açoriens n'ont pas de compteur, mais fonctionnent au temps ou à la distance. Enfin, vous pourrez emprunter le bateau pour vous déplacer entre certaines îles de l'archipel.

AZORES AIRLINES

55 Av. Infante D. Henrique - **PONTA DELGADA**
✆ +351 296 209 720
www.azoresairlines.pt/fr
Bureau ouvert du lundi au vendredi de 9h à 18h. Accessible aux fauteuils roulants. Accessible aux PMR.

Depuis la France, Azores Airlines, compagnie régulière açorienne, opère toute l'année jusqu'à 3 vols directs entre Paris Roissy Charles de Gaulle et Ponta Delgada, sur l'île de São Miguel, en seulement 4h de vol, à bord d'un Airbus 321 Neo de 186 sièges (repas servi à bord). Les liaisons inter-îles sont ensuite opérées par SATA Air Açores. Depuis le Portugal continental, des vols quotidiens sont opérés au départ de Lisbonne et Porto vers différentes îles de l'archipel. Également des liaisons pour le Canada, les États-Unis, le Cap-Vert et Madère.

TAP AIR PORTUGAL

PONTA DELGADA
✆ +351 218 415 000
flytap.com/fr-fr
A partir de 250 € environ l'aller-retour Paris-Ponta Delgada en mars ou octobre, et à partir de 450 € au mois d'août.

TAP Air Portugal est l'une des compagnies qui pourra vous mener aux Açores depuis Paris, Lyon, Nantes, Bordeaux, Toulouse, Marseille ou encore Nice. Après une escale à Lisbonne ou à Porto, vous atterrirez au choix à Ponta Delgada (île de São Miguel), à Horta (île de Faial), à Madalena (île de Pico) ou à Lajes (île de Terceira). Vous pourrez ensuite rejoindre d'autres îles avec la compagnie SATA. Les liaisons inter-îles se font relativement bien, mais les vols peuvent être perturbés par les conditions climatiques parfois capricieuses aux Açores.

SATA AZORES AIRLINES

Aéroport de Flores
SANTA CRUZ
✆ +351 296 209 720
https://www.azoresairlines.pt
Comptez environ 175 € l'aller-retour Ponta Delgada-Flores.

Depuis la France, la compagnie SATA Azores Airlines n'effectue de vol direct jusqu'aux Açores qu'à destination de Ponta Delgada. Pour vous rendre sur les autres îles, vous devrez soit prendre un vol inter-îles au départ de Ponta Delgada, soit prendre un vol via Lisbonne ou Porto jusqu'aux autres îles. Possibilité d'un pass inter-îles à tarif réduit. Pour vos trajets vers et dans l'archipel, consultez le site Internet de la compagnie. Attention, les vols aux Açores sont toujours très dépendants des conditions climatiques. Il est parfois impossible de décoller !

AUTATLANTIS

53-57 Rua dos Manaias
PONTA DELGADA
✆ +351 296 205 340
www.autatlantis.com
Comptez au moins 30 € par jour pour une voiture de catégorie A et 38 € pour une catégorie C.

Autatlantis est une agence de location de voitures solide, présente sur sept îles : São Miguel, Santa Maria, Pico, Terceira, São Jorge, Faial et Flores. Pratique donc si vous envisagez un séjour itinérant sur ces îles, vous pouvez demander un devis global. La flotte est renouvelée chaque année pour vous offrir les derniers modèles de voitures ainsi qu'un haut niveau de sécurité et de confort. Deux types de packages d'assurance vous sont proposés. À noter que vous pouvez également louer chez eux des minibus ou encore un véhicule 4x4.

AUTO TURÍSTICA FAIALENSE

12 Rue Conselheiro Medeiros
HORTA
✆ +351 229 292 308
www.autoturisticafaialense.com
Pour une catégorie A en kilométrage illimité, à partir de 30 € par jour.

Une société de location sérieuse, présente à différents endroits de l'île : aéroport, terminal du ferry, centre-ville... Elle dispose d'une flotte de plus de cent voitures de marques et modèles récents, et propose un service efficace à des prix raisonnables. Toutes les locations sont en kilométrage illimité et il est possible d'emporter votre voiture sur le ferry jusqu'à Pico et São Jorge si vous souhaitez visiter ces îles en voiture sans devoir faire une nouvelle location. À noter que cette compagnie est la partenaire d'Autatlantis à Faial.

FLOR DO NORTE

43 Rua Dr Guilherme Poças Falcão - **PONTA DELGADA** ✆ +351 966 506 551
www.flordonorte-rentacar.com
Bureau ouvert tous les jours de 8h30 à 17h30. Location de deux jours minimum. A partir de 10 € par jour.

Si vous décidez de passer par cette compagnie de location de voiture, il est préférable de réserver via Internet, les tarifs étant souvent plus intéressants qu'en direct. Offres de réduction régulières pour ceux qui réservent sur le site. On vous conseillera également de vous y prendre à l'avance si vous souhaitez bénéficier des services de Flor do Norte. La petite agence a la cote, notamment en haute saison où les véhicules sont parfois rares. Forte de son professionnalisme depuis presque 30 ans, vous pouvez rouler en totale confiance.

ILHA VERDE

9 Campo S.Francisco - **PONTA DELGADA**
✆ +351 296 304 891
www.ilhaverde.com
Comptez, suivant l'île et la durée de location de 30 € à 40 € environ par jour, le tout en kilométrage illimité.

Correspondant d'Avis et Europcar, Ilha Verde est une compagnie implantée sur toutes les îles sauf Corvo et Graciosa. Pratique extrêmement rare, louer avec cette agence facilitera vos démarches si vous envisagez de vous rendre sur plusieurs îles aux Açores et de vous y déplacer en voiture. La catégorie A correspond généralement à une Renault Twingo. Quant aux autres catégories, vous aurez notamment le choix entre Nissan Qashqai, Ford Focus, Renault Capture… Des minibus ou des véhicules 4x4 peuvent également être loués. Le tout en kilométrage illimité.

MICAUTO

109 Avenida Infante D. Henrique - **PONTA DELGADA**
✆ +351 296 284 382
www.micauto.com
Bureau : lundi-vendredi 9h-18h, le w-e 9h-16h. En hiver, catégorie C dès 23 € par jour. En été, dès 26 € par jour.

Micauto est un loueur de voitures basé à Ponta Delgada, sur l'île de São Miguel, et à Praia da Vitória, sur l'île de Terceira. Ils disposent d'une flotte de voitures de différents gabarits, adaptées aux besoins des visiteurs. Les véhicules sont propres et confortables et l'agence propose diverses options d'assurances (couverture de responsabilité, exonération de dommages, dommages corporels...) pour que votre voyage soit le plus sûr possible et sans tracas. Certains packages sont en kilométrage illimité, d'autres non. Agence sérieuse.

OASIS RENT-A-CAR

Rua Dr. Freitas Pimentel
MADALENA
✆ +351 292 623 770
www.rentacaroasis.com
Location à partir de 35 € par jour.

Agence de confiance avec plus de 15 ans d'expérience dans le domaine du tourisme et qui possède une flotte moderne et bien équipée. À disposition, des voitures de tous types, y compris des minibus à 9 places et des scooters. Oasis a des bureaux à São Roque, à Madalena et dans la gare maritime de Horta, sur l'île de Faial. Sa flotte couvre également les îles de São Jorge et Terceira. Louer une voiture à Pico est définitivement la meilleure option pour découvrir l'île dans ses moindres détails. Vous serez libres et indépendants !

RENT-A-CAR GRACIOSA

138 Largo de Santo António - **SANTA CRUZ DE GRACIOSA** ✆ +351 295 712 274
www.rentacargraciosa.com
A partir de 40 € par jour pour un véhicule de type A, 47 € pour un véhicule de type B, 52 € pour un véhicule de type C.

Entreprise mettant un point d'honneur au service, votre accueil sera personnalisé et d'excellente qualité. Leur flotte de véhicules est moderne et en très bon état (véhicules disponibles à partir de la catégorie A et jusqu'à la catégorie I). L'agence est présente au centre-ville de Santa Cruz da Graciosa et également à l'aéroport. Les prix proposés sont corrects. Attention toutefois, pensez à y ajouter le tarif de la caution, de l'assurance et notez bien que le kilométrage est limité. Bien que l'île soit petite, c'est à prendre en considération.

LES VOLS INTER-ÎLES

Visiter plusieurs îles au sein de l'archipel c'est un peu partir à l'aventure ! Vous pourrez vous déplacer en bateau entre les îles du triangle (Pico-Faial-Sao Jorge), mais pour les autres il faudra prendre l'avion. La SATA, compagnie locale, a le monopole et est la seule à opérer les liaisons entre les îles. Si elles sont relativement nombreuses et qu'elles fonctionnent toute l'année, il faudra parfois s'armer de patience. Les vols peuvent en effet avoir parfois un peu de retard ou être annulés à cause des conditions climatiques, surtout en hiver. Le vent, la pluie et le brouillard peuvent venir perturber les rotations. Enfin, il arrive que vos bagages ne partent pas en même temps que vous ! La raison est généralement la sécurité : compte tenu des conditions difficiles d'atterrissage sur certaines îles, il est plus prudent de ne pas « charger » l'avion. Il faudra alors à nouveau faire preuve de patience avec le service des « objets trouvés ». Vous l'aurez compris, circuler entre les différentes îles est une aventure en soi. Mais quand on est en possession de ces informations et que l'on sait à quoi s'attendre, on prend ces petits contretemps avec beaucoup plus de philosophie… !

RENT A CAR MEDINA & FILHOS

9 Rua da Misericórdia
SANTA CRUZ DE GRACIOSA
✆ +351 295 712 094
www.medinarent.net
En kilométrage illimité, 42 € par jour pour 1 à 2 jours, 35 € pour 3 à 6 jours et 30 € au-delà de 7 jours.

Très bonne compagnie sur l'île de Graciosa. Les prix sont compétitifs. Différentes possibilités de locations s'offrent à vous : en kilométrage limité ou en kilométrage illimité. Les prix sont dégressifs selon la durée de votre location. L'agence propose également de la location de vélos, une formule sympathique pour découvrir Graciosa autrement et plus tranquillement. Enfin, vous pourrez partir à la découverte de l'île en deux-roues motorisés, en scooter ou en moto.

TROPICAL RENT-A-CAR

Largo Cardeal Costa Nunes
MADALENA
✆ +351 292 623 370
www.rentacartropical.com
En basse saison, la catégorie A en kilométrage illimité est à 30 €. En haute saison, à partir de 65 €.

Une agence sérieuse et familiale. Depuis 1997, l'entreprise possède un parc de véhicules variés, modernes et bien entretenus. Louer une voiture à Pico est définitivement la meilleure option pour découvrir l'île dans ses moindres détails. Vous serez libres et indépendants ! Pour encore plus de confort et de flexibilité, vous pourrez louer votre véhicule au centre-ville de Madalena ou à l'aéroport de Pico. L'équipe est professionnelle et exigeante et mettra tout son savoir-faire et sa gentillesse à votre service. Agence recommandée.

ANC AZORES HOLIDAYS

Avienda Dr. João Bosco Amaral
PONTA DELGADA
✆ +351 967 309 909
www.azoresholidays.pt
Ouvert tous les jours de 9h à 0h. Tour en buggy : à partir de 109 € la journée, 80 € la demi-journée.

Agence sérieuse qui propose notamment de la location de vélos, de vélos électriques, de scooters et de motos. Mais pas seulement… ANC est également spécialisé dans la location de voitures (et de vans !). La flotte est récente et très bien entretenue. Les tarifs sont quant à eux tout à fait raisonnables. La compagnie peut aussi gérer vos transferts de et vers l'aéroport de Ponta Delgada, vous proposer des options d'hébergement et enfin vous organiser des excursions un peu partout sur l'île. Les tours d'une journée ou d'une demi-journée en buggy sont un must !

NUNO VASCO CARVALHO

55-A Rua Antonio Joaquim Nunes da Silva
PONTA DELGADA
✆ +351 966 256 212
Ouvert tous les jours de 9h à 18h. VTT 20 € la journée, scooter à partir de 25 € la journée. km illimités.

Location de VTT et scooter au prix variable selon le modèle et la durée de location. Kilométrage illimité. Les conditions de location sont les suivantes : minimum un jour de location, âge minimum requis : 14 ans pour le vélo et 18 ans pour le scooter. Voilà un autre moyen de découvrir les joyaux de São Miguel. En deux-roues, c'est la liberté absolue alors à vous les routes, pistes et points de vue subjuguant aux quatre coins de l'île. Une belle aventure vous attend. Nous vous recommandons de réserver en avance, surtout en haute saison.

S'INFORMER

Les Açores, neuf îles si proches et pourtant si différentes. Lesquelles visiter ? Comment aller de l'une à l'autre ? Quelles expériences y vivre ? Plus que n'importe quel autre voyage, un voyage aux Açores doit se préparer à l'avance. De nombreux sites internet avec des récits de voyage vous donneront des astuces pour arriver à planifier votre séjour, organiser vos vols et choisir quelle(s) île(s) vous font rêver. Vous cherchez des informations plus détaillées ? Allez faire un tour sur le site du gouvernement des Açores, https://www.visitazores.com/fr, une mine d'informations sur chaque île et les expériences que vous pouvez y vivre. Les plus beaux sites à découvrir en plongée sous-marine, les lieux où observer des oiseaux migrateurs, ou encore tous les circuits de randonnée des Açores, avec des cartes détaillées et téléchargeables, de quoi compléter parfaitement les informations de ce guide pour vous offrir un voyage hors du commun.

DESTINATION PORTUGAL

3, rue Chateaubriand
CHAMALIÈRES

Destination Portugal, le trimestriel indispensable à tous les amoureux du pays. Prix au numéro : 7,95 €.

Depuis quelques années, le Portugal est devenu l'une des destinations les plus prisées des Français comme en témoigne le nombre sans cesse croissant de Français s'expatriant au Portugal. Le trimestriel *Destination Portugal* est sans doute le premier magazine français à avoir pris en compte ce phénomène. Pas étonnant, donc, qu'il soit devenu le bi-média (revue disponible également au format digital) désormais incontournable de tous les amoureux de la destination et ce, que ce soit pour y passer ses prochaines vacances ou pour s'y établir.

ASSOCIAÇÃO TURISMO ACORES

✆ +351 296 288 082
www.visitazores.com

Il s'agit du Bureau d'informations de Tourisme des Açores. Le site Internet est très complet et regroupe des bons plans, des idées loisirs, des expériences, des événements, des brochures, des vidéos, des photos... Vous y trouverez des contacts utiles : offices de tourisme, mais aussi mairies, pharmacies, hôpitaux, consulats... et même un point météo grâce aux webcams placées sur les sites touristiques montrant le temps qu'il fait en direct. Pour découvrir ou faire découvrir l'archipel.

CARNETS DE VOYAGE

M° Bastille.
vivamedias.com

Publié par la société éditrice Vivamedias, qui compte plusieurs revues à son actif, ce trimestriel est consacré aux voyages avec des focus dédiés à la découverte d'une ville, d'une région, que ce soit en France, en Europe ou dans le monde. *Carnets de Voyage*, un magazine utile pour nous faire découvrir sur papier ou en format numérique la destination et nous faciliter le voyage. Pour de grandes ou petites escapades, des textes vivants, des reportages sur place complétés de conseils pratiques, d'un agenda, de bonnes adresses et de superbes photos.

DESTINATION EUROPE

3, rue Chateaubriand
CHAMALIÈRES
https://shop-vasco.com/

Vous faire découvrir le continent d'une manière ludique et intelligente, tel est l'objectif de Destination Europe.

Vous faire découvrir le monde d'une manière ludique et intelligente, tel est l'objectif des éditions Vasco qui, avec Destination Europe, lancent en 2022 leur sixième titre *Voyage*. Fervent défenseur du slow tourisme et respectueux des pays visités, Destination Europe souhaite également nous faire vivre cette merveilleuse idée qu'est l'unité européenne. Quoi de mieux, en effet, que les voyages pour comprendre les peuples et leurs cultures ? Histoire, patrimoine, culture ou bien encore gastronomie, aucun domaine ne sera négligé.

ECHAPPEES BELLES

8, rue Buffon - **CLERMONT-FERRAND**
✆ 04 73 14 03 00
https://turbulences.aboshop.fr/
7,50 €. Abonnement de 19,50 € à 39 € pour 6 numéros (18 mois).

Inspiré de l'émission éponyme sur France 5, le magazine *Échappées Belles* met en lumière la rencontre et la découverte de l'autre par le voyage. Curiosité, tolérance, partage et respect des cultures sont les valeurs clés de ce trimestriel. Avec la participation des animateurs Sophie Jovillard, Ismaël Khelifa et Jérôme Pitorin, *Échappées Belles* fait découvrir de superbes destinations en France et dans le monde, via de nombreuses rubriques dédiées au patrimoine, à l'artisanat, à la gastronomie et à la nature. À retrouver en kiosque et sur www.turbulences-presse.fr

EXPLORE TERCEIRA

www.exploreterceira.com

Un site de référence sur l'île de Terceira. On y trouve une foule de renseignements. Des informations culturelles d'abord, pour appréhender au mieux l'histoire de l'île et préparer ses visites, mais aussi des conseils pour organiser ses sorties sportives (randonnées, golf, activités nautiques, plongée sous-marine...) ou pour profiter de la gastronomie et des vins de Terceira (restaurants, bars, pâtisseries...). Évidemment, on trouve aussi sur Explore Terceira de nombreux conseils pratiques pour planifier ses transports, son voyage, son hébergement, son budget...

FRANCE 24

80, rue Camille Desmoulins
ISSY-LES-MOULINEAUX
✆ 01 84 22 84 84
france24.com

Fondée en 2005, cette chaîne de télévision française d'information internationale en continu est accessible par le câble ou par le satellite dans certains bouquets de chaînes des hôtels du pays (canaux en français, en anglais, en arabe et en espagnol). Mais seuls les faits les plus retentissants de l'actualité locale sont traités. Dans les hôtels, vous pourrez aussi parfois trouver les chaînes *TV5 Monde* et *Euronews*. Cette dernière est diffusée en quatorze langues, dont le français, mais aussi en bosno-serbo-croate depuis 2021.

FRANCE DIPLOMATIE

37, quai d'Orsay
PARIS (7e)
www.diplomatie.gouv.fr
Ouvert toute l'année. Informations en ligne, interface de contact sur le site.

France Diplomatie, le site du ministère de l'Europe et des Affaires étrangères, donne aux voyageurs tous les renseignements nécessaires au choix d'une destination de voyage. La rubrique «Conseils aux voyageurs» permet une recherche par pays, avec les dernières informations actualisées. En fonction du contexte géopolitique ou sanitaire (risques d'attentats, d'enlèvements, épidémies en cours...), certains séjours sont fortement déconseillés. Les situations pouvant évoluer très rapidement, nous vous recommandons de vous tenir informés.

GÉO

✆ 08 26 96 39 64
www.geo.fr

Magazine mensuel de voyage et de connaissance du monde. Albums photos, carnets de voyage, enquêtes et reportages photographiques passionnent les lecteurs depuis 1979. *GÉO* existe en version numérique et en version papier. La qualité de son approche journalistique et du travail photographique en font un titre de référence pour plus de 4 millions de Français. Le contenu du site Internet est tout aussi riche. La section vidéo, déclinée selon les thématiques « voyage », « aventure », « environnement » et « histoire », porte un regard intéressant sur les sujets abordés.

RFI

80, rue Camille Desmoulins
ISSY-LES-MOULINEAUX
✆ 01 84 22 84 84
www.rfi.fr

RFI (Radio France Internationale) est une radio française d'actualité diffusée mondialement en français et en 13 autres langues*, disponible en direct sur Internet (rfi.fr) et applications connectées. Grâce à l'expertise de ses rédactions basées à Paris et de son réseau de 400 correspondants, RFI propose à ses auditeurs des rendez-vous d'information et des magazines offrant les clés de compréhension du monde.

*anglais, cambodgien, chinois, espagnol, haoussa, kiswahili, mandingue, persan, portugais, roumain, russe, vietnamien.

ORGANISER SON SÉJOUR

Angra do Heroísmo.

RESTER

Pour étudier ou poursuivre vos études supérieures, il vous faut prendre contact avec le service des relations internationales de votre université. Préparez-vous alors à des démarches longues. Mais le résultat d'un semestre ou d'une année à l'étranger vous fera oublier ces désagréments tant c'est une expérience enrichissante. C'est aussi un atout précieux à mentionner sur votre CV. Aux Açores, les principaux pôles universitaires majeurs se situent à Ponta Delgada et à Angra do Heroísmo. Si vous avez entre 18 et 28 ans et êtes ressortissant de l'Espace économique européen, vous pouvez aussi partir en volontariat international en entreprise (VIE) ou en administration (VIA). Il s'agit d'un contrat de 6 à 24 mois rémunéré (avec un renouvellement de 24 mois possible) et placé sous la tutelle de l'ambassade de France. Tous les secteurs et métiers sont concernés et vous bénéficiez d'un statut public protecteur (www.civiweb.com).

ACTION CONTRE LA FAIM

102, rue de Paris
MONTREUIL
✆ 01 70 84 70 84
www.actioncontrelafaim.org
Par téléphone de 9h à 13h et de 14h à 18h.

ONG internationale spécialisée dans la lutte contre la faim dans le monde, active dans les domaines de la nutrition, santé, sécurité alimentaire, de l'eau, de l'assainissement. L'association intervient dans des situations de crise. Le but étant de rendre les populations autonomes d'un point de vue de la nutrition, en apportant une aide concrète et en formant les intervenants locaux qui prendront le relais. Ses missions de volontariat durent de trois mois à un an en Afrique, Asie, Amérique, Europe centrale, dans le Caucase, au Moyen-Orient et dans les Caraïbes.

AEFE

23, place de Catalogne
PARIS (14e)
✆ 01 53 69 30 90
www.aefe.fr

Cette agence, sous tutelle du ministère des Affaires étrangères, anime et gère un réseau de près de 500 établissements d'enseignement français à l'étranger, dans près de 140 pays. Des centaines de milliers d'élèves, dont une forte proportion de Français, fréquentent ces établissements. Offres d'emploi à l'international pour les titulaires de la fonction publique et informations sur la politique pédagogique émaillent le site Internet, particulièrement bien fait, de cet organisme qui soutient également l'association Anciens des lycées français du monde.

CIDJ

www.cidj.com

Le Centre d'Information et de Documentation Jeunesse a été créé en 1969, sous la tutelle du ministère de la Jeunesse et des Sports. Le site Internet est bien fait et très complet. La rubrique « Partir à l'étranger » fournit des informations pratiques aux jeunes qui ont pour projet d'aller vivre à l'étranger. Il y a une rubrique spécifique dédiée à chacun des thèmes suivants : travail, étude, stage, volontariat international et séjours linguistiques. Pour vous aider dans vos démarches, vous pouvez avoir un entretien gratuit avec un conseiller du CIDJ.

ÉDUCATION NATIONALE

www.education.gouv.fr
Modalités sur www.france.diplomatie.fr/mfi.

Vous êtes enseignant ou fonctionnaire d'État, vous souhaitez travailler à l'étranger ? Consultez le site du ministère de l'Éducation nationale, il informe sur les conditions de mobilité dans le monde. Cette initiative peut s'inscrire dans un parcours professionnel. Elle permet d'exercer son métier dans des conditions spécifiques, ou un autre métier et diversifier ainsi son expérience en enrichissant ses compétences. Les personnels d'encadrement peuvent aussi postuler dans des organismes internationaux ou de l'Union européenne.

MINISTÈRE DE L'EUROPE ET DES AFFAIRES ÉTRANGÈRES

www.diplomatie.gouv.fr

Site Internet officiel pour connaître les formalités d'entrée et séjour dans le pays. Dans la rubrique « Services aux Français », vous trouverez un guide de l'expatriation, les modalités de demandes de documents officiels. Sur la page d'accueil en sélectionnant le pays, vous obtenez les contacts des ambassades. Dans l'espace Politique, Économie et Socio-culturel, quantité d'informations et de communications utiles pour qui s'intéresse aux réalités du pays.

CAPCAMPUS

www.capcampus.com

CapCampus fut l'un des premiers portails étudiants français en ligne, très utile pour trouver un logement étudiant à l'étranger. Dans la rubrique dédiée aux stages et aux premiers emplois, vous trouverez aussi des offres pour travailler à l'étranger, classées par pays. Celles pour la Belgique ne sont pas très nombreuses, consultez le site régulièrement pour ne pas passer à côté. Le site est également utile pour se familiariser avec la vie dans le pays, car il propose toutes les informations pratiques pour bien préparer son départ et son séjour à l'étranger.

WEP FRANCE

43, Rue Beaubourg
PARIS (3e)
✆ 01 48 06 26 26
www.wep.fr

WEP propose plus de 50 projets éducatifs et séjours linguistiques dans une trentaine de pays pour une durée allant de une semaine à 18 mois. Quel que soit votre projet d'études ou de volontariat à l'étranger, vous trouverez sur le site de WEP une rubrique qui y sera consacrée : étudier au lycée, dans une université, partir en séjour linguistique, faire une expérience professionnelle dans le cadre d'un stage ou vivre en immersion dans une famille. Possibilité également de planifier des programmes combinés (études et projet humanitaire par exemple).

CLUB TELI

Les Clarets
SAINT-PIERRE-D'ENTREMONT
✆ 04 79 85 24 63
www.teli.asso.fr
Adhésion d'un an : 45 €.

Le Club Teli est une association d'aide à la mobilité internationale créée voici bientôt 30 ans, forte de 4 000 adhérents en France et dans 65 pays. Si vous souhaitez séjourner à l'étranger, quel que soit votre projet, vous trouverez par le biais de ce club des infos et des offres de stages, de jobs d'été et de travail pour francophones. Si vous avez besoin d'aide pour envoyer des candidatures, le Club peut vous aider à mettre votre CV aux normes du pays où vous souhaitez partir. Pour bénéficier de ces aides et informations, il faut adhérer.

BUSINESS FRANCE

77, Boulevard Saint-Jacques
PARIS (14e)
✆ 01 40 73 30 00
www.businessfrance.fr
Ouvert en semaine de 8h30 à 18h30.

L'Agence pour le développement international des entreprises françaises travaille en étroite collaboration avec les missions économiques. Le site Internet recense toutes les actions menées, les ouvrages publiés, les événements programmés et renvoie sur la page du Volontariat International en Entreprise (VIE). Fondée en 2015, cette structure est née de la fusion entre Ubifrance et l'Agence française pour les investissements internationaux. Elle est affiliée au ministère de l'Europe et des Affaires étrangères et au ministère de l'Economie et des Finances.

INDEX

EDITION

Directeurs de collection et auteurs : Dominique AUZIAS et Jean-Paul LABOURDETTE

Auteurs : Cannelle BRUSCHNI-CHAUMET, Bérengère GAUTIER, Chloé OBARA, Mathias DESHOURS, Romain RISSO, Mathilde LEROY, Priscilla PARARD, Baptiste THARREAU, Sylvie DEL COTTO, Corentin LAPLANCHE-TSUTSUI, Amandine GLEVAREC, Christophe SIMS, Anne-Sophie LAMOTTE, Roxane LAMOUILLE, Nicolas LANDRU, Jean-Paul LABOURDETTE, Dominique AUZIAS et alter

Directeur Editorial : Stéphan SZEREMETA

Rédaction Monde : Laure CHATAIGNON, Morgane VESLIN, Pierre-Yves SOUCHET, Clémence HUBERT, Henri FRUNEAU

Rédaction France : Briséis TEMPLE-BOYER, Désirée DEBANT, Emilie SAINT-PASTOU, Nicolas WODARCZAK

FABRICATION

Maquette et Montage : Romain AUDREN, Julie BORDES, Delphine PAGANO

Iconographie et Cartographie : Anne DIOT, Julien DOUCET

WEB ET NUMERIQUE

Directeur Web : Louis GENEAU de LAMARLIERE

Technical Project Manager : Hervé MARION

Développeurs : Guillaume BARBET, Adeline CAUX, Bastien MOINET

Intégrateur Web : Mickael LATTES, Antoine DION

Webdesigner : Caroline LAFFAITEUR

Responsable Communication Digital WEB : Alice BARBIER

Community Traffic Manager : Shirley NDEMA-KINGUE, Liman DIEW et Camille LE PROVOST

Content Manager : Aliénor de PERIER assistée d'Emmanuel IJJOU

DIRECTION COMMERCIALE

Directeur commercial : Guillaume VORBURGER

Coordinatrice des Régies locale et nationale : Manon GUERIN

Responsable Régies locales : Michel GRANSEIGNE

Responsables Développement régie inter : Jean-Marc FARAGUET, Guillaume LABOUREUR et Camille ESMIEU

Assistante commerciale Régie internationale : Leila ANTRI-BOUZAR

Responsable commercial Régies et Formateur : Kévin FLAVIGNY

Chefs de Publicité Régie nationale : François BRIANCON-MARJOLLET, Perrine DE CARNE MARCEIN, Jonathan TOUTOUX, Fouzia CHAOUI

Régie AÇORES : Dahlia SANTOS

DIFFUSION ET PROMOTION

Directrice des Ventes : Bénédicte MOULET assistée d'Aissatou DIOP

Responsable des ventes : Jean-Pierre GHEZ assisté de Nelly BRION

ADMINISTRATION

Président : Jean-Paul LABOURDETTE

Directeur général : Louis AUZIAS

Directrice des Ressources Humaines : Dina BOURDEAU assistée de Sandra DOS REIS et Eva BAELEN

Directrice Administrative et Financière : Valérie DECOTTIGNIES

Comptabilité : Guillaume PETIT, Aminata BAGAYOKO, Franck LAHADY et Touria ZENASNI

Recouvrement : Fabien BONNAN assisté de Sandra BRIJLALL

Responsable informatique : Elie NZUZI-LEBA

PETIT FUTÉ AÇORES

LES NOUVELLES EDITIONS DE L'UNIVERSITE
18, rue des Volontaires - 75015 Paris.
✆ 01 53 69 70 00 - Fax 01 42 73 15 24
Internet : www.petitfute.com
SAS au capital de 1 293 680 € - RC PARIS B 309 769 966
Couverture : © Município de Angra do Heroísmo
Impression : IMPRIMERIE CHIRAT - 42540 Saint-Just-la-Pendue
Achevé d'imprimer : mai 2024
Dépôt légal : 23/06/2024
ISBN : 9782305111650

Pour nous contacter par email, indiquez le nom de famille en minuscule suivi de @petitfute.com
Pour le courrier des lecteurs : info@petitfute.com

FABRIQUÉ EN FRANCE

S

T

U / V

W